两岸欧洲研究丛书 *1*

欧盟对外关系

EU's External Relations

主编 周弘 苏宏达

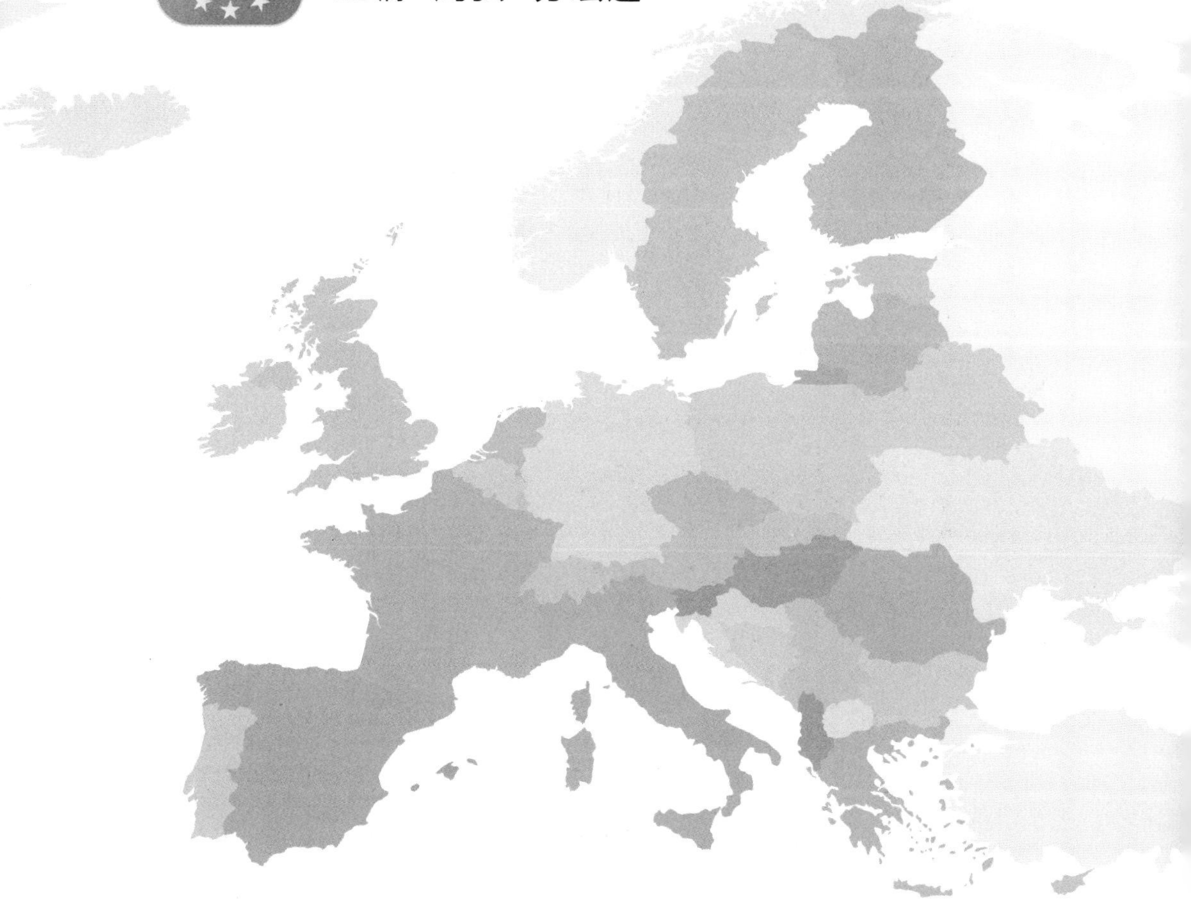

中国社会科学出版社

图书在版编目(CIP)数据

欧盟对外关系/周弘，苏宏达主编．—北京：中国社会科学出版社，2018.10

（两岸欧洲研究丛书）

ISBN 978-7-5203-3346-7

Ⅰ.①欧… Ⅱ.①周…②苏… Ⅲ.①欧洲联盟—对外政策—研究 Ⅳ.①D814.1

中国版本图书馆 CIP 数据核字（2018）第 237370 号

出 版 人 赵剑英
责任编辑 陈雅慧
责任校对 王 斐
责任印制 戴 宽

出 版 中国社会科学出版社
社 址 北京鼓楼西大街甲 158 号
邮 编 100720
网 址 http://www.csspw.cn
发 行 部 010-84083685
门 市 部 010-84029450
经 销 新华书店及其他书店

印 刷 北京明恒达印务有限公司
装 订 廊坊市广阳区广增装订厂
版 次 2018 年 10 月第 1 版
印 次 2018 年 10 月第 1 次印刷

开 本 710×1000 1/16
印 张 23.75
字 数 343 千字
定 价 99.00 元

凡购买中国社会科学出版社图书，如有质量问题请与本社营销中心联系调换
电话：010-84083683

作者简介

周　弘　美国布兰戴斯大学比较历史学博士。现任中国社会科学院学部委员，国际学部副主任，中国欧洲学会会长，西南交通大学让·莫奈讲席教授。主要研究领域为欧洲一体化史、中欧关系、欧洲福利国家、欧盟发展政策。

苏宏达　法国巴黎第四大学国际关系史博士，现任台湾大学政治系让·莫奈讲席教授、台湾欧盟中心主任、台湾欧洲研究协会理事长。主要研究领域为欧盟研究、东亚整合、国际组织与合作。

吴志成　南开大学经济学博士。现任南开大学全球问题研究所所长、欧洲研究中心副主任，中国欧洲政治研究会副会长，让·莫奈讲席教授。主要研究领域为当代国际关系、全球化与全球治理、欧洲一体化与欧洲治理。

杨　娜　南开大学法学博士。现任南开大学周恩来政府管理学院副教授。主要研究领域为欧洲一体化、全球治理、金砖机制。

陈　新　中国社会科学院研究生院法学博士。现任中国社会科学院欧洲研究所研究员、经济室主任，中国—中东欧研究院执行副院长。兼任中国欧洲学会秘书长、中国欧洲学会欧洲经济分会秘书长、中国欧洲学会中东欧研究分会秘书长，中国国际经济关系学会常务理事。主要研究领域为欧洲经济一体化、欧洲国别经济、中欧经贸关系、中东欧研究。

李贵英　巴黎第一大学法学博士，现任东吴大学法律系欧盟让·莫内讲席教授，东吴大学 WTO 法律研究中心主任。主要研究领域为国际经济法、国际投资法、国际仲裁、欧洲联盟法。

洪德钦　伦敦大学学院法学博士。现任台湾中研院欧美研究所研究员兼副所长，台湾大学政治学系与政治大学法律科际整合研究所、国际贸易与经营研究所兼任教授、世界国际法学会（ILA）国际消费者保护委员会委员。主要研究领域为欧盟经贸法、食品安全法、国际生物科技法、欧元、英国脱欧。

张　华　武汉大学法学院国际公法学博士。现任南京大学法学院副教授，兼任中国国际法学会理事、中国欧洲法律研究会理事。主要研究领域为欧盟对外关系法、国际海洋法、国际公法原理。

石　坚　现任四川大学教授；四川大学欧洲研究中心（让·莫奈最佳欧洲研究中心）主任，让·莫奈讲席教授。曾主持近十项欧盟研究课题，主要研究领域为欧洲思想史、中欧人文交流机制、欧洲一体化、欧洲文化及文化身份认同。

庄　严　现为四川大学欧洲研究中心助理研究员、博士研究生，成都理工大学外国语学院讲师。曾获欧盟伊拉斯谟行动莲花项目奖学金赴比利时根特大学完成博士生交换项目研究。主要研究领域为欧盟对外文化行动和战略、中欧关系及人文交流、文化身份认同，欧盟文教青年政策。

林子立　英国利物浦大学国际关系博士。现任东海大学政治学系暨研究所助理教授。研究领域为欧洲文化外交、欧盟对外关系，中欧关系，欧元的整合。近年来以欧洲文化外交在欧盟层次与会员国层次上与会员国的互动作为研究主轴。

金　玲　中国社会科学院法学博士。现任中国国际问题研究院欧洲研究所副研究员，中国欧洲学会理事。主要研究领域为欧洲一体化，中欧关系，欧盟对外关系等。

朱景鹏　德国基森大学政治研究所社会科学博士，现任东华大学公共行政系欧盟莫奈讲席教授兼副校长、欧盟研究中心主任。主要研究领域为全球化与区域研究、全球化与地方治理研究、两岸关系与中国大陆研究、欧洲联盟与欧洲统合研究。

佟　巍　外交学院国际关系博士。现任外交学院国家软实力研究中心青年研究员、武汉大学经济外交研究中心特约研究员、中国国际关系学会秘书。主要研究领域为中国—中东欧国家合作机制、中东欧地区安全、中欧公共外交等。

杨三亿　华沙大学国际关系博士，现任中兴大学国际政治研究所教授、全球和平与战略中心主任。主要研究领域为欧盟整合、中东欧国家外交政策、中小型国家安全策略。

洪美兰　乌克兰基辅大学国际经济关系学系博士。现任政治大学俄罗斯研究所专任教授。主要研究领域为中、东欧及独联体国家区域经济研究、国际经济关系、转型经济学、比较经济学、政治经济学、社会经济学、发展经济学。

冯绍雷　华东师范大学教授、博士生导师。现任俄罗斯研究中心主任、周边合作与发展研究中心主任；并任俄罗斯瓦尔代论坛国际学术委员会委员，教育部学部委员，中国国际关系学会副会长，中国俄罗斯东欧中亚学会副会长，中国新兴经济体研究会副会长。主要研究领域为战后国际关系史、国际政治理论、俄罗斯与欧亚地区历史与当代问题、社会转型研究、金砖国家与大国关系等。

卓忠宏　西班牙马德里康普登斯大学政治学博士。长期钻研欧洲暨区域统合运动。现职为淡江大学欧洲研究所教授。主要研究领域为区域主义、欧盟与发展中国家、西班牙政治与外交政策。

臧术美　现任华东师范大学国际关系与地区发展研究院讲师。曾留学法国里昂高师，获人文地理学专业理学博士学位。并获华东师范大学法学博士学位。研究专长是欧盟地区政策、地中海联盟研究、法国研究、中东欧研究。中国欧洲学会法国研究分会理事。上海欧洲学会理事。

刘书彬　德国科隆大学政治学与欧洲研究所博士。现任东吴大学政治学系教授。主要研究领域为德国政府与政治、欧盟政治、政党政治、气候变迁。

张　浚　中国社会科学院欧洲政治专业博士。现任中国社会科学院欧洲研究所研究员、中国社会科学院国家发展合作与福利促进研究中心特约研究员，中国欧洲学会会员，中国社会保障学会会员及世界社会保障研究分会副秘书长。主要研究领域为欧盟治理、欧洲福利国家及社会政策、国际发展合作等。

冯仲平　英国兰卡斯特大学历史学博士。现任中国现代国际关系研究院研究员、副院长，中国欧洲学会副会长，中国人民大学欧洲问题研究中心学术委员会委员、《现代国际关系》和《国际研究参考》编委。主要研究领域为欧洲一体化、欧盟对外关系、中欧关系等。

陈　旸　华东师范大学历史学博士，中国现代国际关系研究院欧洲所副研究员，主要研究领域为欧洲安全与防务政策、欧洲外交等。

陈麒安　政治大学外交学系博士，曾任台湾大学政治学系、淡江大学国际事务与战略研究所博士后研究员，现为中山大学国际关系学院副研究员。主要研究领域为国际安全合作、欧洲安全、美中关系。

余佳璋　中国文化大学政治学研究所博士班，现任建业法律事务所资深顾问、淡江大学大众传播学系兼任讲师。曾任职台湾公共电视新闻部副理，台视新闻记者，参与国际记者联盟执行委员会。主要研究领域为欧盟研究、宪政理论与国际新闻传播。

主编序

海峡两岸的欧洲暨欧盟学界在经历了一段相互接触和交流之后，于2011年由大陆的中国欧洲学会与台湾欧洲联盟中心正式签署备忘录，成立了“两岸欧洲联盟研究论坛”，以便于进一步扩大两岸欧洲暨欧盟研究社群间的交流合作，提升整个中文学界对欧洲暨欧盟的学术研究。“两岸欧洲联盟研究论坛”为双方学术对话和交流合作的机制，每年轮流在大陆和台湾举行。2011年11月第一届两岸欧洲联盟研究论坛在台北台湾大学和花莲东华大学举行；第二至第七届则于2012年至2017年先后在北京中国社会科学院、台北政治大学和金门县金门大学、上海复旦大学和杭洲浙江大学、台中中兴大学和高雄文藻大学、成都四川大学，以及高雄中山大学和台东县台东大学如期举行。

两岸欧盟研究学术论坛不仅搭起了双方欧洲暨欧盟研究学界交流的桥梁，也激发了彼此进一步合作的想法，遂于2016年签署第二份备忘录，建立“两岸欧洲研究丛书”组织编辑委员会，着手规划两岸学者共编欧洲研究丛书，其中简体版由大陆中国社会科学出版社出版，繁体版则由台湾大学出版中心出版，持续且系统地呈现两岸欧洲暨欧盟研究的学术成果。这实是两岸国际关系研究上的一个大突破和大成就，值得我们庆贺和珍惜。

欧盟对外关系是两岸欧洲研究丛书的第一本，由大陆中国社会科学院学部委员暨中国欧洲研究学会会长周弘教授与台湾欧洲联盟中心主任暨台湾大学莫奈讲席教授苏宏达共同主编，目的是要探索欧盟在经历21世纪初一系列危机后，如何重新定位在国际事务上的角色，又采取何种策略来实践欧盟所坚持的理想、捍卫欧盟所在乎的利益。

大部份受邀的学者都于2016年10月前往四川成都大学参加第六届两岸欧洲联盟研究论坛并发表论文，接受评论。会后，所有的稿件均双向匿名审查，经反复修改再审，最后由丛书编辑委会确认通过后才得刊登。台湾共有15位学者受邀发表论文，经审查后，10篇获得通过刊登。

苏宏达的《探索建立解释欧盟共同对外行动的分析架构》，是透过理性抉择的分析，将欧盟对外行动决策流程分为成员国国内、各国政治领袖和欧盟场域等三个阶段。第一个阶段，在国内部分，作者提出了“3+3+α”的模式，认为要全面检视所有成员国的国家立场形成过程，不但事实上不可行，亦属不必要，而应聚焦于法、德及脱欧前的英国等3个强权，意、波、西3个次级强权，再加上针对不同议题而特别具有影响力的成员国即可，将研究对象限缩至10个以内。至于成员国内部在对外行动议题上的互动，除了政府以外，应包括政党、企业团体、劳工团体和其他特定议题团体。第二个阶段，是探讨成员国领袖之间的互动，同时分析国家立场的竞合与领袖个人的政治考虑（如是否会影响即将到来的选举）。第三个阶段则进入欧盟场域，此时不但要关注各成员国权力大小的较劲，也得衡量欧盟各类制度、价值、准则、认同、象征符号可能的影响。作者将这3个阶段的决策分析，化约成一个简单的数学公式计算，以利判读。最后则以2012年欧盟对利比亚的政策，以及2014—2015年欧盟在乌克兰问题上对俄罗斯采取制裁的案例来分析，并检视上述公式的解释力，力图建立一个相对清楚而简化的欧盟对外行动分析架构，作为判读欧盟外交的重要参考。

在《欧盟大国战略中的共同外交与安全政策》一文中，吴志成和杨娜分析了德、法、英3个欧洲大国对欧盟共同外交与安全政策的态度和作用，概括指出：德国期望借助欧盟共同外交与安全支柱的建设，谋求德国在欧盟的领导地位和世界大国地位；法国时而与德国合作，时而与英国联手，目的都是使“欧盟的声音带上明显的法国语音”；英国的布莱尔政府曾经提出“融入欧洲并领导欧洲”。作者特别指出，当前的欧盟共同外交与安全政策面临许多挑战，包括新老成员国安全要求的分歧，欧盟层面的政策制定越来越体现大国意志，经济发展乏力制约欧盟成员国对欧盟共同外交与安全政策的投入，以及英国脱欧可能打破共同体内部的平衡并影响欧盟的全球战略。为了克服困难、因应挑战，欧盟开始辩论采取“多速欧洲”等应对措施，是否能成功，值得我们密切注意。

在《全球贸易变化与欧盟贸易政策调整》一文中，陈新从全球贸易比重的变化入手，分析了全球贸易在21世纪所面临的挑战以及欧盟贸易政策的选择。作者证明，欧盟出口曾长期占据全球第一，但在2014年被中国大陆超越。受经济增长缓慢影响，欧盟进口第一的地位被美国取代。欧盟通过不断调整贸易政策来积极应对全球贸易的变化，以继续维持其在国际贸易中的软实力。但是，全球价值链的发展带动了双向投资的增长，在改善欧盟企业竞争力的同时也在一定程度上削弱了欧盟的产业竞争力。此外，数字经济的发展、地缘政治的变化，乃至美国贸易保护主义的兴起，都给欧盟贸易政策带来了新的外部的不可确定性。欧盟在不放弃多边贸易安排努力的同时加大了双边贸易政策力度。随着中国大陆在进出口领域所占比重不断逼近欧盟，欧盟把中国大陆视为其贸易政策的最大挑战，并以更加强硬的姿态高调主张“公平贸易”。

李贵英的《欧盟贸易政策及跨大西洋贸易与投资伙伴协议》是从欧盟贸易政策的演进来探讨“跨大西洋贸易与投资伙伴协议”的意涵、困境和可能的发展。他首先提出，洽签跨区域贸易协议是欧盟2010年以后的一个大战略，除了和美国洽签之外，欧盟也已和加拿大签署了全面经济合作协议，加速与日本洽谈自由贸易协议，持续与中国大陆洽商双边投资协议。欧盟推动跨区域自由贸易协议的动机，异于美国，特别强调恪遵世界贸易组织以及欧盟本身的相关法规的规定。尤其，欧盟洽签跨区域贸易协议的目的之一，是希望能重新启动世界贸易组织下的全球自由贸易谈判，而不希望此消彼长，减缓了全球自由贸易协议的发展进程。但是，欧盟内部对跨大西洋贸易与投资伙伴协议始终有疑虑，其中最大的争议有两点。一是法规松绑。欧洲具有强大的社会主义传统，使得跨大西洋贸易与投资伙伴协议被许多欧洲人民视为背叛欧洲传统价值，向美国丛林资本主义靠拢，因此从农业、服务业到工业都涌现出不同的反对声浪。另外一个则是金融监理的问题。美欧对金融监理的理念和制度本来就不同，欧债危机以来，欧盟境内对于金融监理更是趋严趋紧，现在却可能因与美国洽签跨大西洋贸易与投资伙伴协议架构而松绑，因此引起极大的疑虑。这些困难都已超出单纯的经贸投资范畴，而涉及政治的抉择和价值的趋同。因此，未来跨大西洋贸易与投资伙伴协议是否能够顺利完成谈判并生效，端看美国与欧盟领袖的政治判断，而非利益算计。

洪德钦的《欧盟人权外交政策》则特别探索欧盟经一系列危机后，如何调整其人权外交的政策和作为，以实践其理念。他先综合整合了欧盟人权外交的法律依据、政策目标、机制结构和主要的计划项目。接着，他特别提到欧盟六项实践其人权外交的政策工具，包括：政治对话、人权对话、设置欧盟人权特别代表、公布欧盟的人权指南，以及人权预算，等等。尤其，1992 年开始，欧盟将人权条款和要求都纳入其对外经贸协议之中，形成一种透过经贸来实践人权理念的操作形式。不过，欧盟人权外交也非一帆风顺，反而是屡挫屡战。第一，欧盟各成员国对于相关人权认定和实践的优先级标准并不一致，甚至充满矛盾。第二，欧盟对在人权议题上理念不同的国家，明显地差别对待。第三，如何在推动人权外交时，避免干涉他国内政，始终是欧盟推动人权外交的一大考验。第四，欧盟在许多国际场合，如在联合国大会上，推动人权相关决议并未获大多数国家支持，获得通过的比例相对低。最后，欧债危机以来，欧盟境内极端民粹主义和极右派迅速蹿升，直接威胁到欧盟内部的人权。这些都是欧盟今后要推动人权外交的重大挑战。

张华在《欧盟人权外交的法律依据与限制》一文中指出，在《里斯本条约》生效以前，欧盟人权外交已呈现出多层次、全方位、高级别的特征。《里斯本条约》生效以后，欧盟基础条约、国际协议、二级立法以及“软法”档都为欧盟强化人权外交工具提供了更加充分的法律依据。欧盟不仅先后在 2012 年和 2015 年制定了两部有关人权外交的《欧盟人权行动计划》，而且设立了专司人权外交的欧盟人权特别代表，同时对欧盟既有的人权外交工具进行了“升级换代”和整合协调。文章详尽地阐述了欧盟人权外交现有的法律依据，重点剖析了欧盟内部权能的划分和国际法对欧盟人权外交的限制，并明确指出，作为一个国际法主体，欧盟在人权外交领域里应更加关注重大议题，应遵守主权平等原则、不干涉内政原则以及必要性和相称性原则，尽量避免消极措施，更多采用人权对话或发展援助等积极方式。

《欧盟全球战略新框架中的对外文化行动研究》是石坚和庄严二位作者的力作。他们在文章中讨论了欧盟对外文化行动在全球战略框架下的三个新特点：首先以欧盟早前对外文化行动的“碎片化”困境作为切入点，梳理欧盟在文化政策领域的权限及其对外文化行动的机制基础；然后从资源统计、价值取向、战略选择等角度分析欧盟对外文化行动在战略规划中的特征，以及国别性质的文化外交和欧盟的“国际文化关系战略”之间的区别；最后从对外文化行动的布局、机制工具的设立和人文外交途径等方面评述欧盟对外文化行动的趋势和走向。文章指出，欧盟机构在文化和外交政策领域提出联合战略是其治理过程中一次试验性突破，这一战略突破包含新机制和新工具，将一种人文维度的国际合作模式融入其全球治理的整体框架。

林子立的《欧盟文化外交的危机：规范性权力与认同感》，则是探讨欧盟透过文化来推动外交的成就和挑战，以及可能面临的危机。他首先引用欧盟学界相当熟悉的规范性权力为分析架构，解释欧盟如何透过文化来推动其外交、创建规范性权力。按照规范性权力的论述，欧盟是透过其文化政策倡导融合和多元价值，促使欧盟成员国进一步融合，同时建立更多共同的欧洲价值和规范，并进一步塑造欧洲的文化，来宣扬欧洲的价值和理念，形成一股强大的认同感，然后再透过说服、同化，赢得第三国对欧洲的认同。但是，这种植基于规范性权力的欧盟文化外交，现在却面临两个重大的危机。一个是欧盟本身的认同危机。也就是在欧债危机以后，欧盟历届民调都显示，各成员国人民对欧盟的认同下滑。另一个则是，不断强调建立欧洲共同价值、认同的结果，反而刺激了各国民族主义，使得疑欧反欧的势力不断壮大。结果，欧盟在推动文化外交、争取第三国认同时，欧盟内部的共识、原有的认同却越来越脆弱，形成头重脚轻、本末倒置的反讽。若欧盟迟迟无法争取更多成员国人民的认同，又无力压制急速上扬的疑欧反欧势力，将严重掣肘欧盟文化外交的实现。

金玲撰写的《欧盟发展合作政策的务实转型》一文重点分析了欧盟作为对外发展合作行为主体对周边以及非洲援助的政策和实践，文章聚焦欧盟的援助目标、手段和重点以及近期的调整和转型。文章认为，新兴国家在援助领域内作用的提升给欧盟带来了竞争性压力，中东北非之乱引发的难民和安全危机以及欧盟内部因债务危机所引发的长期增长危机等是推动欧盟政策调整的三大主要因素。文章指出，欧盟对外援助政策正在经历从推动规范性价值的“模式推广”向追求现实利益的务实政策转型。实现经济利益、应对难民危机和内外安全威胁成为欧盟对外援助政策的优先目标。欧盟的援助手段相应发生显著变化，具体表现为：附加政治条件的援助工具运用更加灵活，民主人权等价值观标准在多数情况下被受援国在安全和难民议题上的合作程度取代，援助资金更多从减贫和良政领域转移至应对现实的安全威胁和经济发展，进而引发欧盟作为国际行为体的身份危机。

朱景鹏的《欧盟发展合作政策及其对中亚地区伙伴关系的政策转型》，则是透过欧盟最重要的外交政策工具之一——发展合作政策的实践，来探讨欧盟对中亚地区外交作为的转变。他以 2007 年为分界点，认为在此之前，欧盟对于中亚地区的外交作为以发展经济贸易合作、技术援助为主，相较而言没有清楚的战略目标和政治目的。但是，2007 年欧盟通过“中亚区域援助战略”、建立欧盟与中亚的新战略伙伴关系后，即展开了一系列的外交作为，确立了欧盟在中亚地区的战略目标和政策方向，既要协助中亚地区的国家转型为安全且善治，甚至民主的国家，也希望将中亚建构成一个稳定安全的区域。为了实践这个理想，欧盟在中亚运用了三种不同的政策工具，包括：欧盟针对个别国家的援助和合作，欧盟与中亚区域间的跨区域合作，以及欧盟特别建构的政治、人权等对话渠道。不过，尽管欧盟采取积极作为，但是审视过去十年的发展，中亚地区的民主政治、人权法治并没有显著改善，各项民主、自由指数都停滞不前，甚至部分国家还倒退。作者认为，欧盟必须提供更多的政策诱因和更强制的政策作为，才能有效达到其政治和经济战略目的。

《欧盟东部伙伴关系计划：周边治理的理念与实践》一文由佟巍撰写。作者认为，东部伙伴关系计划作为欧盟睦邻政策的重要组成部分，肩负着在欧盟东部地区建立民主、繁荣的“欧洲化”的艰巨任务。然而，由于外部和内部因素的影响，东部伙伴计划推行六年来反响平平，治理效果不温不火，在战略设定与实施效率方面广受诟病。为深入理解这些现象，文章梳理了欧盟睦邻政策及东部伙伴关系计划的发展脉络，从政治、经济、社会等三个维度分析了欧盟边界治理的理念和方法，从内部挑战（欧盟顶层政策设计的缺陷和欧盟的睦邻改造能力）以及外部挑战（东部伙伴国家的利益抉择和俄罗斯的潜在威胁）等角度剖析了东部伙伴关系计划的治理挑战。文章还从欧盟、东部伙伴国家以及欧盟与俄罗斯关系等三个角度展望了欧盟东部伙伴计划的未来。

杨三亿的《欧盟睦邻政策实践：以乌克兰为例》则是探讨欧盟睦邻政策在东欧的实践，并特别回顾了 2014 年以来的乌克兰危机以及欧盟的作为，然后检视欧盟针对乌克兰危机外交政策和作为的成效。作者先深入探讨俄罗斯的乌克兰政策，认为俄罗斯的乌克兰政策包含了经济安全、国内政治、地缘战略等复杂因素，已不是一个单纯的经贸议题。然而，欧盟对乌克兰的政策以睦邻政策为主，着重发展和经贸，忽视了对地缘政治和俄罗斯内部政治的考虑。结果，欧盟这种以软实力为核心的外交政策，没有办法应对以硬实力为核心，以国内政治和地缘战略为考虑的俄罗斯的乌克兰政策，因此节节败退而无所作为。作者认为，解决乌克兰危机的根本之道，是欧盟必须有更清楚和全面的俄罗斯政策，才能在欧俄对话下，寻求乌克兰问题的真正解决。

洪美兰的《欧盟与俄罗斯关系之发展及其转变》，则是深入检视欧盟和俄罗斯之间关系的过去、现况以及未来可能的发展，并以

2004年和2014年为分水岭，将双边关系分为三个阶段。第一个阶段是苏联瓦解到2004年颜色革命期间，俄罗斯处于弱势，欧盟呈现强势，因此在很多倡议和交往上，俄罗斯是配合甚至迎合欧盟的东向和睦邻政策的。在2003年5月，双方同意建立经济、外部安全、教育和内部安全四个共同空间，象征欧俄合作的最高点。但是，这样的友好关系到2004年发生了重大改变，主要原因包括：油价飙升，俄罗斯经济好转；邻国相继爆发颜色革命，北约和欧盟接连东扩，被俄罗斯视为西方霸权的扩张，普京遂决定反制，透过经贸，甚至军事压力，压制邻近国家。2014年到2015年的乌克兰危机，更是欧俄关系的另外一个分水岭，导致双方相互制裁，迄今未解。作者特别从地缘政治的各个面向来解析普京对乌克兰的作为，认为2014年以后，欧俄关系已经从过去谈论价值、倡议共同空间，具有浓厚理想主义的互动，发展到今天纯粹按利益计算的现实主义关系，因此双方必须就各自最在意的核心利益协调、讨论、妥协，才能够继续发展共存的关系。

冯绍雷撰写的《北约之争与俄欧安全新局面》一文从北约东扩出发分析俄欧关系。文章坦言，北约东扩是影响俄罗斯与美欧关系以及未来欧洲安全格局的一个重要因素，北约东扩所引起的欧洲政治安全边界的改变、在欧洲地区部署的反导武器系统，以及最近部署的相当规模的常规军事力量，这“三位一体”的进程不可能不引起俄欧之间的重大争议。自2017年慕尼黑北约峰会以来，美国开始逐渐摆脱“大选效应”，重新表示支持与北约的盟友关系。但是，这无助于解决俄、欧、美三方之间的立场分歧。北约、俄罗斯和欧洲安全关系的前景依然扑朔迷离。今天的北约东扩是否会重蹈历史上西方扩张的覆辙：即由追求一元主义为起点，最后落得一个多元力量并存的结局，这还是一个值得进一步观察的重要问题。

卓忠宏的《检视欧盟地中海移民政策》一文则聚焦于欧盟针对南邻地中海问题的应对策略，特别探讨欧盟移民政策安全化的过程。作者先探讨移民和安全议题之间的关系，以及移民问题安全化的相关论述，认为依据不同的论述，可以给予移民不同的定位。欧盟的移民政策始于 1999 年坦佩雷高峰会决定针对合法移民给予共同的规范，针对非法移民则采取共同的防范。不过，相对宽松的欧盟移民政策到了 2008 年金融危机以后，发生重大转变。由于本身经济陷入停滞，甚至衰退，欧盟开始紧缩移民政策，并采取两种措施。一方面支持第一线国家，阻止难民涌入或将难民圈限在第一线国家的特定区域之内使他们不会四散到欧盟其他国家。另一方面则是加速遣返未获得庇护的难民，并向土耳其和希腊等接待难民国家提供大量援助，协助它们安置大批不合庇护规定的难民。不过，欧盟的方案遇到几个挑战，其中最麻烦的就是如何区分移民和难民？不仅各方解读不同，在不同时间，欧盟也有不同的看法。此外，各成员国的立场并不一致，不仅第一线国家和其他国家立场矛盾，即使是各国内部的看法也有分歧，使得欧盟在地中海移民问题上很难有一致的立场，更遑论采取共同的行动了。

《地中海联盟多重移民政策研究》一文由臧术美撰写。作者关注近年来愈演愈烈的难民危机对地中海联盟和联盟移民政策体系造成的重大冲击。文章认为，移民在为欧盟国家的建设作出贡献的同时，也给移民接收国带来了许多社会问题。为解决地中海地区的移民问题，欧盟与地中海沿岸国家建立了欧盟、地区和国家多层移民政策体系，但效果并不理想。在应对难民危机的过程中，地中海联盟的作用没有充分显现，欧盟的角色也不统一。地中海联盟和欧盟在这一领域的合作有待加强。

刘书彬的《2008 年起欧盟亚洲战略与政策下的欧亚关系》则是透过历史回溯和内容分析，依据欧盟每七年一期的会计预算制度和政策说帖，将欧盟共同外交暨安全政策形成以来欧盟的亚洲战略分为四个阶段，分别是 1994—2000 年、2001—2007 年、2007—2013 年以及 2014—2020 年，并细列每一个阶段欧盟亚洲政策的主要纲领和特色，再透过比较和国际政经网络的分析，整理出二十多年来欧盟亚洲战略演进的三大方向。第一，早期欧盟的亚洲战略都以提升双边经贸关系为主轴，然而 2001 年起，明显溢出传统的经济范畴，开始将人权、环保、永续发展，甚至反恐等议题逐步纳入亚欧关系，迄今不衰。第二，欧盟亚洲战略的焦点也呈现逐步移转和扩大的趋势。早期明显以中国和日本两个大国为核心，但在 2001 年以后开始着重关注与区域内较弱势或较不稳定的国家的关系。第三，欧盟的亚洲战略逐步从双边关系发展到对亚洲国家区域发展的关注，并开始直接挹注资源，支持亚洲国家的区域发展。不过，相较于欧盟亚洲战略的不断更新扩张，亚欧交往的架构在过去二十多年中并未有大幅的更张，仍以亚欧会议为主。金融危机以来，俄罗斯和中国先后提出不同的欧亚策略，更突出欧盟亚洲政策的重要性，并与前述俄中亚欧策略形成一种持续的竞合。

张浚撰写了《欧盟与亚洲关系的演进及发展前景》一文。作者认为，在全球化的进程中，跨国产业转移和全球价值链不断发展，在此过程中，亚洲地区的经济迅速发展，工业化进程加速，并成为全球经济中的重要板块。欧盟早在 20 世纪 90 年代就认识到加强与亚洲地区经济联系的重要意义，并试图通过联合亚洲以强化全球多边贸易体系及加强区域间合作的方式，推动亚欧关系的发展。但是，跨太平洋的经济联系发展得更为迅速，其价值链关系更加紧密。在欧洲、北美和东亚这三个经济板块之间，欧亚之间的经济联系成为一个薄弱环节，欧盟的亚洲战略受到挑战。进入 21 世纪以后，亚太地区多重双边贸易联系迅速发展，欧洲在全球多边贸易体系中的地位受到挑战，欧盟不得不从强调区域间合作转而发展与亚洲国家的双边贸易关系。金融危机发生后，中国提出“一带一路”倡议，为加强欧、亚区域合作注入了新的动力。在目前全球化遭到质疑，并出现了全球范围的“逆全球化”的政治力量的情况下，推动欧亚之间经济关系的发展具有格外重要的意义。

冯仲平教授与陈旸副研究员联合撰写的《欧洲对美关系演变及发展前景》概述了欧（含欧盟及成员国）美关系的总体走向，并聚焦于特朗普当选美国总统后欧美关系的最新发展。作者认为，在冷战结束后的四分之一个世纪中，由于“共同敌人”的消失、欧洲一体化的推进、欧美战略利益的分化、价值观差异的增大等原因，“二战”结束以后欧美共同努力经营的跨大西洋同盟关系已然“褪色”，主要表现在欧美凝聚力下降，跨大西洋合作受限，欧美之间竞争性有所突出，欧美同盟关系出现明显松弛化等趋势。特朗普上台加速了这一变化。在这一总体发展趋势下，欧洲方面基于现实，努力寻找新的欧美关系定位，并在大西洋关系中寻找战略主动，具体体现为由欧盟或其成员国出面不断尝试与特朗普政府展开互动，准备为各类“危险苗头”灭火，避免特朗普的政策殃及自身，争取跨大西洋关系“不失控”。但是，这些努力都不能扭转欧美关系发展不确定性增大的现实，虽然双方在北约中体现的各自安全和战略利益尚未动摇。与此同时，欧美在国际事务中进行合作的同步性下降、双方关系特殊性不断减弱的趋势也不会改变。既合作又竞争将可能逐步成为跨大西洋关系的常态。

陈麒安的《欧盟共同外交与安全政策对欧美关系的影响：基于理论的分析》，聚焦探索后冷战时期美欧的军事安全合作关系、北约的变化以及欧盟共同外交暨安全政策建构对美欧关系可能的影响。异于一般论述欧盟共同外交暨安全政策的论文，作者省略了对该政策内容、演进和机制的描述，而是从国际安全理论层面切入，分析欧盟发展共同外交暨安全政策，是否符合国家合作制衡或扈从美国霸权的思维。作者首先仔细地分析了美欧学者关于欧盟共同外交暨安全政策建构的解读，以及对美欧安全合作的影响，并归纳出三种论述。接着，他引用了三个经验事实来检视上述这三个论述，并说明整个后冷战时期欧盟各国的作为都无法证明欧盟共同安全暨安全政策的目的是要制衡美国霸权。然而，上述的经验事实也否证欧盟发展共同安全暨安全政策是被迫妥协而扈从美国的论述。作者从各方面来论证，欧盟和美国在外交、安全和安全议题上的互动，仍持续分享、合作，并没有所谓的制衡和被迫扈从的事证。因此，欧盟建构共同安全暨安全政策，既不是用来制衡美国霸权，也不是屈服而被迫扈从美国，而是希望能因此成为美国更信赖、必要时能独自处理区域冲突的可靠伙伴。

以上概述的这本两岸学者共撰共编的专著，历经一年半的规划、组织、征集、撰写、提交、审阅、回馈、研讨、修改、审定、编辑等多道工序，最后付梓，整个过程凝聚了多方多面人士的努力和心血。

两岸的双主编，即周弘教授和苏宏达教授，愿在此向所有为此书的问世付出艰辛劳动的两岸人士致以深切和诚挚的谢意，他们是：本书的作者、编委、评论人、审稿人，会议的组织者（如第六届“两岸欧洲联盟研究论坛”的组织者石坚教授和李竹渝教授），以及协助出版各项事务的人士：来自中国欧洲学会和《中国欧洲研究》编辑部的各位同事，陈新秘书长、宋晓敏主任、牟薇女士，以及中国社会科学出版社的陈雅慧女士；和台湾的台大出版中心项洁前主任、王泰升主任、汤世铸总编辑、严嘉云专任编辑，以及台湾欧盟中心的郑家庆执行长、白绮萍副执行长、陈彦伃组长、刘铠组长。

虽几经审查、校对，疏漏难免，还恳请两岸及各地欧洲暨欧盟研究先进不吝指正赐教。

主编

周弘　苏宏达

目　录

上　编

下　编

附 录

上　编

探索建立解释欧盟共同对外行动的分析架构

苏宏达

一 前言

自 1993 年欧洲联盟建立共同外交暨安全政策后，如何有效地分析并解释欧盟对外行动遂成为学界的焦点。本文的目的是在审视当前国际学界用于分析欧盟对外行动的架构（第二部分），然后从不同的理论路径切入，尝试建立一个更有效的分析架构和公式（第三部分），并以两个案例研究说明其运用（第四部分），最后回顾全文，做出结论。[①]

二 建立欧盟对外行动分析架构的可能路径

研究欧盟对外行动最常见的路径，就是视每一个成员国为单一行为者，各国领袖界定各国利益，然后在欧盟机关进行折冲，最后制定欧盟的共同对外行动方案。[②] 不过，这个路径明显忽略了各国内部各方

---

① European Union External Action，https://eeas. europa. eu/headquarters/headquarters-homepage/area/foreign-affairs_ en. Retrieved on 14 November 2016. 依据欧盟对外行动署官方网站，欧盟对外行动包含共同外交、共同安全、贸易、睦邻、援助、人权推广和人道救援等 20 个对外政策。

② 如林子立《欧洲联盟文化外交政策之脉络与实践：以英国为例》，载刘以德主编《欧洲联盟文化政策之脉络与实践》，台大出版中心 2016 年版，第 585 页；黄伟峰《欧盟全球角色中的对美关系：“竞争型合作”的再诠释》，载张亚中主编《欧洲联盟的全球角色》，台大出版中心 2015 年版，第 25—100 页。

利益的竞合,① 有的学者遂应用外交决策理论来分析欧洲共同对外行动。从美国学者艾里森（Graham Allison）开始将外交决策分为单一理性决策、组织决策和官僚决策三模式后,② 外交决策理论晚近又加入了建构理论的心理认知决策模式、双层博弈、代理人模式，等等。

另一个方式是运用欧洲整合理论来研究欧盟对外行动的产出，这又包括四条路径。③ 第一是新功能主义，将焦点集中在跨国精英串联所产生的内在动力，以及对外交政策产生的溢出效应。④ 第二是制度主义，主张欧盟制度强大的制约能力，在不同程度上左右了欧盟对外行动的产出。第三是自由政府间主义，强调各成员国内部的决策过程以及在欧盟层级上的权力较量和利益交换。⑤ 第四则是由新区域主义所发展出来企图解释国家和区域政体决策的 2 ×2 模式。⑥

不过，经验研究显示，在涉及外交及安全的事务上，成员国仍居主导地位，欧盟机关扮演次要角色。⑦ 因此，分析任何欧盟对外行动，

① Thomas Henökl and Anton Stemberger, "EU Policies in the Arab World: Update and Critical Assessment", *European Foreign Affairs Review* 21 (2), 2016, pp. 230 – 237.

② 西方国际关系学界一般视 Graham Allison 于 1971 年出版的 *Essence of Decision: Explaining the Cuban Missile Crisis* 为外交决策研究的起始点，但 Allison 本人又在 1999 年再版其著作，并大幅修正他提出的三个外交决策理论模型。参见 Graham Allison, *Essence of Decision: Explaining the Cuban Missile Crisis*, 1st ed., Boston: Little Brown, 1971, pp. 10 – 38, 67 – 100, 144 – 184 及 Graham Allison and Philip Zelikow, *Essence of Decision: Explaining the Cuban Missile Crisis*, 2nd ed., New York: Longman, 1999, pp. 379 – 388。

③ 关于西方欧洲整合理论发展的简介分析，可以参见 Owen Parker, "Teaching (Dissident) Theory in Crisis European Union", *Journal of Common Market Studies* 54 (1), 2016, pp. 37 – 52。

④ 杨三亿：《欧盟对外影响力模式分析：柔性平衡与欧洲化》，载郭秋庆主编《欧洲联盟实力的柔与刚》，台大出版中心 2013 年版，第 158—163 页。

⑤ 卓忠宏：《欧盟地中海政策的历史发展与建构模式》，载苏宏达主编《欧洲联盟的历史与理论辩论》，台大出版中心 2011 年版，第 470—477 页。

⑥ Steffen Murau and Kilian Spandler, "EU, US and ASEAN Actorness in G20 Financial Policy-Making: Bridging the EU Studies-New Regionalism Divide", *Journal of Common Market Studies* 54 (4), 2016, pp. 928 – 943. 作者将外交决策分为内外两个层级，而各层级又再划为两个步骤。

⑦ Philippe Beauregard, "Taking Flight or Crashing Down? European Common and Foreign Policy and International Crises", *Journal of European Integration* 38 (4), 2016, pp. 375 – 392. 这是作者对 2008 年格鲁吉亚危机和 2012 年利比亚战争中欧盟机关及各成员国的各项声明及文件进行比对分析后所得的结论。

既不能忽略成员国国内的形塑过程，也必须了解欧盟相关机制运作、各成员国在欧盟架构下的折冲樽俎，故个人以为，以自由政府间主义的双层博弈模式为基础，[①] 辅以制度主义，应是建立研究欧盟对外行动的最佳起点。

三　欧盟共同对外行动的决策分析架构

据此，欧盟共同对外行动的形成可以分为三个阶段。

第一个阶段是国内层级。

欧盟共同对外行动大部分是采取共识决，但囿于语言、资源，我们不可能在所有议题上逐一研究 28 个成员国的立场。尤其，每一个成员国对各个议题的影响力并不同。[②] 因此，研究欧盟共同对外行动的第一个挑战，是要确定哪些成员国为主要研究对象。依据自由政府间主义，法、德及脱欧前的英国是欧盟共同外交暨安全政策的三强，个人则主张再加上意大利、西班牙和波兰三个次级强权，然后依议题属性和引力模式（gravity model）[③] 纳入其他成员国。譬如，在欧盟对乌克兰政策上，由于直接涉及波罗的海三国的国家安全，所以三国的立场就必须重视；在贸易谈判时，贸易大国——荷兰就不能被忽略；在研究对拉丁美洲政策时，也一定要梳理葡萄牙与巴西的关系。因此，我们可以建立一个“3（2）+3+α”的模式，α 为其他成员国，将所欲研究的成员国数透过关系人（stakeholders）的筛选，限缩在 10 个上下，以利展开研究。

然后要解决的问题是，国内的哪些单位应该被纳入。自由政府间主义特别强调以企业协会为核心的利益团体的影响力。以正在谈判中的跨大西洋贸易与投资伙伴协议（Transatlantic Trade and Investment

---

① Andrew Moravcsik, *The Choice for Europe*, New York: Cornell University Press, 1998, pp. 18 -85.

② Sergio Fabbrinim, “From Consensus to Domination: the Intergovernmental Union in a Crisis Situation”, *Journal of European Integration* 38 (5), 2016, pp. 587 -599.

③ 即一国的经贸利益与本国及他国的 GDP 正相关，与地理距离负相关。

Partnership, TTIP）为例，2009—2014 年，执委会贸易总署和来自成员国各界的非政府组织进行了 560 次会谈，其中 534 次都是对话不同产业的游说团体。[①] 除了企业协会外，还应纳入劳工团体、不同议题的游说团体和主要政党，形成一个四元（Qua）的分析架构。[②]

第二个阶段是各国最高的决策过程。

竞逐到最后，各国外交立场仍须政治领袖做出抉择。这个抉择受到两个因素的影响。一是这个议题在国家利益上的位阶，是直接左右国家的生存、安全，还是影响了政治经济利益，或仅涉及其他次要利益。领袖的介入程度会随着对利益位阶认定的下降而递减。[③]

另一个因素是，该决策对于该政治领袖的国内外政治权力是加分、减分，还是持平。如果是加分，则该国在欧盟的谈判中会强化是项立场；若是减分，则该国应会在欧盟谈判中采取低调的立场。

第三个阶段则是欧盟层级。

当谈判进入欧盟场域时，就受到欧盟所建构制度的左右。这个制度不仅包括欧盟的各项机制，还涉及整个欧洲统合运动长期累积的价值、准则、象征和集体认同。[④] 因此，分析欧盟场域的谈判，必须注意两个面向：各成员国的权力指数，以及是项政策选项对于欧盟制度（包括机制、价值、准则、象征和集体认同）可能的减损。若可能损及欧盟制度，将引发欧盟机构领袖和精英的抵制而增加其通过的阻力；反之，则将增加其通过的助力。[⑤]

据此，个人尝试建立一个三层级的欧盟共同对外行动分析架构。

---

① Agence Europe, *Bulletine Quotidien Europe*, 12 July, 2014.

② 苏宏达：《从自由政府间主义解析里斯本条约的发展过程》，《问题与研究》第 49 卷，2010 年 6 月第 2 期，第 1—38 页。

③ 明居正：《古典现实主义之反思》，载包宗和等《国际关系理论》，五南出版社 2011 年版，第 37—40 页；陈麒安：《进攻性自由主义理论初探》，《国际政治科学》2013 年第 1 期，第 66—73 页。

④ See the second section on Normative Empire Europe in Raffaella A. Del Sarto, "Normative Empire Europe: The European Union, Its Borderlands, and the 'Arab Spring'", *Journal of Common Market Studies* 54 (2), 2016, pp. 219 - 223.

⑤ 李贵英：《欧盟经济治理与欧盟财政条约》，载李贵英、李显峰主编《欧债阴影下欧洲联盟新财经政策》，台大出版中心 2013 年版，第 100—102 页。

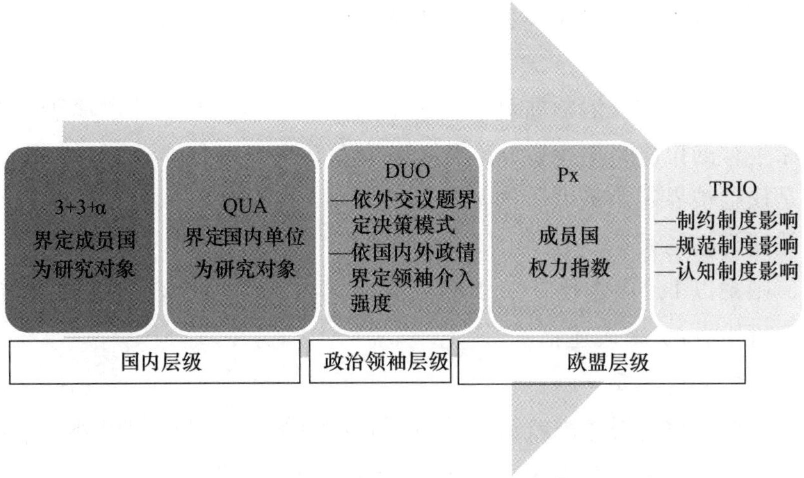

图 1　暂拟欧盟共同对外行动分析架构

注：英国正式退出欧盟后，第一栏即改为 2 + 3 + α。

资料来源：笔者自绘。

现在，再将各阶段转换成简化的公式，以利判读。

在国内层级，先将 4 个主要折冲的单位（企业协会、劳工团体、议题团体和主要政党）加权，各给予 1、0 或 -1：若是项对外行动获得 4 个单位支持，得 4；若无一单位支持，则获 0；若是 4 个单位明确反对，则为 -4。以政党支持度而论，可以按是否获得执政联盟成员和主要反对党支持来衡量，若仅有前者支持，则为≥ +0.5；若同获后者支持则为 +1。企业协会和劳工团体的支持度也以主要团体的立场为依据。以法国工会为例，若获得三大工会的支持，则可以得 +1——尽管三大工会会员仅占全国工会会员总数的 70.62%。[①] 至于特定议题团体的加权较难客观认定，故个人倾向以支持和反对该议案的团体总数加总来计算。以德国在气候变迁议题上的议题团体而论，若有 3 个支持，1 个反对，则加减后再除以议题团体总数［（3 -

① 法国三大工会分别是 CGD（Confédération Générale du Travail）、CFDT（Confédération Française Démocratique du Travail）和 FO（Force Ouvrière）。

1）÷4 =0.5]，得到0.5。$f(a)$ 即表示国内层级的支持程度：

$-4 \leqslant f(a) \leqslant 4$

接着，探讨政治领袖对该议题重要性的评估。若是议题属于涉及国家生存的位阶，则乘以0，表示决策者几乎可以乾坤独断；[①] 相反，若是议题被界定为最低阶的无涉国家重要利益，则应乘以2，代表该国的谈判立场几乎为国内各单位折冲后的最大公约数。介于二者之间，则乘以1，代表政府领袖和精英必须权衡国内竞合结果来决策。我们可用 $f(b)$ 来表述：

$0 \leqslant f(b) \leqslant 2$

现在，我们得考虑政治领袖对于是项决策对自己在国内外政治地位的影响的认知。在这里，个人选择了加法在 -8 和 +8 的区间来计算。用加法，是因为在民主多元社会中，政治领袖可以改变原有决策的方向和内容，但不可能全面抹杀。选择 -8 和 +8 的区间是呼应之前关于国内各单位互动时的计算。譬如，国内社会共识加权为4，政策本身被界定为无涉国家生存的重要政经议题，故乘以2，但政府领袖认为此决策一次通过将严重威胁自己在国内的政治权力，则给予 -8，$4 \times 2 + (-8) = 0$，最后结果为零，代表该国在欧盟谈判时将不持立场，政府不支持，也不反对。这可以 $f(c)$ 来表示：

$-8 \leqslant f(c) \leqslant 8$

到了欧盟层级，首先是要将该国的立场数值，乘以该国在欧盟内的权力指数（power index，*px*）。这个权力指数是指依据欧盟理事会条件多数决的规定，[②] 利用 perl 计算机语言，计算出该成员国在理事会条件多数决运作下的否决权指数（参见附录）。[③] 据此，德国在欧盟理事会的权力指数最高，达0.9；英、法、意是0.8，西班牙和波兰

① 刘书彬：《日本福岛核灾后欧盟的核能政策治理：以德法两国治理模式为例》，载朱景鹏主编《欧洲联盟的公共治理——政策与案例分析》，台大出版中心 2013 年版，第 296—301 页。

② 洪德钦：《欧盟法的渊源》，载洪德钦、陈淳文主编《欧盟法之基础原则与实务发展》（上），台大出版中心 2015 年版，第 27—33 页。

③ 苏宏达：《里斯本条约生效后对欧盟对外行动能力与民主治理机制可能的影响》，《政治科学论丛》2009 年第 40 期，第 125 页。

则是0.7，最小的卢森堡、马耳他也有0.5。透过这个权力指数计算，我们发现在欧盟理事会决策中，若德国反对，仅一成的决策模式可获得通过；若法、英、意任一国反对，则仅两成的决策模式可获得通过。另外，相较于其人口、土地和经济规模，小国的权力指数获得不成比例的提升，符合欧盟理事会尽量追求共识决的文化。因此：

$$f(d) = px$$

最后，我们要考虑这个政策选项对欧盟制度的影响。依拉芬（Brigid Laffan）的分类，可将欧盟制度分为规律、价值，以及认知三面向。[①] 若该政策选项可以同时强化欧盟制度的三个面向，则 $f(e) = 1+1+1 = 3$；反之，则 $f(e) = (-1)+(-1)+(-1) = -3$。因此 $f(e)$ 可表示为：

$$-3 \leqslant f(e) \leqslant +3$$

个人将上述步骤数据化成一个更简洁的分析公式。

$$f(x) = \sum_{k=3}^{28} M_k$$

$$M_k = \{f_k(a) \times f_k(b) + f_k(c)\} \times f_k(d) + f_k(e)$$

其中下标 k 表示涵盖的欧盟成员国。

这个公式的目的，不是企图要用机械式的数学公式来直接判读欧盟对外行动的制定过程，而是希望将欧盟内部繁复的决策流程加以简化，成为一个可以参考操作的分析公式。譬如，若 $f(b) = 0$，即该成员国领袖视本外交决策攸关国家生存，$f(a) \times f(b) = 0$，我们即可跳过该国国内各单位间的竞合，直接研析该国政治领袖的决断。若是该欧盟对外行动被该成员国领袖视为严重威胁其国内政治地位，即 $f(c) = -8$，则我们几可断言，该国在欧盟理事会内不可能支持本议案。若是 $f(e) = +3$，意味着本议案能强化欧盟制度，故将获欧盟机构领袖大力支持。

① Brigid Laffan, "The European Union Polity: a Union of Regulative, Normative and Cognitive Pillars", *Journal of European Public Policy*, 8 (5) 2001, pp. 709 - 727.

四　案例检视

接下来，我们运用上述公式来检视2011年2—3月欧盟针对利比亚情势的决策，以及2014年3—7月欧盟因克里米亚危机决定对俄罗斯展开制裁的过程。

（一）2011年欧盟对利比亚的政策

2010年12月初，阿拉伯之春运动在北非爆发。翌年1月，利比亚出现反政府示威，要求驱逐强人卡扎菲（Muammar Gaddafi），卡扎菲已经或即将屠杀平民的报道开始频频出现，引发国际社会关注。2月23日，法国总统萨科齐（Nicolas Sarkozy）首先公开表示，欧盟应对利比亚政府展开制裁，并要求卡扎菲下台。26日，联合国安理会通过第1970（2011）号决议案，制裁利比亚。3月17日，再通过1973（2011）决议案，宣布在利比亚建立禁航区，并授权成员国及区域组织采取一切必要行动遂行此决议。3月19日，英法两国对利比亚发动袭击，3月31日起行动正式由北约组织统筹，10月20日击毙卡扎菲，10月31日北约宣布行动结束。

针对利比亚的情势，欧盟有4个选项。

选项A：不作为。

选项B：发表声明谴责，但不制裁。

选项C：发表声明谴责，并制裁。

选项D：发表声明谴责，并制裁及采取军事行动。

按照前述分析架构，除了六大国外，我们还可以按引力模式加入马耳他，确定一个3+3+1的研究对象。（表1—表7。）

表1　**德国的利比亚政策**

选项	f（a）	f（b）	f（c）	f（d）	f（e）	ΣM1
A	-2	1	-4	0.9	-3	-8.4

续表

选项	f (a)	f (b)	f (c)	f (d)	f (e)	ΣM1
B	-1	1	-2	0.9	-2	-4.7
C	+1	1	+4	0.9	+3	+8.5
D	0	1	+2	0.9	+2	+3.8

德、利经贸关系并不密切，就2010年德国出口而言，对利比亚出口仅占0.25%。[①] 德国内部要求政府作为的主要压力来自利比亚人权联盟（Libyan League for Human Rights）、人权团体和主流政党领袖。德国当时是右派联盟政府执政，自由民主党领袖韦斯特韦勒（Guido Westerwelle）担任副总理兼外交部部长。在野社民党“二战”后长期反战，曾在2003年带头反对美国攻伊，使得国内支持采取军事行动的民众始终未过三成，[②] 党领袖支持制裁、保护平民，坚决反对发动战争，[③] 所以$f(a)$的数值在选项C时最高，到了选项D反而下降。此外，利比亚问题与德国生存及安全无关，但影响了欧盟整体的地缘政治，又涉及民主人权价值，故与德国政治利益有关，因此$f(b)=1$。至于对默克尔领袖地位的影响，并不显著。一方面，德国人最关注的焦点和担心，是之前爆发的欧债危机；另一方面，德国在利比亚没有重大的政经利益，德国也向来不在欧盟地中海政策上扮演领袖。默克尔不作为的损失有限，积极作为的加分也不多，但若同意采取军事行动，反而可能引发德国“二战”后的反战情绪，损及她在国内的支持率。到了欧盟层级，对德国而言，积极作为可以强化欧盟的制度，但是过激的军事行动，可能激化欧盟内部矛盾。

---

① European Commission, DG Trade, *Market Access Database*, http://madb.europa.eu/madb/statistical_form.htm. Retrieved on 15 February 2017.

② Jeffrey Herf, "Why Germany was Against the Libya Intervention?" *Berlin Ghosts*, 24 March 2011, https://newrepublic.com/article/85702/germany-libya-intervention-qaddafi-merkel. Retrieved on 12 February 2017.

③ Eve Bower, "Germany's Libya Policy Reveals a Nation in Transition", *Deutsche Welle*, 9 December 2011, http://www.dw.com/en/germanys-libya-policy-reveals-a-nation-in-transition/a-15367751. Retrieved on 12 February 2017.

表2　　英国的利比亚政策

选项	f (a)	f (b)	f (c)	f (d)	f (e)	ΣM3
A	-2	2	-8	0.8	-3	-12.6
B	-1	2	-4	0.8	-2	-6.8
C	+1	2	+4	0.8	+3	+7.8
D	+2	2	+8	0.8	+3	+12.6

英、利经贸关系薄弱，就2010年英国进口而言，自利比亚进口仅占0.6%，[①] 因此，企业团体和劳工团体并未扮演重要角色。但是政党和人权团体则积极主张英国采取强硬立场，利比亚人权联盟更在伦敦设有分部。所以，政府若不采取任何立场，会遭到两个团体严厉抨击［$f(a) = -2$］；若是采取制裁加上军事行动，则会大受支持［$f(a) = +2$］。然而，利比亚问题不涉国家生存及安全，也对英国无重大的经贸利益，但会影响甫上任卡梅伦首相的领导威信，以及英国在欧洲地区的领袖地位，因此$f(b) = +2$，$f(c)$的值随着英国立场强硬而上升。最后，到了欧盟层级，不作为将严重折损欧盟的制度价值［$f(e) = -3$］。采取制裁或军事行动，不但可以有效支撑欧盟制度的各个面向，还可以强化英国在欧洲防卫上支持北约、抑制欧盟的效果，因此$f(e) = +3$。

表3　　法国的利比亚政策

选项	f (a)	f (b)	f (c)	f (d)	f (e)	ΣM2
A	X	0	-8	0.8	-3	-9.4
B	X	0	-4	0.8	-2	-5.2
C	X	0	+4	0.8	+2	+5.2
D	X	0	+8	0.8	+3	+9.4

① European Commission, DG Trade, *Market Access Database*, http://madb.europa.eu/madb/statistical_form.htm. Retrieved on 15 February 2017.

首先，较英德两国，法国与利比亚有较多的经贸往来，2009 年自利比亚进口占法国进口总量的 1.8%，[①] 因此在法国，企业集团可能扮演较在英国更积极的角色。相反，利比亚人权联盟也未在法国设立分支，法国内部也没有政党领袖积极主张强硬立场。此外，萨科齐一开始就寄望在利比亚问题上采取强硬立场，彻底遮掩他在阿拉伯之春伊始偏袒当地独裁者的错误，同时建立强势领袖形象，有助于他参加 2012 年总统大选，并攫取卡扎菲下台后法国在利比亚的最大利益，[②] 因此 $f(b)=0$，$f(c)$ 则变化剧烈，从 -8 到 +8。到了欧盟层级，采取积极作为不但有助于巩固欧盟制度，进一步带头袭击利比亚，还可以伸张法国 2009 年重返北约军事组织时的战略设计，就是运用北约加速推动法国领导的欧盟共同外交暨安全政策建构，[③] 因此选项 C 的 $f(e)=+2$，选项 D 的 $f(e)=+3$。

表 4　**意大利的利比亚政策**

选项	f (a)	f (b)	f (c)	f (d)	f (e)	ΣM4
A	0	0	-4	0.8	-3	-6.2
B	+1	0	0	0.8	-2	-2.0
C	-1	0	+4	0.8	+3	+6.2
D	-2	0	+2	0.8	+2	+3.6

在欧盟 4 个大国中，意大利与利比亚有最密切的经贸关系。2009 年意大利自利比亚进口占其总进口的 8.1%。[④] 尤其，意大利近四分

① European Commission, DG Trade, *Market Access Database*, http://madb.europa.eu/madb/statistical_form.htm. Retrieved on 15 February 2017.

② House of Commons Foreign Affairs Committee of UK Parliament, "Libya: Examination of intervention and collapse and the UK's future policy options", 9 September 2016, paragraph 33, https://publications.parliament.uk/pa/cm201617/cmselect/cmfaff/119/119.pdf. Retrieved on 24 October 2017.

③ France and NATO, *France in NATO*, 27 July 2017, http://www.rpfrance-otan.org/France-and-NATO. Retrieved on 24 October 2017.

④ European Commission, DG Trade, *Market Access Database*, http://madb.europa.eu/madb/statistical_form.htm. Retrieved on 15 February 2017.

之一的原油和10%的天然气进口来自利比亚。[①] 在地缘上，利比亚动荡亦对意大利影响巨大，并可能使难民蜂拥而至，危及国家安全，因此，f（b）=0。对贝卢斯科尼而言，在利比亚危机中不作为，将损及意大利在利比亚乃至整个地中海地区的地位，削弱其因债务危机而松动的权力。但是，意大利不可能成为欧盟在地中海军事行动中的领袖，又不愿看到法国因此在地中海地区更强势，因此，在初期，制裁远较军事行动更符合意大利利益。要等到北约接手指挥战争，意大利与法国达成默契后，意大利才决定派军参加。

表5　**西班牙针的利比亚政策**

选项	f（a）	f（b）	f（c）	f（d）	f（e）	ΣM5
A	0	2	0	0.7	-3	-1.6
B	0	2	0	0.7	-2	-0.6
C	+1	2	+4	0.7	+3	+8.6
D	0	2	+2	0.7	+2	+4.1

西、利的政经关系并不密切，西班牙国内也没有强大的人权、劳工团体和政党。唯一的焦点，是对阿拉伯之春发展的关注，尤其是对隔海相望的摩洛哥。因此，对于利比亚问题，西班牙内部的辩论不多，执政的社会党虽然强调保护劳工和人权，但未有证据显示，西班牙会因此采取强硬立场。所以，不作为并无损失，采取激烈的军事行动也不会加分，反而是支持联合国和欧盟的制裁最符合社会党政府关怀人权又反战的传统。又因无涉国家安全、政经利益，所以f（b）=+2。但是，对刚刚连任的执政党和总理而言，有限度的支持军事行动可以提升西班牙在地中海的影响力，并反转2004年西班牙自伊拉

① Marianne Arens, "Italy's Role on Libya War", *International Committee of the Fourth International*, World Socialist Website, 14 May 2011, https://www.wsws.org/en/articles/2011/05/ital-m14.html. Retrieved on 15 February 2016.

克撤军后的怯战形象,[1] 因此 D 选项 $f\ (c)\ = +2$。到了欧盟层级，和其他成员国一样，不作为势必严重损害欧盟的制度，所以西班牙也支持在利比亚问题上采取必要措施，选项 D 的 $f\ (e)\ = +2$。

表 6 **波兰的利比亚政策**

选项	f (a)	f (b)	f (c)	f (d)	f (e)	ΣM6
A	-1	2	-8	0.7	-3	-10
B	0	2	-4	0.7	-2	-7.6
C	+1	2	+8	0.7	+3	+10
D	0	2	+4	0.7	+1	+3.8

波兰与利比亚的政经关系极淡，国内也没有强烈要求制裁利比亚的人权和劳工团体，政党亦无明显立场，仅舆论呼吁政府采取行动。因此，不作为仅有些许损失。不过，自诩为中欧领袖和欧盟大国的波兰的领袖却努力利用这个事件，提升波兰的国际地位，尤其是发展与美国的结盟和提升北约在欧洲的领导地位，因此采取 C 选项的 $f\ (c)\ = +8$，比 D 选项更有利。第一，尽管大部分波兰人支持出兵利比亚，却反对波兰派军参加。第二，波兰当时已派军赴阿富汗、伊拉克参战，无力再加入另一场战争。最后，波兰支持的是美国领导的北约，而不是法国领头的欧洲联军,[2] 因此选项 D 的 $f\ (e)\ = +1$ 而非 $+3$。

表 7 **马耳他的利比亚政策**

选项	f (a)	f (b)	f (c)	f (d)	f (e)	ΣM7
A	0	0	-4	0.6	-3	-5.4

---

① Stratfor Enterprises, "Europe's Libya Intervention: Spain", 30 March 2011, https://www.stratfor.com/analysis/europes-libya-intervention-spain. Retrieved on 15 February 2017.

② Daria Dylla, "Poland, Libya and NATO", Atlantic Council, 3 June 2011, http://www.atlanticcouncil.org/blogs/new-atlanticist/poland-libya-and-nato. Retrieved on 15 February 2017.

续表

选项	f (a)	f (b)	f (c)	f (d)	f (e)	ΣM7
B	+1	0	+4	0.6	-2	+0.4
C	-1	0	-2	0.6	+3	+1.8
D	-4	0	-4	0.6	+3	+0.6

马耳他是距离利比亚最近的欧盟成员国，与利比亚有较紧密的政经关系。2009 年马耳他对利比亚的出口比重是 6.5%，[①] 加上马耳他内部并无强烈支持人权、保护劳工的团体，政党领袖在利比亚事件上也无显著立场，因此基于经贸利益的考虑，马耳他倾向反对制裁或动武。更由于历史地缘位置接近，马耳他领袖视利比亚动乱涉及国家安全，因此 f（b）=0。马耳他总理贡齐（Lawrence Gonzi）甚至还在利比亚动荡时，于 2 月 8 日应卡扎菲邀请前往访问，企图穿梭于欧利之间，借此提升马耳他在欧盟内的地位。[②] 至于对贡齐总理在国内的地位的影响，不作为或卷入战争都会引发内部的不满或恐慌，致力说服欧盟谴责而不制裁，对它最有利。到了欧盟层级，马耳他向来全力支持巩固欧盟制度和价值的方案，也较无惧法国领导的军事行动。

表 8　**欧盟七成员国的利比亚政策**

	英国	法国	德国	意大利	西班牙	波兰	马耳他	ΣM1 -7
A	-12.6	-9.4	-8.4	-6.2	-1.6	-10	-5.4	-53.6
B	-6.8	-5.2	-4.7	-2.0	-0.6	-7.6	+0.4	-26.5
C	+7.8	+5.2	+8.5	+6.2	+8.6	+10	+1.8	+48.1
D	+12.6	+9.4	+3.8	+3.6	+4.1	+3.8	+0.6	+37.9

① European Commission, DG Trade, *Market Access Database*, http://madb.europa.eu/madb/statistical_form.htm. Retrieved 15 February 2017.

② Mathew Vella, "The Last Meeting Gaddafi Told Gonzi to Tell EU of 'Islamist Orchestration' of Arab Unrest", *Malta Today*, 19 December 2013, in http://www.maltatoday.com.mt/printversion/32487/#.WKPtZPl942w. Retrieved on 27 February 2017.

依据上述分析，欧盟不作为可能性最低，也无法止于谴责。进行制裁，才可能是欧盟最有共识的政策。因此，当联合国安理会通过第1970（2011）号决议案后，欧盟外交理事会随即通过一系列政策，制裁利比亚。[①] 但是，在联合国安理会通过第1973（2011）号决议后，欧盟外交理事会仅在3月21日通过议案，表示支持安理会决议，并会“尽全力协助保护平民”，“与北约保持密切的配合”。[②] 也就是，欧盟采取了C选项，却无法达成共识采取D选项。依照表8，尽管选项D的ΣM1－7不低，但是呈现英法两国飙高，其他5个国家可能性都极低（四国ΣM＜4）的现象，遂使得欧盟内部达成共识可能性低，而不得不放任各国在北约的架构下自行决定。

（二）2014年欧盟对俄罗斯制裁政策[③]

2013年11月底，乌克兰总统亚努科维奇（Viktor Yanukovych）决定搁置与欧盟签署贸易协议，全国骚动，整个乌克兰遂陷入政治动荡。2014年3月11日克里米亚半岛宣布脱离乌克兰独立，16日举行公民投票，决定并入俄罗斯。3月21日俄罗斯宣布克里米亚成为俄罗斯联邦的一部分。针对克里米亚脱乌入俄的危机，欧盟可以有4个选项。

选项A：不作为。

选项B：发表声明谴责，但无制裁。

选项C：发表声明谴责，采取有限经贸制裁行动。

选项D：发表声明谴责，采取全面经贸制裁行动。

按照前述分析架构，除了六大国外，我们还可以加入紧邻俄罗斯

---

① Council of the EU, *Press 33*, 20 February 2011; *Press 36*, 23 February 2011; *Press 41*, 28 February 2011; *Joint Proposal from Commission/High Representative*, 28 February 2011; *Council Decision 7054/11*, 28 February 2011; *Council Decision 7062/11*, 28 February 2011; *Council Regulation 7084/11*, 1 March 2011; *Declaration*, 11 March 2011.

② Council of the EU, *Council Conclusions 8017/11*, 21 March 2011.

③ 朱景鹏：《欧盟与俄罗斯伙伴关系的形塑与发展》，载张亚中主编《欧洲联盟的全球角色》，台大出版中心2015年版，第143—219页；洪美兰：《从俄罗斯与欧洲国家经贸关系论俄国对外政策之现实性》，《国际关系学报》2007年第24期，第145—156页。

的波罗的海三国和芬兰，与乌克兰接壤的斯洛伐克、匈牙利和罗马尼亚，确立一个 3 +3 +7 的研究对象。

英、法、德、意、西五国与俄罗斯的经贸关系值得我们注意。以制裁前后双方贸易往来的差额，可以计算出五国内部倚赖对俄贸易的利益集团的影响力。2013—2015 年，德国输俄金额降幅达 40%，法国达 41%，英国为 28.5%，意大利为 34%，西班牙亦有 40%。[①] 这些数据显示这五国内部对俄国贸易的集团损失惨重，它们可能是掣肘欧盟对俄制裁的重要力量，其中又以德、意对俄贸易占该国经济产值最高。但是，在这 5 个国家里，除了极右派以外，主流政党都同声谴责俄罗斯，[②] 各国的人权团体也纷纷加入谴责的行列，遂使上述利益集团在国内利益集团的竞合中受到挤压，而减损了其对政策的影响力。至于劳工团体，在整个过程中，未扮演重要角色。

到了领袖决策的时候，紧邻俄罗斯和乌克兰的八国领袖会将本案视为涉及国家生存的最高阶利益，非但 $f(b)=0$，还因对俄罗斯强硬能顺势强化自己在国内的政治地位，故 $f(c)\geqslant 6$，因此结合成一个主张欧盟对俄罗斯强力制裁的集团。到了欧盟层级，由于涉及欧盟最强调的尊重“二战”后疆界和各国主权的价值，和平合法解决争端的准则，欧盟一致对外的团结象征，以及乌克兰人民对欧盟的认同，故 $f(e)\geqslant 2$。各国针对欧盟四个可能选项的立场指数如表 9—表 16。

表 9　**德国的对俄政策**

选项	f (a)	f (b)	f (c)	f (d)	f (e)	ΣM1
A	-1	1	-6	0.9	-3	-9.3
B	-1	1	-4	0.9	-2	-6.5
C	+1	1	+4	0.9	+3	+8.5

① European Commission, DG Trade, *Market Access Database*, http://madb.europa.eu/madb/statistical_form.htm. Retrieved on 15 February 2017.

② Stratfor Enterprises, "European Nationalist Parties Respond to the Ukraine Crisis", 19 March 2014, https://www.stratfor.com/analysis/european-nationalist-parties-respond-ukraine-crisis. Retrieved on 15 February 2017.

续表

选项	f (a)	f (b)	f (c)	f (d)	f (e)	ΣM1
D	0	1	+4	0.9	+3	+7.5

若默克尔选择不作为，放任克里米亚并入俄罗斯，虽然符合国内与俄罗斯经贸往来密切团体的利益，但会遭到人权团体和主流政党的猛烈抨击，因此$f(a) = 1 + (-1) + (-1) = -1$，更可能严重削弱她自欧债危机以来强势领导的欧洲领袖地位［$f(c) = -6$］，而不作为与欧盟的价值、规范、认知等制度相悖，更会受到强烈支持人权民主的欧洲抨击，故$f(e) = -3$。因此，德国最可能采取的是谴责并制裁俄罗斯，但不损及德俄经贸关系的选项C。①

表10　**法国的对俄政策**

选项	f (a)	f (b)	f (c)	f (d)	f (e)	ΣM2
A	+1	1	-6	0.8	-3	-7.0
B	+1	1	-4	0.8	-2	-4.4
C	0	1	+2	0.8	+3	+4.6
D	-1	1	+2	0.8	+3	+3.8

法国总统奥朗德的处境则与默克尔不同，法国内部有庞大的经贸利益团体，长期有着与俄保持友好的战略考虑，使得法国内部主要政党和人权团体对俄罗斯的批评显得温和［$-1 \leqslant f(a) \leqslant +1$］，故奥朗德在运用此事件替自己在国内政治中加分的空间较默克尔来得小［$-6 \leqslant f(a) \leqslant +2$］。② 也就是说，奥朗德若是不作为或仅谴责，则会进一步恶化他软弱无能的领导形象；相反，他若主张强力制裁，又

① Jennifer A. Yoder, "From Amity to Enmity: German-Russian Relations in the Post-Cold War Period", *German Politics and Society*, 115 (33), September 2015, pp. 49 - 69.

② Aleksandre Zarubica, "Le consensus européen à l'épreuve de la crise ukrainienne", *Annals of University of Oradea, Series: International Relations & European Studies*, 7, 2015, pp. 33 - 48.

会受到法国传统联俄战略思维的制约，无法大幅加分。

表 11　**英国的对俄政策**

选项	f（a）	f（b）	f（c）	f（d）	f（e）	ΣM3
A	-1	2	-1	0.8	-3	-5.4
B	0	2	0	0.8	-2	-2.0
C	+2	2	+1	0.8	+3	+7.0
D	+1	2	+1	0.8	+3	+5.4

英国立场与德法最大的差异，是将此事件界定为不涉国家生存、安全和重大政经利益，因此 $f(b)=2$，也就是国家立场几乎就是国内各团利竞合的结果。此外，2014 年 3 月正值苏格兰决定是否举行独立公投的时期，吸引了英国媒体和民众的目光，因此 $-1 \leqslant f(c) \leqslant +1$，表示此事对英国首相卡梅伦的国内政治地位影响有限。① 英国从头到尾都未参与解决乌东动乱的明斯克进程（Minsk Process），就是最好的证明。

至于意大利对于克里米亚危机的界定，亦不涉及国家生存、安全，故与英国指数类似，但因意俄贸易总额远大于英俄贸易，对俄强硬会影响意重大的经贸利益，故对于包括经贸报复在内的制裁措施会在国内遭遇较大的抵抗。②

表 12　**意大利的对俄政策**

选项	f（a）	f（b）	f（c）	f（d）	f（e）	ΣM4
A	-1	2	-1	0.8	-3	-5.4
B	0	2	0	0.8	-2	-2.0

① Eliot Cohen, "The 'Kind of Thing' Crisis", *American Interest*, 10 (3), January 2015, p. 9.

② Giovanni Savino, "The Italian Russophile Rightist Parties: a New Love for Moscow?" *Russian Analytical Digest*, 167, June 2015, pp. 8 - 11.

续表

选项	f (a)	f (b)	f (c)	f (d)	f (e)	ΣM4
C	+1	2	+1	0.8	+3	+5.4
D	0	2	+1	0.8	+3	+4.6

而西班牙与俄罗斯的经贸往来远较意大利来得小，但因为内部有加泰隆尼亚独立运动，后者又于2013年12月正式宣布将于2014年12月举行独立公投，因此西班牙对于欧洲任何地区企图透过公投寻求独立的发展都必须反对，① 否则其政治领袖的国内政治地位就会被严重削弱，故 $-8 \leqslant f\ (c)\ \leqslant +8$。

表13　**西班牙的对俄政策**

选项	f (a)	f (b)	f (c)	f (d)	f (e)	ΣM5
A	-1	1	-8	0.7	-3	-9.3
B	0	1	-4	0.7	-2	-4.8
C	+1	1	+8	0.7	+3	+9.3
D	+2	1	+8	0.7	+3	+10.0

至于其他与俄罗斯或乌克兰毗邻的八国的立场，由于 $f\ (b)\ =0$，因此无须计算 $f\ (a)$ 和 $f\ (b)$，可直接计算 $f\ (c)\ \times f\ (d)\ +f\ (e)$，即可获得各选项的指数。又因事涉国家生存问题以及长期存在的恐俄情绪，所以采取不作为的A选项将被视为软弱甚至屈膝；相反，若采取强力制裁的D选项反而可以为自己在国内政治中大大加分，因此 $-8 \leqslant f\ (c)\ \leqslant +8$。② 不过，因为俄罗斯是这些国家欧盟以外的最重要出口市场，约占它们总出口的10%，欧盟对俄经贸制裁势必损害

① Nicolas de Pedro, "How Should Europe Respond to Russia? The Spanish View", *ECFR Commentary*, 18 November 2014, http://www.ecfr.eu/article. Retrieved on 9 November 2016.

② Martin Ehl and Anna Kotlabova, "A Rorschach Test in the East", *Transitions Online*, 4 March 2014, http://www.tol.org/client/article/24195-a-rorschach-test-in-the-east.html. Retrieved on 24 October 2017.

它们的某些产业，进而引发民怨，不利自己的政治地位，因此这些国领袖采取 D 方案时，$f(c)=+4$ 而非 +8。

表 14 波兰的对俄政策

选项	f (a)	f (b)	f (c)	f (d)	f (e)	ΣM6
A	x	0	-8	0.7	-3	-8.6
B	x	0	-4	0.7	-2	-4.8
C	x	0	+4	0.7	+3	+5.8
D	x	0	+6	0.7	+3	+7.2

表 15 罗马尼亚、斯洛伐克和匈牙利的对俄政策

选项	f (a)	f (b)	f (c)	f (d)	f (e)	ΣM7 - 9
A	x	0	-8	0.6	-3	-7.8
B	x	0	-4	0.6	-2	-4.4
C	x	0	+4	0.6	+3	+5.4
D	x	0	+4	0.6	+3	+5.4

表 16 波罗的海三国和芬兰的对俄政策

选项	f (a)	f (b)	f (c)	f (d)	f (e)	ΣM10 - 13
A	x	0	-8	0.5	-3	-7.0
B	x	0	-4	0.5	-2	-4.0
C	x	0	+4	0.5	+3	+5.0
D	x	0	+4	0.5	+3	+5.0

表 17 与克里米亚危机最相关的欧盟十三国可能的选择

	DE	FR	UK	IT	ES	PL	RM	HU	SK	FL	LA	LU	ET	ΣM1 - 13
A	-9.3	-7.0	-5.4	-5.4	-9.3	-8.6	-7.8	-7.8	-7.8	-7.0	-7.0	-7.0	-7.0	-96.4
B	-6.5	-4.4	-2.0	-2.0	-4.8	-4.8	-4.4	-4.4	-4.4	-4.0	-4.0	-4.0	-4.0	-53.7
C	+8.5	+4.6	+7.0	+5.4	+9.3	+5.8	+5.4	+5.4	+5.4	+5.0	+5.0	+5.0	+5.0	+76.8

续表

	DE	FR	UK	IT	ES	PL	RM	HU	SK	FL	LA	LU	ET	ΣM1 - 13
D	+7.5	+3.8	+5.4	+4.6	+10.0	+7.2	+5.4	+5.4	+5.4	+5.0	+5.0	+5.0	+5.0	+74.7

按上述公式，欧盟的对俄立场集中在强硬制裁甚至贸易报复的区块：欧盟外交理事会遂先于 2014 年 3 月 17 日宣布克里米亚公投违法，并通过第一波对俄罗斯的制裁措施，包括中止与俄罗斯政府关于签证和合作协议的谈判。① 6 月 27 日欧盟高峰会再决议，要求俄罗斯同意欧洲安全暨合作组织派员监督停火、接受乌克兰总统所提的和平计划。② 莫斯科悍然拒绝，欧盟遂于 7 月 16 日召开临时高峰会议，决定进一步制裁，要求欧洲投资银行、欧洲复兴开发银行立即中止与俄罗斯的合作计划，但仍不采取全面性贸易制裁。③ 英法德意四国的选项都是有限制裁，而法意两国支持全面制裁的指数甚低（$\Sigma M < 5$），应是欧盟无法采取 D 选项的主因。

五　结论

本文的目的是试图从外交决策研究和欧洲整合理论的不同路径切入，建立一个更有效分析欧盟共同对外行动的架构，并简化为公式，再以 2011 年欧盟对利比亚政策和 2014 年对俄制裁为案例进行研究，检视其运用。依据前述分析，这个架构和公式的确可以将欧盟共同对外行动研究化繁为简，透过利害关系人、引力模式等筛选成员国，然后逐一检视各成员国的国内政策流程，领袖抉择模式，再到欧盟层级的折冲妥协，并将每一阶段指数化，透过数据化的呈现协助研究判读。下一步的研究，应是要收集更多的案例，逐步建立关于欧盟对外行动研究的系统性论述。

---

① EU Council Decision 2014/145/CFSP, 17 March 2014.

② European Council Conclusion, 27 June 2014.

③ Conclusion of Special Meeting of European Council, 16 July 2014.

附录　欧盟理事会条件多数决的权力指数

成员国	QMV（里斯本条约）		
	集合数	比例（%）	权力指数
奥地利	12465866	54.13	0.5
比利时	12719634	55.24	0.6
保加利亚	12397518	53.84	0.5
塞浦路斯	11603997	50.39	0.5
捷克	12696957	55.14	0.6
丹麦	12132815	52.69	0.5
爱沙尼亚	11660516	50.64	0.5
芬兰	12121602	52.64	0.5
法国	18492750	80.31	0.8
德国	20826589	90.44	0.9
希腊	12787341	55.53	0.6
匈牙利	12674484	55.04	0.5
爱尔兰	11997160	52.10	0.5
意大利	18246881	79.24	0.8
拉脱维亚	11777743	51.15	0.5
立陶宛	11901868	51.69	0.5
卢森堡	11570461	50.25	0.5
马耳他	11558409	50.19	0.5
荷兰	13390907	58.15	0.6
波兰	15683702	68.11	0.7
葡萄牙	12730903	55.29	0.6
罗马尼亚	14030710	60.93	0.6
斯洛伐克	12133080	52.69	0.5
斯洛文尼亚	11743487	51.00	0.5
西班牙	16481943	71.57	0.7
瑞典	12544794	54.48	0.5

续表

成员国	QMV（里斯本条约）		
	集合数	比例（%）	权力指数
英国	18434349	80.05	0.8
克罗地亚	xxxx	xxxx	0.5
总计	23027541	XX	XX

资料来源：因里斯本条约生效时克罗地亚尚未加入欧盟，故作者先利用 perl 计算机语言，求得不含克罗地亚之欧盟二十七国参与投票时可能的所有集合，即 2^n（n = 27） = 134217728 个集合（其中包含一组空集合），再置入所预设的条件多数决门槛（65% 人口 + 15 个成员国数以上），求得符合条件的有效集合数（即分母 23027541）。接着计算每一个成员国所参与的有效集合数的次数（即 27 个分子）。各分子除以分母后再乘以 100%，计算得到的结果，再四舍五入，即得到上述权力指数。其中第 28 个成员国克罗地亚的人口依欧盟官方 2011 年最新人口普查为 4284889 人，接近爱尔兰同年的 4574888 人，故将该国在理事会的权力指数等同爱尔兰权力指数。参见 Eurostat，https：//ec. europa. eu/CensusHub2/intermediate. do? &method = forwardResult. Retrieved on 14 November 2016.

欧盟大国战略中的共同外交与安全政策

吴志成　杨　娜

共同外交与安全政策是欧盟的重要支柱，也是欧洲一体化进程深化的关键。尽管欧洲一体化在经济货币领域取得了举世瞩目的成就，但在共同外交与安全领域，欧盟政策的制定和执行依然属于政府间合作性质，其发展进程受到欧盟成员国尤其是德、法、英等大国态度的影响。欧盟大国对共同外交与安全政策都有各自的设想和规划，并将其与本国的对外战略联系起来，力图按照自己的意愿在该项政策的塑造和发展上发挥关键的领导作用。英国希望在欧盟共同外交与安全政策框架下与美国保持跨大西洋的特殊关系，法国则坚持独立自主的戴高乐主义，而德国试图探寻两大主义的中间道路。然而，随着近年来欧债危机、难民问题、英国“脱欧”等新问题的出现，欧洲一体化面临许多新的严峻挑战，德、法、英等成员国在共同外交与安全政策制定中的角色与作用也在发生新的变化，为这一政策的发展带来新的机遇与挑战。

一　德国借助共同外交与安全建设谋求欧盟领导者和世界大国地位

德国正在从欧盟外交与安全一体化的坚定拥护者向欧盟成员间加

强外交与安全领域合作的支持者转变。[①] 随着欧盟成员国数量增多和外部环境日趋复杂，德国的政策制定者也越来越务实，以期在欧盟共同外交与安全政策框架下，找到维持稳定的睦邻关系以及推进以规则为基础的全球秩序的更好路径。

（一）为保障自身安全与利益提供机会

两次世界大战的经历使欧洲国家尤其是法国，对德国重新崛起为政治、经济强国而感到担忧和恐惧，德国也曾一度受到欧洲大陆国家的防范和遏制。为了克服这种不利因素，德国通过积极倡导欧盟国家在外交与安全方面的合作，以实际行动融入欧洲，化解欧洲国家的疑虑，又利用其在欧洲超强的经济地位和地缘优势，对欧盟共同外交与安全政策施加重要影响。“德国作为欧洲国家，虽然与美国共享民主自由等价值观，但在全球观点上，‘欧洲’属性赋予它强调和平与合作的安全理念。德国未来外交政策的重要任务之一就是加强欧洲支柱的建设。”[②] 据此，德国既能以欧洲国家的身份来追求自身的国家利益，又可避免在欧洲大陆锋芒毕露而引起其他国家的警惕，从而为保障自身安全、实现本国利益创造条件。

（二）接纳中东欧地区并支持共同外交与安全政策的发展

苏联解体后，中东欧地区成为安全真空地带。在德国看来，俄罗斯继承了苏联的核大国地位，若这些前苏联国家与俄罗斯结盟或建立安全防务同盟，德国东部边界的稳定将受到巨大威胁。由于历史原因，德国军事力量的使用受到限制，这使德国对这一地区的事务既不能表现出过于积极、主动、明显的参与兴趣，在实际的政治军事控制

---

① Niklas Helwig, “Germany and EU Foreign Policy Institutions: from Deeper Integration to Deeper Cooperation”, in Niklas Helwig (ed.), *Europe's New Political Engine: Germany's Role in the EU's Foreign and Security Policy*, The Finnish Institute of International Affairs Report 44, 2016, pp. 33 – 34.

② 李绘新：《试析当代德国外交的不确定性——以角色分析理论为视角》，《现代国际关系》2004 年第 4 期，第 29 页；连玉如：《新世界政治与德国外交政策》，北京大学出版社 2003 年版，第 369 页。

力上也有些力不从心。但是，通过安全与防务一体化不仅可将中东欧地区纳入以法德为轴心的欧盟共同安全建设中，削弱俄罗斯对中东欧国家的控制和影响，进而将它们改造为和平稳定的“民主国家”，甚至可以减少来自俄罗斯的威胁，保障德国的安全。更为重要的是，法国反对欧盟东扩，法国前总统密特朗表示，欧盟过快东扩会阻碍和延误内部进行必要的改革。中东欧地区是德国的传统势力范围，无论在地理位置还是经济、政治影响力上，东扩后的德国都将取代法国成为名副其实的欧盟中心，“小欧盟”使法国处于中心地位，更符合法国的国家利益；而扩大后的欧盟步调更难一致，这又使历经磨难才取得进展的共同外交与安全政策遭遇阻碍。对此，德国希望以自己对欧盟共同外交与安全政策尤其是欧盟独立防务建设的支持与法国讨价还价，最终换取法国对欧盟东扩的不反对态度。

（三）逐渐摆脱对美双边关系中的从属地位

冷战以来，德国在外交与安全领域大多采取追随美国的政策，与美国保持盟友关系。德国统一后，经济实力与政治影响力增强，成为欧洲最强大的国家，这使德国的自信心及对欧洲的责任感同时得到强化。德国试图借助共同外交与安全政策，提高双边关系中德国的地位，并争取以欧盟领导国的身份在国际事务中与美国平等对话。在共同外交与安全政策框架下，德国与其他欧盟成员国组建欧洲快速反应部队作为欧盟联合防务的尝试。而加强欧洲防务建设可以平衡大西洋联盟中的美国优势，这是德国外交政策的重要目标。[①] 德国前总理施罗德曾提议，希望开启欧盟与美国在安全领域的对话。这一目标单靠德国一个国家难以完成，无论从经济、政治还是军事及其他方面看，德国都不可能与美国抗衡，但是欧盟作为一个整体具有这样的潜力。德国要成为世界性政治大国，摆脱对美国的从属地位，只有依托欧盟的力量才可能实现。德国不甘心只做欧洲经济大国，它坚信可以利用经济成就推动其在政治领域发挥领导作用，成为欧盟共同外交与安全

① 连玉如：《新世界政治与德国外交政策》，北京大学出版社2003年版，第369页。

政策的发动机和领头羊。2016 年，德国国防部发布的《国防白皮书》明确提出："德国正逐渐成为欧洲的关键角色，要有全球的安全政策视野，承担塑造世界秩序的义务，要准备在国际上承担更多责任，发挥更大的领导作用。"①

（四）支持欧盟发展独立的军事力量

在推动欧盟在共同安全领域发挥作用方面，如果与美国发生立场上的冲突，德国就会表现出矛盾的态度，因为它尚未拥有独立的核力量，要依赖美国的核保护。"德国致力于与美国建立持久的联盟，突出北约的作用，使其作为欧洲—大西洋民主国家的价值共同体和防务联盟，以适应对安全局势的挑战。"② 从理论上讲，法国可以为德国提供核保护，但在安全上依赖法国会使原本基于平等的法德同盟关系发生重大变化，也有违《反导条约》条款Ⅰ和Ⅱ中关于禁止核武器共享的规定。因此，德国一直尝试发展欧盟独立的军事力量，以谋求自身对外政策更大的自主空间。2010 年，德国联合法国、波兰提出"魏玛三角倡议"，尝试在欧盟共同外交与安全政策框架内建立欧盟独立的常设民事—军事行动指挥部，但遭到美国的反对。2011 年，德国支持阿什顿提交《欧盟防务建设报告》，建议成立独立的欧盟军事行动指挥与协调的常设军事总部。2012 年，德国推动欧洲防务局出台《"集中与共享"行为准则》，以保障欧洲防务建设的稳定性与持续性。2013 年，又推动欧盟防务工作特别小组提交《发展更具竞争力和高效的防务安全部门》报告，力促欧盟防务工业一体化。

（五）平衡欧盟大国之间的关系

德国将自身定位为英法两国的调解者，对共同外交与安全政策框架内的安全与防务一体化持较为中立的立场。英国竭力回避政治安全

① Federal Ministry of Defence, "White Paper 2016: On German Security Policy and the Future of the Bundeswehr", June 2016, p. 22.

② 刘胜湘：《北约新战略与欧盟共同外交与安全政策》，《武汉大学学报》（社会科学版）2001 年第 1 期，第 111 页。

领域的一体化，法国则是一体化的坚定支持者。德国希望在两者之间协调关系，充当对话的桥梁，促使三大国协调立场联合推进共同外交与安全政策，在保持欧洲政治平衡上发挥重要作用。德国既是法国"欧洲的欧洲"思想的制衡力量，也是欧美重大政治问题上法国和美国之间的调解人。德国的欧洲立场将在具有不列颠传统的大西洋主义和具有法兰西传统的戴高乐主义之间游移，并将为欧洲外交政策打上摆动的烙印，也为德国赢得更大的外交空间。①

（六）积极推动有效多数表决机制的采用

20世纪90年代中期，在关于共同外交与安全政策的谈判中，德国力主采用有效多数表决机制。1996年，在德国的不懈努力下，法德关于共同外交与安全政策的指导方针出台，其中列举了很多包含建设性弃权在内的新举措。② 德国坚持增强欧盟委员会的作用，维护欧盟委员会的权威，③ 而且赞成对欧盟共同行动给予财政支持，充分体现了德国深入参与共同外交与安全事务的积极态度。

二　法国推动并寻找欧盟在国际事务中"用一个声音说话"

法国是推动欧盟共同外交与安全政策最重要的国家之一。在冷战时期，凭借地理、政治上的优势和在欧洲大陆超群的实力，法国成为沟通东西方的桥梁以及成为欧洲甚至世界的政治大国，并利用这些优

---

① 弗兰科·阿尔吉利：《对欧盟共同外交与安全政策的要求》，《世界经济与政治》2004年第8期，第64页。

② Wolfgang Wagner, "Unilateral Foreign Policy Capacities and State Preferences on CFSP: Rationalism's Contribution to Explaining German, French and British Policies Towards CFSP", Paper prepared for presentation at the ECPR Summer School on 'EU External Capability and Influence in World Affairs', 2000, p. 6.

③ Hans Stark, "Deutsch-franzoesische Positionen, Divergenzen und Kompromi $ formeln in der europaeischen Aussen-und Sicherheitspolitik", in Werner Weidenfeld (ed.), *Deutsche Europapolitik: Optionen wirksamer Interessenvertretung*, Bonn: Europa Union Verlag, 1998, p. 146.

势占据了欧盟的领导地位。这一时期，法国并不支持加强欧洲各国在外交与安全领域中的合作。冷战结束后，欧洲政治重心越来越呈现出向东转移的趋势，法国成为欧洲大国中地缘政治变动的最大输家，在政治、战略和地理上面临边缘化的危险，在欧洲的主导地位也遭遇挑战。因此，法国开始调整欧洲战略，坚定支持欧洲国家在外交与安全领域内合作，借助欧洲整体力量提高自己的政治影响，继续维持大国地位。

（一）制约德国日益增强的实力、地位和影响

从经济规模、人口数量、综合国力、国际竞争力等因素看，统一后的德国已成为欧盟第一大强国，并取代法国成为沟通东西方的桥梁，向政治大国快速迈进。冷战结束后，除了拥有原子武器和没有战争遗产的负担，法国在政治上没有能平衡德国经济实力的资源，而且，历史原因也致使法国一直对德国怀有戒心。随着德法在欧洲政治一体化态度上分歧的公开，特别是德国在欧盟的地位上升和法国对德优势与影响的削弱，法国对德国的忧虑与疑惧增加。法国认为，强大的欧盟可以防止统一后的德国控制欧洲事务。[①] 因此，法国欲借加强欧洲共同外交、安全与防务建设之机制约德国，消除德国复兴和强大的威胁，将其牢牢拴在欧洲一体化的“马车”上，并通过法德在这一领域的合作避免一个与法国为敌的强大对手的再现，继续维持和巩固自己在欧盟的主导地位。法国明确了欧洲事务仍是国家对外政策的核心，致力于建设“新欧洲”。“新欧洲”设想既显示了法国积极促进欧洲政治一体化尤其是发展共同外交与安全政策的决心，又启动了欧洲新一轮建设的进程，打消了欧盟成员国对法国在欧洲建设上无所作为的猜疑。[②] 作为欧盟共同外交与安全政策最坚定的支持者，法国

① Michael Brenner, “The CFSP factor: A comparison of U. S. and French strategies”, In European Union Studies Association (EUSA): Biennial Conference: 2003 (8th), Nashville, TN, March 27 - 29, 2003, p. 31,。

② 吴国庆：《战后法国政治史（1945—2002）》，社会科学文献出版社 2004 年版，第436—437 页。

还积极寻求欧盟在国际事务中“用一个声音说话”，努力使“欧盟的声音带上明显的法国语音”，争取让欧盟整体外交与安全政策和法国自身的外交与安全政策保持一致。

（二）在欧洲事务优先的基础上寻求政府间合作道路

由于欧盟成员国在欧洲事务领域内存在巨大的共同利益，法国强调将欧洲事务作为共同外交与安全政策优先处理的领域，至于非欧洲事务，则希望用自己的方式相对独立地解决。基于传统的外交政策原则和对国家主权的重视，在共同外交与安全领域，法国积极寻求一条介于欧洲一体化与民族国家之间的中间道路——政府间合作，即采取共同行动但非完全一体化。法国认为，只有政府间合作模式才能确保共同外交与安全政策在不损害成员国主权与核心利益的情况下有效运转，因此需要逐步加强欧洲理事会等政府间机构的权力。在 20 世纪 90 年代末召开的讨论欧洲一体化前景的政府间会议上，法国提出了包含巴拉迪尔的“欧洲同心环”设想和希拉克的“国家的欧洲”设想的政治一体化方案，在共同外交与安全政策上倾向于采取政府间合作的邦联模式。[①] 法国还主张采用一体化程度较低的决策程序，在重要问题尤其是安全问题上由欧洲理事会以全体一致方式做出决定，而在一些决策的执行上则采用多数同意原则。显然，法国既要利用欧盟整体力量扩大自身的政治影响，又不愿事事受制于欧盟，失去本国行动自由，因而反对欧盟朝超国家一体化的方向发展。

（三）推动构建德、英、法“三驾马车”

法国推动欧盟共同外交与安全政策的发展采用“三管齐下”的政策：保持并继续推进“法德轴心”，重新协调法德英“小三角”关系并加强与其他欧盟成员国的合作，推动北约内“欧洲支柱”的建立

---

① European Parliament, White Paper on the 1996 Intergovernmental Conference, 1996, http://www.europarl.europa.eu/igc1996/pos-fr_en.htm#lett；黄亮、严双伍：《法国和欧盟共同外交与安全政策》，《法国研究》2007 年第 4 期，第 84 页。

与强化。[①] 法国设想在维持“法德轴心”的前提下，尽量拉拢英国，借助英国的军事力量，实现法英“强强联合”，共同维护欧洲安全。1997 年初，在法国推动下，法德两国公布《安全与防务共同构想》，标志着两国在核威慑力量欧洲化方面迈出第一步，使欧洲防务的独立自主性得到加强。[②] 为了维持在欧洲的领导地位，减少美国对欧洲大陆的控制，法国在把发展法德同盟关系作为其欧洲建设中心政策的同时，开始改变对英国的政策。在法国看来，法德在欧洲共同外交与安全建设中的作用固然重要，但欧洲建设的成功不能缺少英国，应当在德法英之间达成必要的妥协。在欧盟大国中，德国是无核国家，是一支不完整的军事力量，法英两个核大国则是具有较强军事实力的欧盟成员国。没有英国的全力支持，建立强大独立的欧盟防务的目标不可能实现。1994 年，法国与英国等国政府首脑举行会晤，法英两国决定共同组建联合空军指挥部。2003 年 2 月，英法决定建立欧盟防务机构，以鼓励成员国提高军事行动能力。就目前而言，欧盟整体的军事实力与美国相差甚远，在安全领域美国也从不把欧洲视为平等伙伴。英国军事力量的加入可以壮大欧盟整体军事实力，提高欧盟在解决国际安全问题上的发言权。为此，法国利用各种机会拉拢英国，推动构建共同外交与安全政策中的德、英、法“三驾马车”，甚至愿意让英国参与分享欧洲事务的领导权。

（四）与英国分担共同外交与安全建设的财政负担

在欧洲防务建设领域，迫于国内民众压力，一些欧盟国家不愿出资采购重要的军事设备，并对军队进行现代化改造。欧盟成员国军费普遍短缺且防务开支持续下降，资金筹措面临困难。“冷战结束后，美国的防务开支每年约 2850 亿美元，约占其国内生产总值的 3.2%；而欧盟成员的防务开支总额每年只有 1650 亿美元，约占国内生产总

① 黄亮、严双伍：《法国和欧盟共同外交与安全政策》，《法国研究》2007 年第 4 期，第 87 页。

② 吴国庆：《战后法国政治史（1945—2002）》，社会科学文献出版社 2004 年版，第 437 页。

值的2.1%，不及美国的60%，而且这一数目还在下降。”“况且欧盟已经承担了55%的国际发展援助、66%的国际人道主义援助和40%的联合国维和行动费用，共同体基金临近枯竭。”[①] 近年来，法、德的经济状况不佳，难以承受欧盟安全防务建设的沉重负荷，英国的介入无疑可以分担法德建设欧盟共同外交与安全的财政负担，缓解财务危机。

（五）借助英国缓和法美关系并弥合欧洲内部分裂

法国崇尚独立自主的外交传统，不唯美国马首是瞻，在很多重大国际问题上敢于与美国针锋相对，但也为此付出了代价。如法美在伊拉克战争问题上的对立立场曾使两国关系极度恶化；法国建立欧洲独立安全防务体系的政策与一些在防务上长期依赖北约的欧盟国家发生冲突，使欧盟内部出现裂痕，从而制约了共同外交与安全政策的发展。英国与美国具有“特殊伙伴关系”，又是欧盟“大西洋派”的代表国家，通过与英国分享共同外交与安全政策的领导权，不仅可以借此缓和法美关系并弥合欧洲内部分裂，而且英法政策上的接近、妥协，或英国态度的转变还能消除欧盟共同外交与安全政策发展中最大的障碍。

（六）将安全与防务建设视为共同外交与安全政策的重点

法国将安全与防务建设作为欧盟共同外交与安全政策的首要内容。从普利文计划、富歇计划到共同外交与安全政策、共同安全与防务政策，都是欧洲共同防务建设的重要尝试。法国首先在“赫尔辛基进程”中积极推动欧洲军事力量建设，设定“赫尔辛基重点目标”（2003—2010年）。2003年，法国、德国、比利时、卢森堡“四国防务峰会”是欧盟安全与防务政策发展的关键会议，呼应了法国欧盟安全与防务政策的主要目标。法国前总统萨科奇在2008年《法国国防

---

① 高华：《欧盟独立防务：开端、问题和前景》，《世界经济与政治》2002年第7期，第47页。

与国家安全白皮书》中强调，没有外交和军事手段落实政治决定的欧洲不可能称之为政治欧洲。2013 年新版《法国国防与国家安全白皮书》针对欧洲和全球新形势，提出采取“灵巧防务”策略，通过联盟汇集和分享欧洲各国能力和资源、开发军事技术与能力，由法国这样的主导型国家推动军事建设的联盟化与欧洲化。

三　脱欧前的英国视共同外交与安全政策为追求本国利益的工具

第二次世界大战结束以来，随着权力的相对衰落，英国的外交政策一直处于矛盾之中。一方面，由于在文化、历史、经济、人口等领域的密切联系，英国把维护与美国的“特殊关系”作为其外交政策的首要目标。借助美国及其领导的北约的力量，英国可以最大限度地在全球外交、安全事务中充当重要角色，扩大其对世界的影响，并牵制法、德这两个欧洲大陆竞争对手。由于英国在总体上服从美国的战略安排，英美“特殊关系”实质上是一种以美国为主导的盟国关系。另一方面，随着冷战结束和欧洲一体化的深入，美国在欧洲的战略利益缩小，开始将英国视为一体化欧洲的重要组成部分。英国也逐渐密切与欧盟的关系，强调欧盟应该共同承担安全责任，借此寻求在欧盟发挥重要作用。

（一）担心被排除和孤立在欧洲安全与防务组织之外

英国在欧盟发展问题上的“岛国意识”、“英格兰”民族主义情绪和对欧盟发展前途的怀疑与不信任是多年来它被排除在欧盟领导权之外的重要原因。英国担心与法德共同推动欧洲安全与防务建设将弱化跨大西洋联盟，也害怕因融入欧盟共同防务而弱化英国军队的独立性。近年来，法、德两国在安全与防务领域的合作取得重大进展，形成了“法德轴心”，并建立起独立于北约之外的“欧洲军团”，一些欧盟成员国纷纷加入，共同外交与安全政策取得明显进展。面对欧洲政治一体化的发展和本国国际地位的下降，在地缘上处于欧洲边缘的英国如不能更多地融入欧洲并使其朝着自身所希望的方向发展，就有被进一步边缘化的危险。为此，1997 年上台执政的布莱尔政府开始调整英国的外交政策，采取明智和现实的“亲欧”政策，提出了“融入欧洲并领导欧洲”的目标。1998 年发表的《圣马洛宣言》标志着英国彻底改变了此前阻碍欧洲安全合作的一贯立场，转而以欧洲军事大国的姿态积极参与欧洲安全与防务建设。

（二）深信能在共同外交与安全领域发挥领导作用

由于大部分欧洲国家的军事行动能力仅限于在欧洲地区维和，英国是西欧核大国和联合国安理会常任理事国，拥有相对于其他欧盟国家更强大的军事实力，也有意愿在欧盟共同外交与安全政策中发挥领导作用，并通过提升自身影响力，增加与美国讨价还价的筹码，制衡德国在欧盟的话语权。“9・11”事件发生后，英国努力争取在共同外交与安全政策领域获得领导权，以此弥补将欧洲经济领导权输给德国、文化领导权由法国掌控的损失。[①] 在欧盟东扩问题上，鉴于扩大后的欧盟将更松散、更符合英国的远景目标，而且中东欧国家加入欧盟后可能会在很长一段时间内被排斥在一体化核心区域之外，进而围绕英国的政府间主义形成一个有影响力的群体，并缓解英国在欧盟内部被边缘化的困境，英国对欧盟扩大采取了非常积极的态度，进而扩大了英国在中东欧地区的影响。

（三）科索沃战争后，英国更加重视共同外交与安全政策

国家利益和美国对欧洲安全事务的涉入是影响英国对外政策的关键因素。英国一直反对“欧洲派”建立欧洲独立防务的主张，但也认识到加强欧洲防务的必要性。冷战结束后，由于在欧洲的战略利益减少，美国不可能像以前一样卷入欧洲事务，而是希望欧洲人自己承

---

① Deniz Altinbas Alcgul, “The European Union Response to September 11: Relations with the US and the Failure to Maintain a CFSP”, *The Review of International Affairs*, Vol. 1, No. 4 (Summer 2002), p. 10.

担维和责任。如果欧盟国家提升了稳定欧洲安全防务的能力，将给美国减轻不少压力。欧洲国家也不愿在安全事务上从属于美国。然而，科索沃战争、阿富汗反恐战争和伊拉克危机的爆发暴露了美欧军事力量的巨大差距。[①] 欧洲国家防务开支是美国的 2/3，却不具备美国军事行动 2/3 的能力，这是欧洲国家彼此竞争和不断重复建设造成的。通过共同外交与安全政策，可以缓解欧洲国家的安全竞争，协调各国军事战略安排，提高欧洲整体军事行动能力。

（四）通过参与共同外交与安全政策平衡法德防务联盟

德国经济实力增强与战略地位的上升，大大改变了欧洲国家之间的力量对比，欧洲的均势格局正在被打破。德国在欧洲大陆的崛起使英国开始加强与法国的合作，尤其在安全与防务领域。英国通过改变对共同外交与安全政策的态度，推动英法防务合作，力图在共同外交与安全领域发挥主要作用。1998 年，英国前首相布莱尔与法国前总统希拉克举行首脑会晤，首次提出建立欧洲快速反应部队，支持欧洲防务联合。此外，英美“特殊伙伴”关系已今非昔比，美国越来越重视与德国建立伙伴关系，英国在对美关系上的回旋余地大大缩小。如果继续抵制共同外交与安全政策，英国最终将沦为欧洲二流国家，一个在欧洲没有影响的英国只会对华盛顿产生更小的影响力。英国已经意识到只有在欧洲发挥重要作用才能成为更受美国重视的盟友。英国从现实利益出发，既警惕将自身束缚在德国倡导的超国家机制中，又避免与美国主导的现有欧洲安全机制发生冲突。

（五）英欧密切的经济联系增加了英国的信心

英国对欧盟的贸易额一直是对美贸易额的 3—4 倍，英国与欧盟的相互投资已基本赶上英美间的投资规模，欧盟对英国贸易和金融资本的吸引力逐步增强。离开欧盟，英国不可能实现经济繁荣。在欧洲

① Neil Winn, “CFSP, ESDP, and the Future of European Security: Wither NATO?” *The Brown Journal of World Affairs*, Winter/Spring 2003, Vol. IX, Issue 2, p. 156.

一体化进程蓬勃发展的时期，如果与法、德在共同外交与安全问题上对抗，则可能使英国失去欧洲大陆这一主要市场和最大贸易伙伴。相反，谋求在共同外交与安全政策中的领导权对于英国经济的持续增长具有重要意义。英国与欧盟日益密切的经济联系使两者产生更加广泛的共同利益，进而增加英国支持共同外交与安全政策的热情和信心。如果英国继续对共同外交与安全政策抱着消极态度，必将损害它与德、法等欧洲国家的传统关系。而远离欧洲核心，最终会影响英国在欧洲大陆的经济利益。

总之，对英国来说，最符合其国家利益的政策就是充当美国与欧盟的调停者，“左右逢源”，避免在两者之间做出明确选择。既维护与美国的“特殊关系”，以增加与法德等国家打交道时的砝码，又争取在共同外交与安全政策中担当领导角色并在欧洲一体化进程中发挥关键作用。正如布莱尔所言：“欧洲不是跨大西洋关系的替代，我们也不需要在大西洋和欧洲之间做出选择。我们在每个关系中的影响对在另一个关系中的影响都是至关重要的。”①

综上所述，德、法、英是欧盟共同外交与安全政策发展的“三大支柱”，但由于对国家利益的期望不同，三大国在共同外交与安全事务上各怀算计。德国坚持一体化立场，但复杂的外部环境导致其在推动共同外交与安全政策上越来越务实。一方面，“德法轴心”在历史和现实中对欧洲的团结与合作发挥了不可估量的作用，德国支持法国并赞成发展更为独立的欧洲安全身份。另一方面，为了防止在欧洲出现英法联手抗德的局面，德国主张建立德法英欧洲三角中心，并平衡各自立场，使它不至于损害跨大西洋安全关系。德国对欧盟联合防务表示赞同，但不愿彻底摆脱对美依赖关系。

法国在多数情况下主张政府间主义，但在推动对外政策合作进程中常常走在前列。在法国看来，建立一个强大独立的欧洲，摆脱美国的主宰，使欧洲成为制衡美国的重要一极，在国际政治中发挥领导作

① 托尼·布莱尔：《新英国——我对一个年轻国家的展望》，世界知识出版社 1998 年版，第 311 页。

用，最符合法国的国家利益，构建独立于北约的欧洲防务并使其拥有自主决策和行动能力是法国的目标。

英国一直持政府间主义观点，始终把维持与美国的“特殊关系”放在首位，共同外交与安全政策只是维护和实现其国家利益的工具。因此，它反对向欧盟让渡过多的主权，在防务问题上主张在北约框架内发展欧洲支柱，不愿让欧盟防务建设走得太远。

德、法、英三国之间的分歧导致谁也不愿触及如何确定未来欧盟与北约关系及欧洲防务建设的最终目标等敏感问题。

四 欧盟共同外交与安全政策面临的挑战与未来发展

欧盟同时面对区域内外、经济与政治的多重挑战，共同外交与安全政策的未来也同样面临新的考验。英国脱欧将打破德、法、英三大国在欧盟共同外交与安全领域的平衡局面，势必逐渐形成德法协调的新格局。虽然，欧盟共同外交与安全政策仍显现出大国色彩，但新成员国的立场也越来越多地体现在欧盟共同外交与安全的实践中。

欧盟治理机制历经多年不断完善，共同外交与安全机制也作出重要改革。共同外交与安全政策的制度化有了新的进展，但欧盟内外挑战的掣肘以及成员国外交与安全诉求的多样化，导致欧盟对外事务领域的改革并不理想。就目前而言，欧盟共同外交与安全政策仍主要依靠大国力量来推进。

为了推动因法国和荷兰公投否决而陷入僵局的欧盟制宪进程，促进欧洲一体化的发展，2007 年 10 月 19 日，欧盟非正式首脑会议通过了《里斯本条约》，并于2009 年生效。在德、法、英等成员国的共同努力下，《里斯本条约》对欧盟共同外交与安全机制进行了重大改革，不仅设立了高级代表和常任主席职位，而且建立了对外行动署，推动了共同外交与安全政策的制度化。它将共同外交与安全事务高级代表和欧盟委员会对外关系副主席合并成享有倡议权的高级代表，全面负责欧盟对外政策，而且规定联盟在共同外交与安全政策事务方面的权能应覆盖外交政策的所有领域以及与联盟安全有关的所有问题。[①]高级代表与理事会和委员会主席等职位确定人选时，应兼顾联盟与成员国地理和人口多样性的需要，[②]高级代表同时向欧盟委员会、欧洲理事会和欧洲议会负责，其地位有所上升。此外，欧盟还设立了欧洲防务局，负责提高欧盟的防务能力、采购军备等。

但是，对高级代表和欧洲理事会在对外关系领域内的代表权问题、理事会秘书处和对外行动署以及对外行动署和委员会之间的权能分配和协调都没有明确规定，使得对外行动署和委员会之间缺乏沟通与互动。[③]与过去欧盟对外关系委员会隶属于欧盟委员会不同，如今对外行动署与委员会之间的关系“若即若离”，理事会秘书处认为，对外行动署受欧盟委员会领导，但存在沟通方面的障碍。[④]机制的弊端揭示了共同外交与安全政策并未达到更有效和更为一致的最初预期。这主要因为欧债危机的消极影响、共同外交与安全的意愿及其相关外交资源的运用受到制约，进而导致欧盟的对外集体行动能力下降。[⑤]

进入新时期后，面对欧债危机、难民危机、恐怖主义等诸多困难与威胁，欧盟共同外交与安全政策的发展过程更加曲折，不得不应对一系列新的挑战。

第一，虽然欧盟新老成员国努力以欧盟整体立场在国际舞台说话，但由于不同的地缘、历史和经济利益、文化差异，彼此立场也存

---

① 《欧洲联盟基础条约：经〈里斯本条约〉修订》，程卫东、李靖堃译，社会科学文献出版社2010年版，第44—45页。

② 参见《欧洲联盟条约》第15条第5—6款，第17条第6—7款及第18条声明。

③ 金玲：《利比亚战争与欧盟对外行动方式的嬗变》，《外交评论》2011年第6期，第138页。

④ Nicloe Koenig, “The EU and the Lybian Crisis: In Quest of Coherence?” IAI Working Papers 1119, 2011, http://www.iai.it/pdf/DocIAI/iaiwp1119.pdf.

⑤ Jusin Vaisse and Hans Kundnani, “EUROPEAN FOREIGN POLICY SCORECARD 2010/2011”, ECFR/29, http://www.edfr.eu/scorecard/2010; Jusin Vaisse and Hans Kundnani, “EUROPEAN FOREIGN POLICY SCORECARD 2012”, ECFR/47, http://www.ecfr.eu/scorecard/2012.

在分歧。[①] 特别是一旦涉及欧盟—俄罗斯关系、欧盟—乌克兰关系等敏感领域，并与各自历史条件结合，新成员国的立场必然与欧盟大多数成员国不同。[②] 欧盟新成员国不愿陷入选择美国还是欧盟的两难困境，它们既要与美国搞好关系，又承认其命运与欧盟相连；它们怀疑欧盟的硬安全保护能力，在很多政策领域依靠美国，并视北约为其军事保护伞。[③] 这些无疑都是共同外交与安全政策发展的难题。2015 年 3 月，欧盟委员会主席让—克洛德·容克呼吁“建立欧盟军队”，以应对因俄乌冲突引发的欧俄关系紧张。此举不仅遭到中东欧新成员国的反对，英法也担心北约的作用被削弱而不予支持。

第二，欧盟共同外交与安全事务越来越反映大国意志。欧盟大国在面临国家利益、全球目标与欧盟一致的选择时，往往会冲破共同外交与安全政策的制约，通过“大国协调”“与外部国家结盟”等方式推动欧盟达成反映大国意志的决议，甚至在重大问题上代表欧盟发声。欧盟负责共同外交与安全的机构在面对重大对外决策时往往陷入被动境地，大国力图左右欧盟对外事务，但由于共同体内部新老成员、大小成员的立场差异，又不得不在联盟外部寻找合作伙伴，进而迫使欧盟内部达成一致。在利比亚危机初期，英法德主张对卡扎菲采取强硬立场，而意大利等地中海沿岸国家和中东欧国家则反对制裁，在推动欧盟层面实施对利比亚制裁未果的情况下，英法转而在欧盟之外寻求支持，最终推动联合国安理会第 1970 号决议生效，欧盟外交与安全政策高级代表阿什顿也声明支持该决议，并在欧盟层面通过了对利比亚的制裁决议。[④] 2015 年 2 月，俄罗斯、乌克兰、德国与法国

① Elfriede Regelsberger, “The Impact of EU Enlargement on CFSP: Growing Homogeneity of Views amongst the Twenty-Five”, *FORNET*, November 2003, Vol. 1, Issue 3, p. 5.

② DR. Simon Duke, “The European Union and its enlargement challenges for the Future”, Presentation to the Center for International Relations and the Konrad-Adenauer-Stiftung, March 30th, 2004, p. 6.

③ Fraser Cameron and Antoinette Primatarova, “Enlargement, CFSP And The Convention: The Role Of The Accession States”, EPIN Working Paper, No. 5, June 2003, pp. 8 - 9.

④ 金玲：《利比亚战争与欧盟对外行动方式的嬗变》，《外交评论》2011 年第6 期，第 131 页。

举行“诺曼底四方会谈”，就解决乌克兰危机达成《新明斯克协议》。德国总理默克尔指出，如果《新明斯克协议》受到严重侵犯，欧盟成员国和欧盟委员会将对俄实施更严厉的制裁。[①] 事实上，德国并不能代表欧盟尤其是中东欧成员国表达上述态度。尽管如此，欧盟成员国尤其是大国仍然努力协调立场，改革内部机制，调整与美国的关系。共同外交与安全政策也将作为欧盟成员国在高级政治领域实现一体化的合作方式，逐步得到完善和发展。

第三，随着全球金融危机蔓延、欧洲经济增长乏力，欧洲国家不愿在安全领域投入过多资源。自 2008 年以来，从亚丁湾反海盗、遏制中东极端组织扩散，再到支援乌克兰行动，欧盟集体防务行动主要从英、法、德等国抽调兵马；2013 年 12 月，欧洲理事会的 28 国首脑都表示愿意推进欧盟在一些关键防务领域展开合作，但在投资和运营方面出现了“寡头化”局面。[②] 英、法、德等大国不仅要承担开支，还要向军事力量较弱的成员国提供军援。2015 年 11 月，法国发生恐袭期间，法国援引《欧盟条约》第 42.7 条请求欧盟提供军事帮助，德国以欧盟名义部署 1200 名士兵帮助法国打击“伊斯兰国”，这是德法两个兼具“北约”和“欧盟”成员国身份的国家第一次脱离北约框架、援引《欧盟条约》采取军事行动。[③] 2010 年，英法两国签署《兰开斯特宫条约》，内容包括建立“联合远征部队”、海军合作机制以及开展核武器技术的合作等。英法两国军事合作更为密切，法国甚至认为，英法联合将是欧盟共同外交、安全与防务政策成功贯彻的保证，然而随着英国“脱欧”，英法的密切合作将终止。[④]

第四，英国“脱欧”对欧盟共同外交与安全政策形成新的冲击。英国军事实力在很大程度上支撑着欧盟共同外交与安全政策的发展，

---

① 夏立平：《三重身份视阈下的冷战后德国安全战略研究》，《欧洲研究》2016 年第 3 期，第 92 页。

② 辛星：《英国脱欧将使欧洲防务合作发生新变化》，《新民晚报》2016 年 7 月 25 日。

③ 陈浩源：《英国脱欧，防务和政治风险在哪》，2016 年 6 月 30 日，http：//www. infzm. com/content/118054。

④ Richard G. Whitman, “The UK and EU Foreign and Security Policy: An Optional Extra”, *The Political Quarterly*, Vol. 87, No. 2, Apr. – Jun. 2016, p. 260.

特别是在共同安全与防务建设方面发挥关键作用。英国“脱欧”可能打破共同体内部的平衡，使欧盟的凝聚力和国际声誉受损，还可能破坏欧盟一直以来坚守的自由主义经济与政治秩序。[①] 英国“脱欧”也使欧盟安全与防务合作面临新的挑战，欧盟共同防务建设将失去一个强有力的支柱。当然，英国对欧洲一体化一直保持若即若离或“三心二意”的态度，在安全与防务领域更是不冷不热，因此，欧盟的安全与防务合作虽然艰难但不会因为英国“脱欧”而陷入停滞。因为英国“脱欧”在撕裂欧盟的同时，也在撕裂英国自身，拥有重要防务资源的苏格兰和北爱尔兰发出呼声，要求同样以公投方式脱离英国并融入欧盟。如果这一主张变成现实，无疑将动摇英国传统军事强国的地位，降低英国“脱欧”对欧盟防务合作的削弱作用。[②]

面对英国“脱欧”后的新形势，欧盟已开始探寻新的应对措施。在安全防务领域让所有成员国“齐头并进”并不现实，“多速欧洲”更符合欧盟现状，即由法德两国领导新的防务合作，外围国家待时机成熟后再加入。目前欧盟的全球战略已考虑到英国退出后的战略环境，提出新建常设军事总部，在不依赖北约的情况下，确保迅速有效的规划、指挥与控制程序。欧盟共同安全与防务政策要融入欧洲对外行动框架，军事力量也将成为欧盟外交的政策工具。[③] 2016 年 6 月，欧盟发布以“共享愿景、共同行动：一个更强大的欧洲”为主题的《欧盟外交与安全政策的全球战略》报告，提出了指导欧盟整体对外行动的基本原则。[④] 报告指出，反恐仍然是欧盟安全的重要议题，防务安全是欧盟对外行动最优先的领域。欧盟在坚持与北约合作的同时，必须发展共同安全与防务，加强欧盟机构与成员国相关机构的信

① Tony Barber，“Five Consequences of the UK's Exit from the EU”，Financial Times，2016，http：//www.ft.com/cms/s/2/b1a2d66e-3715-11e6-9a05-82a9b15a8ee7.html#axzz4FC ChxNU5.

② 《英国“脱欧”，欧洲防务合作面临洗牌》，2016 年 7 月 7 日，http：//mt.sohu.com/20160707/n458202125.shtml。

③ 王沛然：《欧洲地缘战略视野中的英国退欧》，中国日报网，2016 年 6 月 22 日，http：//www.chinadaily.com.cn/interface/yidian/1120783/2016－06－22/cd_ 25802928.html。

④ Shared Vision，Common Action：A Stronger Europe-A Global Strategy for the European Union's Foreign and Security Policy，2016，http：//europa.eu/globalstrategy/en.

息和情报交流，帮助成员国在条约框架下为共同安全与防务作贡献，例如设置联盟基金支持防务研究与科技跨国合作等。可以说，《欧盟外交与安全政策的全球战略》报告为欧盟外交与安全的发展指明了方向，也提供了财政与技术方面的政策支持，必将有助于欧盟共同外交与安全政策的深入发展。

全球贸易变化与欧盟贸易政策调整

陈　新

欧盟贸易政策是欧盟经济外交的重要组成部分。欧盟贸易政策的发展也反映了欧盟在国际舞台上形象的演变，最终构成欧盟软实力的重要内容。欧盟贸易政策的调整受制于欧洲一体化进程的发展和产业竞争力的挑战，更受到了来自外部世界的影响，尤其是全球贸易的变化。本文从全球贸易比重的变化入手，分析全球贸易在21世纪所面临的挑战以及欧盟贸易政策的选择，最后探讨欧盟贸易政策的调整对中国的影响。

一　全球贸易比重的变化

欧盟既不是一个军事上的超级大国，也不是一个真正意义上的外交超级大国。但欧盟是全球第一大经济体，贸易是最核心的基因。欧洲的繁荣始自贸易的起航。①

图1和图2直观地显示了第二次世界大战后美、欧、日、中在全球进出口贸易中的比重的变化。图1显示，自“二战”结束以来，美国的出口在全球出口总量中的比重一路走低，从1948年的21.6%下降到2013年的9.1%，而在进口方面（见图2），美国1948年的进口占全球进口总量的比重为13%，在保持了20世纪50—70年代的稳定

① Carl Bildt, Concluding remarks at Seminar Economic Diplomacy and Foreign Policy, European Political Strategy Centre, Brussels, February 25, 2016.

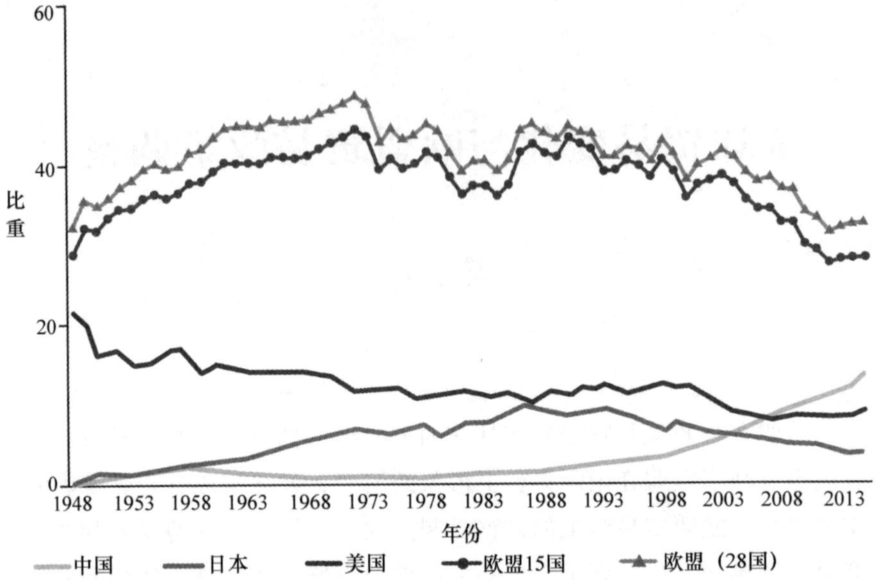

图1　美、欧、日、中在世界出口中的比重（%）

资料来源：UNCTAD。

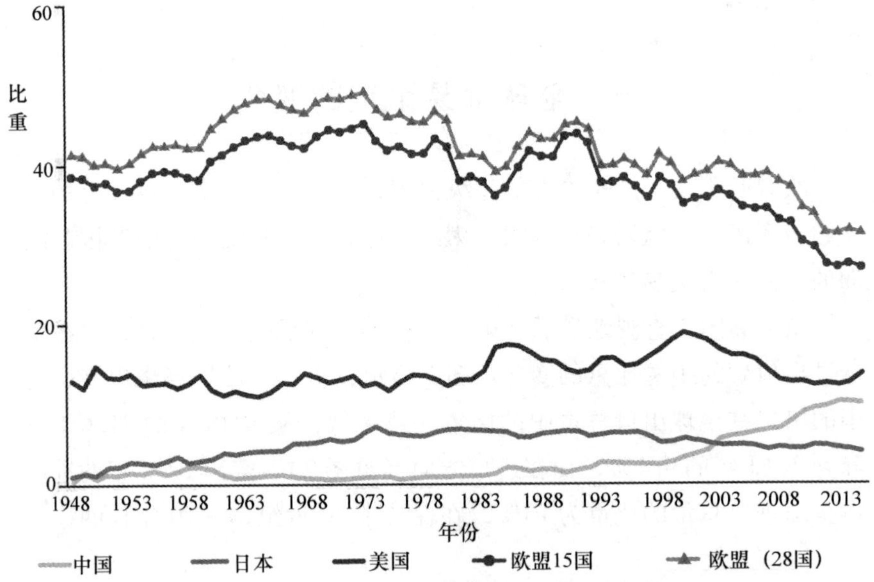

图2　美、欧、日、中在世界进口中的比重（%）

资料来源：UNCTAD。

态势后，80—90 年代的比重开始上升，2000 年的进口占全球的比重一度达到 19% 的峰值，由此带来的结果是美国的贸易在 70 年代从顺差变为逆差，在 90 年代逆差进一步加大。美国在“二战”后建立的经济霸主地位逐步发生动摇。

欧盟①在国际贸易中的地位也不是一成不变的。“二战”后的重建以及欧洲经济一体化的起步造就了欧洲对外贸易的高速发展，其在全球贸易中的比重②在 50—60 年代持续上升。70 年代爆发的石油危机减少了发达经济体的需求，欧洲自身的经济增长也进入调整阶段，对外贸易也经历了起伏。20 世纪 90 年代后，全球化进入全方位发展阶段。与此同时，欧洲在冷战结束后迎来了一体化的飞跃期，欧盟无论在扩大还是深化上都取得了重大进展。但进入 21 世纪后，随着新兴国家的崛起，尤其是中国加入 WTO 之后给全球贸易体系带来的冲击，一定程度上挤压了欧、美、日的贸易增长空间，欧盟的贸易比重也呈现出下降态势。图 3 和图 4 清晰地描绘了欧盟在 21 世纪面临的挑战。欧盟出口在全球的比重常年位居第一，但在 2014 年已经被中国超越。在进口的全球比重方面，金融危机之后，欧盟的比重一度超过美国，位居第一，随后受欧债危机的影响，内需下滑，进口乏力，又被美国反超。与此同时，中国在全球进口中的比重不断逼近欧盟。如今，欧盟无论是出口还是进口，在全球的比重均已下滑到第二位。伴随着中欧贸易比重在全球体系中的此消彼长，欧盟把中国视为其贸易政策的最大挑战。③

---

① 欧盟经历了从欧洲共同体到欧洲联盟的变化过程，成员国也从初始的 6 国增加到 28 国。因统计口径的局限，本文中的欧盟在不同的时期包含不同的成员国，为简化起见，文中不再单独指明是欧共体 6 国、欧共体 12 国、欧盟 15 国、欧盟 25 国、欧盟 27 国以及欧盟 28 国。特此说明。

② 因统计口径问题，UNCTAD 统计的欧盟 28 国和 15 国贸易额为欧盟成员国之间的贸易（区内贸易）和成员国对第三国贸易的总和（区外贸易）。如果剔除区内贸易，则比重会相应下降。另外，成员国变化的因素没有放进去。欧盟自身的统计则把区内贸易和区外贸易做了区分，对外贸易一般指的是区外贸易。但遗憾的是，欧盟的数据无法追溯到 20 世纪 50 年代，因此，这里采用 UNCTAD 数据作为参照。下文中 UNCTAD 关于投资的数据也是类似。

③ 转引自中国社会科学院欧洲研究所课题组《反思 2008 年的中欧关系》，《欧洲研究》2009 年第 3 期。

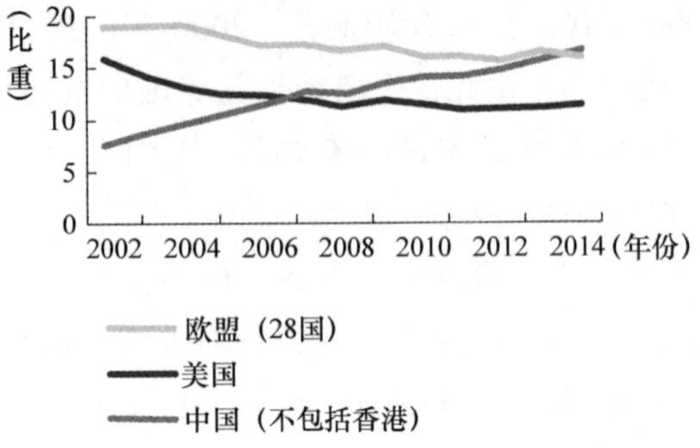

图3　中、美、欧在全球出口中的比重（%）

资料来源：EuroStat。

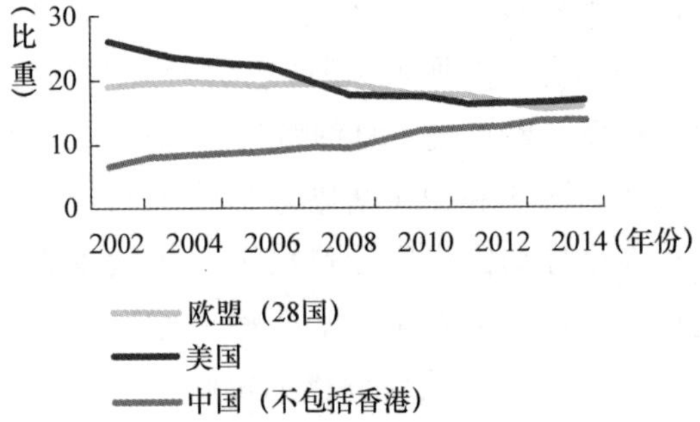

图4　中、美、欧在全球进口中的比重（%）

资料来源：EuroStat。

二　新世纪的挑战

进入新世纪之后，全球贸易发生巨大变化，对欧盟在全球贸易中的地位造成重大冲击，欧盟在全球贸易中的比重持续下滑。

（一）产业层面的变化

从产业层面来看，全球贸易发生了两大变化：一是全球价值链（Global Value Chain，GVC）的兴起和迅猛发展；二是数字革命对产业的冲击。这些变化均改变了传统的生产组织方式，拓展了贸易的外延和内涵。

（1）全球价值链的兴起和发展

全球化的一个重要表现是全球价值链的不断发展。全球价值链通过创意、设计和生产将各国联系起来。传统的贸易理论认为，欧盟的生产要依赖能源和原材料的进口。但随着全球化的发展，欧盟的生产也依赖零部件、组件和机械设备的进口，这些进口如今甚至占到欧盟进口的80%，进而构成了欧盟企业竞争力的基础。自1995年以来，进口产品在欧盟出口中的比重上升了60%，达到13%。① 全球价值链的发展形成了欧盟进出口之间的相互依赖。

此外，全球价值链的发展还带动了双向投资的增长。欧盟对外投资可以改善欧盟企业的竞争力，而吸引投资则为欧盟730万人提供了就业。贸易和投资带来了新的创意、新的技术以及促进了研发的发展。最终结果是让消费者受益，因为展现在消费者面前的是更低的物价和更多的选择。与此同时，成本的降低和选择的增加会直接促进欧盟企业在国内外竞争力的提高。

在看到全球价值链给欧盟带来积极影响的同时，其负面影响也不容忽视，尤其是全球价值链的重新布局带来的产业空心化。因此，欧盟于2014年发布的《再工业化政策沟通文件》认为，欧盟的贸易政策必须加强欧盟在全球供应链中的地位；必须支持欧洲从创造价值到销售价值的完整的经济活动，不仅包括零部件的生产和成品的生产，还包括服务、研发、设计，以及营销、组装、分销和维修。②

（2）数字革命的冲击

数字化是电子商务以及数字技术给贸易带来的一种全新的变革。数字革命消除了地理和距离的壁垒，对全球的经济和社会产生了深远的影响。欧盟在应对数字革命的冲击方面实际上反应是比较快的。早

① Commission Staff Working Document, External Sources of Growth-Progress Report on EU Trade and Investment Relationship with Key Economic Partners, http://trade.ec.europa.eu/doclib/docs/2012/july/tradoc_ 149807.pdf, last accessed on 30 November 2015.

② European Commission, Communication "For a European Industrial Renaissance", COM (2014) 14.

在20世纪90年代末，欧盟就针对知识经济和数字经济提出了应对之策。1999年3月，欧盟理事会就《2000年议程》达成了一致，并于2000年6月通过了该议程。遗憾的是，由于执行层面的不足以及欧洲内部在数字市场上的割裂，欧盟在数字经济领域的发展落后于美国，甚至近年来落后于中国。

为此，欧盟通过“单一数字市场战略”做出了新的回应。① 该战略立足于3个支柱：一是更方便地获得数字商品和服务。据欧盟统计，2014年在本国电商购物的消费者占44%，而从欧盟的其他国家电商网站购物的消费者仅占15%。分割的成员国市场带来的法律转换成本高昂、增值税不统一、物流成本高和效率低，以及知识产权的限制等使得从事电商网购的中小企业动力不足，缺乏跨欧盟成员国的电商平台更是成为发展数字经济的掣肘。欧盟期待通过单一数字市场的建设来为消费者提供更好的数字商品和在线服务。二是提供繁荣数字网络和服务的环境。欧盟的高速宽带网（30兆以上）仅占22.5%。此外，受制于有限的频谱段，欧洲在4G的应用和推广方面已经落后于需求，为此欧盟计划对频谱进行改革以降低移动用户的使用价格，进而推动生产率的提高。据测算，仅这一项改革就可能使欧盟的GDP在5年内增长0.11%—0.16%。此外，欧盟农村的4G应用同城市之间的差距巨大，这也是今后一个潜在的增长点。三是把数字化作为增长的发动机之一。欧盟将推动云储存和大数据的运用，进而带动GDP的增长。据测算，到2020年大数据可以为欧盟经济提供额外的1.9%的增长。欧盟预计通过“单一数字市场”的建设可为欧洲经济提供4150亿欧元的贡献。②

总的来说，欧盟《2015年贸易政策沟通文件》认为，欧盟的贸易和投资政策必须正视全球化和数字化的现实，寻找各种方式让欧盟

① European Commission, Communication “A Digital Single Market Strategy for Europe”, COM (2015) 192.

② European Commission, “Why we need a Digital Single Market”, https://ec.europa.eu/digital-single-market/sites/digital-agenda/files/digital_single_market_factsheet_final_20150504.pdf.

的企业能够与世界其他地区的企业互动。全球化和数字化将推动欧盟跨境服务业的发展，而跨境服务业贸易发展非常迅速，它又跟传统的制造业贸易紧密相连。因此，贸易不仅带动商品的跨境流动，而且可以不断促进人员和信息的跨境流动。这种流动将会提升人员的思想、技能并且使创新的交流方式不断丰富。文件指出，欧盟的贸易政策必须为此提供便利。

（二）地缘政治层面的变化

从地缘政治角度来看，全球贸易近年来发生了两大变化：一是新兴国家的崛起；二是大型地区贸易协定谈判的启动（Mega Regional Agreement）。

（1）新兴国家的崛起

自 20 世纪 90 年代以来，全球化造成了发达国家在全球 GDP、全球制造业和全球出口中的比重无一例外地急剧下降。相比之下，比重增长最快的是与发达国家的产业链联系比较紧密的发展中国家。与此同时，这一轮快速的工业化也带动了资源出口型的发展中国家的经济增长。这些因素直接促使以金砖国家为代表的新兴国家新一轮的崛起。有分析预测，到 2032 年，金砖国家的整体实力将能够与 G7 抗衡。①

欧洲对金砖国家的发展也有不同的看法。有观点认为，金砖国家的发展可能会瓦解欧盟成员国内部的合作，进而给一体化进程带来潜在的重大冲击。波兰央行的研究人员认为，德国逐渐将贸易伙伴从欧元区转移到新加入欧盟的成员国以及金砖国家，其中金砖国家（尤其是中国）占主导地位。德国的数据表明，德国同欧元区国家的合作在减少，而同欧盟其他国家的贸易合作并不能弥补这一损失。德国同金砖国家的贸易关系不断扩大，表明欧洲经济一体化的进程可能会出现

① Harsh V. Pant, "The BRICS Fallacy", *The Washington Quarterly*, Vol. 36, No. 3, pp. 91 - 105, Center for Strategic and International Studies, http://dx.doi.org/10.1080/0163660X.2013.825552, last accessed on 30 November 2015.

逆转。[①] 当然，也有观点认为不能过高估计新兴国家的实力。来自英国的学者认为："我们曾经以为新兴经济体可以拉动全球经济摆脱泥沼，但3年来世界经济并没有走出困境。我们可能必须再次依赖美国带领我们走出危机。"[②]

（2）大型地区贸易协定谈判的启动

在金砖国家中，中国的崛起尤为引人注目，这也引起了西方世界的强烈关注。自2008年以来，美国贸易政策故意放弃了多边主义，并通过两个战略谋求制约中国。一个是"跨太平洋伙伴关系协议"（TPP）；另一个是"跨大西洋贸易与投资伙伴协议"（TTIP）。上述大型地区贸易协定谈判的启动，使欧盟感到纠结。反对者认为，欧盟和美国开始进行自由贸易谈判（TTIP）对欧盟和世界贸易来说都是一个转折点。该谈判将迫使双方离开多边主义的贸易政策。这对美国来说可能是正确的方向，但对倡导多边框架的欧盟来说则可能意味着严峻的挑战。[③] 而支持者认为，美欧不仅是世界上最大的两个经济体和最大的商业伙伴，它们还是全球最大的双边贸易体。美国在欧洲的投资是在亚洲投资总额的3倍，欧洲在美国的投资是在中国和印度投资总额的8倍。因此，跨大西洋贸易对双方来说都很重要。[④] 2015年"跨太平洋伙伴关系协议"谈判结束，更是给欧盟带来了压力。

2016年11月，特朗普当选美国总统，为美国的"一身跨两洋"

---

① 苏珊娜·葛罗米柯、帕维尔·科瓦莱夫斯基：《欧洲面貌发生了改变：全球化对整个欧洲大陆的影响》，载大卫·马什《欧洲的未来》，中国经济出版社2014年版，第206页。

② 梅格纳德·德赛：《金砖国家是由"稻草"构成的，欧洲必须依靠美国走出困境》，载大卫·马什《欧洲的未来》，中国经济出版社2014年版，第253页。

③ Zaki Laïdi, "Europe's Bad Trade Gamble?" 11 July 2013, http://www.project-syndicate.org/commentary/the-eu-turns-away-from-trade-multilateralism-by-zaki-laidi, last accessed on 30 November 2015.

④ Javier Solana, "Transatlantic Free Trade?" 28 December, 2012, http://www.project-syndicate.org/commentary/why-the-us-and-the-eu-need-a-free-trade-agreement-by-javier-solana, last accessed on 30 November 2015.

的大型地区贸易协定带来了变数。①

三 欧盟贸易政策的选择

目前，欧盟是全球货物和服务贸易最大的出口商和进口商，也是最大的投资来源地和目的地，贸易对于欧盟经济的重要性前所未有。一方面，欧债危机凸显了贸易在全球经济陷入低迷时作为经济发展的稳定器的作用；另一方面，贸易是欧盟为数不多的能用来提振经济的手段。更重要的是，面向未来，贸易依然是欧盟经济增长的重要来源。欧委会2016年贸易政策沟通文件认为，未来10—15年全球经济增长的90%将来自欧洲以外的国家和地区。因此，欧洲的经济复苏更需要加强同全球的联系。

（一）通过双边发挥更大影响力

美国从20世纪90年代中期开始转向更为自利的竞争自由主义，将自由贸易协定视为多边贸易协定的可能补充。② 欧盟进入21世纪后似乎在追寻美国90年代的足迹。

促使欧盟从多边转向双边的主要因素有：

一是区域性谈判的不成功。自20世纪90年代中期以来，欧盟开始支持区域性的谈判，希望为非洲和拉丁美洲的一体化提供欧盟的经验。但这一区域性扩展的尝试不太成功，于是欧盟在2006年转向双边谈判。双边谈判使欧盟能够最大化地运用自身的经济权力。欧盟巨大的经济规模也意味着双边谈判具有无法回避的不对称性，与发展中国家的谈判更是如此。

二是欧盟市场权力的下降。到21世纪初，具有较高关税壁垒的大型新兴经济体（如中国、印度等）相对较快的经济增长，削弱了

① 2017年1月，美国总统特朗普上台后，宣布退出“跨太平洋伙伴关系协议”，同时暂停了“跨大西洋贸易与投资伙伴协议”谈判，给欧盟的贸易政策带来新挑战。

② 转引自斯蒂芬·伍尔考克《欧盟经济外交——欧盟在对外经济关系中的作用》，上海人民出版社2015年版，第78页。

欧盟的相对市场权力。事实上，2006 年以后欧盟经济权力的相对下降可以被视为造成欧盟转向更积极的双边谈判的一个原因。

三是在多边框架中欧盟软实力有限。规范性框架使欧盟能在 20 世纪 80 年代末寻求前瞻性的多边议程，也能于 90 年代末在多边贸易中获得领导地位，但规范性权力在欧盟塑造多哈议程中并没有显现应有的作用。因此，如果采取双边谈判的方式，欧盟的规范性权力的效果将更为明显。

2006 年欧洲的全球战略重点在于渐渐远离经合组织国家市场，转而开拓大型新兴市场，如中国、印度等。双边贸易协定谈判的启动意味着这种系统性转变的开始。[①]

诚然，欧盟并未放弃在区域性贸易安排方面的努力。欧盟转道双边实际上是试图通过多个双边贸易安排来最终达成区域性的贸易协定。这在欧盟与东盟的自贸谈判中可见端倪。与此同时，在 2011 年欧盟同中美洲 6 国的联系国协定取得突破之后，[②] 2015 年，区域性的方式再次成为欧盟贸易政策新的关注点。欧盟 2015 年贸易政策文件重新定位同非洲的关系。该文件认为，非洲正在进行的转型对世界将产生重要的影响。欧盟—非洲的贸易关系在 2014 年进入新阶段并结束了 3 个区域 EPA（经济伙伴协定）的谈判，涉及 27 个国家，横跨西部非洲、南部非洲以及东部非洲。而欧盟同拉美以及加勒比海地区则是长期的贸易和投资伙伴，欧盟计划与拉美和加勒比海地区进行更广泛和更具雄心的谈判。

（二）不放弃多边

历史证明欧盟是多边贸易的受益者。欧共体在 20 世纪 60 年代实现了关税同盟，但并没有形成真正的共同市场。各成员国政府都想帮助自己国家的企业做大做强，打造国家冠军企业。这种内部相互倾轧

① 斯蒂芬·伍尔考克：《欧盟经济外交——欧盟在对外经济关系中的作用》，上海人民出版社 2015 年版，第 76 页。

② 陈新：《欧盟为何与中美洲草签联系协定》，《人民日报》2011 年 3 月 28 日，第 22 版。

的行为反而促成了对外的一致，欧共体的共同贸易政策由此诞生。在东京回合谈判中，美国尝试把农业、国家补贴、政府采购等纳入《关贸总协定》谈判的努力，都被欧共体的共同贸易政策成功抵御。但打造明星企业的做法也扭曲了欧共体的内部市场竞争。20 世纪 80 年代，欧共体启动单一市场建设，打破所有非关税壁垒，建设真正的共同市场。这一内部政策的转变极大地推动了欧盟对外角色的转变，欧盟成为多边、自由和有规则可循的国际贸易体系的支持者。

20 世纪 90 年代中期，欧盟对多边贸易采取了自欧洲经济共同体成立以来最为积极的进攻立场。欧盟发起了新一轮贸易谈判，提出的多边贸易议程包括投资和贸易便利化、竞争政策和政府采购，与此同时，鼓励同伙伴国家达成地区性协议。换而言之，欧盟寻求在国际贸易中发挥领导作用，并且积极影响和构建多边贸易议程。就这一方面而言，欧盟委员会施加了有力的影响，并迫使美国支持新一轮的谈判。

但随着美国的自由贸易在 20 世纪 90 年代转向，欧盟进入 21 世纪后经济权力的削弱，由欧美双垄断的全球多边贸易体系出现了变数。多哈回合谈判裹足不前。美国转而采取“一身跨两洋”的战略，通过 TPP 和 TTIP 谈判试图另起炉灶。作为一体化的坚定支持者，同时也是多边贸易体系的倡导者，欧盟虽然转向双边协定谈判，但对多边体系并未放弃。

欧盟认为，WTO 在全球贸易治理中的中心地位下降，并不意味着它会被大型区域贸易协定所取代。主要原因如下：一是 WTO 需要在保护和预防之间的灰色地带进行管理，如卫生与植物检疫（SPS）、技术性贸易壁垒（TBT）以及上诉机构等；二是 WTO 可以发挥监督的作用，增加透明度。

因此，全球贸易的治理已经分为三个层面：多边（multilateral）、复边（plurilateral）和双边（bilateral）。按照目前的贸易发展轨迹，多边主义（multilateralism）将继续主导传统贸易。

在建设多边体系方面，欧盟还致力于推动全球投资体系的改革。过去 50 年来，各国已经建立超过 3200 个双边投资协定的全球体系，其中1400个投资协定涉及欧盟成员国，目的在于保护和促进投资。欧盟认为，作为发起者和主要行动者，欧盟的地位足以（也有特殊的责任）引领全球投资制度的改革。随着《里斯本条约》将投资保护的权能移交到欧盟层面，欧委会在投资保护方面负有新的责任，也确定了优先改革的方向并愿意引领全球进行改革。欧委会已经在TTIP谈判中开始完善投资体系。[①] 为此，欧委会设计出了路线图。首先，计划在欧盟的双边协定中开始从旧的“投资者—国家争端机制”向“公共投资法院体系”新机制转变，该体系包括初审法院和上诉法院。与此同时，促成伙伴国家就全面的、永久性的国际投资法问题达成共识。从长期来看，欧盟支持把投资规则纳入WTO框架。这将有助于简化和更新目前的双边投资协定网络，以建立更清晰、更合法和更包容的体系。

（三）推动规范性力量的发展

欧盟希望通过贸易议程促进可持续发展、人权和良治。欧盟的各项基本协议要求欧盟在全球推动其价值观，包括：贫困国家的发展、更高的社会和环境标准，以及尊重人权。因此，贸易和投资政策需要同欧盟对外行动工具相一致。欧盟的目标之一是，保证经济增长能够跟社会公正、尊重人权、较高的劳工和环境标准以及健康和安全保护同步。其具体目标包括：利用贸易和投资来支持发展中国家的包容性发展、通过贸易政策来建设可持续发展的社会和环境、促进公平贸易、促进和保护人权，以及反腐和推动良治。

但是，贸易政策只是欧盟众多的政策工具之一。如果把促进可持续增长、人权、良治、就业等都变成贸易政策的目标，恐怕是贸易政策不可承受之重。[②]

---

① Commission Draft Text TTIP-investment, http://trade.ec.europa.eu/doclib/docs/2015/september/tradoc_153807.pdf, last accessed on 20 November 2016.

② Andre Sapir, “Public Hearing on the EU's Future Trade and Investment Strategy”, Committee on International Trade (INTA), European Parliament, 12 November 2015.

（四）强调公平贸易

公平贸易本来是指为了保护欠发达国家贫困者，通过经济扶贫的方式，将欠发达国家生产者的手工艺品、农产品等直接带到欧美发达国家商店售卖，改善这些国家的生产者的生活。近年来，欧盟所强调的公平贸易有了新的内容，主要是指两个方面：一是针对进口来源地国家通过补贴等方式为企业赢得不正当竞争优势；二是针对欧盟企业在对外投资时受到投资目的地国家的不平等待遇。这种本来是保护弱者的概念，被欧盟用来保护自身的利益，也反映了欧盟全球经济权力下降过程中的“呐喊”。可是，如果我们换个角度，欧盟拥有全球7%的人口，虽然创造了25%的GDP，却消耗了全球50%的福利，这是否公平？

四　欧盟贸易政策调整对中国的影响

中国是欧盟的第二大贸易伙伴、最大的进口来源地。中欧在2003年建立战略伙伴关系之后，一度进入“蜜月期”。随着中国经济的不断增长，欧方发现并没有从中国的经济增长中获得所预期的收益，进一步扩大市场准入的努力受阻，对中国的判断也从合作方变为竞争方。在经历了欧债危机的打压之后，欧洲启动TTIP谈判，这种战略转向，跟中国的“拒之门外”也有一定的关联。[①] 欧盟对华贸易政策也变得咄咄逼人，贸易摩擦不断。欧盟通过光伏案最终获得了中国启动中欧投资协定谈判的承诺，[②] 并寄希望于借此扩大市场准入，获得更多的投资保护，同时力图在劳工标准、环境标准等方面设立新的标杆，削弱中国企业的竞争力。

---

① 陈新：《中欧经贸关系》，载《盘点过去10年的中欧关系》，社会科学文献出版社2015年版。

② 陈新：《中欧光伏产品贸易争端》，载周弘主编《欧洲发展报告（2013—2014）》，社科文献出版社2014年版。

（一）欧盟的纠结心态

欧盟从对华贸易中受益，但中国也成为欧盟贸易政策的最大挑战者。

面对中国，欧盟的心态非常纠结。第一层纠结是，中国的市场对欧盟来说愈益重要。如果说，十年前中国更需要欧盟市场的话，如今，中国的市场是欧盟经济复苏的重要源泉之一。因此，欧盟进一步打开中国市场的愿望也就更加强烈。欧盟在东亚没有地缘政治利益，也没有领土纠纷。因此，保持与中国良好的经济贸易关系是欧盟最大的利益。这从数据上也可以得到验证。在 2015 年美日对中国投资下降的情况下，欧盟对中国投资却同比增长 4.6%。①

另一层纠结则是，中国和美国在欧盟贸易中的比重。一方面，中国在欧盟贸易中所占比重的快速增长同美国的不断下降形成鲜明对比；另一方面，欧盟对美贸易顺差不断加大的同时保持对中国的贸易逆差（见图 5 和图 6）。中国一旦取代美国成为欧盟第一大贸易伙伴，所带来的心理冲击则会更大。

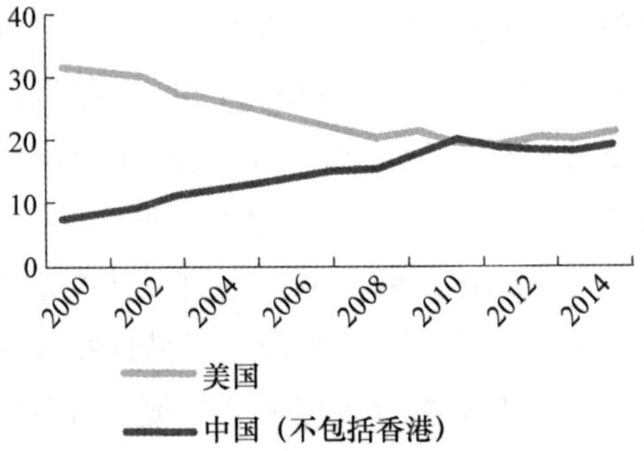

图 5　中美在欧元区贸易中的比重（%）

资料来源：EuroStat。

① 陈新：《中欧光伏产品贸易争端》，载周弘主编《欧洲发展报告（2013—2014）》，社科文献出版社 2014 年版。

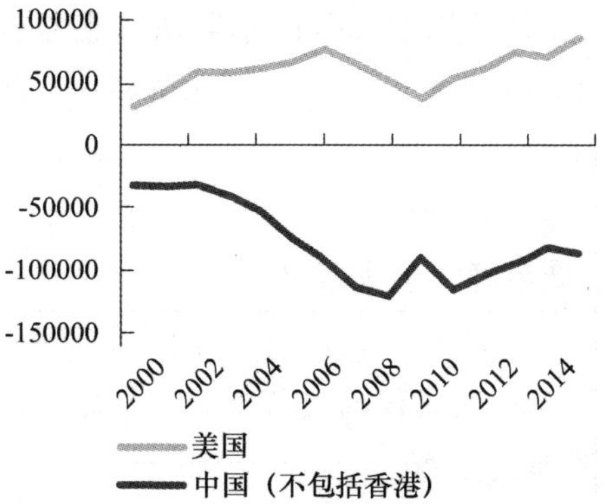

图 6　欧元区对中美的贸易平衡（百万欧元）

资料来源：EuroStat。

再一个纠结就是中国在全球价值链中的追赶态势和欧盟的停滞不前对比明显。中国在 G20 国家中制造业的增值名列第一，2014 年达到 22040 亿欧元，欧盟则为 19320 亿欧元，美国为 15790 亿欧元。2004—2014 年，中国制造业增值部分的增长率达到年均 11% 以上，

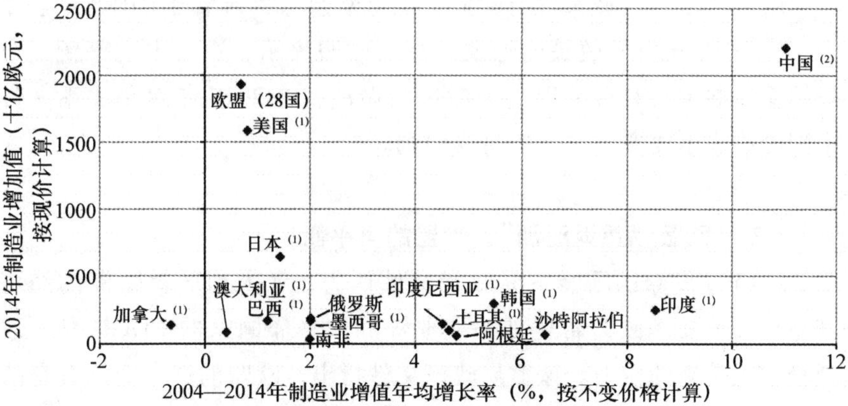

图 7　2004—2014 年 G20 国家在全球价值链中制造业的增值和年均增长率

注：（1）制造业不包括出版业和回收再利用。

（2）现价总值按生产者价格计算。数据以 2005 年不变价格计算。

资料来源：http：//ec. europa. eu/eurostat/statistics-explained/index. php/The_ EU_ in_ the_ world_ -_ industry，_ trade_ and_ services.

而欧盟不到1%。制造业增值部分的不断成长意味着出口产品竞争力的增强和自有技术的不断提升。因此，在贸易上，欧盟感到来自中国的压力越来越大。

（二）试图改造中国，但未成功

对于欧洲的未来，欧盟一直抱有宏伟目标，但在路线图的规划上常常过于理想化，在一些议程的设置上，往往雄心过大，导致目标无法实现。对华关系即是一例。

欧盟东扩的成功助长了欧盟推广软实力和规范性力量的急切心理。此外，根深蒂固的价值观和道德上的优越感致使欧盟在对华关系上一直处于居高临下的位置，即使是在全球经济权力下降的年代，欧盟依然站在高高的台阶上不愿下来。

欧盟从20世纪90年代开始，通过发展援助的方式试图拉拢改造中国。欧盟通过《伙伴合作协定》（PCA）谈判，让更多的国家“变得更像自己”。但在中欧PCA谈判上，欧盟遇到了“硬骨头”，PCA谈判无果而终。

由于“萝卜”政策没有奏效，加上欧盟感受到来自中国的竞争压力，在2010年贸易政策沟通文件中，欧盟表示，在与中国等新兴市场国家发展贸易时应采取更为激进的做法；在2016年对华关系文件中则明确表示要实施更多的对等原则。

（三）欧版“重返亚洲”，欧盟的再平衡

2015年发布的欧盟贸易政策文件认为，亚太地区对欧洲的经济利益至关重要。欧盟希望加快同亚洲和太平洋国家的FTA谈判，以减轻中国带来的压力。该贸易政策文件指出，欧盟的这一亚洲贸易战略在未来几年需要继续遵循、巩固并进一步丰富。

（1）推动同日本的自贸协定谈判和更新同韩国的自贸协定

欧盟同日本的自贸协定谈判已进入第三年。在亚洲，达成《欧盟—日本全面经济伙伴协定》是欧盟的一项优先战略。这一协定不仅会增加欧盟的贸易和投资，而且会扩大经济一体化的规模，推动欧盟

和日本企业之间更紧密的合作，以及欧盟和日本在国际立法及标准组织中的密切合作。[①] 欧盟同韩国的自贸协定已经于 2011 年临时生效，并于 2015 年 12 月全面生效。欧韩双方正计划更新自贸协定并启动投资协定谈判。鉴于中国、日本、韩国等都是东亚产业链的重要角色，欧盟在东亚虽然没有类似美国的 TPP 战略，但欧盟在该地区不断签订的双边自贸协定事实上也起到了对中国“再平衡”的作用。

（2）准备启动同澳大利亚和新西兰的自贸谈判，以及同东盟的区域谈判

在本届任期内，欧委会还将启动新的谈判，包括：申请同澳大利亚和新西兰进行自贸协定谈判的授权、通过和东盟成员国之间的双边协定来重启与东盟的“区域对区域”的谈判。在对东盟的战略引导下，欧盟将分别同东盟成员国签订协定，然后再确立欧盟—东盟这种“区域对区域”的框架。

（3）计划启动同中国香港的投资协定谈判

欧盟在 2015 年贸易政策文件中明确指出，将启动与中国香港特别行政区的投资协定谈判。该文件认为，通过参与不断融合的区域供应链，欧盟的投资者在东亚将会从更宏大的投资协议网络中获益。因此，在与中国内地通过谈判改善投资环境的同时，欧盟计划启动同中国香港特别行政区的投资协定谈判。

贸易政策是欧盟为数不多的独享权能之一，更是欧盟对外领域唯一的独享权能。可以说，贸易政策是欧盟唯一能够做到对外“用一个声音说话”的领域，是欧盟软实力的具体体现。但是，全球化带动了欧盟内部的产业调整，在一定程度上削弱了欧盟的产业竞争力。与此同时，外部世界的变化也给欧盟的全球贸易地位带来挑战。欧盟正在通过调整贸易政策，积极应对全球贸易的变化，以继续保持在全球贸易中的软实力。

---

① 2017 年 7 月 G20 汉堡峰会前夕，日本首相安倍晋三访问欧盟，并就《欧盟—日本全面经济伙伴协定》达成原则性一致意见。

欧盟贸易政策及跨大西洋贸易与投资伙伴协议

李贵英

一 前言

欧盟与美国正在进行的跨大西洋贸易与投资伙伴协议（The Transatlantic Trade and Investment Partnership，TTIP）谈判，被公认是国际贸易史上最大规模与最具野心的合作。欧美两大经济体合计占全球GDP的60%，全球商品贸易的33%，全球服务贸易的42%。美国在欧盟之投资为美国在亚洲地区投资的三倍，而欧盟对美国之投资为欧盟对亚洲投资的八倍，[①] 是故TTIP谈判之重要性可见一斑。2013年2月欧盟与美国展开程序推动TTIP正式谈判，2013年7月于华盛顿特区举行第一回合谈判，最近一次系于2016年7月在布鲁塞尔举行的第十四回合谈判。该协议之所以不同于其他自由贸易协议，在于TTIP试图为欧美跨大西洋市场订定与调和共同的经贸法规与标准，并且在谈判过程中，触及有关食品安全、环境保护，以及个资隐私等问题，由于涉及社会价值观与偏好的敏感议题，所以该协议成为媒体与舆论关注的焦点。回顾欧盟与第三国谈判洽签条约的历史过程，似乎十分罕见有任何协议如同TTIP一般，引起支持者与反对者如此壁垒分明、针锋相对。

---

① 钟佳蓉：《“美欧跨大西洋贸易投资伙伴协议”之概况与未来发展》，《APEC通讯》2014年第172期，第11页。

从世界贸易组织（World Trade Organization，WTO）或八国集团（G8）所引起的抗议声中，不难发现贸易自由化成为极具争议性的话题。同时也因为多哈回合谈判停滞不前，促使欧盟在WTO之外展开自由贸易协议的谈判。《里斯本条约》生效后，欧盟共同贸易政策（Common Commercial Policy，CCP）呈现新风貌，欧盟在该政策领域的专属权限扩大，及于外国直接投资[①]，更进一步促使欧盟对美国展开TTIP谈判，洽签全面性之经贸协议，以期废除关税与非关税贸易障碍、废除服务与投资障碍、调和经贸法规标准、对全球议题提出合作发展模式，以及建立共同贸易目标。TTIP的目标远大，并不仅止于贸易自由化而已。其真正的目标着眼于在欧美之间创立常设性的法规合作机制，借以减少彼此法规歧异与提升贸易和投资。

2015年10月，美国与11个亚太地区国家完成跨太平洋伙伴关系协议（The Trans-Pacific Partnership，TPP）之谈判。然而迄今欧美间之TTIP谈判仍有诸多困难尚待克服。对于欧盟而言，TTIP引起一系列的问题，例如TTIP在欧盟共同贸易政策上所扮演的角色为何？欧盟如何确保TTIP之签署不至于降低消费者健康与安全的保护水平？如何确保个资保护？如何确保投资争端解决机制不至于产生负面影响？如何确保TTIP的谈判与洽签符合透明化原则与民主法制化的要求？欧盟在处理这些问题的同时，不仅涉及欧美之间TTIP的层面，事实上也考验了欧盟在全球经济治理上所扮演的角色及其视野。故本文拟就欧盟共同贸易政策与TTIP进行论述，首先讨论在欧盟共同贸易政策之下TTIP的定位，接着讨论TTIP所引起之问题，最后做一总结。

二　欧盟共同贸易政策之实践与TTIP之推动

TTIP之主要目的在于促进欧美双方之经济成长与创造就业机会，

---

① 李贵英：《论里斯本条约下欧盟之共同商业政策》，载李贵英主编《欧洲联盟经贸政策之新页》，台大出版中心2011年5月，第419页。

早在2014年欧盟执委会就在工作计划中将之列为主要目标。[①] 在废除商品与服务贸易障碍方面，欧盟将谈判重点放在工业产品与农产品上，不过美国方面则较着重于服务业市场的进一步开放。尽管如此，欧美双方均视TTIP为一强而有力的经济刺激方案。欧盟执委会方面的委托研究指出，TTIP完成洽签后预期可为欧盟带来1200亿欧元的经济利益，为美国则带来950亿欧元的经济利益。[②] 目前欧美平均关税障碍大约占3%，一旦废除这些障碍后，可望创造一极具规模之市场。此外，谈判也将焦点集中在如何推动产品标准相互承认与废除不必要的技术性要求，亦即所谓的非关税贸易障碍，尤其在汽车、药品医疗器材，与创造跨大西洋的采购市场等方面。欧美的谈判重点不在于回溯既往而就相关法规标准进行调和，而是在于未来双方订定相关法规与标准时能够充分扩大合作。为了响应公民社会的质疑声浪，欧美双方也声称在调和法规标准之际，仍将维持既有的消费者保护水平。

TTIP被欧盟视为促进经济发展的原动力，而TTIP之所以可行，就在于欧盟在共同贸易政策之下进行谈判。同时拜欧盟单一市场规模之赐，欧盟得与美国进行TTIP谈判。下文拟就欧盟共同贸易政策之下TTIP的定位问题，以及跨大西洋经济合作与全球经济秩序之转变进行分析。

（一）欧盟共同贸易政策之下TTIP的定位

自20世纪80年代末期开始，全球政经局势发展以经贸自由化议题为主轴，大部分国家采取两种途径进行：一是透过WTO回合谈判，消除关税与非关税障碍；二是融入区域经济合作，以完成内部区域自由贸易，以削减彼此贸易障碍为目标。然而多哈回合谈判的停滞不

① Communication from the Commission to the European Parliament, the Council, the European Economic and Social Committee and the Committee of the Regions, Commission Work Programme 2014, COM/2013/739, p. 4.

② European Commission, Transatlantic Trade and Investment Partnership: The Economic Analysis Explained, September 2013, p. 6.

前，促使各国纷纷转向区域经济合作。欧盟亦然，欧盟不再将其对外贸易政策的重点单独置于 WTO 多边贸易回合谈判上，而是改以多边及双边途径并进，对外积极洽签区域贸易协议与自由贸易协议。

从法律层面观之，欧洲联盟运作条约第 207 条规定，欧盟执行对外贸易政策似乎并不局限于更新共同贸易政策之概念，俾利欧盟采取对外行动，而是进一步将共同贸易政策纳入欧盟整体政策之一环，以强化政策一致性。欧盟对外贸易政策反映了几项特色：第一，共同贸易政策被纳入欧盟整体政策之一环，并作为实现欧盟对外行动之工具；第二，重新定义共同贸易政策之概念，而非仅止于扩大其适用范围；第三，扩大欧盟专属权限，例如在服务贸易、与贸易相关之知识产权，以及外人直接投资等新领域，欧盟可独享对外缔约权，而无须与成员国分享；[①] 第四，改变共同贸易政策之决策机制，除了若干例外，决策模式主要采取条件多数决。至于缔结有关文化、视听、社会、教育与健康服务贸易等敏感性领域之协议，欧洲联盟运作条约第 207 条第 4 项第 3 款规定条件多数决之例外，这些领域之所有层面均适用一致决。且基于透明性、合法性，与政治监督之需要，欧洲议会得参与此决策机制。基此，自《里斯本条约》生效后，共同贸易政策成了联盟的专属权限，包括货品贸易、服务贸易（除运输以外）、与贸易相关的知识产权以及外人直接投资。

由此观之，欧盟共同贸易政策之实践，应符合欧盟对外行动之原则与目标，显然欧盟贸易政策被工具化。不过有一点值得注意的是，现行条约不是仅将贸易当作政策工具，而是在本质上将之视为贸易政治（politics of trade）。贸易政策带领了政治风潮，在 TTIP 谈判过程中尤为显著。而欧盟之所以能够与美国进行 TTIP 谈判，正是因为欧盟各国在对外贸易上采取同一立场，且欧洲单一市场规模对于美国也是一大诱因。

① 唯有关运输方面之国际协议仍维持现状，不属于共同贸易政策之范围，除应适用欧洲联盟运作条约第 91 条以下之特别规定外，同时亦受欧洲联盟运作条约第 3 条第 2 项有关欧盟专属权限之规定所规范。

在欧盟推动对外贸易政策的法律与政策框架下，欧美推动 TTIP 谈判受到若干因素的牵引，包括全球金融风暴、WTO 多哈回合谈判进展缓慢近乎停滞、原物料价格飙升、改革欧盟共同农业政策的长期计划，以及欧盟面对 TPP 首轮谈判完成的策略响应。

事实上，欧盟贸易政策自 2014 年起即有所转变，欧盟普遍化优惠制度（generalised system of preferences，GSP）的改革即为转折点。自 20 世纪 80 年代起，欧盟对亚太非国家与前苏联国家实施 GSP 优惠制度。但是 WTO 曾对欧盟 GSP 制度做出不符协议建议修正措施的裁决，在第三世界国家经济崛起后，欧盟即修正其 GSP 制度。目前印度等国仍在欧盟 GSP 受惠国名单当中，而巴西与俄罗斯等国（包括白俄罗斯、哈萨克斯坦、阿根廷、古巴与乌拉圭）则已毕业。原本非洲国家构成欧盟 GSP 的主要受惠国，但 2014 年欧盟与东非、西非、南非国家洽签区域性经济伙伴协议（economic partnership agreements，EPAs）[①] 之后，欧盟仅保留全球最贫穷国家享有 GSP 优惠地位。

尽管如此，欧盟仍不放弃 WTO 多哈回合谈判并以多边方式推动贸易自由化，同时也致力于避免因推动区域贸易协议/自由贸易协议谈判而导致双边/多边贸易体制下之规制分割（regulatory segmentation）。多边贸易体系仍为欧盟贸易政策的基石，欧盟也寻求为 WTO 多边体系注入活水。[②] 欧盟认为推动洽签双边区域贸易协议/自由贸易协议谈判成功的果实，可以进一步推动多边贸易自由化，为现今的困境提供可能的解决方案，并履行欧盟在 WTO 所做的承诺。欧盟目前生效的自由贸易协议约涵盖欧盟对外贸易的三分之一，若正谈判中的自由贸易协议未来生效，涵盖率将达到三分之二。[③] 欧盟对于双边区域贸易协议/自由贸易协议采取开放的立场，并期望以此带动多边贸易体系前进。欧盟亦秉持此态度看待 TTIP 谈判。就欧盟的观点而言，其认为由于欧美跨大西洋市场规模庞大，若双方能在法规合作方面达

① European Commission, Trade for All: Towards a more responsible trade and investment policy, 2015, p. 32.

② Ibid., pp. 27 – 28.

③ Ibid., p. 9.

成良好实践的目标，将可作为 WTO 回合谈判参考的典范。

此外，TTIP、TPP 以及区域全面经济伙伴关系协议（Regional Comprehensive Economic Partnership，RCEP）是目前最重要的三大区域贸易谈判。欧盟向东的伙伴关系与俄罗斯主导的欧亚关税同盟（俄罗斯、白俄罗斯与哈萨克斯坦）相竞争，不过欧盟分别与乌克兰及亚美尼亚签署自由贸易协议，颇有斩获。然而欧盟亦给予俄罗斯战略伙伴之地位，如同巴西与印度。在新兴市场国家中，土耳其已适用欧盟共同关税，对加入欧盟表现积极；墨西哥与美国、加拿大一样同属于北美自由贸易协议的一员，且欧盟与加拿大已签署贸易协议（Canada-EU Trade Agreement，CETA）。CETA 是欧盟首度与八国集团的成员完成贸易谈判的成果，且可能对 TTIP 谈判内容有所影响。至于欧盟与亚洲国家关系方面，欧盟已完成欧韩自由贸易协议之洽签。欧盟已展开与中国的双边投资协议谈判，并以进一步洽签自由贸易协议为目标。欧盟亦将完成与日本之自由贸易协议洽签视为优先策略，同时欧盟另已准备好与印度及东盟主要国家开启或恢复自由贸易协议之谈判。由此观之，欧盟采取区域间主义的途径，似乎主导目前欧盟全球交往的对外贸易政策。

欧盟对外积极洽签区域贸易协议/自由贸易协议，借以推展贸易关系的图像由此可见一斑。然而纵使多哈回合谈判成果有限，WTO 仍掌握国际贸易规范的圣经，且 WTO 目前所进行的若干新协议谈判，如服务贸易协议（Trade in Service Agreement，TiSA），也可能影响 TTIP 的谈判结果。此外，TTIP 以及欧盟对外洽签的自由贸易协议，仍然不得背离 WTO 相关协议所设定的框架，同时也必须恪遵欧盟法，不得违反。这些因素可能使原本不单纯的情况更为错综复杂，增加 TTIP 谈判结果预测的难度。

（二）跨大西洋经济合作与全球经济秩序之转变

欧盟对外贸易政策的目标在于促进全球化，如此一来可增进欧盟商品与服务在全球市场上的贸易量，同时有利于欧盟取得高质量的零组件与原物料。透过提升贸易量，可为欧洲劳工创造就业机会，有利于消费者以划算的价格选购商品与服务。更重要的是，欧盟从中可获得制定全球游戏规则的契机，不仅是贸易规则，也包括因此而衍生的环境保护、公共卫生、安全，以及劳动权利等规则。推动 TTIP 谈判不仅将改变跨大西洋经贸关系，势必也将对全球经济秩序造成影响。

欧盟前贸易执委 Peter Mandleson 曾形容 TTIP 的精神并非创造一个欧洲与北美之间封闭式的商店，用以服务与满足彼此的需求，而是建立一个开放架构，他国亦可加入和仿效。[①] 基此，TTIP 不应只是单纯地被解读为振兴欧美经济或全球经济，或是为多哈回合谈判注入活水，而是尝试主导整个多边贸易议程，重新定义未来多边贸易谈判的范围与议题。一旦欧美完成 TTIP 谈判，欧美有可能联手透过 WTO 的场域，例如借由多哈回合谈判或其后的贸易回合谈判，将 TTIP 的成果多边化，进而重塑全球经济秩序。

不过，如欲达成此目标，欧盟将遭遇若干现实难题。如前所述，欧盟试图借由 TTIP 来强化它未来在世界经济中的影响力。纵使欧盟本身具有举足轻重的地位，它仍需要盟友相互扶持。TTIP 可望确保欧盟与美国在重要议题上的合作，擘画未来相关规则的蓝图，但是在跨大西洋经贸关系上，欧美双方所适用的规则与管制，却构成彼此最大的贸易障碍。欧美寻求减少非关税贸易障碍的同时，还要兼顾避免降低这些规则与管制所提供的保护水平，并非易事。除非欧美能在 TTIP 谈判中克服这些困难，谈判成果成为先驱，而其他国家也愿意追随欧美的步伐，以 TTIP 树立的规则为标杆并扩大适用范围，如此一来方能使之真正成为全球规范的基础。基此，这些规范应该不仅止于植根于高度贸易自由化的原则，同时亦必须能反映出公共健康、环境、劳工和消费者保护的高标准。这一点将构成欧美所面临的极大挑战。

此外，欧盟试图透过 TTIP 影响多边贸易谈判的野心，将面临若干困难，而这也正是目前多哈回合谈判陷入困境的主因。欧盟尝试为

---

① House of Lords, The Transatlantic Trade and Investment Partnership, 14th Report of Session 2013 – 14, 2014, p. 22.

多边贸易体系注入活水，使之重现生机，不过多哈回合谈判已不再是暂时性的谈判僵局，而是全面性的制度危机。① 在 WTO 之下，发展中国家与发达国家的利益冲突，甚至发达国家阵营内部的矛盾，早已如影随形。发达国家希望就更多的新贸易议题展开谈判，但是发展中国家认为现行贸易协议执行成效不彰，不愿意受到更多的条约义务约束。发达国家另寻求方法说服若干新兴工业国家放弃其为发展中国家的主张，与老牌工业国家在平等的基础上进行谈判。事实上，发达国家在许多谈判议题上，基于国家利益的盘算，也是各怀鬼胎。有鉴于此，即使 TTIP 谈判成功，若欲以之对 WTO 多边贸易谈判产生影响力，仍会面临同样的问题。

此外，欧美推动 TTIP 谈判，其中一个重要的原因在于因应新兴工业国家的经济崛起，例如金砖五国，这些国家头角峥嵘的结果，可能威胁到以欧美为核心所主导的全球经济治理。② 在多边贸易体系中，这些国家已展现出影响议题走向的实力，许多发展中国家亦追随之并唯其马首是瞻，它们成为左右 WTO 回合谈判若干议题成败的关键。从中不难察觉这些国家改变了全球经济权力的分配。以巴西、中国、印度、俄罗斯和南非等核心国家为首的二十国集团的出现，象征全球经济秩序的一大转变。③ 未来欧盟试图以欧美为核心引领风骚，是否能够一如往昔如愿，不被撼动，仍在未定之天。

三 振兴经济的仙丹妙药还是特洛伊木马：TTIP 争议面面观

TTIP 对于欧盟而言，有得有失。以服务贸易为例，经济模型评估

① S. Cho, "The Demise of Development in the Doha Round Negotiations", *Texas International Law Journal*, 45, 2010, pp. 587 – 589.

② C. Ban & M. Blyth, "The BRICs and the Washington Consensus: An introduction", *Review of International Political Economy*, 20 (2), 2013, pp. 241 – 255.

③ K. Hopwell, "Different Paths to Power: The Rise of Brazil, India and China at the World Trade Organization", *Review of International Political Economy*, 22 (2), 2014, pp. 311 – 338.

之结果显示，TTIP 可望促进欧盟对美国的服务业出口增加 24%，促进美国对欧盟的服务业出口增加 14%。[①] 此乃由于欧美保护程度之不同，故而有所差异。可预见未来欧盟在商业服务、金融服务与保险服务三业别的服务供给者可望有较大的收益。倘若透过 TTIP 谈判促成美国改变政策，欧盟电信服务业与公共健康服务业亦可获益。在若干服务业别（例如保险服务业），欧盟的获益大小取决于美国的承诺是否包括次级政府（州）的层级。在其他服务业别（例如健康与教育服务业），欧盟的获益则需审慎平衡攻守利益。在 TTIP 谈判中，与其说是降低美国的服务贸易障碍，不如说更重要的是借由降低欧盟本身的服务贸易壁垒，来改善欧盟服务经济效率。事实上，TTIP 不只为欧盟带来经济利益，美欧合作可联手重塑贸易规则，也有助于强化欧盟影响全球经济的角色。

不过欧盟内部对于 TTIP 谈判仍有不少质疑，例如 TTIP 未来是否会限制欧盟成员国支持公共服务，以及 ISDS 机制是否会阻挠成员国将某一服务业别收归公共服务项目，或因收归之举而须支付损害补偿。又如在 TTIP 之下专业证照的相互承认是否与欧盟内部所实施的相互认证制度相符，促成更多的中小企业从事积极的商业活动是否符合欧盟公民个资隐私的权利保障，ISDS 机制是否会影响国家行使规制权等问题。这些问题乃是欧盟在 TTIP 谈判中所面临的挑战，欧盟必须在承诺与限制之间寻求适当的平衡，以免侵蚀自由化所带来的利益。故下文以管制松绑、金融监理及外国投资人与东道国争端解决机制之问题为例进行分析。

（一）管制松绑的疑虑

过去在 GATT/WTO 多边贸易体系之下，各国关税税率已有显著调降，各国能够使用降税作为谈判筹码的余地越来越有限。因此各国开始寻求调和彼此间之管制标准以促进货品与服务贸易。TTIP 谈判

---

① European Parliament, TTIP Negotiations: Challenges and Opportunities for Europe Sectoral Overview, 2015, p. 4.

的一大问题，在于欧美尝试在彼此管制方法基本上相异的情况下达成法规调和。而就 TTIP 此种全面性协议而言，确实有可能给内部市场与法规环境带来重大的改变。正因如此，欧盟内部反对声浪高涨，欧盟内部许多反对者担忧 TTIP 谈判中，美方将迫使欧盟让步，致使欧盟环境保护水平下降、降低对银行业的规范、接受含荷尔蒙的牛肉进口，以及改变欧盟基因改造食品的法规，等等。①

面对这些批评，欧盟一再重申有办法在不降低保护水平的条件下促进贸易，例如欧盟可以在药品方面废除不必要的双重出厂检验、废除不必要的小汽车不同安全标准等。欧盟也反驳 TTIP 会引起放松管制（deregulation）与竞相逐底（race to the bottom）的说法；反之，欧美在这些议题上共同合作，可以促进欧美所使用的高标准为他国所采用。②

由此可见，TTIP 真正的问题在于法规管制的松绑。欧盟官方与反对者之间的分歧，主要反映在优先性的抉择上。欧盟官方（如执委会）以全球贸易自由化的基本逻辑为优先，排除任何可能限制货品与服务贸易的障碍。为了寻求经济成长，将可能有碍于自由贸易的管制法规，划归为可以调和的措施。反之，反对者则担忧法规环境的改变，不但可能降低环境保护或消费者保护标准，还可能影响政府的规制权。基此，反对者关切法规管制松绑的不利后果，而非以追求经济成长为优先目标。双方各持己见，互不相让。然而在双方冗长的对话中，除了沟通不良之外，有关 TTIP 对欧盟造成的成本与效益如何、除了 GDP 成长指标外有无其他更佳的评量标准可以补充或是取代，以及冻结若干特定部门的进一步管制将会带来何等影响，这些问题似乎尚未被深入讨论。

在环境、金融、食品安全等方面，未来欧美以监管法规或规范为

---

① V. Birchfield, Negotiating the Transatlantic Trade and Investment Partnership: Comparing U. S. and EU Motivations, Oppositions and Public Opinion, Working paper GTJMCE-2015 - 2, available at http: //inta. gatech. edu/jmce/working-papers, 2015, p. 11.

② K. De Gucht, Making the Most of Europe—the EU's Common Commercial Policy as a Driver for Growth, SPEECH/14/149, 2014, p. 4.

基础进行合作，或许未必难以达成。[①] 但是正如 Drezner 教授所言，目前主流趋势是走向体制复杂性，其中国际规则、标准与制度的扩散一直持续，但在过程中缺乏宏观的制度焦点，因而产生三个问题。第一，在欠缺总体性焦点的情况下，规则与标准不断扩散，反而稀释了先前所为的制度性承诺；第二，不同制度与监管标准的扩散，本身也潜藏冲突、重叠与不一致性，从而削弱行为者实施与执行的承诺；第三，最严重的问题，在于体制的复杂性提高了所有行为者的交易成本，导致其透过论坛移位（forum shifting）或论坛创立（forum creation）运用监管套利（regulatory arbitrage）。[②] 有鉴于此，即使未来在 TTIP 之下不会产生放松管制的疑虑，而欧美亦达成合作的目标，也有可能产生另一项更严重的问题，未来欧美如欲运用 TTIP 的“多边化”来提倡全球规则与标准的制定，最终可能获致反效果，亦即整个 TTIP 制度的设计乃是基于对抗现有的多边贸易体系，而 TTIP 的谈判可能会以加速对抗的过程而告终。

（二）金融监理的问题

欧盟与美国拥有全球最大的金融部门，同时也是金融服务业的主要贸易伙伴。欧美银行资产约占全球的 50%，股市总市值合计亦约占全球的 50%。欧美债券市场甚至超过全球的 60%。[③] 由此可见金融服务业在 TTIP 谈判中十分重要，但是却也相当具有争议性。

虽然 TTIP 未来应该涵盖金融服务业，但是金融服务章的规范内容为何，欧美双方却有不同看法。欧美双方均同意市场进入的问题应

---

① 刘如慧：《欧盟环境法制与司法实践》，载洪德钦、陈淳文主编《欧盟法之基础原则与实务发展（下）》，台大出版中心 2015 年版，第 143 页；李宁修：《欧盟食品法制之基本原则及其实践：由欧盟第 178/2002 号规则出发》，载洪德钦、陈淳文主编《欧盟法之基础原则与实务发展（下）》，台大出版中心 2015 年版，第 247 页。

② D. W. Drezner, *All Politics Is Global: Explaining International Regulatory Regimes*, Princeton University Press, 2008, p. 66.

③ K. Lannoo, Financial Services and the Transatlantic Trade and Investment Partnership, available at https://www.ceps.eu/system/files/PB%20No%20302%20Financial%20Services%20and%20TTIP.pdf.

纳入规范，但是就双方在各自的金融市场上所实施的监理政策，TTIP是否或如何处理政策歧异的问题，欧美双方的立场大相径庭。2008年金融海啸后，欧盟进行金融改革，至今仍有若干问题尚未解决，因此TTIP对欧盟金融改革可能的影响，特别令人关注。美国于2010年通过Dodd-Frank法案①以及其他金融监理措施，也同样引发关注。欧美实施金融监理新规则，对于彼此以及第三国均造成直接或间接的影响。② 跨大西洋监理合作有必要处理这些新规则的跨境影响，而且国际与跨国监理论坛进行的后台工作也有助于促成此举。③ 然而欧美对于彼此金融监理的内容与范围却有不同看法，因而产生许多争议。这也是为何欧盟试图将金融监理的议题纳入TTIP谈判。

基本上，欧美均同意应降低金融机构不必要的交易成本，但是对于何者属于必要的监理，双方意见存在分歧。欧美在若干基本问题上意见相左，例如TTIP是否应促成金融监理的融合，针对银行与指定金融机构的资本要求、自营交易的限制，以及面临破产公司的清算程序，发展出共同的标准与监理政策？还是TTIP只需遵循过去自由贸易协议的前例，把焦点放在确保外国与本国业者间之不歧视原则上？关于如何界定金融审慎措施的范围，以及这些在本质上属于由国家设计及执行的措施，在何种程度上应受TTIP争端解决机制的审查，欧美双方似乎有截然不同的观点。事实上，金融审慎政策对于货币政策的执行与金融机构的监管将产生深远的影响。

美国倾向于遵循过去自由贸易协议谈判的前例来处理金融服务业的问题，也支持在TTIP架构下讨论市场进入的议题。不过，美国不希望贸易协议影响欧美双方金融监理机关基于公共利益进行监管的能力，并建议金融监理合作应该在既存与适当的全球论坛（如G20与

① The Dodd-Frank Wall Street Reform and Consumer Protection Act of 2010, available at www. sec. gov/about/laws/wallstreetreform-cpa. pdf.

② S. Pagliari, A Wall around Europe? The European Regulatory Response to the Global Financial Crisis and the Turn in Transatlantic Relations, Journal of European Integration, 35 (4), 2013, pp. 391 – 408.

③ H. Farrell & A. Newman, The New Politics of Interdependence Cross-National Layering in Trans-Atlantic Regulatory Disputes, Comparative Political Studies, 48 (4), 2015, pp. 497 – 526.

国际标准制定机构）上讨论。[①] 此外，美国认为金融监理不属于贸易官员权限内的贸易问题，而属于国内金融监理机关的权责范围。但是欧盟则希望在 TTIP 之下扩大讨论的金融服务的议题，呼吁建立一个金融审慎合作的共同架构，来约束欧美双方所有的金融监理机关与其他权责机关。[②] 欧盟的立场远超过以往自由贸易协议谈判的前例，它希望透过 TTIP 谈判建立双方金融监理机关所应遵循的新原则与规则。根据报道，欧盟提案建议金融监理机关信息分享、促进国际金融协议（例如巴塞尔协议Ⅲ）执行上的协调，以及限制金融监理法规之域外适用等。[③] 欧盟期望金融服务谈判不仅限于市场进入的议题，也应纳入排除金融监理障碍以及解决欧美金融监理争端等问题。欧盟认为金融监理属于贸易问题，可由贸易官员进行谈判。[④]

在 WTO 之下，服务业贸易自由化乃是遵守 GATS 规定，同时遵循"审慎例外"（prudential carve-out）原则，亦即确保各国完成市场开放目标的国内法规，不致侵害审慎监理与管制。此一例外允许各国基于审慎之理由，例如投资人、存款人与保单持有人的保障，以及确保金融体系的完整性和稳定性，无须遵守其于 GATS 之下所做出的承诺，[⑤] 但此举并非刻意规避 GATS 所规定的义务[⑥]。一方面，金融服务贸易自由化要求减少或排除监管障碍；但另一方面，如何区分构成贸易壁垒的法规，和基于审慎监理的目的所必要的法规，并非易事。[⑦]

---

① 参见 https：//ustr. gov/about-us/policy-offices/press-office/press-releases/2013/july/readout-amf-barnier。

② 参见 https：//www. s2bnetwork. org/fi leadmin/dateien/downloads/EU-TTIP-Mandate-from bfmtv-June17 –2013. pdf。

③ EU Refines Demands For Financial Services "Framework" In TTIP Talks, Inside US Trade, September 13, 2013, p. 7.

④ L. Quaglia, The "Tug War" about the Inclusion of Financial Services in TTIP, FEPS Policy Brief, 2016, p. 6.

⑤ Paragraph 2 of the Annex on Financial Services of GATS.

⑥ M. Yokoi-Arai, "GATS' Prudential Carve Out in Financial Services and Its Relation with Prudential Regulation", *International and Comparative Law Quarterly*, 57 (3), 2008, p. 613.

⑦ S. Key, "Trade Liberalization and Prudential Regulation: The International Framework for Financial Services", *International Affairs*, 75 (1), 1999, pp. 65 –66.

欧美在 TTIP 谈判中，也会遭遇同样的难题。①

欧盟希望将金融监理的议题纳入 TTIP 谈判主要有三个原因：第一，欧盟希望限缩美国有关银行与衍生性金融商品等方面法规的域外适用。例如欧盟执委会官员曾明白指出，美国有关外国银行机构的法规应予修正，盖因其不承认非美国的审慎法规，并歧视非美国银行，欧美双方应确保同等性（equivalence）或替代性监管（substituted compliance）。② 第二，欧盟希望在 TTIP 架构下与美国贸易官员进行金融监理问题的谈判，而不是与美国金融监理机构官员进行谈判。第三，欧盟认为与美国贸易官员谈判，会比与美国金融监理机构官员谈判更易沟通和协调，因为美国金融监理机构的主要任务是确保美国金融稳定与保护消费者。反之，美国并不愿意将此议题纳入 TTIP 谈判，主要是因为美国金融监理机构的立场。美国金融监理机构反对将该议题纳入贸易谈判，并认为金融监理合作的问题，应继续于既有的全球性论坛中个别讨论。③

金融监理纳入 TTIP 谈判议程具有高度争议性。一方面，服务贸易自由化可能对主权国家的规制权造成影响，并成为国际金融危机后各界关注的问题。过去所签署的贸易协议维护国家的监理权，但是各国在金融危机后所实施的监理改革却造成监理分歧的问题。另一方面，不同的监理架构可能导致市场分割，降低跨境贸易，并可能引发监管套利。欧美在金融监理方面的分歧，使得第三国（特别是亚洲国家）面临选边站的困扰。因此，在全球金融论坛已讨论金融监理问题的同时，欧美在 TTIP 谈判上如何发挥作用，促使监理政策更加透明，以及如何为欧美金融服务创造贸易与投资的机会，将是一大挑战。

---

① I. Barbee & S. Lester, "Financial Services in TTIP: Making the Prudential Exception Work", *Georgetown Journal of International Law*, 45, 2014, pp. 953 – 970.

② M. Barnier, "The US must not Override EU Regulators", *Financial Times*, 21 June, 2012.

③ S. Johnson & J. J. Schott, "Financial Services in the Transatlantic Trade and Investment Partnership", Peterson Institute for International Economics, Policy Brief 13 – 26, 2013, p. 2.

（三）外国投资人与东道国争端解决机制之问题

近年来国际投资仲裁案件与日俱增，且若干案例涉及环境保护、公共健康与安全，以及具有高度公共利益性质，使得东道国行使规制权之问题备受关注，引起各界检讨与反省 ISDS 机制缺陷之声浪，并纷纷提出改革方案。联合国贸易和发展会议（United Nations Conference on Trade and Development, UNCTAD）在《世界投资报告（2013）》（*World Investment Report 2013*）中，直指 ISDS 机制之缺陷包括欠缺合法性、透明度不足、投资人利用国籍计划以便诉诸仲裁、仲裁判断欠缺一致性、仲裁判断错误而无法纠正、仲裁人之独立性与公正性遭受质疑等。而该份报告也提出改革建议，包括促进替代性纠纷解决方案之运用、在签署各项国际投资协议之际对于现有之 ISDS 机制予以调整、限制投资人滥用 ISDS 机制、导入上诉机制，以及考虑建立常设性之国际投资法院。①

虽然检讨改善 ISDS 机制之声四起，然而欧美均已公开表示在 TTIP 中将纳入 ISDS 条款。观诸美国现行之双边投资条约范本，有三项要素可能影响 ISDS 条款内容，亦即透明度、第三方参与，以及考虑未来建立多边上诉机制。至于欧盟所提出之方案，则涉及透明度、投资法院体系（Investment Court System, ICS）之建立、仲裁判断之执行，以及考虑未来建立上诉机制。② 其中投资法院体系之建立，最为引人注目，同时亦呼应联合国贸易和发展会议所提出之改革建议。事实上，在欧盟与加拿大所签署之 CETA 投资专章中，已导入此制度。CETA 明显不同于旧有之 ISDS 机制，不仅以新机制取代之，并且双方同意未来建立常设性之多边投资法院。此新机制亦为欧盟日后意欲与经贸伙伴进行投资议题谈判之重要提案，例如欧盟与越南签署之自由

---

① United Nations Conference on Trade and Development, *World Investment Report 2013*, New York and Geneva: United Nations, pp. 115 – 116.

② M. A Weaver, "The Proposed Transatlantic Trade and Investment Partnership (TTIP): ISDS Provisions, Reconciliation, and Future Trade Implications", *Emory International Law Review*, 29 (1), 2014, pp. 262 – 274.

贸易协议投资专章亦采之。欧盟在 TTIP 谈判中也提议设立投资法院，负责审理违反投资保护标准与待遇之案件，且日后有可能设立上诉机制，以达成设立常设性多边投资法院之目标。

2015 年欧盟执委会向美国提出正式提案，建议在 TTIP 之架构下设立投资法院体系。此法院体系采用二级制，由第一审法庭（15 名法官）与上诉法庭（6 名法官）组成，审理投资人与东道国之争端。第一审法庭或上诉法庭之法官，均应严守独立性之要求，并应遵循相关之行为准则与伦理规范。法庭程序将依循联合国国际贸易法委员会之透明度规则（UNCITRAL Rules on Transparency in Treaty-based Investor-State Arbitration），并应适用 TTIP 以及缔约方之间所适用之其他国际法规则与原则，排除国内法适用之可能性。此方案的出台乃是国际投资法发展史上一大转折，对投资人与东道国之争端提出以公法途径予以解决之方式，其中涵盖透明化、第三方参与、强调东道国之规制权，以及提升制度化之相关规定。①

此法院体系可望弥补现行 ISDS 机制之诸多缺陷，例如透过此法院体系之精心设计与运作可望增进争端解决机制之合法性与透明度，促进争端解决结果之一致性与准确性，以及维护法官之独立性与公正性。然而此方案本身仍有若干瑕疵存在。② 美国可能对于成立投资法院一事犹豫不决，甚至可能持反对态度。过去美国所主导之 TPP 对于 ISDS 机制所采取之改革方案，主要强调东道国之规制权、程序透明度、第三方参与，以及强化对仲裁人之监督。美国退出 TPP 之后，可能回归美国双边投资条约范本所着重之要素，美国能否接受投资法院体系取代现行通用之国际仲裁制度，尚在未定之天。此外，欧盟所提出之投资法院体系，是否能有效运转，克服种种困难，亦有待观察。

---

① R. Quick, "Why TTIP Should Have an Investment Chapter Including ISDS", *Journal of World Trade*, 49 (2), 2015, p. 199.

② G. Van Harten, Key flaws in the European Commission's proposals for foreign investor protection in TTIP, available at https: //papers. ssrn. com/sol3/papers. cfm? abstract_ id = 2692122.

四　结论

TTIP 被欧盟视为促进经济成长的原动力，并有助于强化欧盟未来在全球经济秩序上的影响力。TTIP 谈判的展开，关键在于欧盟处理对外贸易事务采取共同政策。同时拜欧盟单一市场规模之赐，欧美得以进行交涉。然有鉴于目前的争议，TTIP 未来能否顺利签署，尚有不确定性存在。除了政治因素外，各种排除非关税贸易障碍的相关技术性问题（例如规则制定、相互承认以及监理调和），皆造成此不确定性。

TTIP 不仅对欧美具有政治与经济上的重要性，同时对于未来的全球治理亦深具影响力。若顺利完成谈判，将意味着全球经济势力版图会发生变化。欧美寻求调和彼此间之管制标准以促进货品与服务贸易，已超越过去废除贸易障碍所遵循的传统模式。由于基本上欧美管制方法不同，如欲达成法规调和并非易事。这一点也构成了 TTIP 谈判的一大问题。在 WTO 陷入谈判僵局之际，双边与区域自由贸易协议的扩散助推了体制复杂性。未来纵使欧美达成以监管法规为基础进行合作的目标，也势必走向体制复杂性。跨大西洋合作一途的未来，仍充满变数。

欧盟人权外交政策

洪德钦

一 前言

人权乃欧盟的一项核心价值与理念，普遍性深植于欧盟成员国的宪政传统，并具体规定于欧盟条约。人权在欧盟具有宪法性保障，欧盟外交政策必须将人权纳入考虑。欧盟认同人权乃普世（universal）且与生俱有，不可分割的。欧盟于内部活动与对外关系，积极推动人权政策，将人权理念经由实践，形成具体保障。①

本文以欧盟人权外交为研究主轴，从法律释义法及政策分析法，论述欧盟人权外交的理念、发展背景、法律依据、政策目标、组织建制、政策工具等议题，据以了解欧盟人权外交的意涵与影响。本文并以欧盟对外经贸协议人权条款，作个案研究，以掌握欧盟人权外交之操作以及对第三国之影响。欧盟人权外交代表欧盟对外政策的重大变迁，对人权普及、南北合作关系，国际人权规则的发展以及欧盟道德地位之建立，皆有重大深远的影响。②

---

① J. H. H. Weiler, *The Constitution of Europe*, Cambridge: Cambridge University Press, 1999, pp. 334 – 338.

② Ulf Bernitz & Hedvig Lokrantz Bernitz, "Human Rights and European Identity: The Debate about European Citizenship", in Philp Alston (Ed.), *The EU and Human Rights*, Oxford: Oxford University Press, 1999, p. 526.

二　欧盟人权外交的基础

（一）里斯本条约法律依据

欧盟条约（TEU）① 前言揭示欧盟将追求自由、民主，尊重人权、自由与法治等原则。TEU 第 2 条规定欧盟乃奠基于尊重人性尊严、自由、民主、平等，法治、尊重人权等理念。第 3（5）条规定，在对外关系中，欧盟将支持与促进其理念。所以，欧盟外交政策必须符合欧盟目标及原则。②

TEU 第五篇（Title V）规定欧盟对外行动，包括共同安全防卫政策，欧盟设立一位“欧盟外交暨安全政策高级代表”（High Representative of the Union for Foreign Affairs and Security Policy）统筹欧盟对外事务，任期五年。高级代表同时担任欧盟执委会副主席，得以强化欧盟内部的协调工作。③

里斯本条约提高了欧盟对外关系的效率与一致性；整合欧盟各种对外政策，例如外交、安全、贸易、发展、人道援助与国际谈判，强化了欧盟在全球事务及国际组织的发言权，提高了欧盟的国际地位。欧盟人权外交在欧盟单一组织以及整合策略下，预期将有更高效率，发挥更大影响力。④

（二）欧盟人权政策的目标

欧盟条约第 21 条规定，欧盟对外行动将依据其理念与原则，在

---

① The Treaty on European Union, OJ 2012, C326/13.

② AngelosDimopoulos, “The Effects of the Lisbon Treaty on the Principles and Objectives of the Common Commercial Policy”, *European Foreign Affairs Review*, Vol. 15, No. 2 (2010), pp. 165 – 169.

③ Jean-Victor Louis, “Economic Policy under the Lisbon Treaty”, in Stefan Griller & Jacques Ziller (Eds.), *The Lisbon Treaty: EU Constitutionalism without a Constitutional Treaty*? Vienna: Springer, 2008, p. 291.

④ Jan Wouters, Dominic Coppens & Bart De Meester, “The European Union's External Relations after the Lisbon Treaty”, in Stefan Griller & Jacques Ziller (Eds.), *The Lisbon Treaty: EU Constitutionalism without a Constitutional Treaty*? Vienna: Springer, 2008, pp. 474 – 475.

全球更广领域，推行民主、法治、普遍性和不可分割性的人权与基本自由、尊重人格（human dignity）、平等及团结原则，遵守联合国宪章及国际法。欧盟将界定和推动共同政策、行动及合作，以追求下列目标：

1. 捍卫其理念、基本利益、安全及独立性；
2. 支持民主、法治、人权及国际法原则；
3. 维护和平、预防冲突及强化国际安全；
4. 促进发展中国家永续性经济、社会及环境发展，尤其是脱贫；
5. 鼓励各国整合到世界经济；
6. 维护环境，促进自然资源的有效使用，确保永续发展；
7. 对遭受天然或人为灾难的人群、国家及地区提供协助；
8. 促进国际体系的多边合作及全球善治的发展。

欧盟在执行不同对外行动时，必须将第 21 条的欧盟理念、原则及目标纳入考虑，以确保欧盟不同对外行动间，以及对外政策与欧盟其他政策间的协调及一致性，以发挥更大效率与影响。①

三　欧盟人权外交的实务操作

（一）主管机构

欧盟对外关系的主要政策工具包括：

1. 设立欧盟外交暨安全政策高级代表并由其担任执委会副主席，以提升欧盟对外行动之影响力、一致性与能见度；

2. “欧盟对外行动署”（European External Action Service，EEAS）将为高级代表提供行政支持。

高级代表的职权主要有：（1）负责“共同外交暨安全政策”；（2）就CFSP 相关事务成为欧盟代表；（3）担任外交部长理事会主

① Paul James Cardwell, “Mapping out Democracy Promotion in the EU's External Relations”, *European Foreign Affairs Review*, Vol. 16, No. 1 (2010), pp. 21 – 40.

席；以及（4）确保欧盟对外事务的一致性。[1] 高级代表同时也是欧盟执委会副主席，身兼欧盟理事会及执委会两大机构的要职，被戏称为戴着一顶“双头帽子”（double hat），得以协调欧盟政策，整合资源，强化欧盟人权外交的效率。[2]

在人权方面，欧盟于 2012 年 9 月指派 Stavros Lambrinids 为“欧盟人权特别代表”，其角色在于提高欧盟人权政策在第三国的效率及曝光率。欧盟人权特别代表定期访问一些特定国家、举行官方人权对话；或会见人权被告、NGOs、公民社会团体，出席人权会议等，事后撰写人权报告，提供给欧盟及人权团体参考。[3]

欧盟外交部长理事会设立一个常设性“人权工作小组”（The Working Party on Human Rights，COHOM），负责欧盟对外关系中所有人权相关议题政策的规划、讨论及拟议；支持理事会“政治安全委员会”（the Political and Security Committee，PSC）、“常设代表理事会”（the Permanent Representatives Committee，COREPER）以及理事会有关人权及民主议题及议程事项的筹备工作及秘书作业，草拟相关政策以及设定欧盟在联合国人权理事会（Human Rights Council）的优先策略目标及政策立场。

（二）人权外交之实务运作

1. 人权外交行动计划

2012—2014 年欧盟人权优先项目包括，促进表达自由、集会结社自由、宗教及信仰自由，对抗歧视；提升儿童、妇女、少数族群、身心障碍者、难民、移民等权利；促进经济、社会及文化权利；废除

---

① Articles 13（1），18（4），21（3）TEU；以及 Articles 7，215 TFEU. 评论详见 Peter Van Elsuwege，“EU External Action after the Collapse of the Pillar Structure：In Search of a New Balance between Delimitation and Consistency”，*Common Market Law Review*，Vol. 47，No. 4（2010），pp. 987 – 1019.

② Editorial Board，“Editorial Comments：The Post-Lisbon institutional package：Do old habits die hard?” *Common Market Law Review*，Vol. 47，No. 3（2010），pp. 597 – 604.

③ European Commission，*Annual Report Human Rights and Democracy in the World in* 2014，2015，pp. 30 – 31.

死刑及禁止酷刑；促进公平审判、法律平等，遵守国际人道法律（international humanitarian law）；保障人权捍卫者，提供政治及财务支持等；扶植公民社会；以及进行人权对话等。欧盟通过一系列有关宗教自由、同性恋权利及表达自由的人权指南（guidelines）。①

欧盟于2015年通过一项“欧盟人权与民主行动计划”，强调人权应纳入欧盟所有对外政策考虑，欧盟将在对外行动中促进人权保障与普及，将人权纳入贸易、投资、科技、通信、因特网、能源、环境、企业社会责任、发展政策、战争冲突和人权危机处置，以及共同外交暨安全政策等领域；同时涉及对外面向的就业及社会政策，司法、安全及自由、反恐等内政司法警察政策，皆需将人权纳入考虑。在发展合作及经贸协议时，采取人权“策略”以强化欧盟人权对外行动的效率，并协助伙伴国家执行相关国际人权义务。欧盟界定参与联合国人权理事会及国际人权论坛的年度策略及优先目标，积极推动多边主义的人权外交，其目的在于提高欧盟谈判筹码、曝光率及国际地位。②

2. 人权外交政策工具

欧盟人权外交的政策工具主要包括：（1）政治对话（political dialogue）；（2）欧盟人权特别代表；（3）人权指南；（4）人权对话；（5）人权倡议（initiations）；以及（6）人权预算等项目。③ 在政治对话方面，欧盟共同外交暨安全政策（CFSP）的措施，在议程中包括人权议题，透过欧盟领导人或高阶代表于官方会谈，针对人权发展或个案表示关切，以提高人权在双边关系或国际论坛中的重要性。欧盟在政治对话的“联合行动”（Joint Actions）、“共同立场”（Common Positions）、“共同战略”（Common Strategies）等宣言中，尽可能纳入人权

---

① Council Documents ST11491/13（24 June 2013），ST11492/13（24 June 2013）以及ST9647/14（12 May 2014）.

② European Commission，“Keeping Human Rights at the Heart of the EU Agenda”，*Action Plan on Human Rights and Democracy（2015 – 2019）*，JOIN（2015）16 final，Brussels，28 April 2015，pp. 3 – 5；以及 Council of the European Union，*EU Action Plan on Human Rights and Democracy*，Brussels：Publication Office of the European Union，2016.

③ Council of the European Union，“Mainstreaming human rights across CFSP and other EU policies”，10076/06，7 June 2006，pp. 9 – 10.

议题，以提高人权在政治对话中的分量及效力。[①]

政治对话及人权对话的意涵是透过面对面或高阶交流，欧盟得以更加清楚地认识第三国人权状况及主要问题；另外，使第三国官员及社会团体对人权更加警觉，尤其透过欧盟持续关切，促使第三国迫于外部压力从事改革，提高人权保障。[②]

在人权倡议方面，欧盟积极于联合国大会，联合国人权理事会，联合国有关妇女、儿童、种族等的会议，提出人权倡议，尤其透过联合国安全理事会（UNSC）及人权会议通过相关人权决议及声明，形成官方文件；另倡议进行人权对话、技术援助、合作程序，以促进人权的执行及普及。欧盟呼吁所有国家在人权事务方面充分遵守联合国人权理事会特别程序。欧盟强调联合国人权理事会应针对各国人权记录从事普遍定期审议（Universal Periodic Review），以强化联合国人权公约及人权决议之执行及改善。[③]

欧盟人权外交援引联合国或国际人权标准，作为与第三国对话的依据，以提高其人权外交之正当性。欧盟与第三国人权对话尽量做成决议及公开声明，以提高其透明性及正当性，并对第三国形成一定压力，促使第三国更加认真对待人权保障。欧盟重视联合国人权理事会以及国际人权论坛的机制及决议，以促进人权理念的国际化及规范化，经由更多国家实践形成“软法”（soft law）或国际法一般原则；同时提高欧盟人权外交的正当性。[④]

3. 欧盟人权对话

人权对话乃欧盟人权外交的一项重要政策工具，欧盟与40个以

---

① Council of the European Union, “Mainstreaming human rights across CFSP and other EU policies”, 10076/06, 7 June 2006, p. 9.

② 张华：《欧洲联盟对外关系法中的〈人权条款〉问题研究》，法律出版社2010年版，第319—324页；以及 Joseph S. Nye, Jr. & Robert O. Keohane, “Transnational Relations and World Politics: An Introduction”, *International Organization*, Vol. 25, No. 3 (Summer 1971), pp. 337 – 338.

③ Council of the EU, “Council Conclusions on EU Priorities at UN Human Rights Fora in 2016”, *Press Release* 56/16, Brussels, 15 February 2016.

④ Rosa Freedman and JacbMachangama, “Expanding or Diluting Human Rights: The Proliferation of United Nations Special Procedures Mandates”, *Human Right Quarterly*, Vol. 38, 2016, pp. 192 – 193.

上国家进行人权对话。欧盟人权对话的基本原则包括两项。①

（1）欧盟承诺将加强人权及民主化之目标与对外政策进行整合。欧盟将确保人权、民主及法治等议题被纳入议程讨论及被纳入国家策略文书中。

（2）欧盟决定与特定国家展开人权对话，并维持此等对话所需之弹性。

4. 人权对话的目标

（1）在跨国论坛中，如联合国，讨论共同利益及促进人权合作；

（2）表达欧盟对特定国家人权的关心，并搜集信息及改善该国人权情况。

是否启动与第三国的人权对话，由欧盟理事会决定，人权工作小组（COHOM）在决定过程中扮演关键角色。这项决定需对当事国人权报告进行评估，并考虑许多因素，例如当事国政府对人权及公民社会的态度。评估结果为负面或/及欧盟决定不启动人权对话，则考虑是否采取其他措施，例如与当事国政治对话中包括人权议题，另外延揽人权专家进入政治对话小组。

四　欧盟人权外交之个案研究与未来挑战

（一）人权条款的个案研究：欧盟经贸协议人权条款

1992 年起，欧盟与第三国已签署 140 多项经贸协议，内容包括一项“人权条款”，作为该协议之“必要条件”（essential elements）。欧盟认为保障人权及促进基本自由，乃民主体制之目的。②

人权条款明文规定于欧盟对外经贸或发展协议，依据国际法“条

① EU, “EU Guidelines on Human Rights Dialogues with non-EU Countries”, http://eur-lex.europa.eu/legal-content/EN/TXT/HTML/?uri=URISERV:r10115&from=EN, last visited 03/23/2016.

② European Commission, “Democratization, the Rule of Law, Respect for Human Rights and Good Governance: The Challenges of the Partnership between the European Union and the ACP States”, COM (98) 146, 12 March 1998, pp. 6-7.

约必须遵守原则”（pactasuntservanda），签署国家必须诚信遵守。1969 年维也纳条约法公约第 26 条规定：“凡有效之条约对当事国有拘束力，必须由各国善意履行。”[①] 人权保障在条约基础下，在国际法中已非单纯归属于“软法”性质，而是具有拘束力。[②] 人权条款将大大提高人权与对外经贸、发展关系之关联性、可操作性、预期性及稳定性，以有效追求欧盟人权外交目标。

欧盟透过人权条款对发展中国家人权保障之关切及支持，搭配经贸优惠与金融、技术援助，得以满足发展中国家经济发展与人权基础建设之部分需求。欧盟经贸优惠措施及援助，已加强与人权、劳工、社会条件搭配使用，以促进受惠国家政经、社会结构改革，朝向市场经济、政治民主、社会多元方向发展。例如科托努协议第 33（4）条规定，市场经济的基础，必须包括竞争政策、消费者政策、经济规划政策在内之法律设施及法制环境之支持。人权条款假以时日，积渐所至，谅对发展中国家之人权保障、民主现代化，以及国际关系产生一些影响。在经济全球化趋势下，国际经济新秩序的建立及 WTO 规则之新发展，无疑会有人权条件之客观需求与实质内涵。[③]

在经贸与发展合作领域，欧盟对外条约之人权条款具有宪法性法源，使欧盟得以有效推动其人权保障之理念，进而发展为“南北合作”之一种新模式。[④] 欧盟人权条款之规定与实践，理想崇高务实，目标明确可行，值得喝彩。人权条款与欧盟发展、贸易政策已有效结合，搭配共同外交暨安全政策；欧盟以人权为导向，以贸易与发展为中心，以援助及制裁为后盾，形成了一种有别于传统“权力政治”之对外政策。此“人权导向”对外政策实可视为欧盟对外经贸关系

---

① Ian Brownlie, *Principles of Public International Law*, 5th ed., Oxford: Oxford University Press, 1998, pp. 558 – 559.

② 有关贸易与发展之国际人权官方文件，详见 Ian Brownlie & Guy S. Goodwin-Gill, *Basic Documents on Human Rights*, 4th ed., Oxford: Oxford University Press, 2002, pp. 832 – 890。

③ Der-Chin Horng, “The Human Rights Clause in the European Union's External Trade and Development Agreements”, *European Law Journal*, Vol. 9, Issue 5, December 2003, pp. 697 – 698.

④ Francis Snyder, “Editorial”, *European Law Journal*, Vol. 9, No. 5 (2003), p. 529.

以及人权外交之一大特征，期冀对欧盟及第三国创造“双赢”效果。①

（二）欧盟人权外交的意涵与挑战

1. 欧盟人权外交之意涵

欧盟人权外交代表20世纪90年代之后，欧盟对外关系战略的变更，更加注重欧盟人权理念的输出。在后冷战时期，欧盟已无安全威胁而需要拉拢发展中国家，使欧盟外交的人权理念逐渐受到重视。对欧盟而言，人权条款在发展中国家之实践，已超越“应不应该保障人权”之理念论述及政策倡议，而更加强调“如何保障人权”之实际问题及策略操作，以确保人权保障在各国的有效援引（invocation）、适用及执行。②

大部分发展中国家在发展与欧盟经贸关系时，皆已接受人权条款安排，显示人权保障已成为双方共识；不论是针对问题的性质，或问题的重要性，以及人权保障规划种种安排，在认知和价值层面皆有基本共识。尤其，人权保障与民主、法治等原则环环相扣。各国除了消极性法律规定之外，更须积极地建立健全性政经、社会制度及人权组织，以强化人权保障并协助个人发展。③ 人权条款因此影响许多国家之政策与立法，并落实了人权国际化理念，使人权变成一种对所有人具有实质意义的利益。④

欧盟人权外交的意涵是，人权保障已从国内法发展为超国家法律

---

① 洪德钦：《欧盟对外贸易与发展协议之人权条款——规定与实践》，《欧美研究》第34卷，2004年3月第1期，第190—191页；朱景鹏：《欧盟的援外政策治理：以发展合作策略及人道援助为例》，载朱景鹏主编《欧洲联盟的公共治理——政策与案例分析》，台大出版中心2013年版，第462—464、474—475页。

② Carrie Booth Walling, “Human Rights Norms, State Sovereignty, and Humanitarian Intervention”, *Human Right Quarterly*, Vol. 37, No. 2, May 2015, pp. 383 - 384.

③ 苏俊雄：《人权运动与人权组织之法律观》，《台大法学论丛》1991年第20卷第2期，第46页。

④ 邓衍森：《从国际人权法论健康权之法理基础与实践方式》，《东吴大学法律学报》1998年第11卷第1期，第62、72页。

及国际规范，从国际干预概念进而强调国家义务与国际合作。另外，贸易与发展政策并非仅限于现实外交的政策工具，也得成为推动全球人权保障之配套措施。欧盟经贸协议的人权条款乃是欧盟人权外交的有力政策工具，即是一项例证。[①] 人权政策因此有助于欧盟人权理念之普及化，并为欧盟提供一个绝佳机会，透过联合国或其他国际人权组织，发展具有欧盟特色之国际规则，使欧盟成为国际人权规则的制定者。[②]

2. 欧盟人权外交之挑战

在欧盟人权外交的限制及未来挑战方面，欧盟自 20 世纪 90 年代以后虽然积极推动人权外交，并系统地将人权条款规定于对外签署的经贸协议，但是，欧盟人权外交仍遭遇一些问题与挑战，主要包括：

（1）欧盟针对特定人权议题，成员国间或欧盟与成员间的立场有时不尽一致，影响团结并分散力量，例如 2014 年以来欧洲难民危机问题。[③]

（2）欧盟人权外交如果仅针对特定第三国，或在不同国家采取差别待遇，就是违反不歧视原则，容易受到质疑。欧盟如果因为人权外交与第三国关系紧张，也会危及欧盟与该国的一般外交关系。[④]

（3）在实务方面，欧盟强调公民社会及人权团体之重要性，然而欧盟与第三国人权对话如果以闭门方式进行，人权团体在人权对话过程中就会被边缘化，较难发挥实质影响力。另外，人权对话如果不提升为政治对话或高峰会议议程项目，纯粹仅由人权专家进行，也较难

---

① 洪德钦：《绪论：欧洲联盟人权保障的理念与建构》，载洪德钦主编《欧洲联盟人权保障》，中研院欧美研究所，2006 年 11 月，第 3—4 页。

② Jürgen Habermas, *The Postnational Constellation: Political Essays*, Cambridge: Polity, 1998, pp. 113 – 118.

③ Toby King, "Human Rights in European Foreign Policy: Success or Failure for Post-modern Diplomacy?" *European Journal of International Law*, Vol. 10, No. 2, (1999), pp. 313 – 314; KatrinKinzelbach, *The EU's Human Rights Dialogue with China: Quite Diplomacy and its Limits*, London: Routledge, 2015.

④ Toby King, "The European Union as a Human Rights Actor", in Michael O'Flaherty, Zdzislaw Kedzia, Amrei Müller and George Ulrich (eds.), *Human Rights Diplomacy: Contemporary Perspectives*, Leiden: MartinusNijhoff, 2011, p. 100.

发挥影响，对第三国人权改革，难以产生实质效果，最终仅流于技术性的形式对话及人权界定（demarche）。①

（4）很多国家早期质疑欧盟人权理念的输出是否违反不干涉内政原则；在政治上也有人权及文化相对主义（cultural relativism）的争论，以及是否涉及一种变相的“欧洲道德优越论”或新的“欧洲中心主义”价值观之争论，欧盟是否再度扮演天使，传播人权福音？欧盟如何响应这些质疑，以强化其人权外交也是一大挑战。②

（5）欧盟在联合国及国际人权论坛，积极推动人权倡议相关提案，但是通过比率并不高，例如在联合国人权理事会，2006 年提案通过率为 20%，2007 年则低于 10%，显示大部分发展中国家对欧盟人权倡议仍有疑虑，反映了国际关系的政治现实。③ 欧盟人权倡议即使通过，很多国家对联合国决议仍未确实遵守及执行，大大影响了这些决议的实效，形成一种仅是道德要求的“象征”（symbol）。④

（6）2008 年全球金融危机以及 2010 年欧债危机发生之后，某些欧盟国家的民粹主义（populism）、种族主义（racism）以及排外主义（xenophobia）有抬头之趋势，不利于这些国家的民主巩固以及欧盟外交的人权要求。

上述问题皆是欧盟目前遭遇的重大挑战，将深刻影响欧盟人权外交的未来。欧洲近年来处于多事之秋，希腊债务危机、英国脱欧、一些成员国内部分离运动与独立要求等，将使欧盟忙于内部问题的解

---

① Ibid., pp. 94, 97, 99 - 100; R. J. Vincent, *Human Rights and International Relations*, Cambridge: Cambridge University Press, 1986, pp. 136 - 137.

② Lorand Bartels, "The EU's Human Rights Obligation in Relation to Policies with Extraterritorial Effects", *European Journal of International Law*, Vol. 25, No. 4, November 2014, pp. 1071 - 1091.

③ Richard Gowan & Franziska Brantner, *The EU and Human Rights at the UN: 2010 Review*, London: European Council on Foreign Relations, September 2010, p. 5.

④ Eric A. Posner, *The Perils of Global Legalism*, Chicago: Chicago University Press, 2009, pp. 185 - 191.

决，降低人权外交在欧盟政策中的重要性。[①]

在对外关系方面，欧盟人权外交的强势运作，有时也会引发外交紧张与思想论战。欧盟应思考如何创新人权理念与策略，包容发展权、生态权及永续权等；反思人权是否存有“发展阶段论”，“普世并包容在地化”，进而发展“人权多元原则”“共同但有差别原则”等创新原则，使人权更具有亲近性及可操作性，透过理念论证及原则建构之“巧实力”以形塑欧盟的软实力。[②]

许多发展中国家随着经济成长，人民生活及人权条件已逐步获得改善，在人权议题上，理应不再畏战，不宜回避与欧盟的人权对话或政治对话，以展示本身的“自信”，在道德上不会低人一截，本国人民在国际社会中也不是“次等公民”。尤其，亚洲许多国家一向采取“文化中心主义”，拥有优良文化及悠久历史的传承，如果可以复兴固有文化及良好道德，必可在人类文化中大放光彩。尤其，孟子提出“民为贵”主张、民主理念，相当先进，如能实践并与时俱进，将能创造具有东方特色的人权与民主理念。[③] 据此，欧盟与不同国家的人权交流合作，谅对全球人权保障及文明创新，有所贡献。欧盟人权外交因此仍将是一个理想与现实相互激荡的不宁静的发展过程。

五　结论

欧盟对外关系自 20 世纪 90 年代起将人权纳入考虑，使人权成为

---

① Lillian M. Langford, “The Other Euro Crisis: Rights Violations under the Common European Asylum Systems and the Unraveling of EU Solidarity”, *Harvard Human Rights Journal*, Vol. 26, Spring 2013, pp. 263 – 264.

② 洪德钦：《绪论：欧盟人权政策的实践与意涵》，载洪德钦主编《欧盟人权政策》，中研院欧美研究所，2009 年 11 月，第 14 页；杨三亿：《欧盟对外影响力模式分析：柔性平衡与欧洲化》，载郭秋庆主编《欧洲联盟实力的柔与钢》，台大出版中心 2013 年版，第 170—171 页。

③ Katrin Kinzelbach, “Will China’s Rise Lead to a New Normative Order? An Analysis of China’s Statements of Human Rights at the United Nations (2000 – 2010)”, *Netherlands Quarterly of Human Rights*, Vol. 30, 2012, p. 199, 311 – 312; BjörnAhl, “The Rise of China and International Human Rights Law”, *Human Rights Quarterly*, Vol. 37, No. 3, 2015, pp. 659 – 660.

欧盟外交政策的主流理念，形塑了人权导向的欧盟外交文化。欧盟采取整合原则，将人权整合到欧盟各种政策以及对外关系中，大大提高了人权在欧盟政策中的重要性。保护人权经由条约规定及司法实践已成为欧盟共识，对欧盟及其成员国具有宪法性规范效力。欧盟自1993年《马斯特里赫特条约》生效后，推动人权外交之条件不但已充分，且有必要，以从事欧盟人权理念的输出，在全球范围普及人权保障。

欧盟人权外交政策及实践，具体显示下列意义：（1）欧盟条约已就人权，以及共同外交暨安全政策，加以规定，欧盟人权外交因此具有宪法性基础，较为明确稳定；（2）人权乃欧盟外交的主流思想，象征欧盟对外关系的一项重大政策变迁，使欧盟外交充满理想主义色彩；（3）欧盟采取整合原则，共同外交暨安全政策、贸易、投资、发展以及其他对外关系活动皆需将人权纳入考虑，提高人权在欧盟政策中的重要性，并建立了人权导向的欧盟外交政策；（4）欧盟经由实践架构了一套论述、原则、策略、工具、行动计划、评估等方法及程序，大大提高了欧盟人权外交的可操作性及实效性；（5）欧盟编列巨额多年期人权预算，另外采取多项政策工具，对欧盟人权外交的推动相当有利。

欧盟透过双边、联合国及国际人权论坛，提出人权倡议，进行对话或通过决议等，积极推动人权外交。人权外交因此扩大了欧盟与第三国的合作空间，对国际关系以及人权普及皆有深刻意涵与影响。

大体而言，人权外交提高了欧盟对外关系的道德性，对其他国家的民主改革及人权普及有所贡献。欧盟人权理念透过人权外交、经贸及发展合作对外延伸，扩大了民主国家的国际大家庭，对欧盟安全与繁荣，更加有所保障。欧盟人权外交因此充满理想，美化欧盟形象，提高欧盟国际地位，有助于欧盟在国际关系中推动人权倡议，发展国际人权规则，并建立柔性领导地位。

欧盟人权外交的法律依据与限制

张　华

导言　《里斯本条约》时代欧盟人权外交的强化

人权外交一直是欧盟对外关系的重要内容。自 20 世纪 70 年代以来，伴随着欧盟内部人权保护的不断完善，欧盟及其前身欧共体在对外关系实践中逐渐重视人权问题。虽然欧盟基础条约起初并未将人权明确界定为欧盟对外行动追求的目标和原则，[①] 但欧盟开展人权外交的热情并未因此而减退。在《里斯本条约》生效以前，欧盟人权外交已呈现出多层次、全方位、高级别的特征。就多层次而言，欧盟在多边层面通过国际组织或国际论坛倡导人权议题，在双边层面通过与第三国缔结双边协定的形式纳入“人权条款”，在单边层面通过普惠制条例中设置“人权条件”以激励发展中国家尊重人权；就全方位而言，欧盟在各个对外政策领域均强调人权目标，力图实现人权的主流化，这使得与欧盟建立外交关系的国家在任何合作领域都无法忽视人权议题；就高级别而言，人权经常成为欧盟与相关国家举行年度首脑峰会时的重要议题，同时欧盟还与一系列国家建立了定期人权对话机制。

《里斯本条约》生效后，由于欧盟基础条约明确将人权保护界定为所有欧盟对外行动的目标和原则，以及《欧盟基本权利宪章》

---

① 在《里斯本条约》生效之前，只有发展合作政策、共同外交与安全政策明确将促进人权作为目标之一。

产生法律效力，欧盟正在进行加入《欧洲人权公约》的谈判，欧盟人权外交在原有基础上得以强化。除《里斯本条约》引进的相关“宪法”变革外，欧盟人权外交强化的典型表现为：欧盟不仅先后在2012年和2015年制定了两部有关人权外交的《欧盟人权行动计划》，而且设立了专司人权外交的欧盟人权特别代表，同时对欧盟既有的人权外交工具进行了“升级换代”和整合协调。欧盟人权外交近年来发展迅速，大有成为欧盟对外行动之主流的趋势。例如，2016年3月15日，欧盟外交与安全政策高级代表莫盖里尼（Federica Mogherini）高调宣布2016年为“欧盟人权行动和全球运动之年”，通过欧盟对外行动署和成员国之间的合作，力图彰显和提升欧盟及其成员国在全球人权外交中的形象。① 显然，无论是在现阶段，还是在可预见的将来，欧盟人权外交将愈发高调、强势且频繁。

问题在于，根据“授权原则”，欧盟开展对外行动需具备特定的法律依据和权能。另外，作为国际法主体，欧盟在积极推行人权外交的同时应明了国际法的限制。据此，本章将在阐述欧盟人权外交现有法律依据的基础上，重点剖析欧盟内部权能划分问题和国际法之于欧盟人权外交的限制，以便为“热衷于”人权外交的欧盟提供一些冷静思考，同时为第三国理性应对欧盟人权外交提供法律依据。

一 欧盟人权外交的法律依据

基于“授权原则”，欧盟开展人权外交必须具备相应的法律依据。如果说在欧洲一体化初期欧盟开展人权外交的法律依据尚不充分，那么，在《里斯本条约》时代，欧盟人权外交的法律依据获得了长足的发展。

---

① “Mogherini kicks off human rights events”, available at: http://www.eeas.europa.eu/top_stories/2016/150316_eu4humanrights_en.htm (accessed on 25 March 2016).

（一）“宪法”依据

在欧盟法语境中，欧盟基础条约通常被视为欧盟的“宪法”。和以往的修订条约有所不同，《里斯本条约》最大限度地整合了欧盟对外行动的相关条款。经《里斯本条约》修订后的《欧盟条约》第3条在界定欧盟的一般宗旨时规定：

> 在对外关系中，欧盟应捍卫和促进其价值和利益，并应致力于欧洲公民的保护。欧盟应促进和平，安全，地球的可持续发展，民族间的团结和相互尊重，自由和公正的贸易，贫困的消除，人权——尤其是儿童权利——的保护，以及严格遵守和发展国际法——包括尊重《联合国宪章》中的原则。

同时，《欧盟条约》第21条第1款在界定欧盟对外行动的原则时规定：

> 指导欧盟在国际舞台上之行动的原则应为激励其产生、发展和扩大的原则，以及欧盟在更广泛的世界所提倡的原则，亦即民主、法治、人权的普遍性和不可分割性，尊重人类尊严，平等和团结原则，以及尊重《联合国宪章》中的原则和国际法。

《欧盟条约》第21条第2款规定，欧盟应制定并采取共同政策和行动，并应在国际关系各个领域高度合作，以实现八项目标，其中至少有三项目标直接涉及人权保护。例如，第一项目标是：维护欧盟的价值观、根本利益、安全、独立和完整。而所谓“欧盟的价值观”，根据《欧盟条约》第2条的规定，包括“尊重人权”①。第二项目标

① 《欧盟条约》第2条的内容如下：“欧盟建立在尊重人类尊严、自由、民主、平等、法治以及尊重人权——包含少数者群体的权利——的价值基础之上。在一个多元化、非歧视、宽容、正义、团结和男女平等占主导的社会中，上述价值为成员国所共有。”

是："巩固和支持民主、法治、人权和国际法的原则。"第七项目标是："援助面临自然灾害或人为灾害的民众、国家和地区。"

将"人权保护"界定为欧盟对外行动的宗旨、原则和目标具有重要的法律意义。这意味着欧盟在开展经济、贸易、环境、安全等方面的对外行动时应秉持"人权保护"的宗旨、原则和目标。相应地，欧盟人权外交的涵盖领域和既有工具得以合法化。尤其考虑到欧盟人权行动计划要求在欧盟对外关系中实现人权的"主流化"（mainstream），《欧盟条约》第3条第5款和第21条恰恰为此提供了基础。欧盟无须再为"对外贸易是否应追求人权目标"之类的争议感到困惑，因而可以在《里斯本条约》时代更加自主地强化欧盟人权外交。

（二）国际协定中的"人权条款"

欧盟基础条约为欧盟开展人权外交提供了内部的法律依据，国际协定则为欧盟开展人权外交提供了国际法层面的依据。由于人权外交的敏感性，为避免引起国际争议，欧盟在与第三国缔结的国际协定中坚持纳入"人权条款"，以此减少干涉他国内政的嫌疑。根据相关统计，自20世纪90年代以来，欧盟与120多个国家缔结的双边协定中均包含"人权条款"。目前的人权条款集中于联系协定、贸易协定和合作协定。[①] 从欧洲议会内部的讨论来看，未来欧盟极有可能将"人权条款"拓展适用于更为具体的部门协定，且不论工业化国家和非工业化国家。[②] 值得注意的是，欧盟在近年来与第三国缔结自由贸易协定时也开始坚持纳入"人权条款"。在欧盟已经与第三国缔结含有"人权条款"之政治性框架协定的情况下，自由贸易协定中通常会包含"搭桥条款"（passerelle clauses），从而与前者建立法律联系。这等于是间接地在自由贸易协定中纳入"人权条款"。在此类政治性框架协定阙如的情况下，欧盟则坚持直接在双边自由贸易协定中纳入

---

① 张华：《欧洲联盟对外关系法中的"人权条款"问题研究》，法律出版社2010年版，第21页。

② European Parliament, Annual Report on Human Rights and Democracy in the World 2014 and the European Union's Policy on the Matter [2015/2229 (INI)], A8-0344/2015, p. 17.

"人权条款"。[①]

"人权条款"由"必要条件条款"和"未履行条款"构成。"必要条件条款"通常将"尊重人权"界定为双边协定的必要条件。"未履行条款"则规定在缔约一方未履行协定中的条款时，另外一方经过磋商或审查后可以采取必要的反应措施；当缔约一方未履行"必要条件条款"——亦即出现严重违反人权情势、构成特别紧急情势时，另外一方可以"特别紧急情势"为由径直采取必要措施，而无须事先磋商或审查。欧盟的反应措施通常表现为暂停实施或终止协定框架下的双边合作项目、贸易减让，或者是实施限制性措施，亦即经济制裁。

"人权条款"明显借鉴了《维也纳条约法公约》第60条有关"中止/终止条约"的规定，[②] 因而可以一定程度地减少欧盟干涉第三国内政的嫌疑，为欧盟开展人权外交提供了更为充分的国际法依据。有学者认为，欧盟的"人权条款"，理想崇高务实，目标明确可行，制度设计合乎法理，值得称道。[③]

（三）欧盟机构法规中的"人权条件"

欧盟机构有关对外关系的法规越来越多地设置了"人权条件"，成为欧盟在具体对外政策领域开展人权外交的法律依据。以2014年1月1日生效的最新"普惠制条例"[④] 为例，该条例通过"GSP+项目"激励发展中国家和最不发达国家批准和实施核心国际人权公约和国际

---

① EU Annual Report on Human Rights and Democracy in the World 2014, p. 34.

② 《维也纳条约法公约》第60条第1款规定："双边条约当事国一方有重大违约情势时，他方有权以违约为理由终止该条约，或全部或局部停止其施行。"根据该条第3款，所谓"重大违约"，是指："（a）废弃条约，而此种废弃非本公约所准许者；或（b）违反条约规定，而此项规定为达成条约目的或宗旨所必要者。"

③ 洪德钦：《欧盟对外贸易与发展协定之人权条款——规定与实践》，（台湾）《欧美研究》2004年第34卷第1期，第191页。

④ Regulation (EU) No 978/2012 of the European Parliament and the Council of 25 October 2012 applying a scheme of generalised tariff preferences and repealing Council Regulation (EC) No. 732/2008 [2012] OJ L303/1, Art. 9.

劳工公约。具体而言，欧盟普惠制条例第 9 条规定，如果普惠制的受惠国满足以下 6 项条件，则可以享受特殊激励机制。这 6 项条件是：第一，该国在国际贸易体系中较为脆弱；第二，该国批准了 27 项核心人权公约、劳工公约，以及环境和良治公约，[①] 且公约监督机构所作出的最新报告中未将该国视为未履行公约的国家；第三，该国未作出公约所禁止的保留，或该国保留并未出现与公约目的和宗旨不兼容的情形；第四，该国在法律上承诺批准并将确保公约的实施；第五，该国毫无保留地接受公约规定的监督要求，并在法律上承诺接受公约所规定的定期监督和审查；第六，该国在法律上承诺参与公约监督机制，并与之开展合作。根据欧盟委员会 2016 年初的统计报告，2014 年至 2015 年共有 14 个国家根据此规定成为 "GSP + 项目" 的受益国，包括：亚美尼亚、玻利维亚、格鲁吉亚、萨尔瓦多、哥斯达黎加、巴基斯坦、蒙古国、危地马拉、巴拉圭、巴拿马、菲律宾、秘鲁、佛得角。[②] 需要指出的是，自 2016 年 1 月以来，由于其中部分国家与欧盟缔结的双边贸易协定开始生效，其原本在 "GSP + 项目" 下享有的优惠待遇相应终止。[③]

（四）欧盟机构的"软法"文件

欧盟机构制定的"软法"文件，虽然不具有严格的法律约束力，但客观上能产生一定的法律效果。在欧盟人权外交领域，由于一般性人权权能的欠缺，欧盟机构不可能制定专门的人权法规。作为替代，"软法"文件在很多方面对人权外交起到了事实上的规制作用。欧盟机构有关人权外交的"软法"文件表现为：欧盟部长理事会通过的

---

① 欧盟"普惠制条例"附件 8 详细列举了这 27 项核心公约，涉及联合国的核心人权公约和国际劳工组织的核心劳工公约，以及环境和良治方面的核心公约。

② European Commission, "Report on the Generalised Scheme of Preferences covering the period 2014 - 2015", COM (2016) 29 final, Brussels, 28 January 2016, p. 9.

③ 目前在欧盟"GSP + 项目"下享受优惠待遇的国家包括：佛得角、亚美尼亚、吉尔吉斯斯坦、蒙古国、巴基斯坦、菲律宾、斯里兰卡、玻利维亚、巴拉圭。相关信息详见欧盟委员会网站：http: //trade. ec. europa. eu/doclib/docs/2017/july/tradoc_ 155842. pdf (accessed on 20 June 2017)。

指南（guideline）、战略框架（strategic framework）、行动计划（action plan），或者是欧盟委员会发布的通讯（communication）。

截至2016年底，欧盟部长理事会发布了一系列指导文件，涉及诸如死刑、酷刑、国际人道主义法、人权对话等11项议题。[①] 尤其令人瞩目的是，《里斯本条约》生效后，欧盟部长理事会在2012年6月25日首次制定了有关人权外交的战略框架和行动计划，该行动计划涵盖2012年至2014年。2015年7月20日，欧盟部长理事会适时更新了欧盟人权外交行动计划。新的五年行动计划涵盖2015年至2019年。[②] 此外，欧盟部长理事会早在2006年6月即发布了一份题为“在共同外交与安全政策领域和其他政策领域实现人权的主流化”的文件。

欧盟委员会的通讯文件，在欧盟开展人权外交的进程中起到了重要的指导作用。自20世纪90年代以来，欧盟共发布了以下通讯文件：《关于在欧共体与第三国协定中纳入尊重民主原则和人权的委员会通讯》（1995年）、《欧盟人权政策的对外层面：从〈罗马条约〉到〈马斯特里赫特条约〉及之后》（1995年）、《民主、法治、尊重人权和良治：欧盟与非加太伙伴关系的挑战》（1998年）、《欧盟在第三国促进人权和民主化中之作用》（2001年）、《重新赋予欧盟与地中海伙伴之人权和民主化活动以活力》（2003年）。[③]

二　权能划分问题之于欧盟人权外交的制约

在《里斯本条约》时代，欧盟开展人权外交的法律依据更加充分，但上述欧盟基础条约中有关欧盟对外关系之原则和目的的条款并未明

① 关于欧盟部长理事会制定的指导文件，详见欧盟对外行动署网站：https://eeas.europa.eu/headquarters/headquarters-homepage/6987/eu-human-rights-guidelines_en（accessed on 15 January 2017）。

② Council Conclusions on the Action Plan on Human Rights and Democracy 2015 - 2019, 10897/15, Brussels, 20 July 2015.

③ 张华：《欧洲联盟对外关系法中的“人权条款”问题研究》，法律出版社2010年版，第15—16页。

确赋予欧盟开展人权外交的一般性权能。因此，欧盟对外关系法的“痼疾”——权能划分问题——仍将困扰着欧盟人权外交的顺利开展。

（一）欧盟人权外交权能的“寄生性”

欧盟开展对外行动的前提是其享有相应的权能。根据《欧盟条约》第5条，欧盟权能的范围由“授权原则”（principle of conferral）予以规范。所谓“授权原则”，是指“欧盟仅在由成员国在两部条约中赋予它的权能范围内行动，以实现两部条约规定的目标。两部条约未赋予欧盟的权能属于成员国所有”。虽然欧盟基础条约明确将“保护人权”规定为欧盟对外行动的宗旨、原则和目标，但并未赋予欧盟开展人权外交的一般性权能。除在人道主义援助领域享有较为具体的人权外交权能外，事实上欧盟的人权外交权能主要依托，或曰“寄生”于欧盟其他政策领域的对外权能。

也正是由于人权外交权能的“寄生性”，欧盟机构强调应在对外行动中实现人权的“主流化”，如此才能为人权外交的开展提供更全面的合法性。问题是，“人权目标”并非欧盟对外行动的唯一目标，也绝非优先目标，当欧盟在具体的对外行动领域需要追求特定的目标时，欧盟人权外交将不得不让位于更为务实的对外行动。通俗而言，欧盟人权外交权能可以在欧盟具体的对外行动领域“搭便车”，但不能因为人权目标而牺牲更为具体和迫切的对外行动，产生“反客为主”的奇怪效应。

欧盟缺乏一般性的人权外交权能，也就注定了欧盟的人权外交需要成员国行动的协同。由于人权的高度政治化，成员国不可能保证在所有场合和情境中与欧盟人权外交保持统一步骤，势必影响欧盟人权外交的一致性和实效性。[①] 即便成员国采取与欧盟不一致的行动，欧

---

① 典型例子是，在欧盟与第三国开展双边人权外交时，北欧国家倾向于采取以制裁为代表的消极措施，而南欧国家倾向于对话和接触。就欧盟多边人权外交而言，成员国之间的分歧使得欧盟很难在联合国人权理事会之类的多边机构中用“一个声音”阐述立场。See Karen Smith, “The EU as a Diplomatic Actor in the Field of Human Rights”, in Joachim Koops & Gjovalin (eds.), *The European Union as a Diplomatic Actor*, Palgrave Macmillan, 2015, pp. 160 - 167.

洲法院也很难以“紧密合作义务”[①] 约束成员国的歧异行动，毕竟欧盟并不享有一般性的人权外交权能。就人道主义援助而言，尽管广义上属于欧盟与成员国共享权能的领域，但由于该权能属于并行权能（parallel power），成员国可以在欧盟实施该权能的同时并行不悖地开展人道主义援助行动，而无须受到“先入为主原则”（preemption）[②] 的限制。成员国自然也无违反“紧密合作义务”之虞。

（二）欧盟机构之间的权能博弈

由于欧盟人权外交的权能基本“寄生于”其他政策领域的对外权能，相应地，欧盟机构之间围绕不同政策领域的权能博弈也难免波及人权外交。在欧盟诸机构中，欧洲议会在推行人权外交方面显得最为积极，同时也最为激进。欧洲议会不仅每年发布《世界人权报告》，还就具体的人权外交工具开展研究讨论，以强化欧盟的人权外交。欧洲议会之所以能在人权外交中发挥重要作用，很大程度上是因为在《里斯本条约》时代它的权能获得了极大程度的提升。除传统的预算权外，欧洲议会目前在大多数政策领域与欧盟部长理事会一道行使立法权，同时在缔结大多数国际协定时享有同意权。这就不难理解欧盟委员会或部长理事会在立法或缔约时适当顾及“人权条件”了。欧洲议会动辄以否决立法提案或拒绝同意缔约作为威胁，“迫使”欧盟委员会或部长理事会在对外行动的立法和缔约进程中不得不考虑人权因素。[③]

---

① “紧密合作义务”要求成员国在行使对外权能时必须与欧盟机构开展合作，甚至在欧盟机构决定不采取行动时，成员国也有义务避免采取任何行动。参见张华《欧洲联盟对外关系法原理》，法律出版社 2016 年版，第 181 页。

② “先入为主原则”适用于共享权能，具体是指：在共享权能领域，一旦欧盟已经行使权能，成员国原则上不得行使权能。参见 TFEU，Art. 2（2）。

③ 根据《欧盟年度人权报告》披露的信息，欧盟委员会承诺将人权纳入下述事项的影响评估：立法或非立法性提案，实施性措施，具有重大经济、社会和环境影响的贸易协定。在谈判贸易和投资协定时，欧盟委员会在提案开启谈判之前会进行影响评估；在谈判进程中，欧盟委员会针对重大的贸易谈判开展更为详细的可持续性影响评估。不仅如此，欧盟委员会还会就贸易协定进行事后的影响评估。为使此评估更为标准化，欧盟委员会在 2014 年还专门就此制定了具体的指南。参见 EU Annual Report on Human Rights and Democracy in the World in 2014，p. 21。

问题是，欧洲议会以人权作为机构间权能博弈的重要考量因素，在某种程度上有可能改变《里斯本条约》所实现的机构间之权能平衡。值得警惕的是，近年来欧洲法院受理了一系列由欧洲议会所提起的权能划分案件，涉及欧盟对外行动的法律依据识别问题。欧洲议会往往主张将其享有更大权能的对外政策领域的规则作为具体对外行动的法律依据，引发了欧洲议会和欧盟委员会、部长理事会之间的紧张关系。[①] 欧洲议会在欧洲法院的权能之争反映了在《里斯本条约》时代欧洲议会希望进一步拓展权能的“野心”，这并不一定有利于人权外交。考虑到人权目标形式上构成欧盟所有对外行动的原则和目标，为强化人权外交，欧洲议会自然会选择那些自身享有更多权能的对外政策作为法律依据。如此将会激化欧盟机构之间的权能之争。事实上，鉴于欧盟人权外交的一致性和实效性，欧盟机构之间唯有在《里斯本条约》预设的权能框架下协同行动，才能保证欧盟人权外交的顺利决策和实施，而不是一味地突出欧洲议会的“先锋”作用。

（三）欧盟对外政策的一致性问题

欧盟的对外行动目标中包含“保护或促进人权”这一目标，这意味着，无论是在对外贸易政策、发展合作政策、共同外交与安全政策，抑或其他政策领域，欧盟的对外行动均存在明显的“人权导向”。由此带来的问题是，对于同样追求人权目标的欧盟各项对外政策，如何确保相互之间的一致性而不至于“殃及”欧盟人权外交呢？

欧盟对外政策的一致性问题，本质上缘于各政策追求的目标较为多元化，欧盟机构在对外行动之法律依据的识别和权能行使方面产生分歧，从而削弱了欧盟整体对外行动的一致性。从欧洲法院的判例来看，欧盟对外政策的目标很大程度上决定了具体对外行动之法律依据

---

① E. g. Case C-658/11, *Parliament v. Council* (*Pirate Transfer Agreement with Mauritius*), EU: C: 2014: 2025; Case C-263/14, *Parliament v. Council* (*Pirate Transfer Agreement with Tanzania*), EU: C: 2016: 435.

的选择,[1] 不同的对外行动目标自然适用不同的法律依据，由此也导致欧盟对外权能的属性，以及欧盟机构之间的权能分配出现重大差异。《里斯本条约》第21条第2款在形式上统一了欧盟各项对外政策的目标，试图增强其相互之间的一致性和统一性。尤其是《里斯本条约》大大拓展了“普通立法程序”的适用领域，并且基本统一了欧盟的缔约机制，使得长期以来困扰欧盟对外政策一致性的紧张局势得以缓解。然而，欧洲法院近年来的司法实践暴露出一个新的问题：因为不同的欧盟对外政策追求相同的目标，如何依据同样的目标来识别不同对外行动的法律依据？考虑到《里斯本条约》时代的“普通立法程序”和缔约机制仍在部分政策领域存在例外情形，将不同的对外政策确立为具体对外行动的法律依据仍然会影响欧盟对外行动的一致性和实效性。同时，鉴于欧盟对外关系的各项目标措施较为宽泛，且不存在优先性,[2] 识别欧盟对外行动之法律依据的工作变得愈发复杂。就此角度而言，欧盟对外政策之间缺乏一致性的“症结”始终难以根治。

人权目标作为欧盟对外关系的目标之一，缺乏独立的权能支撑，对于解决欧盟对外政策之间的一致性问题并无实质性意义。相反，人权外交权能的“寄生性”决定了欧盟对外政策之间的一致性问题会对欧盟人权外交造成不利影响。欧盟与成员国之间，以及欧盟机构之间围绕不同对外政策的博弈只会“损耗”那些存在突出“人权导向”之对外行动的一致性和实效性。[3]

---

① 根据欧洲法院的判例，识别欧盟对外行动的法律依据关键在于确定“能够经受司法审查的客观因素”，亦即对外行动的目标和内容。如果对外行动的目标和欧盟基础条约中对外政策的目标一致，且对外行动的内容与目标之间联系紧密，则欧盟基础条约中的相关条款即构成欧盟对外行动的法律依据。参见张华《欧洲联盟对外关系法原理》，法律出版社2016年版，第68页。

② Marise Cremona, “A Reticent Court? Policy Objectives and the Court of Justice”, in Marise Cremona & Anne Thies (eds.), *The European Court of Justice and External Relations Law*, Hart Publishing, 2014, p. 19.

③ 早在《里斯本条约》正式出台之前，Khaliq就指出，虽然欧盟开展道德性外交存在发展合作政策、对外贸易政策，以及共同外交与安全政策等法律依据，但这些政策之间并不总是能够保持一致性，“改革条约”（即目前的《里斯本条约》）的相关条款也无法在短期内改变这一点。参见 Urfan Khaliq, *Ethical Dimensions of the Foreign Policy of the European Union: A Legal Appraisal*, Cambridge University Press, 2008, p. 451。

三 国际法对欧盟人权外交的限制

欧盟作为国际法主体，在开展人权外交时必然需要遵守相关的国际法规则。当然，由于缔约主体资格的限制和自身人权缔约权能的缺乏，迄今欧盟仅仅加入了《保护残疾人权利国际公约》。值得一提的是，未来欧盟极有可能加入《欧洲人权公约》。在《里斯本条约》授权的基础上，欧盟目前正在进行加入《欧洲人权公约》的谈判。虽然欧洲法院于2014年底发布的“第2/13号咨询意见”对于欧盟加入公约的协定作出了否定性的裁决，[①] 但欧盟加入《欧洲人权公约》的可能性不能完全排除。就当前而言，欧盟人权外交需要遵守的国际条约规范的确有限。国际习惯法是国际法的另一重要渊源，欧盟人权外交并不能因为条约拘束的阙如而“为所欲为”。从国际习惯法角度来看，欧盟人权外交至少应受到主权平等原则、不干涉内政原则，以及必要性和相称性原则的约束。

（一）主权平等原则

安东尼奥·卡塞斯教授（Antonio Cassese）在系统阐述调整国际关系的基本原则时指出：“主权平等原则构成国际法体系的核心，以及所有国际关系赖以进行的基本前提。”[②] 这是因为，国际法是建立在一套维护国家主权以及规定国家享有法律上之形式平等的规则之上的。自《联合国宪章》第2条第1款明确规定“各成员国主权平等”以来，主权平等原则成为国际社会公认的调整国际关系的基本原则和首要原则。主权首先意味着国家对其领土内的人、事和物享有排他性的管辖权，涉及立法、司法和执法层面。主权平等原则即要求所有国家，以及其他国际法主体尊重一国的管辖权。

---

① Opinion 2/13, Accession of the European Union to the European Convention for the Protection of Human Rights and fundamental Freedoms, EU: C: 2014: 2454.

② 安东尼奥·卡塞斯：《国际法》，蔡从燕等译，法律出版社2009年版，第65—66页。

欧盟人权外交与主权平等原则之间存在潜在的冲突。从欧盟一年一度发布的《世界人权和民主报告》来看，欧盟为在世界范围内促进和推广人权，对第三国管辖的事项进行人权层面的监督和审议，甚至是运用不同的人权工具介入第三国的立法、司法和执法管辖。除非获得第三国的同意，欧盟人权外交对他国主权范围内管辖权的介入存在违反主权平等原则的嫌疑。

另外，主权平等原则要求国际法主体平等对待其他国家。有学者在阐述主权平等原则的法律效果时指出："非歧视原则是国家主权平等原则所固有的。一旦接受了该原则，就意味着接受非歧视原则。"[①] 在双边关系中平等对待他国是非歧视原则的题中应有之义。欧盟人权外交在很多方面体现出"欧洲中心主义"，以欧盟的人权观开展人权外交，对世界各国的人权问题持批判态度，隐含着"欧洲优越论"，难有平等交往。[②] 尤其值得注意的是，非歧视要求同样问题同样对待，不同问题则应视具体情势区别对待。欧盟人权外交的实践表明，对于同样违反人权的情势，欧盟对不同国家的反应是不一样的。以基于违反"人权条款"而采取的限制性措施为例，每逢非洲、加勒比和太平洋国家，或者是中东和西亚国家发生严重违反人权的事件时，欧盟都会立即出台制裁措施。但对于以色列在中东武装冲突中频繁实施违反人权法和国际人道主义法的暴行，欧盟不知是有意，还是无意地选择了"无所作为"，迄今未基于"人权条款"对以色列实施限制性措施。[③] 欧盟人权外交中所奉行的"双重标准"很难被解释为符合主权平等原则。

---

① 杨泽伟：《主权论——国际法上的主权问题及其发展趋势研究》，北京大学出版社2005年版，第80页。

② Khaliq指出，欧盟在将自身的人权标准推广至第三国时，忽视了这些国家在国际人权条约方面的不同承诺，以及文化价值方面的差异。基于固有的优越感，欧盟强行推广其人权标准，却没有意识到，或没有认真考虑欧洲标准并不一定适用于欧洲以外的社会。欧盟倡导的人权原则绝非普适标准。参见Urfan Khaliq, *Ethical Dimensions of the Foreign Policy of the European Union: A Legal Appraisal*, Cambridge University Press, 2008, p. 53。

③ 张华：《欧洲联盟对外关系法中的"人权条款"问题研究》，法律出版社2010年版，第193—210页。

（二）不干涉内政原则

人权通常属于一国内政的范畴。① 只有在极为例外的情况下，个别人权问题才不能以“内政”作为“挡箭牌”。从目前国际社会有关“保护的责任”的有限共识②来看，只有当一国出现灭种罪、战争罪、种族清洗、反人类罪的情形时，国际社会在当事国未能或不愿意履行保护的责任的情况下方可采取必要的干预措施。换而言之，除上述四种有限情形外，人权基本上属于一国内政。欧盟人权外交的重点在于公民权利和政治权利，较少涉及发展中国家更为关注的经济、社会和文化权利。欧盟非常强调人权的普遍性和不可分割性，并试图以此人权观推行人权外交，难免有干涉他国内政的嫌疑。

不干涉内政原则构成国际法的基本原则，同时亦是国际习惯法规则。在“尼加拉瓜诉美国军事行动和准军事行动案”中，国际法院指出：

> 根据广为接受的公式，不干涉原则禁止所有国家或国家集团直接，或间接地干涉他国的内部事务或对外事务。禁止干涉的对象必须是一国依据国家主权原则而允许自由决定的事项。其中之一便是选择政治、经济、社会和文化制度，以及制定外交政策。

① 冷战结束以来，有一种危险的论调认为人权不再属于内政的范畴，其理由是联合国系统内部经常强调人权的普遍性。对此，有权威学者批评道，这种观点“误入歧途”，因为国家并非受到同样的国际人权义务的约束，人权有不同的渊源，自然不能同样适用于所有的国家。参见 Bruno Simma et al. （eds.）, *The Charter of the United Nations*: *A Commentary*, Volume 1, Oxford University Press, 2012, p. 297. 换而言之，人权在国际法上构成内政这一事实，并不能因为一些普遍的人权议题得到倡导，或联合国讨论一些特定的人权议题而有所贬损。

② “保护的责任”是21世纪国际法上的一个新概念，最初是指一国负有保护其本国国民的责任，只有在一国没有能力或不愿意履行该责任的情况下，国际社会才能进行必要的干涉。由于争议较大，且容易被滥用，2005年世界首脑峰会成果文件仅仅同意在一国出现灭种罪、战争罪、种族清洗和反人类罪的情形时，国际社会才能代为履行保护的责任。就法律地位而言，“保护的责任”仅仅停留在概念阶段，尚未转变为具有严格法律约束力的国际法规则。参见 World Summit Outcome 2005, A/RES/60/1, 24 October 2005, paras. 138 - 140。

> 当对此国家必须保有自由的选择使用强迫手段时，即构成干涉。强制因素构成禁止性干涉的本质，在使用武力的情况下尤其明显。①

显而易见，不干涉内政原则要求一国不得干涉他国自由选择其政治、经济、社会和文化制度的权利。根据欧盟的年度人权报告所列举的优先事项来看，诸如废除死刑、消除酷刑、宗教信仰自由、言论自由、国际刑事法院、少数者群体保护等均属于一国内政中的敏感事项。而且欧盟的人权外交广义上还涉及民主、法治和良治问题，后者更加直接地涉及一国政治、经济、社会和文化制度。尤其值得警惕的是，欧盟人权行动计划中的 EIDHR 项目涉及资助和培训第三国市民社会组织，监督第三国人权状况，以及推行民主化进程。② 对照国际法院有关美国干涉尼加拉瓜内政的裁决，欧盟的一系列资助、培训和支持活动恐有干涉第三国内政的嫌疑。

“干涉”通常理解为一种“强迫”（coercion），武力形式的强迫构成干涉自然不成问题，实践中较有争议的是经济强迫。虽然在上述案件中国际法院否定终止贸易或停止经济援助是干涉内政，但从联合国系统内的讨论以及学者的学说来看，经济强迫在特定的情境下仍有可能成为干涉内政的工具。③ 如果说目前美国的人权外交是以单边主义和武力作为特征的话，那么欧盟的人权外交呈现出较为明显的“规则导向”。这种规则导向在很大程度上正是出于避免干涉内政的考虑，上文论及的欧盟对外协定中的“人权条款”就是其中最佳的例证。当欧盟通过双边人权对话机制和人权条款开展人权外交时，由于第三国同意在先，自然减少了干涉内政的嫌疑。至于欧盟普惠制和发展援助中的人权条件，由于现行国际法并未规定发达国家有义务向发展中

---

① *Military and Paramilitary Activities in and against Nicaragua*（*Nicaragua v. USA*），Merits，Judgment，I. C. J. Reports 1986，para. 205.

② EU Annual Report on Human Rights and Democracy in the World in 2014，pp. 45 – 76.

③ 陈一峰：《论当代国际法上的不干涉原则》，北京大学出版社 2013 年版，第 165—166 页。

国家提供普遍优惠待遇或发展援助，所以欧盟以人权条件激励第三国尊重人权并无不妥。比较有争议的是欧盟采取限制性措施的情形，当发展中国家——尤其是最不发达国家——的经济高度依赖与欧盟的经贸合作关系时，欧盟基于人权理由采取限制性措施有可能对该国构成一种经济层面的“强迫”，进而违反不干涉内政原则。[①]

（三）必要性和相称性原则

欧盟人权外交的开展不仅表现为人权对话、发展援助项目、普惠制等积极措施，而且表现为在一国出现严重和系统违反人权情况下采取的“消极措施”。所谓消极措施，包括中止合作项目和贸易减让、冻结资产、拒发签证、禁止出行，等等。欧盟人权外交中的积极措施对于引导和帮助第三国提高人权保护水平存在一定的正面作用，因此无须受到必要性和相称性原则的约束。反过来，消极措施因为会对第三国的经济、贸易和人民生活产生负面作用，在实施时理当更为谨慎。就此角度来看，欧盟人权外交应该以积极措施为常态，消极措施仅为后盾和例外。

在国际习惯法上，当一国违反国际法时，为迫使责任国履行相应的国际法义务，或承担国际法律责任，受害国可以对责任国采取必要和相称的对抗性措施，此类措施的不法性可以免除，此即为反措施规则。[②]“必要性”是指受害国只有在促使责任国履行国际法义务时，才能采取反措施，且反措施限于暂不履行受害国原本应履行的国际法义务；“相称性”要求反措施的强度必须与责任国行为的不法性成比例，而不应超过受害国遭受损害的程度。

欧盟人权外交的消极措施是在两种情形下实施的：第一，在“人权条款”的框架下，当与欧盟存在条约关系的第三国出现严重违反人

① 日本国际法学者认为：“停止经济援助等政治、经济压力的行使是以对他国行使主权权利发挥影响或侵害他国的政治、经济、文化体制的选择权为目的时，即属于非法干涉。”参见松井芳郎等《国际法》，辛崇阳译，中国政法大学出版社2004年版，第92页。

② 参见联合国国际法委员会《国家对国际不法行为的责任条款草案（二读）》，第22、49—52条。

权的情势时，欧盟依据“未履行条款”采取限制性措施；第二，欧盟自发式地采取限制性措施，对于那些与欧盟不存在“人权条款”的第三国，欧盟亦经常以违反人权作为实施制裁的理由。在第一种情形下，由于“人权条款”的存在，欧盟采取制裁措施的法律依据并无太大问题，但在具体实施时仍需遵守必要性和相称性原则。如果第三国违反人权的程度尚未达到系统和严重地违反，欧盟有无必要采取制裁措施即存在疑问。类似地，如果制裁对第三国人权造成的负面效应远大于该国违反人权造成的事实效果时，欧盟的制裁不能排除违反国际法的嫌疑。至于第二种情形，欧盟本身是否是“受害国”即存在争议。除非第三国的人权违反涉及“对国际社会整体的义务”（obligation *erga omnes*），[①] 或者安理会授权在先，否则欧盟自发启动的制裁不仅缺乏法律依据，而且有干涉他国内政的嫌疑。

结论　理想与现实之间的人权外交

《里斯本条约》时代的欧盟人权外交形式上呈现出不断强化的态势。作为欧盟对外行动的宗旨、原则和目标，人权保护在欧盟“宪法”中的地位获得了前所未有的提升和明晰化。在传统的国际协定、二级立法和“软法”文件的基础上，欧盟人权外交的“宪法化”使得欧盟在全球开展人权行动显得更为“师出有名”。法律依据的充实自然有利于欧盟在对外人权政策领域“大展拳脚”：欧盟机构之于人权因素的重视，欧盟人权工具的升级换代，欧盟人权监督和评估机制的完善等，均预示着一个在国际人权领域更加富有建设性的“欧洲身份”的出现。

欧盟人权外交的理想固然崇高美好，但现实中仍难免受到其内部

---

① 在追究国际不法行为责任时，通常由受害国向责任国主张责任。在极为例外的情形下，如果责任国违反了“对国际社会整体的义务”或曰“对一切的义务”，则受害国以外的国家亦可向责任国主张责任，或采取反措施。问题是，目前国际法上并没有关于“对一切的义务”的权威规定，这有可能导致大国滥用这一概念干涉他国外交。参见联合国国际法委员会《国家对国际不法行为的责任条款草案（二读）》，第48、53条。

固有的权能划分问题的困扰。纵观欧盟基础条约，不难发现：《里斯本条约》在将“人权保护”界定为所有欧盟对外行动之目标的同时，并未赋予欧盟以一般性的人权权能。这就注定了欧盟层面的人权外交权能在很大程度上需要“寄生于”其他欧盟享有专属权能或共享权能的对外政策。相应地，欧盟人权外交难免不同程度地受到欧盟与成员国之间、欧盟机构之间，以及欧盟各对外政策之间的权能划分问题的困扰。以往制约欧盟对外行动一致性和实效性的“症结”同样“波及”欧盟人权外交。既然不同的对外政策同样追求人权目标，当欧盟内部需要在不同的法律依据和权能基础之间作出艰难抉择时，人权目标本身对于缓解欧盟对外关系法的这一“宪政”性问题意义不大，相反倒是有可能会激化欧盟与成员国之间，或者是欧盟机构之间的权能之战——毕竟欧盟机构会主张享有专属权能的对外政策，以更加高效地开展人权外交；欧洲议会出于强化人权外交的目的，也会主张其享有更多权能的对外政策作为法律依据和权能基础。

如果说欧盟内部的权能划分问题属于欧盟人权外交“先天不足”的制约因素的话，那么国际法上的相关限制则决定了欧盟人权外交在国际舞台上“施展拳脚”的现实合法空间。欧盟虽然强调人权的普遍性和不可分割性，但其人权外交的重点基本限于公民权利和政治权利。依照“欧式”的人权观开展人权外交很难保证欧盟以平等的姿态对待第三国，现实也表明欧盟人权外交的确存在歧视性，因而有违主权平等原则。鉴于人权，以及相关的民主、法治和良治广泛涉及一国的内政，欧盟在资助、培训和支持第三国相关组织或以限制性措施作为制裁时应避免触犯“禁止干涉内政原则”。同时，鉴于经济制裁有可能对第三国人权状况带来更大的负面效应，无论是否存在“人权条款”，欧盟都应严格恪守“必要性和相称性原则”。有鉴于此，为减少违反相关国际法规则的嫌疑，欧盟的人权外交应尽量采用人权对话或发展援助之类的积极措施，谨慎或避免使用消极措施。

除上述欧盟内部的宪法性“症结”和国际法层面的合法性制约外，欧洲一体化近年来接连陷入欧债危机、移民问题、恐怖主义威胁、英国“退欧”等一系列问题的“泥沼”中。可以预料，近期内欧盟相当一部分的精力和资源恐怕会转移至内部层面。在此背景下，欧盟人权外交是否应让位于当前更加严峻的议题，以及在多大程度上能取得预期成效仍有待实践检验。

欧盟全球战略新框架中的对外文化行动研究

石　坚　庄　严

前　言

在欧盟的对外关系中，文化既是目的也是手段。就欧盟当前的多重危机应对而言，文化因素既可以作为解释性的原因或保障性的条件，也可以作为必要的补充或解决方案。欧盟当前全球战略的根本目标在于维护欧洲的安全、利益和价值，力图通过推进"以规则为基础的"全球秩序，形成对欧洲一体化发展有利的国际战略环境。欧盟委员会主席容克定下的任期十项优先任务之一是使欧盟成为更强大的全球行为体，这也是"将文化置于欧盟外部关系核心"的重要原因之一。在参与全球治理和国际竞争的长远规划中，欧盟的国际人文合作和新型文化外交注重向世界投射欧洲的价值。欧盟机构新近提出的国际文化关系战略规划及其文化外交项目使欧盟外部关系中的文化行动更具系统化和战略性的特征。

2016 年 6 月是欧洲一体化进程、欧盟对外文化行动和中欧关系发展中的一个重要节点，欧盟的全球战略和新规划迭出。6 月 8 日，欧委会和欧洲对外行动署（EEAS）首次联合向欧洲议会和欧盟理事会（以下简称为"理事会"）提交"走向国际文化关系的欧盟战略"通讯文件,[①] 建议将文化置于欧盟外部关系的核心；欧委会外交政策工具司（Service for Foreign Policy Instruments, FPI）同期发布欧洲公共外交的预算和新规划。在英国“脱欧”公投后，EEAS 于 6 月底公布“欧盟外交与安全政策的全球战略”[②] 新框架。6 月 22 日，欧盟外交与安全政策高级代表莫盖里尼和欧委会向欧洲议会和理事会提交了最新一份对华战略文件《欧盟对华新战略的要素》[③]，用以规划未来五年欧盟与中国的关系；在第十八届中欧峰会后，理事会于 7 月 18 日作出欧盟对华战略的理事会决定[④]（共 23 条），在第 12 条中建议将科学、教育、文化、健康、青年、体育和移民事务等领域的人文关系贯穿中欧关系的各个方面。

在此背景下，本文中的欧盟对外文化行动主要是指：在欧盟的条约和政策框架下，由欧盟在其外部关系事务中（面向第三方国家、地区及其民众或国际机构等）发起或资助的各类文化倡议、文教项目、人文对话和合作等，其中也包括以文化活动的方式对欧盟外部关系进行支持或补充的对外行动。基于此，本文的分析主要分为三部分：以欧盟对外文化行动的“碎片化”困境作为分析的切入点，梳理欧盟对外文化行动的战略规划，进而探讨欧盟对外文化战略及其外交新规划的布局和走势，为推进中欧双方在相关领域的研究合作和中国“一

① 后文中也将这份文件称为欧盟的国际文化关系战略新规划。详见 European Commission and EEAS, “Joint Communication to the European Parliament and the Council: Towards an EU strategy for international cultural relations”, Brussels, Join (2016) 29 final, 8 June 2016. 登录时间：2016 年 6 月 10 日，http://eur-lex. europa. eu/legal-content/EN/TXT/? qid = 1465397367485&uri = JOIN: 2016: 29: FIN。

② 详见欧盟全球战略，题为“Shared Vision, Common Action: A Stronger Europe-A Global Strategy for European Union’s Foreign and Security Policy”，登录时间：2016 年 6 月 30 日，http://www. eeas. europa. eu/top_ stories/pdf/eugs_ review_ web. pdf。

③ 详见欧盟对华新战略，题为“Elements for a new EU strategy on China”，登录时间：2016 年 6 月 23 日，http://eeas. europa. eu/china/docs/joint_ communication_ to_ the_ european_ parliament_ and_ the_ council_ -_ elements_ for_ a_ new_ eu_ strategy_ on_ china. pdf。

④ 详见 General Secretarial of the Council to Delegations, “Council Conclusions EU strategy on China”, 11252/16, Brussels, 18 July 2016。登录时间：2016 年 7 月 19 日，http://data. consilium. europa. eu/doc/document/ST-11252 – 2016 – INIT/en/pdf。

带一路”框架下的人文外交战略提供一些新思路。

一　欧盟对外文化行动的“碎片化”困境

自《欧洲文化议程》（2007 年）颁布以来，欧盟已将文化行动逐步纳入其对外关系事务。在过去数年中，欧盟发起了面向世界不同地区和伙伴关系国家的一系列人文合作项目和文化行动，其中包括 2008 年 5 月启动的“欧洲—地中海文化战略”联合项目（Euro-Mediterranean Cultural Strategy），2012 年 2 月建立的中欧关系第三支柱“中欧高级别人文交流对话机制”（China-EU High Level People-to-People Dialogue，HPPD）和 2015 年 7 月由欧洲议会文化教育委员会呼吁进行的针对中东冲突地区的文化遗迹保护行动，等等，范围从欧洲到伙伴国家和利益所在地区。虽然欧盟对外文化行动的范围在扩大、频次在提升，但是欧盟机构在文化政策领域的权能有限，加之缺乏必要的机制保障和连贯的预算资助，使得欧盟早前的对外文化行动表现出“碎片化”的状态：各成员国的文化机构和民间人文资源难以有效支持欧盟的全球战略，“联盟”层面的对外文化行动缺乏整体统筹且机制较为松散。究其主要原因，一方面在于欧盟的权限，另一方面关系到欧盟的机制架构。

（一）文化政策领域的欧盟权限

由于文化涉及欧盟各成员国的核心主权，各国文化事务和相关政策不属于成员国授权给欧盟全权负责的领域。依据《欧洲联盟运行条约》（Treaty on the Functioning of the European Union）第 6 条和第 167 条，文化、教育培训、青年和体育等领域都属于欧盟的第三类权限，由各成员国负责，欧盟对成员国的行动进行支持、协调或补充。欧盟在这类政策领域的决策遵循辅助原则和比例适度原则。在文化领域，欧盟的三项政策目标包括：促进文化多样性与文化间对话，促使文化成为创造和创新的催化剂，以及力促文化成为欧盟对外关系中的一部分。在成员国层面，各地文化事务的统筹和预算主要在成员国政府相关政策的指导下展开。在“联盟”层面，欧委会及其资助项目主要强调文化的多样性和欧洲的共同文化遗产，同时促进各成员国文化机构间的合作和跨国交流。

截止到2016年8月，在欧盟决策程序中已通过的文化政策文件主要包括“文化合作”、“项目及倡议”和“欧盟扩大事务”三大类。其中，“文化合作”方面的政策涉及文化产品出口、追讨从欧洲非法流出的文化物品、欧盟外部关系中的文化事务，以及发展合作机制下的文化事务等；“项目及倡议”方面的欧盟政策文件主要包括跨年度的文化工作计划、欧洲文化遗产项目（及遗产数字化项目）、创新欧洲（2014—2020年）文化和视听项目，等等；“欧盟扩大事务”方面的文化政策主要面向欧盟候选国。另外，欧盟与睦邻国家或伙伴关系国之间开展的人文活动较多集中在欧盟的睦邻政策或地区政策（及国别合作）的框架及预算下，分属于欧委会下设的不同“总司”（Directorates General，DG）事务。因此，若要推进欧盟对外文化行动的各方协同，仅依靠欧委会的文教总司及其执行机构——教育、影视和文化执行局（Education，Audiovisual and Culture Executive Agency，EACEA）还远远不够，这也使跨政策领域的机制连接被提上欧盟的议事日程。

（二）欧盟对外文化行动的机制基础

《里斯本条约》生效和EEAS的建立使欧盟对外文化行动有了初步的机制连接基础。《欧洲联盟条约》（Treaty on European Union）为欧委会和EEAS在对外文化行动方面的政策合作和机制建设提供了合法性；根据条约第21和22条（欧盟外部行动的总则），欧盟需要定义和寻求共同的政策和行动，并在对外关系的所有领域展开高水平合作，以实现八项目标。这些目标中的第一项就指向了“捍卫欧盟的价值体系、基本利益、安全、独立和完整”，同时还包括在更强的多边合作和全球治理的基础上推进国际体系的发展，等等。条约还规定：高级代表主要负责共同外交和安全政策领域的事务，外部行动的其他领域可由欧委会和高级代表向欧盟理事会提交联合提案。传统的欧盟外部行动主要包括政治、经贸和安全等领域的事务，文化行动不在其中。近年来，欧盟正着力应对一系列新的挑战，包括移民危机、激进化和仇外势力抬头、冲突地区（例如伊拉克和叙利亚）的文化遗产破坏和文物非法交易等，这对欧盟的对外文化行动提出了新的机制联动要求。

到目前为止，欧盟已连续制订了五份跨年度“文化工作计划”（Work Plan for Culture）。在2011—2014年度的工作计划中，虽然“外部关系中的文化”已被列为当时欧盟文化领域的六项优先任务之一，但由于欧委会在权能和机制方面的局限，欧盟机构及预算难以在国际人文合作及对外文化事务中高效地发挥作用。针对早前的这些问题，欧盟2015—2018年度的文化工作计划详细规划了这个“四年期”的工作方法、机制工具、目标成果和任务时段等，同时列出了欧委会和EEAS需通力合作的事务范围。新近发布的“走向国际文化关系的欧盟战略”通讯文件就是在欧盟条约和跨年度文化工作计划的指导原则下拟定的。

二 欧盟对外文化行动的战略规划

在当前多重危机的压力下，尤其在英国“退欧”公投后，欧洲一体化的发展面临重大考验，这对欧盟在国际事务中的影响力和竞争力也产生了一定影响。欧盟早前制定的全球战略（2003年），已无法适应新的全球挑战和当前的发展战略，它既有的对外行动机制也存在“横向”和“纵向”的诸多约束。由此，欧盟的外部行动需要在方向性、灵活度、筹码、协调性和能力五方面①都做出调整，使成员国的相关机构和共同外交与安全政策相互支持、互为补充。这也就需要欧盟对内整合资源、提升战略实力，对外营造有利的国际环境、吸纳更多的合作机会。

① 具体内容可参见欧盟全球战略中“变化的全球环境”部分，登录时间：2016年8月8日，https：//europa. eu/globalstrategy/en/european-union-changing-global-environment。

（一）欧盟对外文化行动的资源

在文化事务中，欧盟支持“循证”决策和行动（evidence-based policy-making and action），以开放式协调方法（the open method of co-ordination，OMC）作为欧盟和各成员国间的合作机制，由成员国专家组成的OMC工作组定期发布调研报告，在汇集资源的同时进行影响力评估和政策评估，并对文化和创意部门的国际合作及产品出口数据等进行统计和分析。OMC专家组的研究成果一方面为欧盟的战略选择和政策决策做铺垫，另一方面为文化领域的投资者、从业者和研究者等提供较为全面和统一的基础资料。

欧洲议会在2011年通过了一项关于“欧盟对外关系中的文化维度”的决议［2010/2161（INI）］，目标是在欧盟的外部关系中推行共同的对外文化行动。随后，欧洲议会投票通过对“‘欧盟外部关系中的文化’预备行动”（以下简称为“文化预备行动”）启动资助。[①] 从2012年至今，随着文化预备行动的推进，欧盟成员国专家组应欧委会和欧洲议会等机构的要求，把欧洲的文化资源、欧盟伙伴关系国的人文政策环境、欧盟在海外的认知度和各成员国文化机构在海外的运行情况等，以连续多份研究报告的形式提交欧盟决策机构。其中，对欧盟国际文化关系战略的制定产生直接影响的报告包括：

——2012年10月，欧盟资助的《ESS文化最终报告》（Final Report of the ESSnet Culture）（ESS即European Statistical System Network on Culture）发布。这是文化预备行动第一阶段的成果之一。在报告中，专家组对欧盟各成员国中文化领域及跨领域的文化行动作了重新定义，对数十个行业中6种文化功能的数据进行分析，以556页的篇幅对欧盟范围内的文化资源作了详细统计。

——2014年6月，专家组发布文化预备行动的阶段性报告（题

① 参见庄严、石坚《解析欧盟政策框架中的对外文化战略“预备行动”及其对中国的启示》，载宋新宁、林甦编《后危机时代的中国与欧洲：基于与挑战》，中国政法大学出版社2014年版，第227—251页。

为“Engaging the World: Towards Global Cultural Citizenship”)，一方面建议以推进全球性的“文化公民身份”为路径，提升欧盟的对外文化关系；另一方面以“国别报告”的方式，从文化政策、“软实力”现状和对外人文关系水平等方面，对欧盟睦邻政策和伙伴关系框架中的23个非欧盟国家进行了分析，进而提出在欧盟层面制定并实施系统性的对外文化战略的构想。

——2015年12月，应欧委会外交政策工具司（FPI）的要求，欧盟成员国联合专家团队完成了“欧盟和欧盟政策在海外的认知分析”报告（Analysis of the Perception of the EU and EU's Policies Abroad）。在长达351页的报告中，专家组对欧盟在10个伙伴关系国中的认知度、可视度和公共外交政策等做了梳理总结和政策建议。

——2016年2月，欧洲议会教育和文化委员会（CULT Committee）在月会上发布了“关于欧洲文化机构在海外情况的调查”报告（Search for CULT Committee—European Cultural Institutes Abroad），对欧盟成员国的文化机构在第三国的任务、结构、资源、优势和弱点等进行评估，以考察它们开展的活动是否带有“欧洲维度”，同时评估这些机构能否在第三国协作推进欧盟的优先任务和基本价值观，并对欧盟的战略制定和联合工作方法等提出了建议。

目前，欧洲经济虽有缓慢复苏，但欧元区和欧盟成员国失业率仍居高不下，移民危机和恐怖袭击等社会问题及危机不断，伙伴关系国家（例如美国和中国等）也在促进人文外交。上述内外因素加速了欧盟国际文化关系战略的制定，专家组的前期报告则为欧盟新战略的形成及相关决策提供了必要的支撑。

（二）欧盟国际文化关系战略的规划

在欧盟的“全球战略”发布之前，欧委会和EEAS提交了“走向国际文化关系的欧盟战略”通讯文件。该文件的总体目的在于突出欧盟在国际事务中的重要角色，强化欧盟在应对全球挑战过程中的引领作用，整合资源以提升欧盟的战略实力，进而为欧盟的发展提供更好的国际战略环境。与美国或欧盟各成员国的文化外交传统不同的是，欧盟的整体对外文化战略强调了人文对话与合作，并将其作为欧盟全球行动中不可缺少的部分。在全球战略框架下，欧盟的对外文化行动亦有新布局。

从价值取向上看，欧盟的对外文化行动和项目注重把利益和价值诉求包裹在全球共识和公共产品的外衣中，强调多边主义，以推进其“规范性”力量。欧盟在全球行动中的目标之一是促进建立以“和平、法治、自由表达、相互理解和尊重基本权利”为基础的全球秩序。根据欧盟的全球战略新框架，欧盟对外文化行动的指导原则包括以下五项：促进文化多样性和尊重人权；促进相互尊重和文化间对话；确保补充原则和辅助原则，尊重成员国权能；鼓励文化领域的横向交流；通过现有的合作框架促进文化关系。在战略规划中，欧委会主要从三方面推进与伙伴国家的文化合作：支持文化作为可持续社会和经济发展的发动机；促进不同文化之间的对话，发展和谐的群体间关系；加强文化遗产保护和合作。

在战略选择上，欧委会和 EEAS 采用了“国际文化关系战略”的新提法，这呼应了人文合作的根本诉求，也在一定程度上模糊了“对外文化战略”本身可能带有的“攻击性”。近年来，欧洲许多文化机构使用“国际文化关系”代替“文化外交”的提法，[①] 因为传统的文化外交较为注重意识形态和价值观的投射，忽略相互理解与对话，这容易让民众产生负面联想。虽然，欧盟部分成员国和美国等“软实力大国”在一部分政策文件中采用了“文化外交”的提法，但欧盟主要是将“文化外交”作为其公共外交机制中的一个平台或工具，将国别性质的文化外交和欧盟的“国际文化关系战略”相区别。这也体现了欧盟试图变革一些原有的国际行动模式，建立并引领全球新秩序的战略思路。从国际战略模式的类型来看，国际文化关系战略的规

① 参见 Rod Fisher and Carla Figueria, *Revisiting EU's Member States' International Cultural Relations*, International Intelligence on Culture (London), April 2011. 该研究报告由欧洲独立研究机构 International Intelligence on Culture 于 2011 年 4 月提供给欧洲文化基金会（European Cultural Foundation），主要分析 2009 年后欧盟各成员国与第三国的文化关系是否存在范式转向的问题。

划属于“制度合作型”而非“实力政治型”战略,[①] 加上欧盟多以联合国文件支撑其对外行动的合理性，这对第三国的民众或文化团体产生一定程度的迷惑性。从长远来看，这种人文外交战略有可能产生更强的拓展性、持续力和内外号召力。

从战略规划的特点来看，欧盟将多样化的文化表达形式、高质量的艺术创作和充满生机的创意产业等作为其国际文化关系战略的优势和源泉；通过与联合国教科文组织紧密合作和推进世界文化遗产的保护项目，突出它在全球人文事务中的先锋作用。欧盟计划以各成员国与世界各国建立的人文关系为基础，将欧洲的文化传统和创造力聚为合力，同时提出“巧补充”的方式，在欧盟和各成员国的行动之间进行协调，优势互补；此外，还将通过支持和协助第三国的方式，以文化外交的平台汇集资源，为文化交流和行动提供更强的可视度，加强欧洲内部与外部各方力量之间的合作。

从欧洲的安全和发展战略角度来看，对外文化行动（尤其是文化间对话）有助于欧盟以“软实力”途径应对当前的一些全球挑战（例如预防冲突、难民融入、对抗暴力极端主义和种族主义等）和战乱冲突地区事务（例如伊拉克和叙利亚等地的文化遗产破坏）。在欧盟的发展合作事务中，世界文化遗产保护和文化创意产业合作都是重要的组成部分。同时，文化也是创新驱动型经济的核心要素之一。国际人文合作和文化交往不仅能够带来更大的经济利益，还能创造更多的就业机会，进而增强行业和地区的竞争力。

三 欧盟对外文化行动的布局和走势

广义的欧盟对外文化行动包含了由欧盟发起、资助或主导的所有对外文化活动、国际人文合作及交流项目，等等。在启动“欧洲文化议程”（2007 年）和欧洲“文化间对话年”（2008 European Year of Intercultural Dialogue）之后，欧盟对外文化行动的范围已从欧委会文

① 李少军：《国际战略学》，中国社会科学出版社 2009 年版。

教总司下属的国际合作项目和零散的对外文化活动扩展到了外交政策机制和欧盟地域合作框架中的多项机制中，并且发展了 EEAS、欧盟驻外使团和成员国文化机构间的合作模式。莫盖里尼在 2016 年 4 月欧洲文化论坛的讲话中提前引述了欧盟国际文化关系战略的规划内容，并指出："文化不仅是指艺术或文学，它涵盖了广阔的政策和行动范围，从文化间对话到旅游，从教育到创意产业，从保护遗产到创新技术，从手工艺到'发展合作'都包含在内。"① 这一表述也更新了欧盟对外文化行动可涉及的范围和领域。

（一）战略布局和机制工具

在新的战略规划中，欧盟机构的态度是，为了确保政策的一致性，避免重复，在欧盟外部关系中推进文化事务的最有效方法是使用已有的合作框架和资金工具。作为一个高度一体化的国际行为体，欧盟和其成员国既有超国家性质的共同对外行动，也有政府间性质的国际合作，这使欧盟易于同世界上的不同国际行为体展开各类型的交流与合作。为此，欧盟建立起了一系列针对不同的政策主题和地域区划的合作框架及配套的资金工具。

在不同的政策领域中，与欧盟对外文化行动相关的机制工具和代表性的项目包括：伙伴关系工具（Partnership Instrument，PI）、欧洲民主和人权工具（European Instrument for Democracy and Human Rights，EIDHR）、发展合作机制下的"全球公共物资和挑战项目"（the Global Public Goods and Challenges Programme under the Development Cooperation Instrument，DCI）、稳定与和平工具（IcSP）和 2014—2020 年度的"创新欧洲"文化与视听项目等。在不同的地域合作框架中，相关的政策或机制工具目前涵盖了：扩大政策（Enlargement Policy），主要面向欧盟的候选国和潜在候选国；欧盟睦邻政策（Eu-

① 详见欧盟外交与安全政策高级代表、欧委会副主席莫盖里尼女士在布鲁塞尔欧洲文化论坛上的讲稿，登录时间：引自 EEAS 网站，http：//eeas. europa. eu/statements-eeas/2016/160420_ 03_ en. htm。

ropean Neighbourhood Policy)，主要面向欧盟东部和南部16个邻国；发展合作机制（Development Cooperation Instruments)，其中地缘项目设定为资助拉美和亚非47个发展中国家，泛非项目支持欧盟—非洲战略伙伴关系地区；科托努伙伴关系协定（Cotonou Partnership Agreement)，包含欧盟与非洲、加勒比和太平洋地区从2000年开始的二十年合作框架等。欧盟将对外文化行动逐步划归对应的合作框架进行资助，以保持跨地域、跨年度项目在推进和预算方面的连贯性。

以伙伴关系工具①为例，这是欧盟2014—2020年度财政计划中的众多工具之一，用以从财政上资助欧盟的对外行动，使欧盟参与到全球变化的形塑过程中，进而促进欧盟核心价值的传播。这也是“欧洲2020战略”在欧盟外部关系中的体现。其目标之一就是通过公共外交、人文接触、教育及学术合作、智库合作和其他衍生活动增强外部对欧盟的广泛理解和可视度，推广欧盟的价值体系和利益。伙伴关系工具在2014—2020年度的财政预算总额为9.548亿欧元，可用于资助非欧盟国家（尤指与欧盟战略利益相关的伙伴国家）；着重资助体现欧盟关键利益的领域，包括欧盟对外关系中涉及内部政策的领域，例如竞争力、研究、创新和移民政策领域的事务等。欧盟在中欧人文交流中的一些实施项目也由伙伴关系工具资助。

为了落实战略规划、分阶段实现任务目标，欧盟目前已展开和准备展开的活动主要有三类：支持文化政策的发展，推进文化事业和创新产业以及支持伙伴国家本土机构的作用。其中，已实施的具体行动包括：建立地区创新中心和相关机构促进联合创造（例如亚欧基金的部分资助项目、创新欧洲项目在塞尔维亚和乌克兰等五国建立的欧洲创意中心网络，以及面向欧盟和第三国的青年文化创业者的“文化外交平台”等)；通过欧洲培训基金支持创业和技能发展，支持在海外的欧洲中小文化创意企业；通过建立结构性的地区合作框架促进旅游、环保和能源有效利用方面的合作；支持设立友好城市，共享欧洲

① 详见EEAS网站“伙伴关系工具”，登录时间：2016年8月8日，http://eeas.europa.eu/partnership_instrument/index_en.htm。

文化首都”，以及与伙伴关系国家共享保护文化遗产和地区发展的经验等。

（二）战略性的人文外交途径

依据文化预备行动（2013—2014 年）专家组的建议，欧盟在 2015—2016 年建立了一系列新的国际文化合作机制与平台，用以支撑其全球战略，其中包括 2014—2020 年度“地平线 2020”（Horizon 2020）项目资助的科技合作、“科学外交”（science diplomacy），以及欧盟公共外交框架下的文化外交等。

2016 年初，首次建立的“文化外交平台”① 是欧盟新近发布且具有代表性的对外文化行动项目之一。② 对此，莫盖里尼在 2016 年 4 月的欧洲文化论坛大会上表示“文化外交是欧盟共同外交政策不可分割的一部分”，也是欧盟与世界上其他伙伴相交的基础内容之一。该平台的总体目标是广泛增强对欧盟的理解、可视度及欧盟在世界舞台上作用，推进自下而上的国际文化合作和交流，配合欧盟在外交和安全政策方面的全球战略和欧盟的国际文化关系战略规划。目前，这个平台项目正以面向各国青年的“全球文化领导项目”（Global Cultural Leadership Programme）为起点，与欧盟国家文化协会（European Union National Institutes for Culture，EUNIC）及国际艺术理事会与文化机构联合会（International Federation of Arts Councils and Culture Agencies，IFACCA）等文化机构和组织合作，通过支持和指导欧洲机构（包括欧盟驻外使团和各成员国的文化机构等），加强它们与第三国（及这些国家的民众）之间的联系。

为了推进战略性的对外文化行动，欧盟的战略规划建议欧洲各方

① 参见欧委会“外交政策机制（工具）”平台发布的信息，“New European Cultural Diplomacy Platform Launched”，登录时间：2016 年 4 月 2 日，http://ec.europa.eu/dgs/fpi/announcements/news/20160401_1_en.htm。

② 2016 年 1 月 26 日欧委会和组委会领导方歌德学院正式签订启动协议，建立文化外交平台。这个为期两年的项目在公共外交框架下已获得 93.98 万欧元的服务协议，由“伙伴关系工具”的 2015 年年度行动计划资助。

（其中包括成员国的各级政府、各地文化组织和社会各界、欧委会和最高代表及在第三国的欧盟使团、成员国各界和其文化机构等）互为补充、相互协作，一方面增强欧盟层面的合作，另一方面鼓励和促进青年学生和研究者们的跨文化交流。其中，“联盟”层面的合作主要包括：在非欧盟国家中展开协作，汇集资源并取得规模效应，通过文化外交平台增强与文化机构的合作；增强欧盟使团的作用并让它们作为当地文化机构之间沟通的平台；在伙伴国建立欧洲文化馆；激活社会各界（尤其是文化从业者）力量；展开文化方面的联合行动，等等。在国际人文对话、留学生互换项目和研究者交流方面，欧盟主要通过“伊拉斯谟+”（Erasmus+）项目框架下的国际教育合作、“地平线2020”项目框架下的研究合作、玛丽·居里项目以及欧洲志愿者服务等展开国际合作和人员互动。

依据近期文件，欧盟计划在2014—2020年面向欧洲和世界其他地区师生提供超过15万个奖学金名额，面向欧盟及非欧盟的大学和青年团体资助大约1000个联合项目；在欧盟的伙伴国家建立“伊拉斯谟校友录”，同时支持欧洲研究团体与欧盟使团的合作；加强各成员国国内和欧洲层面人员网络的整合，促进450个“让·莫奈优秀研究中心”的整合，使欧盟学生每年通过教育及相关活动接触超过25万名世界其他地区的青年学生。由于青年的成长与交流关乎国际伙伴关系的未来发展，他们的研究合作有利于形成创新合力，这些新的规划构成了欧盟全球战略中的有机组成部分，有望增强和拓展欧盟发展战略的可持续性。

从欧盟对外文化行动的布局和走势来看，欧盟在政治和经济方面的一体化进程主要通过精英决策来推进，加之传统的共同外交政策和欧盟对外行动大多着力应对国际事务中的现实矛盾或冲突，因此新的国际文化关系战略规划在一定程度上放低了欧盟对外行动的重心，使欧盟设立的上层机制与各成员国基层民众的参与逐步结合，并且有助于推进欧盟认同的建构和欧洲一体化的发展。

结 论

如果把欧洲一体化比作一个大型实验项目，那么欧盟机构在文化和外交政策领域提出联合战略，可以算作欧盟在政策发展、机构建设和当前危机应对方面的一项“试验性”战略突破。对外文化行动和欧盟的诸多政策领域形成交叉，通过推出新机制和相应的政策工具，使欧盟机构和其成员国在欧盟层面进一步汇集力量和整合各方资源，也使对外文化行动成为欧盟全球战略网络中的常设机制和聚力核心，进而将一种人文维度的国际合作模式融入其参与全球治理的整体框架中。但是，在国际文化关系中，如何更有效地发掘文化和国际人文合作的价值，同时避免它们在纷繁复杂的全球挑战和国际关系中被扭曲，仍是值得我们长期、深入探讨的问题。

欧盟文化外交的危机：规范性权力与认同感

林子立

一 前言

具有六十年历史的欧洲歌唱大赛，宗旨是透过音乐与文化的交流，促进爱与和平。[①] 2016 年各国参赛选手结合数字科技的舞台设计，完美地以动人的方式演绎自己的文化。夺得冠军的乌克兰选手 Jamala，原本并非专业评审的第一名，但因感人肺腑的演出打动了参与投票的观众而夺冠，她演唱的歌曲《1994》因此而广受世人瞩目，歌词强而有力地控诉了斯大林在 1944 年 5 月强制迁徙克里米亚、清洗鞑靼人的残忍政策，让世人重新注意到这个欧俄战争所造成的悲剧。精彩的比赛与优美的歌声提醒世人，欧盟的成立正是为了不再制造悲剧，希望能以合作取代冲突，创造和平而避免战争。经过数十年的时间与无数人的努力，28 个成员国之间发生战争的可能性已经微乎其微，将这么伟大的成就传播到世界各个角落，正是文化外交的使命，也是欧洲歌唱大赛的精神与意义。

欧洲文化所具有的丰富性与多样性，对其在全球事务中所扮演的角色产生了影响。欧盟向来被视为透过经贸整合而成为贸易强权，[②] 在此过程中也形成了颇具效果的社会与文化融合政策，并逐渐地影响

---

① Robert Hewison, Cultural Capital: The Rise and Fall of Creative Britain, Verso, 2014.

② 苏宏达主编：《欧洲联盟的历史发展与理论辩论》，台大出版中心 2011 年版。

了欧盟的对外关系与外交政策。欧盟持续在经济、社会与文化领域中取得进步，各国对欧盟的体制与规范产生认同感，在发展对外关系时，欧盟对世界其他各国产生实质的影响力。[①] 能够达成前述所言，有赖于欧盟成员国间的合作，这也是欧盟赖以存在的价值。从煤钢共同体开始，随着经济、政治的合作而不断地扩大繁荣圈。众所周知，欧盟的演进并非一帆风顺，每一次的纷争都有赖于欧洲共同文化扮演重要的润滑剂，使得各国明白欧洲共同体也是命运共同体，认同欧洲文化的多样性正是欧盟整合的原则。[②] 21 世纪的欧洲，文化交流是热闹且充满活力的，从第一个《布鲁塞尔条约》到最新的《里斯本条约》所做的共同承诺，极大地促进了欧盟成员国文化的交流和跨越疆界的对话。文化活动和文化产品的需求不断上升，通信科技的持续演化更对此产生了推波助澜的作用。而欧盟以文化作为载体，通过整合各个成员国的特点而产生共识，正好成为欧盟推动对外关系发展的经验。文化交流能降低成员国间的摩擦与冲突，也能促进欧盟与其各个战略伙伴认知到共同利益，不仅再次发挥减轻误解与误判的功能，而且促进区域间的理解与互动，达成文化外交的目的。

21 世纪，世界的和平与繁荣，兼之科技进步到无远弗届的地步，常会使人误以为世界特别美好。事实并不如此，许多地区之间的冲突并没有减少。时隔 72 年克里米亚的悲剧重演，世界各国的各式冲突不断地在新闻媒体上传送，叙利亚的内战就是一个最不幸的例子，还引发了欧洲难民潮危机，造成的影响既有经济上的也有政治上的，对欧盟整合与欧盟的对外关系都形成严峻的挑战。事实上，西方社会虽然呈现繁荣富裕，但经济却陷入 2008 年金融危机带来的经济停滞，经常性的恐怖攻击重创了欧洲人的安全感，难民涌入变成难以负荷的压力，从而助长了政治上极端政党的发展，极端势力不断煽动民众将

---

① Manners, I., "Normative Power Europe: A contradiction in terms?" *Journal of Common Market Studies*, 2002, 20 (2), pp. 235 – 258.

② Bennett, T., "Differing Diversities: Transversal Study on the Theme of Cultural Policy and Cultural Diversity", Cultural Policy and Action Department, Council of Europe Publishing, 2001, p. 27.

问题归咎于欧盟，鼓动自己的国家脱离欧盟。欧洲人对欧盟的认同感越来越弱，被撕裂的欧洲认同感给欧盟整合工作带来了困难，使欧盟面对所有政策都难以达成共识，许多研究欧盟的学者都忧心忡忡。质言之，本文认为，欧盟各个成员国的人民对欧盟缺乏认同感，是欧盟文化外交最大的危机。

国际关系学界一向将文化外交与约瑟夫·奈的软实力概念联结在一起,① 但本文认为，分析欧盟文化外交的危机，必须采取不同的途径，因为软实力的概念缺乏对认同感的论述，主要是强调文化、价值观、意识形态及民意等方面的影响力，与本文关注的焦点不同。因此，必须借由欧盟的自我认知与全球角色的定位，也就是从“规范性权力”（Normative Power Europe，NPE）着手，理解欧盟力图利用价值与规范来建立一个既具有规范性又文明的国际秩序，期待成为世界政治中一股正面的力量,② 并以之打造多极世界体系的战略,③ 而文化外交即是此战略的实践工具。欧盟各国借由文化交流工作，使得世人更了解欧盟的内在价值，欧盟在国际事务上扮演与美国不同的角色，亦即以非强迫性的方法，实质性和象征性地传递欧盟理想、价值与规范,④ 达到影响他国的目的。然而，这个目标是必须获得欧洲人与其他世界公民的认同方能达成。

当前欧盟所遭遇的各式挑战与危机，正一点一滴侵蚀世界各国与欧盟成员国对欧盟的认同感。不仅如此，欧盟最重要的成员、“Big

---

① Edmund Marsden, interview by the author, Delhi, 2003; Mark Leonard, Catherine Stead and Conrad Smewing, *Public Diplomacy*, London: Foreign Policy Centre, 2002; Cynthia P. Schneider, “Culture Communicates: US Diplomacy That Works”, in Jan Melissen (ed), *The New Public Diplomacy: Soft Power in International Relations*, Basingstoke: Palgrave, 2005, pp. 147 – 168; Jones, W., “European Union Soft Power: Cultural Diplomacy & Higher Education in Southeast Asia”, *Silpakorn University International Journal*, 2009 – 2010, Vol. 9 – 10, p. 47.

② Thomas Diez, “Constructing the self and changing others: Reconsidering ‘Normative Power Europe’”, *Millennium: Journal of International Studies*, Vol. 33, No. 3, 2005, p. 616.

③ Daniel Fiott, “The European Union’s Normative Power in a Multipolar World”, EUSA Biennial Conference, Boston, United States, 2011.

④ Ian Manners, “Normative Power Europe: A Contradiction in Terms?” *Journal of Common Market Studies*, Vol. 40, No. 2, 2002, p. 235.

Three”之一的英国，[①] 在2016年6月23日经由公民投票决定离开欧盟，无疑是对欧盟认同感最大的打击。缺乏欧盟认同感的英国，自然不会参与欧盟的文化外交，再一次说明欧盟文化外交推进的困难，就是连欧洲人对欧盟的认同感都日益衰退，欧盟官员在执行文化议程时，很难再以文化展现欧盟的价值、力量，乃至于维持对外关系。爬梳当前欧洲文化外交与规范性权力之文献，[②] 目的在于站在学术前辈的理论实务基础上，厘清根本的问题。欧盟面对各种危机的挑战，症结不在于价值观的不同，不在于文化的不同，而在于人类求生存的本能中，因认同感的不同，对利益的认知也不同，导致欧洲认同感在欧盟层次与国家层次上呈现分歧。本文将文化外交界定为官方的外交作为，分析欧盟历年来的官方文件，包括欧盟各个机构与成员国各自的文化政策与文化报告，并以英国的脱欧公投为案例，说明欧盟与成员国在认同感出现分歧时，欧盟的文化外交会面临丧失影响力的危机。

二　欧盟文化外交与规范性权力

如果仅以文字理解，文化外交是以文化交流的方式达成外交目的，文化是工具，外交是目的。挪威学者Lending认为“二战”后的欧洲经验可以证明文化是缔造和平的工具，德法间广泛的文化合作议程，改变了传统上彼此是敌人的观念，从而消弭了潜在的冲突。[③] 理想上，外交不仅要能够维系和平，更要能够增进国家利益，因此外交经常是由现实政治主导，文化常常只是次级关切（second order concern），故英国学者Fox认为难以明确定义到底文化外交是什么，是应着重于外交还是文化？[④] 相较于柔性权力的界定已被广泛地接受，关

---

① “Big Three”包括法国、德国和英国。

② 刘以德主编：《欧洲联盟文化政策之脉络与实践》，台大出版中心2016年版。

③ Lending, M., “Change and Renewal”, *Norwegian Foreign Cultural Policy 2001 – 2005*, Oslo: Royal Norwegian Ministry of Foreign Affairs, 2000, p. 4.

④ Fox, R., Cultural Diplomacy at the Crossroads: Cultural Relations in Europe and the Wider World, London: The British Council, 1999, p. 2.

于文化外交的文献，观点存在很大分歧，不论是目标或是政策做法，文化外交都容易与公共外交（Public Diplomacy）混淆在一起。举例而言，不仅 Fox 认为文化外交就是公共外交的代名词，[①] 新西兰、澳大利亚、加拿大、英国与日本的外交部都将文化外交划入公共外交工作的职权范围。但是也有学者反对，强调文化外交是以国家文化的运用达成外交目标，故在国家认同方面比公共外交复杂许多，爱尔兰外交部就使用文化外交区别于公共外交。[②] Cull 进一步厘清文化外交并非公共外交，因为公共外交包含了民间交流的意思。[③] 此外，也有学者将文化外交定义为国际文化关系，或是国家的外国文化任务（Foreign Cultural Mission）[④]。本文认为文化外交不等于国家间的文化交流，因为前者是明确的国家任务，是由政府外交官来执行，借以争取更多的国家利益；后者可以是民间的交流互动，国家间的文化交流虽可以促进或带动文化外交目标的实现，但是还是必须区分两者，[⑤] 并聚焦于文化外交。

面对学界与各国对文化外交不一致的理解与实践，本文回归研究的目的，阐明欧盟对外关系的战略是将自身全球角色定为规范性权力，并利用文化作为工具，对内建构欧盟认同感，使其他国家认同欧盟，在文化交流中追求共同的利益。据此，Cummings 将文化外交定义为：国家间交流彼此的理念、信息、艺术以及其他层面的文化，因此促进了双方的人民在思想、信息、价值观、制度、传统、信仰各方

---

① Fox, R., Cultural Diplomacy at the Crossroads: Cultural Relations in Europe and the Wider World, London: The British Council, 1999, p. 3.

② Bound, K., Rachel Briggs, John Holden, *Cultural Diplomacy*, Publisher: Demos, 2007.

③ Cull, N. J., "Public Diplomacy: Lessons from the Past", in *CPD Perspectives on Public Diplomacy*, Los Angeles: Figeroa Press.

④ Mulcahy, V., "Cultural Diplomacy and the Exchange Progams: 1938 – 1978", *Journal of Arts Management, Law, and Society*, 1999, 29 (1), pp. 7 – 28.

⑤ Arndt, R., *The First Resort of Kings: American Cultural Diplomacy in the Twentieth Century*, Washington, D. C.: Potomac Books, 2006.

面对彼此的了解。[①] 规范性权力的目的是促进其他方接受欧盟的价值与观念，故有赖于文化外交先行，让其他方对欧盟产生高度的认同感。拜科技发展所赐，文化更具传播力，文化外交在国际关系领域变得比过去更为重要。冲突往往是彼此缺乏认同感形成利益纠葛产生的，而非彼此不理解，唯有促进认同感，化利益纠葛为利益共享，才能达成文化外交的目的。

欧盟向来主张利用价值与规范，建立一个既具有规范性又文明的国际秩序，这是欧盟国际身份的基本选择，展示的既不是军事力量，也不单是经济力量，而是一个规范性权力。[②] 规范性权力强调理性的利益是对外政策的推动力量，其内涵是认同感建构的过程与善的力量（Force for Good）的彰显，共同的欧洲思想与建构欧盟认同感是密不可分的。考虑到欧盟民族间文化的差异性，避开其缺乏传统集合式军事实力的劣势而走出非传统的大国路线，以规范性权力彰显其在世界权力舞台上的地位[③]，乃是非常聪明的战略观。对内以欧盟文化政策倡导融合与多元价值，促进欧盟与成员国政治经济文化进一步融合，建立共同的欧洲价值与规范，以期成员国对欧盟更有认同感，愿意让渡更多主权，使欧盟能以集体合作力量解决经济危机；对外则利用欧盟文化外交，借文化交流宣扬欧洲优越性[④]，透过理念、信息、艺术以及其他层面的文化传递，促成更多国家接受欧洲的价值观念，包括在人权、民主、气候变化、公共卫生治理等各方面的规范，使各国与欧盟的政治经济合作能更符合欧洲的价值观，进而创造更多的欧盟利益。能够做到这些，就必须打造一个共同的欧盟身份认同（European

① Cummings, M., Cultural Diplomacy and the United States Government: A Survey, Washington, DC: Center for Arts and Culture, 2003.

② Manners, I., *Substance and Symbolism: An Anatomy of Cooperation in the New Europe*, Aldershot: Ashgate, 2000.

③ Michael Smith, "Comment: Crossroads or cul-de-sac? Reassessing European foreign policy", *Journal of European Public Policy*, Vol. 13, No. 2, 2006, pp. 322-327.

④ Cummings, M., Cultural Diplomacy and the United States Government: A Survey, Washington, DC: Center for Arts and Culture, 2003.

Identity)①，没有认同感，就谈不上规范性权力。

2007 年 5 月 10 日，欧洲共同体执行委员会（Commission of the European Communities，简称“执委会”）第一次提交给欧洲议会、理事会，欧洲经济社会委员会，以及区域委员会的沟通报告，即《全球化世界对文化的欧盟议程》（On a European Agenda for Culture in a Globalizing World），② 分析了欧盟官方对文化外交的思考。在欧洲议会的文化与教育委员会历次会议记录与报告中，③ 欧盟坦承在 20 世纪 90 年代，受限于《马斯特里赫特条约》第 129 条（1997 年的《阿姆斯特丹条约》修改为第 151 条），文化外交未能充分展开，而成员国为保存自身的文化独特性而承担了大多数的欧洲文化推展工作，自然不愿将文化外交的工作让渡给欧盟执委会。④ 这就使欧盟要以文化建构其国际关系更加困难，特别是自 2014 年以来欧盟对移民与难民问题的处理，不仅使成员国公民对欧盟的制度认同感产生疑问，也使非欧盟国家对欧盟传递规范与价值是否是说一套做一套，产生了怀疑：欧盟不断宣扬人权为普世价值，成员国却将来自叙利亚、北非与中东等地的难民跟恐怖主义与罪犯联系在一起而排斥他们。处理难民问题的困境凸显了欧盟里外不是人的窘状，加深了各界对欧盟身份认同的分裂。本文下个部分将探究欧盟认同的危机与原因。

① Castells, Manuel, “The Construction of European Identity”, statement prepared for the European Presidency of the European Union, 2002.

② Commission of the European Communities, On a European agenda for culture in a globalizing world, Communication from the Commission to the European Parliament, the Council, the European Economic and Social Committee and the Committee of the Regions, Brussels, 10. 5. 2007 COM (2007) 242 final.

③ Committee on Culture and Education, European Parliament, http: //www. europarl. europa. eu/committees/en/cult/reports. html#menuzone.

④ Commission of the European Communities, On a European agenda for culture in a globalizing world, Communication from the Commission to the European Parliament, the Council, the European Economic and Social Committee and the Committee of the Regions, Brussels, 10. 5. 2007 COM (2007) 242 final.

三　欧盟认同的危机

本文所说的欧盟身份（EU Identity），指涉的是对欧盟这个国际机构（International Institutions）的认同感，而非对欧洲在地理、历史上的认同感。人们常把欧盟认同感与欧洲认同感混淆，简单地区分，那些支持疑欧派的政治人物与民众，怀疑的是欧盟的正当性而不是欧洲本身，因为欧盟不等于欧洲。过去随着单一市场、申根协议的成功，欧盟认同感的问题并不严重，但2009年欧债危机爆发后，各成员国民众将经济问题怪罪于欧盟的制度。叙利亚内战导致大量难民涌入，使得认同感的问题更加雪上加霜。一般而言，国家并不会有认同感问题，但是欧盟并非国家，却在国际事务上力图以国家的角色增进自身的影响力，这就需要成员国之间有高度的凝聚力。然而当前，英国已经脱欧，各成员国的疑欧派政党获得民众越来越高的支持，法国与德国也没能幸免。法国民调显示，主张脱欧的极右派政党国民阵线领袖Marine Le Pen的支持率一直居高不下。① 当前法国民众对欧盟的看法，更加深了各党在政策上靠拢疑欧取向。根据美国知名的研究智库Pew研究中心的调查，有61%的法国人对欧盟无好感，惊人的是，这一数字不仅高于英国，而且仅次于希腊。②

德国尽管经济表现亮眼，但默克尔的移民政策导致许多理性的德国公民转而支持极右派的新选择党（Alternative for Germany），该党主张进行脱欧公投，并在地方选举中获得胜利。欧盟第三大经济体的意大利，民主党在罗马市长和都灵市长选举中输给了极右派的五星运动党（Five Star Movement），该党向来要求意大利要举行脱欧公投。没有英国的欧盟还是欧盟，但是，没有法国或者德国的欧盟，就很难再说是欧盟了。面临严峻挑战的欧盟，一方面更依赖对外文化活动推动

---

① Reuters, July 24, 2016 French president's approval rating inches up despite Nice attack: polls.

② Pew研究中心调查的国家包括：德、法、意、希、匈、瑞典、西、波以及荷兰。Bruce Stokes, *Euroskepticism Beyond Brexit*, Pew Research Center, June 7, 2016.

外交，另一方面却需要将大量的资源挹注经济与难民问题，而非外交活动。

早在2005年，高达55%的法国选民公投否决《欧洲宪法条约》，早已说明法国一直反对过度政治合作的欧盟，希望欧盟保持在贸易联盟的状态，更多选择政府间主义而非超国家主义。正如法国最受欢迎的哲学家列维（Bernard-Henri Levy）所预言的，对那些觉得受害于欧洲整合的选民而言，布鲁塞尔即祸首，法国非常有可能跟英国一样选择脱欧。[①] 这位在英国也受到欢迎的法国哲学家认为，欧洲正被布鲁塞尔的官僚们改变成没有梦想与理想的智力蛮荒之地，结果，欧洲不再被人们渴望，欧洲也不再创造希望。此类沉痛的批判，足见欧洲人不认同欧盟，成员国不可能再让渡更多的主权给欧盟以解决经济、欧元、难民与恐怖主义等各式各样的危机，[②] 在这种情况下，要以文化推动对外关系就显得捉襟见肘。

四 疑欧与欧盟文化外交

欧盟各成员国拥有许多独特的文化艺术，其充沛的文化软硬件发展，一直吸引世界各国一流人才与学生前往就业与求学。而现在政治经济的发展却普遍走向民族主义，对于欧盟整体推动文化外交产生很大的负面影响，也就是，当欧洲人将非我族类以各式各样的理由排斥在外，外交将回归到最原始的现实利益交换，丧失了通过理念的交流将冲突消弭于无形的功能。

英国脱欧常被归咎于东欧移民潮，其实这是结果而非原因，重要的原因是当欧盟无法提供经济诱因时，原本认同感就不足的状况更恶化，那些无法受惠于欧盟单一市场的英国选民受疑欧派政客操弄，将原本的内政问题转嫁给欧盟。不独英国，疑欧派在欧盟各成员国所集

① James Rothwell（June 22 2016），*France Would ‘Probably’ Vote To Leave The EU, Says Country's Most Celebrated Philosopher*，Telegraph.

② Brexit：The Impact on the UK and the EU（June 2015）Global Counsel.

结的政治力量，已经使各国的政治势力产生了变化。欧债危机与难民危机之前，欧盟对全球的影响力早已跨越了文化、语言、宗教、理念与价值，特别是欧盟用自身的发展证明了，以合作与协商的方式可以取代传统的暴力方式争取和维护国家利益。然而疑欧势力所主张的广筑高墙拒非我族类于疆界之外，已彻底改变了世界各国对欧盟的看法。当前欧洲各国普遍的情势是，拥欧派与反欧派彼此都以负面的认知来理解对方，脱欧阵营认为欧盟的精英傲慢，过多的规范与大规模移民带来经济发展迟缓与社会混乱；相对的，留欧派认为脱欧是孤立主义与排外主义，把欧盟长期以来辛苦建立的价值观与自由主义理念毁于一旦，愚不可及。

这种南辕北辙的见解伤害的正是欧盟一再提倡的价值观：多元、包容、自由、平等、民主，等等，也是欧盟文化外交要传递的核心。不仅如此，欧盟与成员国在难民政策上的争议，更是另一项暴露欧洲政治思想自我矛盾的地方。事实上，不仅是欧洲社会，世界上任何国家的社会对于短时间大量进入的移民没有认同感是再自然不过的事。然而，欧盟的缺陷是，长期以来把人权的理念描绘得过于理想，而现实与理想相抵触时，当政者自然会顺从选民的压力而对移民采取排斥的态度。这些叙利亚与中东的难民之所以选择欧盟国家作为逃难的目的地，固然有地理接近的原因，但更重要的是欧盟成功的文化外交吸引了这些无助且失去家园的人。然而各国舆论利用难民潮之后的恐怖攻击事件，将难民们恐怖分子化与罪犯化，宣扬排斥难民的正当性。这种做法，不仅无法提高各成员国民众对欧盟的认同感，而且与规范性权力最强调的价值观也产生了矛盾，欧盟很难再站在道德制高点扮演全球事务的主导者。

欧盟成立以来，一直致力于充当全球事务的精神导师，积极输出自己的制度与价值观：20 世纪 90 年代波黑战争产生 300 万的难民，这些难民大部分被欧盟成员国所接受，但此次叙利亚内战带来的难民潮却造成欧盟内部巨大的反弹。究其原因，除了欧洲各国经济深受欧债危机拖累，更重要的是认同感的问题：波黑战争中的难民多为白人基督教徒，而叙利亚的难民则是阿拉伯裔的穆斯林。这种身份的完全不同，不仅阻碍了欧盟老百姓对难民身份的认同[1]，也使外部世界对欧盟的文化外交提出了质疑。

欧盟不断呼吁重视文化，使文化工具在对内整合与对外关系的各项议程中扮演重要的角色，但是实践中各成员国又紧紧地将文化外交工作限制在国家层次。举例而言，中国与英国以“中英文化连线”（Connections through Culture，CtC）的跨部会倡议，鼓励和支持文化互动达成强化中英文化交流的目标。“中英文化连线”为在中国与英国的文化组织与个人创作者提供能够相互建立关系的资金与机会，[2]对两国的文化交流与相互了解有极大的贡献，然而，在此过程中，却完全找不到任何欧盟的角色、声音与资金。

文化外交着重于成员国层次，而成员国又可能以公投方式离开欧盟，这使中国需要认真思考如何处理与欧盟，以及与欧盟成员国的关系。换言之，欧盟过去长期的盟友，都开始怀疑欧盟在对外关系上的延续性与一致性，这会使得文化外交被放到一个更不重要的位置上。

欧盟各界呼吁建立共同的文化与价值体系的声音此起彼落。历史表明，欧盟成员国各自的文化与民族，都是一个地区的人民在谋求生存与生活的过程中不断融合的结果，建立一个共同的文化与价值体系，如何在降低民族文化的差异性的同时，尊重文化多样性，正是欧盟文化外交的困难与挑战。

五　结论

欧盟通过六十余年的努力，没有使足够多的欧洲公民认同自己是欧盟的公民，许多成员国国民在欧洲政治经济整合的过程中，担心其他强势成员国的文化侵蚀自身的弱势文化。尽管许多欧洲的精英批评

---

① Paul Whitely, “Harold D Clarke, Brexit: Why did older voters choose to leave the EU?” Independent (June 26, 2016), accessed at 10 July 2016, http: //www. independent. co. uk/news/uk/politics/brexit-why-did-old-people-vote-leave-young-voters-remain-eu-referendum-a7103996. html.

② https: //www. britishcouncil. cn/en/programmes/arts/connections-culture (accessed 23 January 2017).

这些不支持欧盟整合的民众缺乏远见而自私，不知道当年创立欧洲共同体的先贤，以欧盟作为载体解决了数百年来欧洲自相残杀的灾难性冲突，然而正是因为过去的欧盟太过于强调经济与政治的整合，忽略了28个成员国的特殊性和差异性，没有及早打造一个对内而非对外的认同感。许多欧盟官员关注的是欧盟在国际社会中的身份认同，再三宣扬欧盟是一个规范性权力，却忽略了凝聚欧盟内部的认同感，在危机或威胁发生时，欧盟其他成员国对受难的成员国没有同理心。由于缺乏内部认同感，成员国对欧盟政策多有抗拒，最终导致欧盟许多国家的极左、极右派合流，大声呼吁选民对欧盟说“不”，这些极端政党在国内国会或是地方选举中都能取得席位，① 《经济学人》杂志形容这是欧洲的茶党（Europe's Tea Parties）。② 疑欧的政治形势造成成员国对欧盟的认同感下降，而欧盟推动的文化外交起步既晚，又得不到成员国支持，有将无兵，造成文化有交流没效果。

英国的文化渊源使得其外交思维发生改变，从而导致公民用选票决定与欧盟分手。英国想要走出自己的道路，要打造面向世界的英国，而非欧盟的英国，这是文化因素使然。几百年来，英国人对于自己是否是欧洲人一直争执不休。既是苏格兰人也是亲欧的英国前首相戈登·布朗（Gordon Brown）对英国的现状深有感触。1999年他通过斡旋使布鲁塞尔同意双轨制：不加入欧元区而保留英国在欧盟的会籍，这在当时被谴责，却在多年后欧元危机爆发时，被誉为最睿智的政策；在2015年的苏格兰独立公投前，他疾呼苏格兰不能独立，英国不能没有苏格兰。脱欧前他再一次呼吁英国人应发挥“二战”敦刻尔克战役的精神，在欧洲有危机的时候不应袖手旁观，③ 不过这次他的努力失败了。

当前许多国际关系学者都认为，外交反映的已经不再只是狭隘的国家力量，而是由文化、价值与认同感共同组成的对外影响力。英国

① France's National Front-On the march, *Economist*, Mar 29th, 2014.

② Political insurgency-Europe's Tea Parties, *Economist*, Jan 4th, 2014.

③ Gordon Brown (10 May 2016), Here's an inspiring view of Britishness to defeat the Brexiters, Guardian.

有四大民族，也有许多南亚、东欧移民，应该致力于建立现代的英国化（Britishness）认同感。文化外交相信借着互惠的文化交流，不同国家的人因了解、认同其他民族文化而愿意超越政治上的差异与领土疆界的限制，为彼此合作找到互信的基础，避免因国家利益不同而发生冲突。2015 年欧盟国家经济表现逐渐稳定，是时候建立认同感，利用文化交流来彻底摆脱全球化下的各式危机了。

欧盟发展合作政策的务实转型

金　玲

前　言

发展合作政策是欧盟的一种对外政策工具，也是其在国际舞台上展现行为体身份的重要手段。欧盟及其成员国是世界上最大的援助行为体，提供了全球一半以上的发展援助。欧盟的发展援助有不同类型，并根据不同地区和主题提供不同的援助工具。欧盟发展援助的资金来源主要有两方面：一是欧盟预算；二是欧盟发展基金（European Development Fund，EDF）。根据欧盟 2014—2020 年财政预算，欧盟对外援助政策工具包括候选国援助工具、周边工具、发展合作工具、伙伴关系工具、稳定与和平工具、民主和人权工具等，预算总额高达 514.19 亿欧元。① 同期针对非加太集团（Africa-Carribean-Pacific Countries，ACP）国家的援助政策工具 EDF 的预算为 305 亿欧元。②

基于自身的力量特性和一体化经验，欧盟一直尝试通过援助和贸易手段，对外扩展其良政、民主、人权、法治为核心的“欧洲模式”，在国际舞台上发挥规范性作用。因此，欧盟发展合作政策目标除了发展和减贫以外，亦包括巩固并支持民主、法治、人权和国际法原则。2003 年欧盟发布的第一份发展战略曾明确表示：“良政是实现

① Euroepean Parliament，“Guide to EU funding”，p. 78，http：//www. europarl. europa. eu/EPRS/Funding_ Guide. pdf，登录时间：2016 年 6 月 1 日。

② European Commission，https：//ec. europa. eu/europeaid/funding/funding-instruments-programming/funding-instruments/european-development-fund_ en.

经济与社会发展的根本前提，并将推动人权、民主、良政作为外交政策的重点，通过援助附加条件及贸易手段推动良政，是我们政策的重要特征，今后将继续加强。”“贸易和发展政策是推动良政与民主改革的有力工具，作为世界上最大援助方和贸易体，欧盟及其成员国都处于实现上述目标的有利位置。”①

欧盟实现上述政策目标的主要手段是援助附加条件。附加条件可以被广泛定义为：援助方利用中止或减少援助作为杠杆，强迫受援国接受其本不会接受的政策方法和政策目标。长期以来，欧盟运用惩罚性手段附加政治条件并没有取得预期效果，而且在欧盟内部引起广泛争议。在此背景下，欧盟不断调整其对外援助中附加条件的提法和手段。随着援助有效性和千年发展目标议题的推进，欧盟援助政策中附加的条件一度朝着综合性的“良政”条件转变，并辅以“积极刺激”的手段取代“消极惩罚”的手段，但欧盟并没有从根本上改变其输出民主和人权价值观、发挥规范性作用的目标。

近年来，在一系列内外因素的共同驱动下，其中因为经济危机引发的欧盟实力下降、中东北非之乱、新兴国家在发展援助领域影响力的上升等是主要的因素，欧盟发展合作政策正经历从规范性目标向维护现实利益的务实性目标调整和转型，更趋于以自身的经济和安全利益等现实利益为导向，增加援助附加政治条件的灵活性，其政策日益表现出区别化、安全化和经贸化等方面的特征。

一　从规范性走向务实性：欧盟发展合作政策调整的背景

推动欧盟发展合作政策日益走向务实的主要因素包括：新兴国家在发展合作领域内作用的增强，欧盟面临的竞争压力上升；欧洲主权债务危机降低其提供发展援助的能力和意愿；中东北非之乱引发的难

① European Commission, “EU Security Strategy: A Securer Europe in a Better World”, http: //www. consilium. europa. eu/uedocs/cmsUpload/78367. pdf, last accessed on 9 June, 2016.

民和移民危机加剧其安全关切。上述因素共同促成欧盟发展援助政策目标从规范性向务实性调整和转型。

（一）新兴国家在发展合作领域内作用的增强

新兴国家在发展合作领域内作用的凸显，不仅表现为其提供的援助金额不断增加，更重要的是它们在发展合作领域内采取了不同于传统援助行为体的政策方法，在实践中产生了推动发展的积极效应，促进欧盟等传统援助行为体反思自己的政策行为，寻求与新兴行为体合作的同时期望对新兴行为体的援助行为加以规范。

（1）新兴国家提供的援助额上升

经济合作与发展组织（以下简称“经合组织”）提供的数据显示，进入21世纪以来，与经合组织发展援助委员会（Organisation for Economic Co-operation and Development Assistance Committee，OECD-DAC）成员相比，新兴国家援助规模扩大得更快。新兴国家在发展合作领域内提供的对外援助的数额在2000—2011年增长了三倍，同期，OECD-DAC 国家的援助额仅增长一倍。2011年非OECD成员国提供的发展援助额已占世界发展援助总额的10%。① OECD提供的数据显示，中国是新兴国家中提供发展援助最多的国家，中国2014年提供的发展援助额达到34亿美元，远超过欧洲一些传统的援助国。

表1 **主要新兴国家提供的发展援助额** （单位：百万美元）

	2010年	2011年	2012年	2013年	2014年
中国	2564	2785	3123	2997	3401
印度	708	794	1007	1223	1398
印度尼西亚	10	16	26	49	56

① Development Initiatives，“Fact Sheet of Emerging Donors”，http：//devinit. org/#！/post/emerging-donors-factsheet，登录时间：2016年6月11日。

续表

	2010 年	2011 年	2012 年	2013 年	2014 年
南非	154	229	191	191	148

资料来源：OECD，http：//www. oecd. org/dac/stats/documentupload/Development% 20co-operation% 20Brazil-Chile-China-Colombia-Costa% 20Rica-India-Indonesia-Mexico-Qatar-South% 20 Africa. xlsx，登录时间：2016 年 6 月 11 日。

（2）新兴国家在国际发展合作领域内拥有不同的发展合作理念和方式

新兴国家一般兼有援助国和受援国双重身份，大多根据自身的发展经验，推行发展导向、互利共赢的南南合作政策，强调发展伙伴关系和相互学习，在合作中不接受传统的援助—受援关系模式；在治理领域内不附加政治条件，关注互利；在经济政策和制度改革方面，尤其重视国家主权和发展伙伴对自身长期发展的责任，重视以贸易和商业往来作为发展的基础，援助和投资相互补充，有效推动合作，实现共同发展。

新兴国家增加的援助额和不同的理念，改变了它们与欧盟在发展援助政策领域中的力量对比。尽管很长一段时间内，国际社会有关发展合作的政策辩论都由西方主导，但处于边缘性地位的新兴国家，却通过南南合作在国际援助结构中作为贸易伙伴、投资方和技术援助方等日益发挥了重要的作用。[①] 2010 年在釜山召开的 G20 会议标志着全球援助治理体系的变化。釜山会议发表的《有效发展合作釜山伙伴关系》显示出新兴行为体在援助话语体系构建中的作用。例如，尽管釜山文件加入了千年发展目标，但其重点聚焦于经济增长和发展，这意味着国际发展合作话语从“发展援助有效性”向“发展有效性”转变，改变了此前 OECD 的援助话语，有观点甚至认为，“釜山文件是

① Francesco Rampa and San Bilal, “Emerging Economies in Africa and Triangular Dialogue: From Aid to Development Effectiveness”, 6 May 2011, https://www.ictsd.org/bridges-news/trade-negotiations-insights/news/emerging-economies-in-africa-and-triangular-dialogue, last accessed on 15 June 2016.

OECD 主导的援助时代的终结”。[①] 此后在国际社会围绕 2030 年议程辩论和谈判的过程中，新兴国家的作用进一步提升，“2030 年可持续发展目标”的第 16 条第 8 款明确规定，要“扩大并加强发展中国家在全球治理机构中的参与”。南南合作所坚持的平等、尊重主权、互利互惠、不附加条件等理念与原则在发展中国家间以及国际论坛上得到更多认可，南南合作在国际发展合作中的话语权得以提升。

（3）新兴经济力量以及不同援助模式的出现，促使欧盟反思传统的援助方法

近年来，欧洲有关发展援助政策改革辩论的核心命题包括：随着援助在促进发展中的作用降低，如何更好地运用援助资金来促进贸易和投资，附加条件的援助是否已经失效，如何通过积极的、内生的手段促进受援国发展民主等，这在很大程度上都是新兴力量推动欧盟对其发展合作政策进行反思的结果。

此外，欧盟也逐渐改变其与新兴国家在发展合作领域内对话合作的方式与目标。针对新兴力量在发展合作领域内作用的上升，欧盟正从初期积极推动将新兴国家纳入发展援助委员会主导的发展合作机制，逐渐调整为寻求与新兴国家合作，共同推动国际发展合作机制转型。在 2007 年德国主导推动的海利根达姆进程（Heiligendamm Process）中，发展问题被八国集团列为与新兴国家对话、合作的优先议题。对于该进程，评论认为其目标是：“最终将新兴大国整合到八国集团的全球治理框架中。”[②] 2008 年，针对中国在非洲影响力的上升，欧盟委员会发布《中欧非三方合作沟通文件》，再次尝试用政策框架规范中国在非洲的活动。但此后，欧盟的态度日趋务实。在 2010 年釜山发展合作会议上，欧盟接受了新兴国家援助理念的合理

① European Parliament, “The Role of BRICs In the Developing World”, 13 April 2012, http: //www. europarl. europa. eu/thinktank/en/document. html? reference = EXPO-DEVE _ ET (2012) 433779, last accessed on 1 July 2016.

② Katharina Gnath and Beyond Heiligendamm, “The G-8 and Its Dialogue with Emerging Countries”, http: //www. ssoar. info/ssoar/bitstream/handle/document/13093/ssoar-ipglobal-2007-fall-gnath-beyond_ heiligendamm_ the_ g-8_ and. pdf? sequence = 1, last accessed on 2June 2016.

性，并共同推动了国际发展合作议程从援助有效性向发展有效性转变。欧洲议会也在近期有关发展合作政策的决议中表示："釜山会议标志着欧盟发展合作政策思维和实践的转变，从援助有效性到发展有效性，从南北援助模式向非援助资金模式和伙伴关系模式转变。"①

（二）债务危机制约欧盟在发展领域的行动能力

债务危机对欧盟发展合作政策的影响是多方面的。首先，欧盟各国用于发展援助的资源和能力受到削减。其次，经济不景气、失业率居高不下和推行紧缩政策，都直接降低了对外援助政策在国内政治中的民意基础。最后，在债务危机冲击下，欧盟内部极端政党力量的上升，也制约了主流政党发展援助政策的实施。

（1）欧盟主要成员国在危机期间都显著削减了对外援助金额

在欧盟2014—2020年的预算方案中，对外援助领域成为预算削减规模最大的领域之一。欧盟官方发展援助额在连续三年增长后，2010—2011年由于金融危机减少了5亿欧元。非政府组织强烈批评欧盟官方发展援助资金的急剧减少。欧洲救济和非政府组织联合会（CONCORD）主席表示，欧洲国家削减援助额的速度比其经济下降的速度要快。2014年，欧盟有13个成员国削减了发展援助金额，其中法国的官方发展援助额已连续四年处于下降态势。2015年5月官方发展援助一直处于高位的北欧国家芬兰和丹麦以出人意料的方式宣布削减援助，其中芬兰的削减比例高达43%。②

表2的统计数据显示，自债务危机发生以来，除了德国和英国基本维持了对外援助的规模，其他国家都不同程度地削减了援助金额。其中，削减的规模与其受债务危机影响的严重程度一致。法国作为世界第五大发展援助方，近年来已大量削减发展援助金额，2010年援

① European parliament, "Motion for a European Parliament Resolution on Increasing the Effectiveness of Development Cooperation", 2016/2139.

② European Commission, "European Commission Calls for Renewed Commitments to Reach Targets on official Development Assistance", http://europa.eu/rapid/press-release_IP-15-4747_en.htm, last accessed on 15 June 2016.

助预算占 GNI 的 0.5%，到 2014 年下降为 0.36%，下降的趋势估计短期内难以扭转。受危机影响严重的西班牙、葡萄牙和希腊，援助金额更是经历了断崖式的下降，其中西班牙的援助金额在 2008—2015 年下降了 70%。更值得注意的是，在发展援助领域内最为可靠的成员国，如荷兰和芬兰，援助金额同样显著减少，其中芬兰的绝对额甚至出现了腰斩现象。

表 2　**欧盟部分成员国的援助金额**　（单位：百万美元）

国家＼年份	2008	2009	2010	2011	2012	2013	2014	2015
法国	10511	12565	13390	12722	12586	11397	10620	10919
德国	14061	12367	13886	14719	13877	14477	16566	20855
英国	11847	13189	14968	14971	14968	19132	19306	19919
荷兰	6758	6413	6610	6271	5824	5474	5573	6932
葡萄牙	595	504	666	694	619	492	430	361
西班牙	6355	6298	5972	3990	2105	2337	1877	1905
意大利	4805	3312	3155	4274	2886	3457	4009	4577
希腊	641	559	487	336	322	233	247	343
芬兰	2827	2917	1470	1440	1420	1457	1635	1541

资料来源：http：//www. oecd. org/dac/stats/documentupload/Long% 20term% 20ODA. xls，登录时间：2016 年 6 月 11 日。

（2）债务危机改变了欧洲民众对发展援助政策的认知

整体上而言，欧盟民众对发展援助政策仍持积极立场，但危机也确实改变了民众对发展合作政策的支持力度。根据欧盟官方民调机构“欧洲晴雨表”近年来提供的调查数据，2009 年 90% 的欧洲民众认为帮助发展中国家应对贫困问题“重要”，该比例在 2015 年 1 月发布的报告中降为 85%；2009 年只有 9% 的受访者认为欧盟应该对援助额设限或削减，该比例在 2014 年上升为 15%，在债务危机期间曾达到 18%；与之相对应，认为欧盟在其承诺的援助金额之外应该增加援助的受访者比例从 2009 年的 24% 下降到 2014 年的 12%；认为发展援助政策应当成为政府优先议程之一的受访者比例在 2013—2014 年下降了五个百分点。在意大利、荷兰、西班牙和芬兰等七国中，民众对援助的立场出现反转迹象，更多人认为应该降低援助或对其设限。①针对民众立场的改变，经合组织发展援助委员会 2012 年在关于欧盟发展合作政策的同行评估报告中表示："随着对援助持怀疑态度的民众数量的增加，政府对援助预算更加审慎，欧盟的重点应从增加欧盟援助的额度更多向与民众沟通援助的优先性、挑战和影响转移。"②

（3）极端政党力量的上升，将制约欧盟发展合作政策的实施

欧盟内部极端政党影响力的上升已成为普遍现象，极端左翼或右翼政党目前在25 国共拥有 1329 个议席，在 8 国参与执政。极端政党主张孤立和保守主义，反对全球化，并不热衷发展合作政策。例如，英国独立党就认为英国将过多的资源用于发展援助。2011 年，芬兰人党在其议会选举时表示："发展援助应被危机援助取代，仅适用于特殊的危机。"③ 极端政党会利用民意的力量，施压政府，主流政党也会为了争取民心，在某种程度上采取迎合极端政党的政策主张。

（三）中东北非之乱和难民危机推动欧盟发展政策务实转型

欧盟周边动荡已成为直接影响发展合作政策重要的外部环境因素。中东北非之乱，不仅加剧了欧盟面临的恐怖主义威胁，也直接引发了前所未有的难民危机，进而推动欧盟反思其在周边的发展合作政策。面对威胁，欧盟不得不将发展合作政策资源向周边地区和应对难民危机倾斜，并采取更加务实的态度，通过发展政策实现内部安全的

① Special Eurobarometer, "Development Aid in the Economic Turmoil", October 2009; Special Eurobarometer 421, "The European Year for Development: The Citizen's View on Development, Cooperation and Aid", January 2015.

② OECD, "European Union: Development Aid Committee Peer Review 2012", http://www.oecd.org/dac/peer-reviews/50155818.pdf, last accessed on 16 June 2016.

③ "Fit for the Finns: The Finns Party's Programme for the Parliamentary Election", 2011/Summary, https://www.perussuomalaiset.fi/wp-content/uploads/2013/04/Perussuomalaisten_eduskuntavaaliohjelma_2011-english_summary_2.0.pdf, last accessed on 1 July 2016.

目标。

周边乱局促使欧盟反思其发展合作政策。中东北非动乱之初，基于“支持民众要求自由、人权的民主革命”的认知，欧盟迅速出台《变革的议程》政策文件，提出了发展合作政策中坚持“更多改革换取更多援助”（more for more）的原则，加大对周边国家民主转型的支持力度。2011 年欧盟筹集了超过 8000 万欧元的资金支持中东北非地区国家的转型。2011—2013 年，欧盟为突尼斯的市民社会建设提供了超过 4 亿欧元的支持。2012 年，欧盟调整其援助计划，在两年时间内向南部周边增加 10 亿欧元的援助。同时，欧洲投资银行向该地区的贷款额度增加了 11.5 亿欧元，欧洲复兴和发展银行对该区的行动权能也相应扩大。2013 年，欧盟委员会发布联合沟通文件《迈向综合性应对叙利亚危机的方案》，与此同时，欧盟向叙利亚提供 4 亿欧元的财政援助。2013 年，欧盟睦邻与伙伴关系工具（European Neighborhood and Partnership Instrument）框架下的年援助额达到 25.6 亿欧元，是 2007—2013 年财政年度援助金额最高的一年。

随着局势不断恶化，难民危机加剧，欧盟发展援助政策启动更为务实的转型，从初期希望“更多改革换取更多援助”，拟附加更多政治条件来推动受援国的民主转型，向服务于欧盟内外安全的目标转型。周边乱象和难民危机，不仅恶化了欧盟内外安全形势，加剧了欧盟内部分裂，刺激了极端势力力量的进一步上升，还集中凸显了欧盟能力的局限和合法性危机。为应对上述挑战，欧盟被迫放弃此前通过援助等手段向周边进行模式输出的政策框架，转而更理性地评估其对周边的塑造能力，并明确其在周边实现安全和稳定目标的优先行动。在难民危机背景下，欧盟不仅将更多的发展援助资源用于危机的应对，还在与周边国家以及非洲的关系上，突出强调应对移民和难民问题的合作优先。在欧盟推动下，2015 年 11 月欧非召开移民峰会，欧洲国家提出利用发展援助政策，制止非洲国家非法移民，打击走私网络，强调边境安全，实施遣返协议。

二 欧盟发展合作政策务实转型：现实利益优先的导向

事实上，欧盟发展合作政策一直处于不断调整之中，但未从根本上改变其利用援助输出“欧洲模式”的目标。近年来，欧盟发展合作政策的调整方向日益务实，优先考虑自身的现实利益，主要表现为更灵活地附加条件、更有区别地提供援助，以满足其经贸和安全利益诉求。

（一）附加政治条件更具灵活性

在不同历史时期，欧盟对外援助所附加的条件有不同侧重。欧盟最初的附加条件政治色彩较淡，更侧重推动受援国宏观经济政策改革。直至1991年欧共体通过《人权、民主和发展》决议，指出：“推动民主是发展合作政策的重中之重。”自此，欧盟援助的政治条件得以确立，并体现在《洛美协定》中。依据该协定，“人权条款”成为一种惩罚性条款，对人权的任何形式的违反，都可能导致欧盟全部或部分取消援助。欧盟运用惩罚性手段附加政治条件并没有取得预期效果，反而在欧盟内部引起广泛争议。

进入21世纪后，以西方为主导的国际社会反思发展援助政策失败的经验教训，认为缺乏自主性、援助国主导以及严格的附加条件是主要原因。欧盟对外援助政策由此面临极大困境：如何改革传统的附加政治条件的政策手段，增加援助有效性的同时，能保证援助作为政策手段实现其人权和民主等目标，保证其模式的影响力。为了突破上述困境，欧盟改革了援助附加条件的具体做法，包括开始强调人权和民主发展的内生性、在受援国需求和附加政治条件之间寻求平衡以及利用财政激励手段取代制裁等，推进人权和民主，使援助附加政治条件趋于隐蔽。

首先，欧盟援助附加条件更加灵活、务实。以欧盟对ACP国家的援助基金分配为例，从第十期欧洲发展基金（2007—2013年）的分配开始，欧盟更加重视需求的相对重要性，采取了更为包容的援助政策，加强对陷入危机和冲突的“脆弱”国家的关注。例如，虽然受援国可能被认为在满足欧盟的条件性标准中表现不佳，但为了避免“援助孤儿”的出现，增加援助资金的可预见性和相对稳定性，并着眼未来的发展，欧盟仍将从该国需要出发，给予不低于第九期发展基金额的援助。

其次，运用政治对话和财政激励手段取代制裁手段推动非洲国家进行治理改革。自 2007 年起，欧盟委员会决定改变过去利用制裁手段推动民主治理的做法，转而采用对话和激励手段，并支持“非洲同行评阅机制”等政策措施，推动非洲自主改革。欧盟目前已开始将上述政策理念付诸对非援助实践，在援助基金中，设置治理激励基金，奖励致力于推动民主治理的受援国。

最后，按照区别性原则，欧盟在援助政策中附加的条件标准将呈现多样化态势。欧盟新一轮周边政策和发展合作政策反思和评估的最典型特征是，对自身通过援助和贸易附加政治条件发挥转型作用的能力具有更理性的认识，明确承认“更多改革换取更多援助”原则的失败。未来，欧盟援助附加条件将逐渐脱离单一的政治条件性标准。对于与欧盟安全利益攸关的受援国，附加条件将更趋向于寻求受援国在安全和移民问题上的合作，而不是传统的人权和民主等政治条件。以欧盟对埃塞俄比亚政策为例，鉴于埃塞俄比亚在帮助欧盟应对难民和移民危机中的关键作用，虽然欧盟对埃塞国内政治危机和人权状况表示担忧，也面临来自非政府人权组织的压力，但仍在双方签署的《移民和自由流动共同议程》声明框架下，对其进行援助。德国总理默克尔更是在访问埃塞俄比亚期间，寻求与其达成类似于《欧土协议》的协定，希望通过更多援助换取埃塞俄比亚在移民问题上的合作。

附件条件转向灵活务实也清楚体现在 2014 年欧非第四次峰会上。会议期间，民主、人权以及国际刑事法庭等具有争议性的问题没有进入官方讨论，贸易与投资以及和平与安全问题成为峰会最主要的议题，这被认为是欧非关系真正实现务实转型的标志。[①] 从 2015 年欧盟

① “EU-Africa Relations after the Fourth Summit: Finding Common Ground”, International Conference 30 September-1 October 2014, Addis Ababa, Ethiopia.

启动的对周边政策评估（Fundamental Review）来看，其立场日趋务实。欧盟意识到与周边伙伴的关系既缺乏伙伴国的自主性，也缺乏与伙伴国在利益上的趋同，导致伙伴关系缺乏内生动力。因此，未来欧盟在对周边国家的援助政策中，将不得不放弃通过援助附加条件推动周边国家民主转型的目标，转而寻求双方在共同利益基础上的合作，尤其是合作实现欧盟的周边安全目标。

（二）区别化的发展援助政策

区别化的发展援助政策意味着欧盟依据一定的标准对受援国进行区分，采取不同的对外援助方法、优先议程和手段。

在债务危机背景下，2010 年欧盟委员会出台了《发展援助政策绿皮书》，就欧盟发展援助政策的调整广泛征求意见。成员国在其反馈意见中普遍表示："当前的财政和预算压力使得提高援助的附加值（added value）具有重要意义。"[①] 成员国表示，需要对当前的受援国进行分类，区分需要传统援助的国家和其他已迈入中等收入的发展中国家，欧盟应与后者建立发展伙伴关系，重点不再是减贫，而是增加合作。2011 年 10 月，欧盟委员会发展合作政策沟通文件最终明确了区别化发展合作政策原则。该文件表示："欧盟需要认识到支持欧盟周边和撒哈拉沙漠以南非洲国家发展的特殊重要性，应将更多的资金分配给最需要的国家，包括脆弱国家"，[②] 就此确定了欧盟未来发展援助的重点。对于其他国家，欧盟则主要希望通过贷款、技术合作以及三方合作的形式确立发展伙伴关系。[③] 欧盟对受援国进行分类和确

---

① European Commission, "Report on the Consultation on the Green Paper on 'EU Development Policy in Support of Inclusive Growth and Sustainable Development -Increasing the Impact of EU Development Policy'", https: //ec. europa. eu/europeaid/file/19741/download _ en? token = 4aVx0nwx, last accessed on 1 July 2016.

② European Commission, "Increasing the Impact of EU Development Policy: An Agenda for Change", Brussels, 13, 10, 2011.

③ European Commission, "EU Communication on the Agenda for Change", http: //ec. europa. eu/europeaid/policies/european-development-policy/agenda-change _ en, last accessed on 1 July 2016.

定重点，不仅仅是因为债务危机导致其援助资源受限，更重要的是同影响力上升的新兴国家扩大经济合作的同时，扩展其在第三方市场竞争能力的需求所致。

2011 年《改革的议程》（An Agenda for Change）发展援助沟通文件指出：欧盟未来发展援助政策将建立在两大支柱基础上，支持人权、民主以及良治；支持包容和可持续的人类发展。欧盟上述两根支柱在区别化援助政策原则下同样有不同侧重。在适用传统援助原则的伙伴关系下，欧盟的援助更多地以第一根支柱为基础，继续附加援助条件，援助重点仍是减贫，援助的模式将以赠予为主；在周边地区和撒哈拉以南非洲，欧盟在中东北非之乱后曾一度希望通过“更多改革换取更多援助”的政策手段，支持该地区的民主化进程，但随着乱局的持续蔓延和恶化，欧盟将发展政策进一步服务于应对难民危机，安全和稳定问题成为援助重点；对于脆弱国家，欧盟已经明确了援助重点是帮助发展关键领域的基础设施，减少附加条件；对于中等收入国家，欧盟将发展合作和第三方合作作为重点，附加政治条件将显著淡化，取而代之的是互惠的经济合作。

（三）发展援助政策“安全化”[①] 日趋明显

发展援助政策“安全化”指的是援助国的自身安全和稳定优先于发展伙伴的发展，这是欧盟发展援助政策调整后的首要目标。[②] 欧盟发展援助政策“安全化”趋势在其 2003 年出台第一份安全战略，在

① 关于欧盟发展援助政策“安全化”的讨论，可参见 Mark Furness and Stefan Ganzle, “The European Union's Development Policy: A Balancing Act between ‘A More Comprehensive Approach’ and Creeping Securitization”, http://lup.lub.lu.se/luur/download?func=downloadFile&recordOId=1321231&fileOId=1321232, last accessed on 1 July 2016。

② 2006 年，罗宾森在其《欧盟安全和发展政策的一体化和完整性》一文中表示，二者的一体化将影响发展政策的完整性和独立性，并提出安全和发展政策的融合是将欧盟的安全而不是发展中国家的发展作为优先事项。详见 Clive Robinson, “Integration and Integrity in EU Policies for Security and Development: An Assessment Prepared for the Association of World Council of Churches Related Development Organisations in Europe (APRODEV)”, “New interfaces between Security and Development: Changing Concepts and Approaches”, Bonn: German Development Institute (DIE)。

对非洲安全领域扩大介入后虽已初显，但没有成为主导性趋势。在欧盟内外安全威胁上升、难民危机难解的背景下，发展援助政策的“安全化”趋势日益明显。在欧盟针对发展援助政策进行磋商的过程中，有观点表示出对欧盟发展援助政策变为应对移民问题和保障安全的工具的担忧。① 非政府组织乐施会对欧盟发展援助调整的首要担忧是援助的“安全化”，它认为欧盟将本应投向应对贫困和不平等的发展合作基金转投安全领域。②

欧盟发展援助政策的“安全化”最早体现在对非援助政策中。欧盟委员会早在1996年的沟通文件中已关注非洲的和平与安全问题，但应对上述问题仍局限于使用共同外交与安全政策工具，通过发表声明和阐述共同立场来表明对非和平与安全的政策主张。作为第一支柱下的欧盟发展援助政策，它小心地避免涉及与和平、安全相关的问题，在2004年非洲和平基金（Africa Peace Facility）成立以前，欧洲发展基金从未被应用于与和平及安全直接相关的领域，而主要聚焦经济、政治和社会文化等方面。随着和平与安全政策日益成为欧盟对非政策重点以及欧盟逐渐寻求综合、全面的对非政策，欧盟对非发展援助政策启动了“安全化”进程。

2003年11月7日，应非盟的要求，欧洲理事会批准设立欧洲和平基金，主要用于增强非洲预防、管理和解决冲突的能力，支持非洲的和平行动。2004年3月25日，欧盟成员国批准从第九期欧洲发展基金中拨款2.5亿欧元，用于支持非洲维持和平行动。2005年，欧盟对欧洲和平基金进行的中期评估指出：“该基金的设立是一项非常积极的动议，使欧盟能在和平与安全领域内以实际、灵活以及高度相关的方式支持非洲，同时尊重了非洲的自主权。”2006年4月，欧盟

---

① European Commission, “Synopsis Report Summarising the Main Results of the Consultation on the New European Consensus on Development”, https://ec.europa.eu/europeaid/sites/devco/files/swd-synopsis-report-consultation-new-consensus-389_en_0.pdf, last accessed on 1 July 2016.

② “Oxfam: Our ‘Rred Lines’ on Securitisation and Conditionality of EU Aid”, Euractive, http://www.euractiv.com/section/development-policy/interview/weekend-or-monoxfam-our-red-lines-on-securitisation-and-conditionality-of-eu-aid/, last accessed on 1 July 2016.

理事会决定延长该基金，并从第十期欧洲发展基金中拨付 3 亿欧元。欧盟对欧非关系最新评估报告显示，第二期欧洲和平基金总额已达到 10 亿欧元，占第十期欧洲发展基金总额的将近 50%。① 资料显示，第一期欧洲和平基金的 90% 都被用于支持非盟或地区组织的维和行动，仅有 10% 用于加强非洲组织的能力建设。②

2005 年，欧盟提出的一系列政策倡议使欧盟安全和发展政策联系日益密切。第一，欧盟委员会建议欧盟将安全和发展作为相互补充的议程，共同的目标是获得安全环境，打破贫穷、战争、环境污染和经济、社会环境恶化的恶性循环。第二，欧盟委员会在《欧盟发展共识》文件中强调需要综合性政策方法应对脆弱国家的冲突、自然灾害以及其他类型的危机。第三，欧盟修订《科托努协定》，将反恐、反对大规模杀伤性武器条款纳入协定，明显偏离了 2000 年以减贫为中心的政策。此后，欧盟针对萨赫勒地区和非洲之角安全威胁上升的情况，推动综合性安全和发展政策应对安全挑战。2011 年，欧盟对外行动署发布欧盟针对萨赫勒地区的安全和发展战略，表示："欧盟针对萨赫勒地区的发展合作政策旨在应对贫困问题，但发展政策很难发挥影响，除非安全问题得以解决。为了实现安全和发展的目标，建议设立协调当前和未来欧盟在该地区作用的政策框架。"③ 同年 11 月，欧洲理事会通过了《非洲之角战略框架》文件，旨在建立综合性政策框架，应对安全和发展挑战。该文件公开表明欧洲在该地区的利益、地缘意义以及欧亚贸易航线的重要性。欧盟在上述地区的发展政策更多服务于安全目标。

近年来，在欧洲周边乱局持续、恐怖主义威胁和难民危机相互交织的背景下，难民危机与内外安全关联上升，欧盟发展合作资源用于

---

① "Implementation of the Joint Africa-EU Strategy and its First Action Plan (2008 - 2010)", http://www.africa-eu-partnership.org/pdf/090806_july_2009_swd_on_impl_of_joint_africa_eu_strategy.pdf, last accessed on 1 July 2016.

② Nicoletta Pirozzi, "EU Support to African Security Architecture", Occasional Paper, No. 76, February 2009, p. 26.

③ EEAS, "Strategy for Security and Development in the Sahel", http://eeas.europa.eu/archives/docs/africa/docs/sahel_strategy_en.pdf, last accessed on 1 July 2016.

解决移民以及难民问题的比例不断上升，这是欧盟发展援助政策“安全化”在当前形势下的新表现。尽管委员会在2012年曾表示欧盟发展援助目标并非遏制移民，而是促进良政和发展，应对全球性问题，但是自难民危机以来欧盟发展援助资金被用于与移民相关问题的比例日益上升。以周边政策为例，约一半的资金被用于应对非法移民和难民问题。[①] 在2015年12月欧非峰会上，欧盟宣布设立总额为18亿欧元的“紧急信托基金”用于应对难民潮，该基金部分来源于欧盟发展援助资金。此外，欧盟委员会于2016年7月5日提出建议，将1亿欧元的发展援助资金直接资助外国军队，帮助应对非法移民，这是欧盟第一次直接将援助资金投向伙伴国的军事领域。[②]

（四）援助政策服务于自身经济利益目标的取向上升

尽管欧盟发展援助政策从来就不是单纯“利他”的政策工具，但在很长时间内，欧盟多数成员国致力于推动发展援助政策与经贸政策的脱钩，甚至一度对中国将援助与贸易和投资相联系的对非政策持强烈批判态度。但是，面对新兴国家在非洲以及拉美等国影响力的上升，欧盟明显增加了其发展援助政策和经贸合作之间的关联，发展援助服务于欧盟经贸利益的趋势显著。

2007年，欧盟出台《促贸援助联合战略》，规定欧盟的促贸援助将主要用于“贸易发展”和“贸易政策和规则”领域，重点包括改善商业环境、企业服务支持和机制（Business Support Services and Institutions）以及国际贸易规则和立法等，直接服务于欧盟推动的《经济伙伴关系协定》，对非洲国家要求改善基础设施、提高生产能力以及适应成本（Adaptation costs）等问题没有给予关注。[③]。

---

① European Commission, “Communication on Establishing a New Partnership Framework with Third Countries under the European Agenda on Migration”, COM (2016) 385 final.

② “EU Development Aid to Finance Armies in Africa”, Euobserver, https: //euobserver. com/migration/134215, last accessed on 15 June 2016.

③ Hilary Jeune, “Aid for Trade: Is the EU Helping the Small Producers to Trade out of Poverty”, http: //www. wfto-europe. org/lang-en/component/docman/doc_ download/177-aid4trade-is-the-eu-helping-small-producers-to-trade-their-way-out-of-poverty. html, last accessed on 2 July 2016.

此外，2007 年欧盟为了应对中国企业在非洲基础设施领域的竞争，曾经设立对非基础设施投资基金，利用基金贴息支持欧盟企业参与非洲基础设施建设。2011 年，欧盟发展政策沟通文件《变革的议程》，正式将扩大私人企业参与发展援助作为欧盟发展援助政策的调整方向。该文件表示："欧盟将进一步推动混合机制促进发展"，[①] 欧盟计划使用更多的发展援助资金动员更多的行业在发展中国家投资。目前，"混合资金"（blending）已成为欧盟新的发展援助政策的流行语，欧盟已针对不同地区设立了不同类型的投资基金，主要投资基础设施和能源领域。

事实上，面对新兴国家"综合性"援助方式，欧盟一些成员国已公开承认发展援助和经济政策之间存在一致性。法国前总统萨科齐曾表示："法国的援助是支持法国商业存在的机制之一。"英国前首相卡梅伦提出过新的非洲政策，主张外交部取代发展援助部发挥主导作用，后者曾主导英国对非洲政策，这一主张代表英国发展援助政策目标与英国在非洲的利益之间的关联。[②] 德国发展部部长表示："德国企业应受益于发展援助，发展援助也应有助于促进德国在南方国家获得原材料。"甚至欧盟层面也表现出同样的趋势。2008 年，欧盟发布《原材料倡议》，将发展援助作为确保欧洲高技术企业获得稀有矿物的核心杠杆。

三　欧盟发展合作政策的转型困境：在价值与利益之间难求平衡

欧盟发展合作政策的转型是国际力量对比发生变化、欧盟周边安全环境不断恶化以及内部多重危机共同作用的结果，也反映了欧盟对

① European Commission, "Increasing the Impact of EU development Policy: An Agenda for Change", Brussels, 13. 10. 2011, last accessed on 15 June 2016.

② Luís Mah, "Reshaping Development Policy: Collective Choices and the New Global Order", http://pascal.iseg.utl.pt/~cesa/files/Doc_trabalho/WP130.pdf, last accessed on 2 July 2016.

外政策转型的整体趋势。但是，务实转型赋予发展合作政策实现经济、政治和安全领域等多重目标的责任，将使欧盟在利益和价值之间面临更深层次的冲突，对其作为国际社会中的“软力量”和“规范性力量”的身份认知构成挑战。

欧盟自推行附加政治条件的援助以来，通过将内部治理的“良政”概念引入发展合作政策，实现了发展目标与安全目标的统一。20世纪90年代，欧盟采用了良治的概念，并将其扩大，涵盖决策程序、法治国家以及经济政策等内容。良治的核心是民主、参与式发展、尊重人权以及市场经济，是实现可持续发展的根本条件，并成为政治条件的基准框架。欧盟通过上述话语体系，确立了援助附加政治条件的合法性的同时，也使得发展合作政策正式成为其对外输出价值和观念的重要政策工具。

但是，欧盟在发展合作政策领域内建立的附加政治条件以及安全和发展政策一致性的话语体系正被实践打破。一方面，援助附加政治条件因未能实现受援国发展而饱受诟病；另一方面，欧盟面临价值和利益冲突，在附加政治条件中难以保持一贯的标准，其合法性危机已然凸显。如果说，针对前者，欧盟还存在灵活调整的空间，那么在利益和价值冲突问题上，欧盟当前发展合作政策转型的趋势，无论是附加政治条件的灵活性转变、区别化的援助政策，还是“安全化”和“经贸化”的务实调整，都将使欧盟通过援助附加政治条件输出价值和观念面临更严峻的挑战。

首先，在难民危机、非法移民以及恐怖主义的现实威胁下，欧盟发展合作政策将不得不放弃其输出模式的目标，转向控制危机，维护自身安全，由此欧盟与受援国之间的关系模式会发生一定程度的逆转，援助不再是推动受援国政治改革的杠杆，而是用于寻求受援国与欧盟合作应对危机的手段，欧盟在其中的话语权严重减弱，难以在援助中附加条件。以当前应对难民危机的《欧土协定》为例，欧盟很难在价值和利益之间寻求平衡，该协定被普遍认为是欧盟违背自身的价值体系，换取土耳其在难民问题上的合作。

其次，欧盟援助附加条件的标准问题将日益多元化。欧盟“区别化”的援助政策，不仅是按照受援国发展水平进行区分，也是根据受援国在欧盟经济与安全利益链条上的地位加以分类，欧盟以此为基础采取不同的政策。从当前的发展趋势看，欧盟仍会对那些与其经济和安全利益关切度不高的受援国，实施所谓的“更多改革换取更多援助”的原则，即附加更严格的政治条件，反之，则会淡化附加政治条件的做法。也正因为如此，欧盟在发展合作政策领域标准不一致的矛盾将更加突出。

上述矛盾和挑战将加剧欧盟作为国际政治行为体的身份危机。长期以来，欧盟将自己看作在人权、民主、社会保护以及一体化领域内的国际模范。但是，欧盟当下面临前所未有的经济、政治和安全危机，损害了欧盟在世界范围内促进可持续发展的信誉和能力。欧盟越来越难以确保目标与政策之间的一致性。在欧盟全球战略辩论过程中，发展、安全、民主、移民的关系问题是核心，这些问题也对欧盟价值与利益的一致性提出了重大挑战。“欧盟全球战略磋商进程表明，很难让成员国和欧盟机构将民主和人权作为欧盟对外行动的关键优先。”①

① “A New EU Strategic Approach to Global Development, Resilience and Sustainability, htp: //ecdpm. org/wp-content/uploads/IAI-ECDPM-Venturi-Helly-June-21016. pdf”, last accessed on 16 June 2016.

欧盟发展合作政策及其对中亚地区伙伴关系的政策转型

朱景鹏

一　前言

在苏联解体后，中亚普遍指涉的是吉尔吉斯斯坦、乌兹别克斯坦、塔吉克斯坦、土库曼斯坦以及哈萨克斯坦5个国家。该区域在冷战后仍因历史与地缘关系而深受俄罗斯影响，更由于地理位置特殊且具备国际能源、安全之关键地位，成为国际强国、超国家组织竞逐利益的战场。在进入后苏联时期的10年间，与全球经济接轨并吸引外来投资成为中亚国家的目标。在保守交往策略下，欧盟与中亚国家的政治关系发展十分缓慢。“9·11”事件可谓欧盟开始强化对中亚地区战略关系的催化剂，这种战略关系又以安全议题为最，对此，美国及北约（NATO）的角色深具意义。①

---

① 美国基于中国和俄罗斯在中亚地区的影响力，与中亚五国建立了直接的外交关系。阿富汗的地缘因素，使得激进伊斯兰主义（radical Islamists）成为美国与北约的共同安全风险因子，也使得美国及北约盟国延长其在阿富汗的军事任务到2017年年底。尤其是2001年“9·11”恐怖事件后，美俄在冷战结束的90年代初期合作之后再度携手强化合作，最具意义的举措即吉尔吉斯斯坦及乌兹别克斯坦同意向美国提供军事基地及机场，以便于美国执行阿富汗的军事任务。美俄在冷战后的有限度战略对抗的背景，使得中亚政策对美国而言极具意义。2015年11月，美国和中亚五国建立了C5+1部长级会议平台，该项举措旨在平衡俄罗斯在中亚的影响力。美国也因为阿富汗局势恶化以及美俄的战略对抗，而采取与中亚国家直接接触的政策。详细请见Jeffrey Mankoff, The United States and Central Asia after 2014, Center for Strategic and International Studies, Washington, D. C., 2013; Rafael Sattarov, “What's the future of US foreign policy in Central Asia?” *Russia Direct*, July 26, 2016.

欧盟外交来往以共同外交暨安全政策（Common Foreign and Security Policy，CFSP）作为主要工具，如何与周边国家相处和互动是重要的外交议题。长期以来，欧盟以伙伴暨合作协议（Partnership and Cooperation Agreement，PCA）、睦邻政策（EU Neighborhood Policy，ENP），以及发展合作政策（Development Cooperation Policy）作为外交政策工具。限于地缘因素，欧盟与中亚国家初期的关系是以PCA以及技术援助为主体的“独联体技援方案”（Technical Aid to the Commonwealth of Independent States，TACIS）作为互动之基础，属于低层次的战略关系。为求和中亚战略伙伴关系更加紧密，欧盟于2007年6月通过“2007—2013年中亚区域援助战略”（EC2007—2013 Regional Assistance Strategy for Central Asia），该项战略建构了欧盟与中亚新战略伙伴关系（Strategy for a New Partnership）。

本文主要评估2007年以后在中亚与欧盟新战略伙伴关系中，欧盟对中亚地区具有获取战略利益的企图，中亚则希冀借此促进国家与社会各方面的发展。本文除了概述中亚政经发展情况外，还分析了欧盟的发展合作政策机制及其在中亚区域合作实践中的意涵，并对其进行战略评析，最后探讨中亚地区大国合作与竞争情势。

二　中亚五国现阶段之发展概况

1991年苏联解体后，国际社会期待中亚新兴国家能形成一个团结的经济与安全复合体。因此，1994年乌兹别克斯坦、哈萨克斯坦与吉尔吉斯斯坦为了解决共同面临的问题而组成中亚同盟（Central Asian Union，CAU），1998年CAU更名为中亚经济同盟（Central Asian Economic Union，CAEU），2001年再度更名为中亚合作组织（Central Asian Cooperation Organization，CACO），这段时期，三个组织皆未能发展出有效的区域经济、贸易或安全政策协调架构，主要归咎于中亚新兴国家的外交政策都带有保护主义的色彩。[①]

（一）政治体制改革

经过近二十余年的改革与转型，中亚地区民主发展缓慢，经济发展相对落后，但其丰富的自然资源以及身为国际反恐主要战场之一的特性，使这一地区的战略地位备受关注。[②] Gleason 与 Tolipov 认为，中亚国家面临民主转型的困境、恐怖主义与宗教极端主义问题，[③] 吴东野指出，中亚地区受到人口外移与社会经济贫困等问题的困扰，改革与转型面临跨境纷争、自然资源共享、全球市场的开拓以及吸引外来投资等的挑战。[④]

在政治改革与公民社会表现方面[⑤]，20 世纪 90 年代前半期，中亚五国分别走上不同的道路。例如哈萨克斯坦因为热衷于发展石油资源，民主改革投入有限。吉尔吉斯斯坦公民社会快速发展，但经济改革几近终止。塔吉克斯坦于 1992—1997 年发生内战，导致经济衰退，政治转型停滞不前。土库曼斯坦在总统库尔班古力·别尔德穆哈梅多

① Annette Bohr, "Regionalism in Central Asia: new geopolitics, old regional order", *International Affairs*, 2004, 80 (3), p. 486, http://www.jstor.org/stable/3569021. 登录时间：2010 年 1 月 20 日。

② "Diversity: Europe in Central Asia", http://www.henryjacksonsociety.org/stories.asp?id=291. 登录时间：2009 年 10 月 5 日。

③ "Strategy Paper 2002 - 2006 & Indicative Programme 2002 - 2004 for Central Asia", http://ec.europa.eu/external_relations/central_asia/rsp/02_06_en.pdf. 登录时间：2009 年 12 月 26 日。Gregory Gleason, "Foreign Policy and Domestic Reform in Central Asia", *Central Asian Survey*, 2001, 20 (2), pp. 167 - 182. Farkhod Tolipov, "Nationalism as a Geopolitical Phenomenon: the Central Asian Case", *Central Asian Survey*, 2001, 20 (2), pp. 183 - 194.

④ 吴东野：《后冷战时期欧盟对中亚地区之战略作为：强权政治的意涵》，《问题与研究》2006 年第 4 期，第 1—30 页。Roy Allison, "Virtual regionalism, regional structures and regime security inCentral Asia", *Central Asian Survey*, 2008, 27 (2), pp. 191 - 192.

⑤ 详见 Daniel Kimmage, "Security Challenges in Central Asia: Implications for the Eu's Engagement Strategy", In *Engaging Central Asia: the European Union's New Strategy in the Heart of Eurasia*, CEPS Paperbacks, ed. Neil J. Melvin. Brussels, p. 12. Michael Emerson & Jos Boonstra Jos, *Into EurAsia: Monitoring the EU's Central Asia Strategy. Report of the EUCAM Project*, Madrid, p. 11. http://www.eucentralasia.eu/fileadmin/user_upload/PDF/Final_Report/EUCAM-Final-Report.pdf. 登录时间：2010 年 3 月 11 日。

夫（Gurbanguly Berdymukhammedov）的统治下未来充满不确定性。乌兹别克斯坦虽然致力于改善形象，但对国内外人权活动、独立新闻记者、反对党支持者进行的迫害仍旧持续。[①] 就此而论，欧盟与中亚国家所展开的人权对话几乎着重于司法改革，以及公民权利剥夺等议题上。[②] 另就中亚贪腐情况观之，中亚五国民主发展情况相当落后。[③]（参见表1）

表1　**2015 年中亚五国民主指数**

国家	世界排名	分数	选举过程	政府效能	政治参与	政治文化	公民自由	属性
哈萨克斯坦	140	3.06	0.50	2.14	4.44	4.38	3.82	专制
吉尔吉斯斯坦	93	5.33	7.83	3.29	5.56	5.00	5.00	混合
塔吉克斯坦	158	1.95	0.58	0.07	1.67	6.25	1.18	专制
土库曼斯坦	162	1.83	0.00	0.79	2.78	5.00	0.59	专制
乌兹别克斯坦	158	1.95	0.08	1.86	2.22	5.00	0.59	专制

资料来源：整理自 Democracy Index 2015，Economist Website，www.eiu.com。

（二）中亚经济发展

中亚五国独立后各自采用不同的经济策略。吉尔吉斯斯坦与哈萨克斯坦遵循俄罗斯的休克疗法（shock therapy）并进行企业的民营化改革。乌兹别克斯坦逐步废除计划经济体制以及强化能源自给自足。

---

① Michael Hall, "The EU and Uzbekistan: Where to Go from Here?" In *Engaging Central Asia: the European Union's New Strategy in the Heart of Eurasia*, CEPS Paperbacks, ed. Neil J. Melvin. Brussels: Centre for European Policy Studies, 2008, pp. 69 – 70. Eugheniy Zhovtis, op. cit., p. 22.

② Gulnura Toralieva, "The EU's approach to the development of mass media in Central Asia", *EUCAM Policy Brief*, 2009, No. 6. http://www.eucentralasia.eu/fileadmin/user_upload/PDF/Policy_Briefs/PB-6-eversion.pdf. 登录时间：2010 年 3 月 11 日。

③ "Transparency International's 2007 country indexes", http://www.transparency.org/news_room/in_focus/2007/cpi2007. 登录时间：2009 年 11 月 25 日。民主指数是由经济学人智库（Economist Intelligence Unit）负责编制，主要用于解析世界上大多数国家或地区政权的民主发展程度的指数。其评量包括政权的完全民主（8—10 分）、部分民主（6—7.9 分）、混合政权（4—5.9 分）及专制政权（4 分以下）。中亚国家 2015 年的指数则介于 1.83 分和 5.3 分之间。

土库曼斯坦改革实际上并未有任何自由化政策。塔吉克斯坦为中亚最贫穷的国家，1997 年开始进行结构性改革。哈萨克斯坦已大规模地进行民营化，但大型垄断企业仍由国家控制。吉尔吉斯斯坦为 WTO 成员国，并努力成为最具市场导向的中亚经济体。[①] 由表 2 可见，中亚地区经济从 2000 年开始快速且持续增长。土库曼斯坦因天然气出口享有较高的 GDP 增长率（10%—20%）。吉尔吉斯斯坦、塔吉克斯坦与乌兹别克斯坦虽自然资源有限，经济仍在危机下表现出稳定增长。[②]

表 2　2000—2009 年和 2014 年中亚五国 GDP 增长率　（%）

	2000	2001	2002	2003	2004	2005	2006	2007	2008	2009	2014
哈萨克斯坦	9.8	13.5	9.8	9.3	9.6	9.7	10.7	8.9	3.2	-1.3	4.3
吉尔吉斯斯坦	5.4	5.3	0	7.0	7.0	-0.2	3.1	8.2	7.6	1.5	3.5
塔吉克斯坦	8.3	10.2	9.1	10.2	10.6	6.7	7.0	7.8	7.9	2.0	6.7
土库曼斯坦	18.6	20.4	15.8	17.1	14.7	13.0	11.4	11.6	10.5	6.0	10.3
乌兹别克斯坦	3.8	4.1	4.0	4.2	7.7	7.0	7.3	9.5	9.0	7.0	8.1
平均	9.2	10.7	7.7	9.6	9.9	7.2	7.9	9.2	7.6	3.0	6.6

注：2009 年的数据为预测或根据估计而得。

资料来源：EBRD 转引自 Michael Emerson & Jos Boonstra, op. cit. , p. 18. ; Asian Development Outlook 2015, Asian Development Bank 2015, pp. 105 - 135。

（三）中亚安全问题

近几年中亚国家与邻国并未产生新的重要且需要尽快解决的领土边界议题，中国已经与哈萨克斯坦、吉尔吉斯斯坦以及塔吉克斯坦解决了边界分歧；里海海疆（maritime borders of the Caspian Sea）问题仍持续争论，尤其是土库曼斯坦与伊朗，以及土库曼斯坦与阿塞拜疆之间。中亚因位居俄罗斯、中国、阿富汗、巴基斯坦、伊朗

① Michael Emerson & Jos Boonstra, op. cit. , pp. 16 - 17.

② Ibid. , p. 18.

以及里海的十字路口，面临跨国性问题，例如毒品非法交易、人口非法交易、组织性犯罪与恐怖主义的威胁。① 欧盟自2000年开始以两项计划协助中亚国家进行国界安全的管理以及打击毒品走私：中亚边界管理项目（Border Management Programme in Central Asia，BOMCA）及中亚毒品行动计划（EU Central Asia Drug Action Programme，CADAP）。这两项计划涵盖许多方面（合法协助、关税、情报、人力资源、毒品滥用防治的援助），目的在于改善中亚地区的安全环境。②

三　欧盟与中亚伙伴关系之建立

（一）背景分析

冷战结束后20余年里，中亚发展已趋多元，且多盼能和欧盟建立起双边关系。参与（engagement）与援助（assistance）是欧盟对中亚外交的两个主要手段。就国别分析，欧盟是哈萨克斯坦最大的投资来源，哈萨克斯坦对欧盟也有40%的出口。2015年欧盟与哈萨克斯坦虽签署“加强伙伴合作协议”（The Enhanced Partnership and Cooperation Agreement，EPCA），但因哈萨克斯坦民主进程缓慢、人权记录不佳、媒体管制，以及政治多元与公民社会受到非法限制等负面因素，欧洲议会（EP）延迟批准该项协议。③

相较于哈萨克斯坦，吉尔吉斯斯坦在欧俄日趋紧张的关系中成为“政治战场”（political battleground），其加入欧亚经济联盟（Eurasian

① Michael Emerson & Jos Boonstra, op. cit., pp. 26, 87.

② Matteo Fumagalli, “Tajikistan and the EU: From Post-Conflict Reconstruction to Critical Engagement”, In *Engaging Central Asia: the European Union's New Strategy in the Heart of Eurasia*, CEPS Paperbacks, ed. Neil J. Melvin. Brussels: Centre for European Policy Studies, pp. 109 – 110.

③ 参见 European Parliament, Directorate-General for External Policies, Implementation and review of the European Union-Central Asia Strategy: Recommendations for EU action, 25/01/2016. 有关欧盟之发展，可参见苏宏达主编《欧洲联盟的历史发展与理论辩论》，台大出版中心2011年版。

Economic Union，EAEU）[①] 形同进入俄罗斯的势力范围，吉尔吉斯斯坦是中亚民主改革较快的国家，2015 年 10 月曾举行自由而公平的选举，但其民主基础尚未巩固。

塔吉克斯坦虽计划加入 EAEU，但政局相对不稳。欧盟虽采取有条件的援助并严格监督其执行，但欧盟的边界管理项目受到塔吉克斯坦政治人物涉入毒品买卖的影响，功能受限。

土库曼斯坦天然气出口主要面向中国，欧盟进口更多的土库曼斯坦天然气的期望，短时间内恐将难以实现。土库曼斯坦未参与通往阿塞拜疆的跨里海天然气管道（Trans-Caspian pipeline）建设，该管道连接高加索及土耳其并通往欧盟区，对于欧盟而言，与土库曼斯坦的能源合作还有很长的路要走。

至于乌兹别克斯坦，自 2009 年欧盟解除对其所有制裁措施后，于 2011 年在其首都塔什干（Tashkent）设置代表团。该国人口稠密，在区域稳定中的角色重要，不结盟政策使其与欧盟的经贸关系较为薄弱，欧盟目前仅依靠发展合作政策提供乡村发展项目援助。

（二）欧盟在中亚的战略思考

欧盟有机会加强其在中亚的地位，首先，从地缘政治来看，中亚地区位于俄罗斯、中国、阿富汗、巴基斯坦、伊朗以及里海之间的十字路口，随着苏联的解体，中亚各国也渐渐发现自己处于复杂的地缘政治环境中。[②] 其次，中亚的内部改革，给予欧盟参与中亚事务的机会，中亚也有机会透过此过程获得发展与进步，并希望借此摆脱对俄

① 欧亚经济联盟是 2014 年 5 月 29 日由白俄罗斯、哈萨克斯坦及俄罗斯三国元首签署建立，以经济同盟为合作形态的结盟，该同盟条约在 2015 年 1 月 1 日生效，亚美尼亚及吉尔吉斯斯坦，分别在 2015 年 1 月 2 日和 8 月 6 日加入。EAEU 意味着建立人员、货物、劳务及资金的单一市场，也具有超国家及政府间合作的组织结构，例如最高欧亚经济理事会（supreme Eurasian Economic Council）即高峰会议，以及欧亚经济执委会（Eurasian Economic Commission）类似欧盟执委会，也设置有法院（The Court of the EAEU）。有关欧盟与俄罗斯关系，可参见朱景鹏《欧盟与俄罗斯伙伴关系的形塑与发展》，载张亚中主编《欧洲联盟的全球角色》，台大出版中心 2015 年版，第 143—220 页。

② Nargis Kassenova，2008，op. cit.，p. 3.

罗斯自然资源的过度依赖。[①]

另外，欧盟于1957年《罗马条约》签署生效至2013年这段时间，一共经历7次扩大。虽然2005年法国与荷兰相继以公民投票的方式否决欧盟宪法，以及2016年6月24日英国通过公投脱欧等，但整体情势的发展并未阻止欧盟持续扩大与加深统合，相对地，欧盟亦利用情势发展睦邻性与全球性的伙伴关系，建构其全球参与者/行动者之角色。[②]

国际强权在中亚的主要行为者为俄罗斯、中国、美国和欧盟。俄罗斯向来与中亚人民交好，然而俄罗斯无法给中亚提供真正解决区域问题的方案，因而中亚采取多向度的外交政策，以维持战略平衡。中国则在政治和经济领域双管齐下，中国国家主席习近平在2013年底提出“一带一路”倡议，同时搭配建设“亚洲基础设施投资银行”（简称亚投行），将有助于完备中国与中亚及俄罗斯间的基础设施及能源网络建设。美国虽是非常具有吸引力的伙伴，但因距离遥远，与中亚的关系相对不若中国和俄罗斯与中亚那么亲近。

欧盟认为能够协助中亚区域转型为安全且治理良好的地区，符合欧盟的最大利益。对中亚而言，欧盟可以提供安全与可持续发展的机

---

① 参考Neil J. Melvin，2007，op. cit.，pp. 2－3；朱景鹏：《土耳其加入欧洲联盟之进程与争辩》，《问题与研究》2008年第47卷第3期，第75—103页；Annette Bohr，op. cit.，pp. 501－502.

② 1973年英国、爱尔兰、丹麦三国，1981年希腊，1986年葡萄牙与西班牙两国，1995年芬兰、瑞典、奥地利三国，2004年中（东）欧十国，2007年保加利亚、罗马尼亚两国以及2013年的克罗地亚，欧盟共经历七次扩大的过程。参阅朱景鹏《土耳其加入欧洲联盟之进程与争辩》。美国政治学者亨廷顿（Samuel P. Huntington）主张，国家是否能够成功地进行民主化的改革，在于是否有足够支持民主化的外国力量与影响力。参见Samuel P. Huntington，1991，*The Third Wave：Democratization in the Late Twentieth Century*. Norman，OK：University of Oklahoma Press，p. 37。Merritt的研究指出，东欧部分前苏联国家在民主转型期间的进步，归功于欧盟大规模的协助。为了让民主能为中亚地区所接受并盛行于中亚，外部力量必须扮演更重要的角色。许多学者认为欧盟相较其他同样参与中亚事务的大国是比较合适的行为者，且欧盟的中亚利益对其他行为者而言不太可能被认为是“安全威胁”的因素。参见Robin N. Merritt，2007，“The European Union and Central Asia：Will West Meet East?” Paper presented at the 2007 Annual Conference of the Southern Political Science Association，pp. 3－10。

会。然此仍需视欧盟是否可以协调成员国家之政治意愿而定。[①] 此外，欧盟成员国家在中亚也以各种形式参与外交事务，[②] 除了土库曼斯坦外，在其他 4 个中亚国家均设代表团（delegation）。2015 年 3 月 16 日，欧盟外交与安全政策高级代表莫盖里尼（Federica Mogherini）正式任命捷克籍外交部次长布里安（Peter Burian）出任欧盟驻中亚特别代表（Special representative），以促进双边政策协调，以了解区域安全政策的执行情况。欧盟虽然对中亚作了政策与行动上的努力，但相较于中国、俄罗斯、美国等，仍处于相对弱势的地位。

四　欧盟中亚外交战略政策评析

（一）欧盟发展合作机制及政策工具

冷战结束后，欧盟于 90 年代初期针对中亚地区的外交政策工具，以欧盟计划（特别是独联体技术援助计划，Technical Aid to the Commonwealth of Independent States，TACIS），以及伙伴与合作协议（Partnership and Cooperation agreements，PCAs）为主。2005 年 7 月起，欧盟设立驻中亚特别代表（European Union Special Representative for Central Asia，EUSRCA），2007 年德国任欧盟轮值主席期间提出更广泛的欧盟与中亚合作倡议行动，2007 年 7 月欧盟理事会通过新战略伙伴关系，[③] 其中发展合作机制系欧盟运用颇具成效的一类政策工具。

欧盟的发展合作政策网络极其复杂，主要是由欧盟执委会（European Commission）的发展合作总署（DG Development and Cooperation）作为执行机关。自 90 年代以来，欧盟对中亚主要实行技术性援助计划（TACIS），2007 年以后，则改以提供广泛性的区域援助工具，目的是降低区域内的贫穷，改善治理体制。2007—2010 年，欧盟总

---

① Nargis Kassenova，2008，op. cit.，pp. 4. Neil J. Melvin，2007，op. cit.，pp. 5 - 6.

② Michael Emerson & Jos Boonstra，op. cit.，p. 59.

③ Neil J. Melvin，2008，"Introduction"，In *Engaging Central Asia：the European Union's New Strategy in the Heart of Eurasia*，CEPS Paperbacks，ed. Neil J. Melvin. Brussels：Centre for European Policy Studies，p. 5.

计提供了3.14亿欧元，2010—2013年，援助规模则达3.21亿欧元，主要皆为DGI所拟具的多年期指标性计划（Indicative programming）内容。（详见图1）

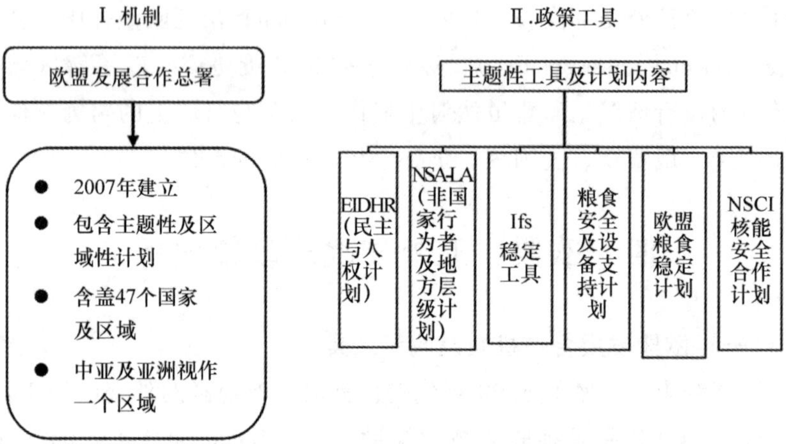

图1　欧盟发展合作对中亚地区国家政策机制及工具

资料来源：参考Tika Tsertvasze and Jos Boonstra, 2013, Mapping EU development aid to Central Asia, EUCAM Factsheet No. 1, July 2013, pp. 5－6。

欧盟对中亚的区域发展合作政策基本上是由一系列主题性工具及计划所组成。例如为因应全球安全议题挑战的区域稳定计划（Instrument for stability, Ifs），为公民社会及促进民主发展的民主与人权计划（The European Instrument for Democracy and Human Rights, EIDHR），为改善地方参与及增进治理效能的非国家行为者及地方层级计划（Non-State Actors and Local Authorities in Development, NSA-LA），为解决极端贫穷问题的粮食安全及设备支持计划（Food Security and Facility Programme）以及核能安全合作计划（Nuclear Safety Co-operation Instrument, NSCI）等。简单说来，可以区分为：预算支持、技术支持以及公民社会及非国家行为者支持。此外，欧盟的区域发展基金（Eu regional funding）也有三项区域性旗舰计划：法治倡议、教育倡议及环境与水资源倡议。

表 3　2007—2013 年欧盟对中亚国家双边合作及区域合作援助

合作类别 \ 金额	2007—2013 年援助总额（单位：百万欧元）	2007—2015 年中亚国家人均 GDP（单位：美元）	
区域合作	242	2007 年	2015 年
双边合作			
哈萨克斯坦	74	6771	10508
吉尔吉斯斯坦	106	722	1103
塔吉克斯坦	128	563	926
土库曼斯坦	53	2606	6947
乌兹别克斯坦	71	830	2132
共计	674		

资料来源：EU-Central Asia Development Cooperation, European Commission, 2011 and the World Bank, World Development Indicators. Special Report No. 13/2013 – EU Development Assistance to Central Asia/World Bank 2016。

表 3 显示，2007—2013 年，欧盟对中亚的发展合作援助计划总计约 6.74 亿欧元，其中 1/3 为区域计划，2/3 的援助额用于与个别国家进行双边合作。此外，2014—2020 年，欧盟对中亚国家发展援助的预算规模已达 10 亿欧元，主要的援助内容为：吉尔吉斯斯坦获得法治、教育及乡村发展三项援助，塔吉克斯坦获健康、教育及乡村发展三项援助，乌兹别克斯坦获乡村发展援助，土库曼斯坦获教育援助。哈萨克斯坦在双边计划中未能获得任何一项援助，主因是其国民人均 GDP 已显著提升。

欧盟发展合作政策的中亚经验显示出，人权、善治、法治、民主、环境及能源安全等议题系其重点，欧盟虽提升其在中亚区域的外交层级、代表性及多元援助的指标性计划，但仍只是扮演“边际角色”（marginal player）。相对于美、俄、中、伊朗等，欧盟在中亚的战略存在显然很弱。如何建构出以现实主义价值为基础的欧盟战略

(EU Value-realist)，值得观察。① 近年来，恐怖主义威胁日炽，组织犯罪、非法移民、族群冲突、水资源冲突、阿富汗问题等渗入中亚，欧盟似不再持“软性安全”(soft security) 观点，而审慎以“硬性安全”(hard security) 态度面对，2013 年 6 月启动的“高层安全对话”(high-Level Security Dialogue) 可以视为欧盟较为积极的作为。②

(二) 欧盟对中亚的区域援助及合作

自 2002 年欧盟执委会公布“2002—2006 年中亚战略文件”与“2002—2004 年指导计划”后，③ 欧盟的中亚战略开始进行布局。战略文件中列出了中亚国家所面临的普遍问题与共同的发展挑战或机会，以及欧盟因应的战略。文件主要目标之一在于改善中亚国家的稳定与安全问题、协助中亚国家追求持续的经济发展与降低贫穷，针对这些目标，规划以三轨途径 (A three-track approach) 加以落实：第一是区域合作计划 (Track 1)，第二是协助各国执行区域计划 (Track 2)，第三则是协助执行减贫计划 (Track 3)。2007—2013 年欧盟提出中亚区域援助战略 (European Commission's assistance Strategy for Central Asia 2007—13)，该战略主要在区域与国家层级支持欧盟与中亚国家进行政治对话，欧盟的援助预算增加到 7.5 亿欧元。此外，考虑到中亚五国各方面的条件差异很大，执委会将 70% 的中亚地区援助预算直接投注于双边援助计划，另外针对能源、运输、环境与教育议题投入 30% 的援助。④

2007—2013 年欧盟的中亚区域援助战略确立了区域安全与稳定为重要的战略元素，且从 2000 年开始，欧洲以 BOMCA 及 CADAP 计

---

① 见 Neil Melvin, 2012, “The EU needs a New Value-Based Realism for its Central Asian Strategy”, *Policy Brief*, No. 28, (EUCAM), pp. 1 - 5。有关欧盟援外政策，可参考朱景鹏《欧盟的援外政策治理：以发展合作政策及人道援助为例》，载朱景鹏《欧洲联盟的公共治理——政策与案例分析》，台大出版中心 2013 年版，第 419—488 页。

② 见 Anne-Sophie Gast, Apr. 2014, “A Shift in the EU Strategy for Central Asia ?” http://carnegie.ru/2014/04/30/shift-in-eu-strategy-for-central-asia，检索日期：2014 年 11 月 6 日。

③ 同上。

④ 同上。

划提升国界安全以及协助打击毒品走私。这两项计划涵盖合法协助、关税、情报、人力资源、毒品滥用防治的援助等。① 为达成这些目标，欧盟的中亚战略着重 3 个优先项目：1. 中亚区域合作与良好的邻国关系，包括网络、环境、边界与移民管理，打击国际犯罪以及教育议题；2. 降低贫穷率并提高生活水平；3. 促进善治与经济改革。② 此阶段欧盟与中亚的合作伙伴关系超越过去合作层级方式，迈向更紧密的合作关系，同时在次区域与双边关系层面上强化政治的合作。③ 但为求进入中亚全球市场，欧盟运用睦邻伙伴（European Neighbourhood and Partnership Instrument）计划，协助中亚国家在区域合作基础上获得最大利益。④

简言之，2007—2013 年欧盟的中亚区域援助战略的政策工具包括发展合作工具、稳定工具、民主与人权工具、核安全合作工具，以及人道主义援助工具等，其中，发展合作工具的地位略同于先前的 TACIS 计划。⑤

（三）2015 年欧盟的中亚战略评估⑥

欧盟前外交与安全政策高级代表索拉纳（Javier Solana）曾说欧盟借由双边合作关系可以实现大多数的计划方案，牵涉区域运作议题，需要合作进行规划，尤其是在打击非法交易、交通运输与环境问题方面。⑦ 欧盟中亚战略之目标在于双边与区域途径之平衡，借由双边合作模式之推行，欧盟得以适当地响应与强化中亚国家推行之各项

---

① Matteo Fumagalli, op. cit., p. 109.

② "European community regional strategy paper for central asia for 2007 - 2013", http://ec.europa.eu/external_relations/central_asia/rsp/07_13_en.pdf. 登录时间：2009 年 12 月 28 日。

③ 同上。

④ 同上。

⑤ 参见徐刚《欧盟中亚政策的演变、特征与趋向》，《俄罗斯学刊》2016 年第 32 期，第 17—28 页。

⑥ 同上。

⑦ "Building a new partnership between the European Union and Central Asia." http://www.newscentralasia.net/Articles-and-Reports/178.html. 登录时间：2010 年 1 月 10 日。

发展计划，例如对人权、经济发展多样化、能源以及青少年与教育议题的推动。

2015 年 6 月 22 日，欧盟外交事务部长理事会针对欧盟发展中亚地区的战略提出了 17 项会议共识。此系欧盟的中亚区域援助战略 2007 年发布后欧盟新的中亚战略，欧盟进一步承诺与 5 个中亚国家建立坚实、永续与稳定的伙伴关系。除了强化双边安全与能源合作之外，欧盟仍然强调民主化、人权、法治、社会经济发展为其战略的基本核心要素。值得注意的是，欧盟与中亚的双边或区域合作计划，2014—2020 年相较于 2007—2013 年的 7.5 亿欧元已达 10 亿欧元，增长 33%。重点如下：①

1. 强化人权对话，尤其关注集会、结社、宗教信仰自由，妇女、儿童、少数族裔权利，废除酷刑；

2. 打造良好的投资环境，改善法律框架、决策透明、社会伙伴的功能性参与并与其他国家交流经验、创新科技，促进能源效率、农业及农村发展；

3. 重申双边安全对话的重要性，强化移民、边界管理，打击恐怖主义与药物毒品的走私，并且在冲突预防与安全议题上保持和欧安组织（OSCE）以及联合国中亚预防性外交中心（UNRC-CA）的协调；

4. 水资源及天然气资源的跨域合作，促进建立气候变迁、调适，温室气体减量的协调框架；

5. 其他，如教育计划，通过 Erasmus + 项目，加强和周边国家的区域联系和协调合作；能源和运输的区域及国际市场统合等。

尽管欧盟自 2007 年以来成功地建立了结构化的合作机制，但总

---

① 参见 Council of the European Union, Relations with Central Asia-Council Conclusions on the EU Strategy for Central Asia, Brussels, 22 June 2015, 10/91/15, COEST 195。

体而言，中亚地区并没有因欧盟的机制变得更加稳定，民主体制问题、人权问题均亟待解决。欧盟的中亚战略看似极具野心，但边际效益相当有限。例如，2012 年欧盟的评估报告将重点放在阿富汗问题对中亚地区的影响上，但至 2015 年，阿富汗问题显然不及乌克兰危机及欧盟与俄罗斯的关系问题对中亚地区的影响程度。面对俄罗斯以及中国“一带一路”倡议，欧盟确需强化并改善其与中亚国家的关系。且中亚五国和俄罗斯仍有欧亚联盟的结盟关系以及和中国有上海合作组织的伙伴关系，复杂的双边关系对欧盟经略中亚仍构成相当的挑战。此外，欧盟在加强与中亚国家的合作中，运用各种 CFSP 工具以寻求建立伙伴关系与合作协议、合作架构（例如巴库倡议）以及政治性对话，也不乏与国际组织接触，例如 OSCE、NATO 和国际金融机构包括世界银行（World Bank）与欧洲复兴开发银行（European Bank for Reconstruction and Development，EBRD），欧洲投资银行（EIB）于欧盟中亚金融计划之落实更发挥关键作用。[①] 在此多元框架下，透过各种途径参与中亚事务对于欧盟本身的国际地位与角色之提升也产生一股推动力。

五 结论

自苏联解体、东欧剧变以来，欧盟面临外交政策之新的战略挑战：俄罗斯与中国崛起，印度亦紧追在后，伊朗日益展现出其发展进程中的自信与成果。欧盟意欲在世界舞台上扮演更积极的角色时，势必设法超越既定模式，并协调及妥善处理与发展较困难地区往来的必要性。[②] 本文发现，欧盟致力于将中亚计划与睦邻政策（ENP）以及新东边伙伴（EaP）联结在一起。全球财政与经济危机冲击中亚地区，水资源的缺乏让中亚地区内部紧张气氛更加明显，这些都成为欧

---

① 参见 Jos Boonstra，2015，“Reviewing the EU’s approach to Central Asia”，*Policy Brief*，No. 34（EUCAM），pp. 1 – 2。

② Neil J. Melvin. 2007，op. cit.，p. 1.

盟中亚相关援助计划的极大挑战。①

欧盟在“民主与繁荣”的战略原则下，需要协助中亚解决人权、法治、善治和民主化问题，但这些问题却未在新战略伙伴政策中有明确解决方案。对欧盟而言，参与中亚事务仍旧有两个主要困境：如何平衡民主改革与人权以及获得区域能源储备之自由化目标；如何保持较为强硬的态度与独裁政体来往，而不会损其区域的利益。② 此外，成员国家对于中亚抱持不同的看法与观点，亦需欧盟加以沟通。2015年1—6月，拉脱维亚担任轮值主席期间，欧盟即以“欧洲参与”（Engaged Europe）定调并透过执委会对外行动机制（the European External Action Service/EEAS）和欧盟外交与安全政策高级代表莫盖里尼（Federica Mogherini）充分合作，在2015年4月重新设置中亚特别代表，该项决定显示出欧盟企图提高对中亚的重视程度。③

本文从欧盟发展合作政策着眼，概略性评析了在此外交战略思维下，欧盟如何推动、评估及执行其在中亚地区的战略及行动计划。研究结果显示，欧盟的战略价值、强权竞逐外交利益，以及欧盟与中亚国家的互动是三个重要且根本的分析面向：

（一）就欧盟价值的实践而言

中亚地区丰沛的能源与优越的战略位置，对任何强权国家都具有十足吸引力。尽管欧盟为中亚地区规范了符合中亚国家特殊背景与环境的发展标准与条件，甚至协助中亚国家发展与改革，但却未见中亚地区取得明显的进步与成效，面对中亚地区日益突出的地缘政治优势以及能源与安全问题，欧盟在战略利益与欧洲价值的坚持上陷入了两

---

① Jos Boonstra & Jacqueline Hale, 2010, “EU Assistance to Central Asia: Back to the Drawing Board?” EUCAM working paper 08, p. 4. http://www.eucentralasia.eu/fileadmin/user_upload/PDF/Working_Papers/WP8-EN.pdf. 登录日期：2010年3月11日。

② Nargis Kassenova, 2008, op. cit., p. 3.

③ 参见 Nargis Kassenova, 2015, “The EU Strategy for Central Asia: imperatives and opportunities for change. A view from Kazakhstan”, Friedrich Ebert Stiftung EU Paper, pp. 12; Dmitri Trenin, “From Greater Europe to Greater Asia? The Sino-Russian Entente”, Gamegie Moscow Center, Apr. 2015。

难与窘境，最终往往牺牲欧盟价值，使欧盟价值形同虚设。

（二）欧盟宜与国际行为者建立合作伙伴关系

过去由美国努力推动的中亚与阿富汗整合进程，可能对区域安全造成严重影响而让中亚发展呈现倒退状态。中亚与阿富汗合作也可能改变欧洲在中亚与哈萨克斯坦发展的路线。[①] 且中亚对欧盟计划究竟是否具有正面的加乘效果，仍抱持质疑的态度，也成为欧盟参与中亚事务的风险与挑战。因此，除了被地缘政治直接影响的国际行为者，例如俄罗斯与中国之外，不宜忽略区域组织的影响力。欧盟若欲提升在中亚地区的地位与影响力，则不仅应该和中亚国家合作，也应该关注安全、稳定与发展议题。[②]

（三）加强与中亚国家政府和社会的互动

欧盟与中亚建立良好互动关系之前，首要工作是让中亚地区对欧盟有更清楚与适当的认知，其措施包括派驻欧盟外交代表，增加中亚民众与公民社会以及各种非正式组织接触的机会从而获得更多区域民众的支持。当欧盟加强其在中亚的影响力时，其规划的中亚战略需与欧洲价值一致，且唯有以此为基础，欧盟才能于中亚区域拥有稳定与持续的发展。

中亚地区是个拥有 5 个新兴国家的多元区域，而欧盟新伙伴战略关系政策中也清楚定义了欧盟与中亚地区的关系、区域需求以及如何对待中亚独立国家。[③] 整体而言，欧盟过去参与中亚国家政治发展的努力，不可否认地皆造成大小不一的影响与冲击，特别是关于民主、自由与人权的改善。而且欧盟区域战略与安全和能源利益存在密切关

---

① Nargis Kassenova，2008，op. cit.，p. 6.

② Oksana Antonenko，2007，“The EU should not ignore the Shanghai Co-operation Organisation”，*Centre for European Reform Policy Brief.* http：//www. cer. org. uk/pdf/policybrief_ sco_ web_ 11may07. pdf. 登录时间：2009 年 11 月 29 日。

③ “Diversity：Europe in Central Asia”，http：//www. henryjacksonsociety. org/stories. asp? id＝291. 登录时间：2009 年 10 月 5 日。

系，因此就政治改革与透明化而言，彼此处于相互影响的状态。[①] 欧盟或许短期内无法使中亚地区实现民主，但为了中亚政治空间的扩大与社会持续发展，势必持续提供诱因与奖励以协助中亚地区度过政治体制的转型与过渡阶段。

① Andrew Rettman, 2007, "Steinmeier sketches new EU policy on Central Asia", http://euobserver.com/9/23329. Published at EUobserver.com. 登录时间：2009 年 12 月 1 日。

下　编

欧盟东部伙伴关系计划：周边治理的理念与实践

佟　巍

2004 年欧盟进行了史上最大规模的东扩，欧盟的东部疆土拓展到了俄罗斯的腹地，欧亚大陆的地缘政治发生结构性变化。在此背景下，欧盟对周边的外交政策进行了全方位的整体部署，于 2004 年 12 月 5 日发布了欧盟睦邻政策（European Neighborhood Policy，ENP）。欧盟的睦邻政策涵盖 16 个国家，包括欧盟东部前独联体国家、南部地中海国家以及东南部黑海国家，对欧盟同邻国的双边交往机制、路径、领域进行了详细的规划。①

东部伙伴关系计划（Eastern Partnership，EaP）作为欧盟睦邻政策的重要组成部分，肩负着在欧盟东部地区推动民主、繁荣的"欧洲化"的艰巨任务。然而，由于内外因素的影响，东部伙伴关系计划推行六年来反响平平，治理效果不温不火，在战略设定与实施效率方面饱受诟病。本文将对欧盟睦邻政策以及东部伙伴关系计划的发展进行梳理，并对欧盟边界治理的理念和方法从政治、经济、社会三个维度进行分析；从内部挑战（欧盟顶层政策设计缺陷和欧盟睦邻改造能力）以及外部挑战（EaP 伙伴国家的利益抉择和俄罗斯的潜在威胁）两个角度分析东部伙伴关系计划的治理挑战；最后，对东部伙伴关系

---

① 亚美尼亚、阿塞拜疆、埃及、格鲁吉亚、以色列、约旦、黎巴嫩、摩尔多瓦、巴勒斯坦、突尼斯、乌克兰、阿尔及利亚、摩洛哥、白俄罗斯、利比亚以及叙利亚为欧盟睦邻政策覆盖的 16 个相关国家。欧盟对外行动署官网，http：//eeas. europa. eu/enp/index_en. htm。

计划的前景分别从欧盟、EaP 国家以及欧盟—俄罗斯的角度进行展望。

一　ENP 和 EaP 的发展历程

东部伙伴关系计划作为欧盟睦邻政策的一部分，其核心理念以及实施方法都要依托欧盟睦邻政策的整体制度设计。基于此，本文对欧盟睦邻政策诞生以来经历的两次重要修订（2012 年、2015 年）进行回顾；对东部伙伴关系计划四次峰会（2009 年、2011 年、2013 年、2015 年）的核心内容进行同步分析。

（一）欧盟睦邻政策：调整与反思

自 2003 年 12 月以来，欧盟睦邻政策已经执行了十年有余，作为一项重要的周边治理政策，它在推动民主化的基础上，强调资金、市场、流动性三个要素，旨在将欧盟的治理范式辐射到周边的国家，通过改善邻国的民主生态和经济环境，创造有利于欧盟的地区环境。欧盟睦邻政策前期发展缓慢，每年由欧盟委员会发布执行报告（Implementation of the European Neighbourhood Policy），内容也鲜有新意。在“阿拉伯之春”事件发生后，欧盟 2011 年对外部环境的骤变做出了回应，在《对变化中的周边地区的政策回应》报告中，欧盟开始强调选举、法制、反腐、改革等民主要素，强化政治以及安全领域的合作，将政治安全环境提升到比经济一体化更重要的位置。[①] 一年之后，欧盟发布了《建立全新的欧盟睦邻政策》报告，对 ENP 进行了全面的修订。欧盟提出了重要的“以多换多”（more for more）以及“互相负责”（mutual accountability）原则，明确要求对各国民主转型进程进行评估后再对经济援助等优惠政策进行相应安排。[②] 2013 年乌克兰

① European Commission, A New Response to a Changing Neighbourhood, http://eeas.europa.eu/enp/pdf/pdf/com_11_303_en.pdf.

② European Commission, Delivering on a new European Neighbourhood Policy, http://eeas.europa.eu/enp/pdf/docs/2012_enp_pack/press_release_enp_package_en.pdf.

危机爆发，欧盟睦邻政策又做出重要调整。经过为期一年的联合调研和咨询，欧盟于 2015 年 11 月发布《欧盟睦邻政策综述》报告，强调要稳定周边地区局势，加强对民主、法制、人权的保护以维护欧盟的利益。① 值得一提的是，在同年 5 月发布的联合咨询报告中，欧盟对睦邻政策进行了深刻的反思，将 ENP 当时的政策框架、执行方法、评估机制、执行效率等一系列问题详细地列举出来，体现出欧盟对 ENP 的制度设计和执行并不是非常满意。

受“阿拉伯之春”和乌克兰危机的影响，欧盟睦邻政策在 2011—2015 年进行了两次重要修订，一方面体现了欧盟对外部环境变化的敏感和快速反应，另一方面也体现了现有政策战略目标设定的不清晰和制度框架的不完善。欧盟在睦邻政策执行过程中越来越受到相邻地区不稳定局势的影响，欧盟也在政策调整中将自身的定位从单向的施惠者（welfare-provider）向双向的互惠者（mutual-beneficiaries）过渡，以保障自身的安全利益。

（二）东部伙伴关系计划：愈行愈难

为了填补欧盟睦邻政策对东部邻国的政策空白，东部伙伴关系计划由波兰和瑞典于 2008 年 6 月提交欧盟理事会并获得通过，欧盟与相关国家于 2009 年 5 月 7 日，在捷克首都布拉格举行的首届东部伙伴关系峰会上发表了联合声明。东部伙伴关系计划的最初设想，即通过与 6 个国家（乌克兰、格鲁吉亚、阿塞拜疆、摩尔多瓦、亚美尼亚和白俄罗斯）签署联系国协定（Association Agreements）代替原来的伙伴关系合作协定（Partnership and Cooperation Agreements），帮助它们进行全面的制度建设（Comprehensive institution-building）以达到欧盟的民主化要求，最终建成深入和全面的自由贸易区（Deep and Comprehensive Free Trade Areas，DCFTA）、实现签证自由化（Visa Liberalization），以及实现其他领域（经济、能源、交通、环境等）的

① European Commission, Review on the European Neighbourhood Policy, Brussels, 18. 11. 2015 JOIN (2015) 50 final.

合作。

东部伙伴关系计划诞生后，欧盟分别于 2011 年、2013 年、2015 年在波兰首都华沙、立陶宛首都维尔纽斯以及拉脱维亚首都里加举行了三次峰会。在欧盟对外政策战略目标模糊以及成员国参与乏力的大环境下，三次峰会总体呈现出愈行愈难的趋势。

波兰作为东部伙伴关系计划的主推国，在 2011 年华沙峰会的《华沙宣言》中强调了欧盟与 EaP 国家在双边及多边领域的全面合作计划，并且在峰会期间就东部伙伴关系计划路线图（Eastern Partnership Roadmap）与各国达成一致。2012 年 5 月，欧盟委员会在布鲁塞尔发布《东部伙伴关系计划：2013 年秋季峰会路线图》报告（Eastern Partnership：A Roadmap to the Autumn 2013 Summit），就 EaP 的三个目标（新的深入的契约合作关系、居民流动性以及部门合作）的实施工具、政策支持以及时间表进行了详细的说明。2011 年华沙峰会对于东部伙伴关系计划的期待体现了欧盟对于 EaP 推行的政治信心和魄力，然而 EaP 的推行并未沿着欧盟设定的轨迹向前迈进。

2013 年维尔纽斯峰会举办前一周，乌克兰总统亚努科维奇宣布暂停签署与欧盟的联系国协定，导致乌克兰危机的爆发，这给第二届东部伙伴关系峰会蒙上了巨大的阴影。峰会发表的《维尔纽斯宣言》只是总结了华沙峰会以来的一些进展，并没有将新的政策理念和工具融入东部伙伴关系计划。在摩尔多瓦和格鲁吉亚草签了联系国协定后，欧盟在 EaP 上的进展似乎仅限于联系国协定的签署与推行。

2015 年的里加峰会在持续发酵的欧债危机、尚未解决的乌克兰危机以及俄罗斯推行“欧亚联盟”的多重阴影下举步维艰，最后发表的《里加宣言》仅是强调了民主规范治理、安全与边境管理的重要性。在乌克兰问题上，欧盟对于克里米亚问题的强硬态度并未得到白俄罗斯和亚美尼亚的认可，阿塞拜疆和亚美尼亚对于纳戈尔诺—卡拉巴赫（Nagorno-Karabakh）的争端也使欧盟处境尴尬。[①] 更加动荡的

① http：//www. globalsecurity. org/military/library/news/2015/05/mil-150522 – rferl01. htm（登录时间：2016 年 4 月 5 日）。

欧盟东部地区局势使下一阶段东部伙伴关系计划的推进在地缘政治的影响下更加困难重重。

二 EaP：治理的理念与方法

东部伙伴关系计划作为欧盟睦邻政策的一部分，遵循了 ENP“以民主改革换经济合作”的一贯主张，并通过促进自贸区建设和提高人员流动性，加强东部邻国与欧盟市场的衔接度，建立民主、稳定、繁荣的周边环境。东部伙伴关系计划拥有高度制度化的治理流程，对欧盟设定的关于价值观认同、改革目标和标准、评估流程等要求都有详细的规定，并最终体现在双方签署的联系国协定中。

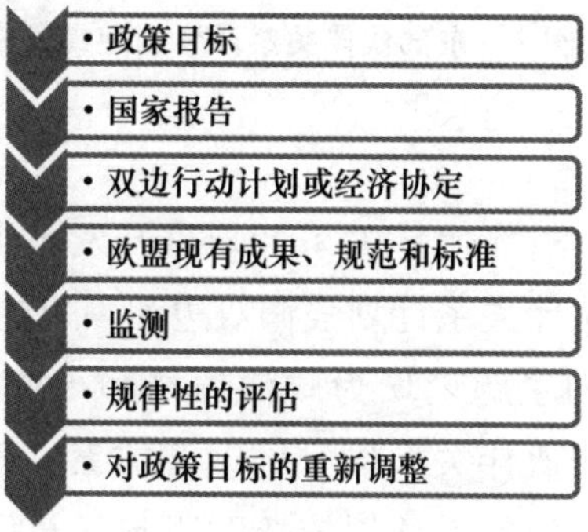

图 1 欧盟睦邻政策实施流程图

资料来源：宋黎磊：《欧盟周边治理中的睦邻政策研究》，上海世纪出版集团 2011 年版，第 154 页。

东部伙伴关系计划的治理维度分为政治、经济和社会三个层次：政治治理是 EaP 推行的制度前提，主要提供政策保障；经济治理是 EaP 推行的核心关键，主要提供经济动能；社会治理是 EaP 推行的资源基础，主要提供人才和政策咨询。三者相辅相成，互为支撑（见图 2）。

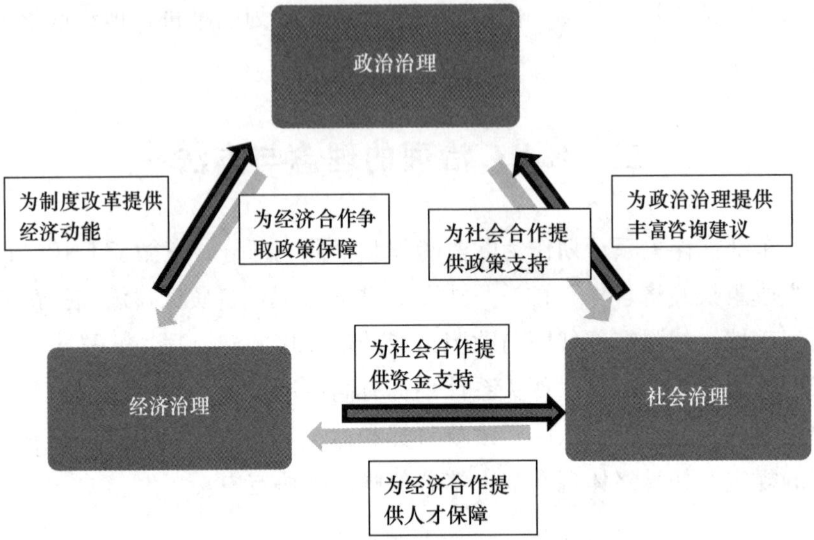

图 2　东部伙伴关系计划治理模式

注：图由作者自制。

基于治理维度，东部伙伴关系计划也开发出了相应的治理工具。在政治领域，东部伙伴关系计划强调双边和多边的高层政治对话，通过搭建涵盖各领域的主题论坛为政治领袖和行业精英提供交流的平台，并通过制定监督伙伴关系国家的改革方案，形成国家评估报告。在经济领域，东部伙伴关系计划依托欧盟睦邻与伙伴关系工具（ENPI）提供的资金，通过东部伙伴关系一体化合作项目（EaPIC）和 EaP 旗舰倡议，对 EaP 伙伴国家进行全面的经济援助，以促成伙伴关系国家经济体制和欧盟标准的对接，最终建成深入和全面的自由贸易区（DCFTA）。在社会领域，EaP 通过公民社会论坛、地方及区域领导人发展大会（CORLEAP）、欧盟—伙伴国家议员大会（EURONEST PA）等机制将欧盟和伙伴国家的社会各阶层力量动员起来，在欧盟和 EaP 的框架下加强边境管理、能源、中小企业、交通、教育、信息等重点领域的全面合作（见表 1）。

表 1　**东部伙伴关系计划工具**

政治治理	• EaP 峰会（EaP Summit） • 部长级会议（Ministerial Council） • 主题论坛（民主、良政及稳定论坛；经济一体化论坛；能源安全论坛；人员交流论坛） • 联系国协定（Association Agreements） • 行动计划（ENP Action Plan） • 国家指示性方案（National Indicative Program）
经济治理	• 深入和全面的自由贸易区（DCFTA） • 欧盟睦邻与伙伴关系工具（ENPI） • 东部伙伴关系一体化合作项目（EaPIC） • EaP 旗舰倡议（EaP Flagship Initiatives） • 综合机制建设（CIB） • 欧盟经济援助（EIB、EBRD EaP Ficilities） • 欧盟睦邻政策农业农村发展计划（ENPARD） • 试点地区发展项目（PRDPs）
社会治理	• EaP 公民社会论坛（EaP Civil Society Forum） • 地方及区域领导人发展大会（CORLEAP） • 欧盟—伙伴国家议员大会（EURONEST PA） • 人员往来便利（流动性伙伴关系 Mobility Partnerships、签证便利遣返协定 VFA/RA） • EaP 经济论坛（EaP Business Forum） • 人权保护机制（EU Civil Protection Mechanism） • 能源合作项目（INOGATE、ESIB） • 环境保护合作项目（SEIS、Green-EaP） • 教育

注：表由作者自制。

东部伙伴关系计划的治理理念源于欧盟的周边治理模式，即通过对外输出欧盟一体化规范、法制和原则加强邻国的政治稳定和经济发展，创造有利于自身的稳定的外部环境。① 通过与伙伴国家签订协定，对伙伴国家进行欧盟化的民主改造，使欧盟的治理模式和规范获得了合法性。② 基于邻国的改造成效，欧盟根据“一事一议”原则（case-by-case basis），对邻国进行综合性的经济援助和治理协助，并以此为

① 尤利·德沃伊斯特、门镜：《欧洲一体化进程——欧盟的决策和对外关系》，门镜译，中国人民大学出版社 2007 年版，第 91 页。

② 宋黎磊：《欧盟周边治理中的睦邻政策研究》，上海世纪出版集团 2011 年版，第 116 页。

推动改革的经济动力，促进邻国形成民主、稳定的良好治理模式。欧盟睦邻政策和东部伙伴关系计划的治理理念都是从欧盟自身“规范性力量”的优越感出发，以欧盟的治理模式和规范为双边合作的前提，利用欧盟的经济力量和内部市场的吸引力带动伙伴国家的改革。ENP和 EaP 的治理理念是建立以欧盟邻国对欧盟“规范性力量”靠近（approximation）而产生的持续向心力为支撑的，封闭的欧盟—EaP 国家模式。该模式的缺陷在于欧盟并未将自身影响力作为一个动态的变量进行考虑。在欧盟遭遇内部挑战（预算缩减、成员国参与度降低、市场吸引力下降等）而无法对邻国产生一如既往的影响力，抑或是由于外部环境的变化（如俄罗斯的欧亚新政策）打破了欧盟—EaP 伙伴国家这个封闭的双边模式的情况下，EaP 政策的推行将面临严峻的挑战。

三　EaP：治理的效果与挑战

东部伙伴关系计划的治理效果一直被诟病，不断修订的政策不仅令伙伴国家对 EaP 的向心力逐渐减弱，也没有对地缘政治冰冷对抗的逐渐回归起到积极的预防作用。2015 年 3 月 4 日，欧盟外交与安全政策高级代表莫盖里尼公开承认目前的睦邻政策有“消极的局限性”。实践证明，欧盟睦邻政策对邻国的政治改造能力有限，以致有学者慨叹“这是一场没有回报的投资”。

东部伙伴关系计划的实施效果一直受到欧洲政策界和学术界的关注。2010 年 5 月，西班牙著名智库国际关系与对外交流基金会（FRIDE）发布 EaP 执行一年的全面评估报告，指出 EaP 的改造进程缓慢，EaP 伙伴国家的民主情况恶化（见表 2）。

表 2　**EaP 伙伴国家民主表现动态（2005—2008 年）**

国家	民主进程（总体）	选举程序	公民社会	媒体独立	国家民主治理	地方民主治理	法制	腐败
亚美尼亚	↓	0	↓	↓	↓	0	↓	↑

续表

国家	民主进程（总体）	选举程序	公民社会	媒体独立	国家民主治理	地方民主治理	法制	腐败
阿塞拜疆	↓	↓	↓	↓	↓	↓	0	↓
白俄罗斯	↑	↑	↑	0	↑	↓	0	↑
格鲁吉亚	↓	↓	↓	0	↓	↑	0	↑
摩尔多瓦	↓	0	↑	↓	0	0	0	0
乌克兰	↓	↓	0	↑	↓	0	↓	0

资料来源：Jos Boonstra and Natalia Shapovalova, The EU's Eastern Partnership: One year backwards, 99 Working Paper of FRIDE, May 2010（Based on the scores of the Freedom House "Nationsin Transit" surveys 2006, 2007, 2008 and 2009）.

EaP 公民社会论坛（EaP Civil Society Forum）从 2012 年开始，与中东欧政策研究网络—开放社会政策协会（PASOS）合作，每年发布《东部伙伴关系计划指数报告》（EaP Index），通过联系度（伙伴国家与欧盟政治、经济、社会领域的联系程度）、对接度（伙伴国家立法、实践、制度与欧盟标准的对接程度）以及管理水平（为未来欧洲一体化进程所制定的管理结构和政策）三个方面对 EaP 伙伴国家的表现进行全面细致的打分。① 通过对 EaP 指数的分析，EaP 伙伴国家与欧盟的联系度（linkage）以及与欧盟标准的对接度（approximation）均未呈现明显上升，同时管理指数有所下降，3 个指标的整体得分偏低（见图 3）。

东部伙伴关系计划正面临内忧外患。下文从内部挑战（欧盟顶层政策设计缺陷和欧盟睦邻改造能力）和外部挑战（EaP 伙伴国家的利益抉择和俄罗斯的潜在威胁）两个角度对 EaP 面临的挑战进行分析。

---

① Eastern partnership Index, http://www.eap-index.eu/about（登录时间：2016 年 4 月 11 日）。

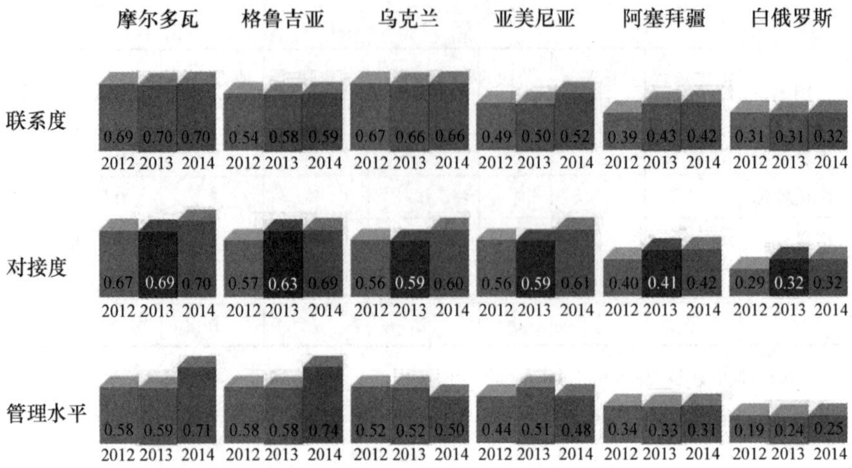

图3 东部伙伴关系计划指数对比（2012—2014年）

资料来源：Eastern partnership Index，http：//www. eap-index. eu/about（登录时间：2016年4月11日）。

（一）内部挑战

欧盟顶层政策设计的缺陷是整个睦邻政策执行不力的症结所在。欧盟东扩之后，在对外政策上开始从“扩大式欧洲化”向“睦邻式欧洲化”转型。[①]“睦邻式欧洲化”的政策设计与欧盟扩大时期对候选国的政策相比，对伙伴国家的约束力和影响力都有限。在没有明确“欧盟候选国”身份的背景下，欧盟无法硬性要求伙伴国在民主价值观和行为模式上同欧盟保持一致，而只能采取软性的经济杠杆驱动，这显然无法掌控邻国的改造进程。对于想要入盟的国家（如摩尔多瓦），欧盟的政策会令其逐渐丧失改革的动力；对于不想入盟的国家（如白俄罗斯），欧盟的民主改造基本起不到任何效果。尽管欧盟领导人一直公开表示欧盟的大门是永远对所有国家开放的，但身患“扩大疲劳症”（Enlargement Fatigue）的欧盟，在短期内是无法再用“欧盟候选国”身份对伙伴国家进行硬性改造的。目前，仅仅利用经济和

---

① 宋黎磊：《欧盟“东部伙伴关系”计划：意图、推进与问题》，《国际问题研究》2015年第2期，第87页。

社会化的手段，欧盟如何对伙伴国家成功进行“欧洲化”改造，将考验欧盟政治精英周边治理的智慧。

除了欧盟政策设计的缺陷，目前的内部危机已极大地削弱了欧盟的睦邻改造能力。首先，在欧洲债务危机影响下，欧盟内部市场的吸引力有所下降，这打击了伙伴国家融入欧盟一体化市场的意愿。值得注意的是，欧盟内部的地区保护主义有所抬头，这更不利于伙伴国家同欧盟市场的贸易往来。① 其次，虽然取代欧盟睦邻与伙伴关系工具（ENPI）的欧盟睦邻工具（ENI）于2014年开始生效，并且将总预算金额提高到154亿欧元（ENI 2014—2020），但欧盟仍然很难走出债务危机的阴影。② 欧盟此前在边境管理上的投入仅占欧盟睦邻政策工具2007—2013年项目总体预算的5%，③ 在如今必须对边境管理和地区稳定方面投入更多资金的背景下，欧盟睦邻政策资金的捉襟见肘可想而知。最后，欧盟睦邻政策的预算分配极度不平衡，根据欧盟委员会2012年的改革方案，欧洲中央银行将追加11.5亿欧元用于援助伙伴国家，但是东部伙伴关系计划的份额仅为1.5亿欧元。④ 资金不足导致欧盟的改造能力下降，虽然伙伴国家依然积极争取欧盟的经济援助，但是这种援助并不能承担国内改革的巨大成本，因而无法动摇国内的保守派对“欧洲化”改革的阻碍。

（二）外部挑战

东部伙伴关系计划来自外部的挑战往往是被低估的，欧盟只重视内部系统问题的检测，却对外部环境的变化缺乏谨慎的评估和预测。目前，虽然东部伙伴关系计划改进了之前“一刀切”（one-size-fits-

---

① 李沁笛：《欧盟“东部伙伴关系计划”内的援助政策研究》，华东师范大学硕士学位论文，2015年，第46页。

② http://www.enpi-info.eu/mainmed.php?id_type=1&id=36606（登录时间：2016年4月12日）。

③ http://ec.europa.eu/europeaid/funding/european-neighbourhood-and-partnership-instrument-enpi_en（登录时间：2016年4月12日）。

④ European Commission, “Delivering on a new European Neighbourhood Policy”, http://eeas.europa.eu/enp/pdf/docs/2012_enp_pack/press_release_enp_package_en.pdf.

all）的援助原则，但在实际操作中，仅有10%的欧盟援助资金按照"以多换多"（more for more）的原则分配，其余的资金还是按照既定的项目计划进行分配。[①] 欧盟一直对自己的一体化市场抱有足够的自信，认定一体化市场对伙伴国家具有持续的向心力。然而，伙伴国家实际上在不停地计算"欧洲化"的成本收益，毕竟作为夹在欧盟与俄罗斯之间的"三明治"国家，在明确选择"欧洲化"路径的同时，必然要承受失去来自俄罗斯的政策优惠、经济援助和其他利益的代价。目前，伙伴国家的态度两极分化明显，摩尔多瓦、格鲁吉亚和乌克兰属于第一阵营，这三个国家都已同欧盟签署联系国协定，摩尔多瓦还加入了签证自由化机制；亚美尼亚、阿塞拜疆和白俄罗斯属于第二阵营，亚美尼亚已经加入俄罗斯领导的欧亚联盟，阿塞拜疆对于融入欧盟没有兴趣，已经拒绝签署联系国协定，白俄罗斯也已加入欧亚联盟，与欧盟的关系几乎已经僵化，停滞不前。[②]

欧盟一体化市场和经济援助在前独联体国家地区的影响力一直和俄罗斯的影响力重叠投射。根据欧洲议会政策部门的研究，摩尔多瓦可从联系国协定中获得5.4%—6.4%的GDP增长，乌克兰在中期可以获得4.3%的GDP增长，在长期甚至可以获得11.8%的GDP增长。然而，欧洲议会同时指出，人口流动性和能源政策是欧亚联盟的杀手锏。以乌克兰为例，据世界银行统计，有113万乌克兰移民生活在欧盟，而生活在俄罗斯的乌克兰移民接近300万人，亚美尼亚生活在俄罗斯的移民人数是生活在欧盟的移民人数的9倍，生活在俄罗斯的移民汇回国的外汇占亚美尼亚GDP的9.1%。由此看来，俄罗斯移民劳工政策以及能源政策对EaP伙伴国家的影响是不可忽视的。[③]

为了抵消欧盟东部伙伴关系计划在俄罗斯腹地的影响力，俄罗斯

---

① Kristi Raik, "From Attraction to Europeanisation-Moldova 's Slow Movement towards the EU", *Eastern Partnership Review*, No. 2, November 2011.

② Kasčiūnas, Laurynas, Kojala, Linas, Keršanskas, Vytautas, "The Future of The EU's Eastern Partnership: Russia as an Informal Veto Player", *Lithuanian Foreign Policy Review*, 2014, Issue 31, p. 67.

③ Pasquale DE MICCO, When choosing means losing The Eastern partnerships, the EU and the Eurasian Economic Union, European Parliament, March 2015, pp. 61 -68.

时任总理普京于2011年10月3日推出欧亚联盟计划。欧亚联盟参照欧盟一体化市场和申根协定的模式，旨在促进独联体国家（CIS）、欧亚经济共同体（EAEC）以及欧亚关税同盟（EACU）内的商品、人员以及资金流通。因为地缘政治和历史的原因，欧亚联盟国家在价值观上与俄罗斯相似，相较欧盟“以多换多”的以整治改造换经济援助的模式，欧亚联盟的经济利益对于EaP伙伴国家更加直接。因此，从政治治理和国内改革角度来看，欧亚联盟只需要这些国家维持现状，相比东部伙伴关系计划要节约更多的治理成本。

俄罗斯在经济上的影响虽然不会给本地区国家带来和欧盟一样大的经济实惠，但在政治以及其他方面的社会影响却是欧盟不可比拟的。在乌克兰危机中，俄罗斯在克里米亚的军事行动以及后续的克里米亚脱乌入俄事件凸显了欧盟在该地区的弱势。俄罗斯作为欧盟东部伙伴关系计划的“否决者”（veto player），从政治、经济、社会、军事多个层面均能给欧盟造成巨大的阻碍，只要该地区的地缘政治不发生根本性转变（如个别国家成为欧盟成员国），俄罗斯的抵抗姿态将会是欧盟东部伙伴关系计划的最大挑战。

四　东部伙伴关系计划的前景

欧洲理事会主席图斯克（Tusk）在公开场合不断强调东部伙伴关系的重要性以及改造成效，但是他的表态总是让人联想到他波兰前总理的身份，在无法得到法国、意大利、西班牙几个南欧大国支持的情况下，东部伙伴关系计划只能依托波兰、瑞典以及德国谨慎的支持蹒跚前行。在欧盟面临内忧外患的背景下，从欧盟对周边地区的改造能力、成员国的接纳程度以及俄罗斯的对抗举措三个方面综合考虑，东部伙伴关系计划有三种发展方向：（1）维持现状；（2）机制改革；（3）与俄罗斯进行合作。

（一）维持现状

维持现状是最有可能出现的情况，毕竟这是欧盟目前最经济合理的做法。一方面，欧盟不需要和俄罗斯进行正面的冲突，另一方面，欧盟也难以动用更多的资源来对现有机制进行改革。但是这种选择的劣势则是目前面临的问题都得不到很好的解决。目前，欧盟面临的资金短缺以及分配不均的问题，令睦邻政策领导国（如法国）之外的欧盟成员对欧盟睦邻政策丧失热情，使东部伙伴关系计划的改革失去动力。在原来的政策框架下，成员国的改造进程缓慢，并且完全没有新的措施去抑制俄罗斯在该地区强大的辐射能力，这会是一个逐渐消磨欧盟改造邻国意愿的失败进程，甚至有来自欧盟东部成员国的学者悲观预测，欧盟会从该地区撤离，而最终成为俄罗斯影响力下的幕后行动者（behind-the-scenes actor）。[①] 在现有政策框架下，欧盟不能为表现良好的伙伴国家提供入盟的可能性，这将令 EaP 的优等国家逐渐丧失改革国内体制的动力，虽然按照欧洲议会的预测，这些国家出于经济增长的长期考量并不会加入俄罗斯的欧亚联盟，但基于经济驱动力换取民主政治改革的目标，该地区也将沦为欧盟不温不火的长期经济援助的对象。对于欧盟最重视的该地区的安全稳定局面，欧盟也难以在地区冲突防范和预警方面拥有足够的主动权。

（二）机制改革

机制改革是发生概率最低的一个选项。机制改革需要欧盟的勇气和政治智慧，如果欧盟下定决心确保邻国的民主、稳定与繁荣并对“睦邻式欧洲化”进行改革，势必要冒极大的风险与俄罗斯发生正面的冲突。改革的前提是欧盟拒绝在相邻地区被俄罗斯牵着鼻子走，并且拒绝伙伴国家被纳入欧亚联盟，从而与欧盟原来的治理模式渐行渐远。东部伙伴关系计划的改革方向应该分为两个部分，即战略目标设定以及相对应的战略反应机制。目前，与欧盟签署联系国协定的国家

① Kasčiūnas, Laurynas, Kojala, Linas, Keršanskas, Vytautas, “The Future of The EU's Eastern Partnership: Russia as an Informal Veto Player”, *Lithuanian Foreign Policy Review*, 2014, Issue 31, p. 83.

尚不能和欧盟东扩期间的候选国一样获得入盟的许诺，如果欧盟从战略上调整为允许三个国家有条件地成为候选国，那将极大地改变伙伴国家的改造进程和区域的地缘政治结构。但这会是北约东扩和欧盟东扩后对俄罗斯而言最大的打击，深入俄罗斯腹地的扩张会极度压缩俄罗斯的战略空间，从而导致俄罗斯一切可能的还击。如果欧盟选择在俄罗斯的腹地推行如此冒险的政策，就要对可能出现的各种危险做出预案。如果欧盟可以如前一次一样成功地进行东扩，那么欧盟与俄罗斯之间的缓冲地带就会基本消失，未来欧盟和俄罗斯会有更多的直接对抗，结果是长久的对峙还是直接的合作将充满变数。当然，这种最冒险的选项可能导致的后果，应该会使欧盟在东部伙伴关系计划上选择保持现状，而非刺激俄罗斯引发直接对抗。

（三）与俄罗斯进行合作

尽管在乌克兰危机后，欧盟针对俄罗斯的制裁令双方的合作空间变得极为有限，但是与俄罗斯进行“竞争合作协同”（cooperative confrontation and coordination）也是一种妥协的模式。这种竞争合作协同是双方共同划定“红线”，并对对方在协商范围内的行动不加干预的妥协模式。欧盟将在该地区推行温和的“睦邻式欧洲化”政策，以换取俄罗斯在关键问题上的合作，降低该地区进一步发生军事化行动的概率。[①] 双方将在稳定安全的框架下进行能源、裁军、经济方面的合作，令伙伴国家可以享受更多的福利。这种模式的优势在于欧盟可以在安全问题上和俄罗斯有更直接的对话，并对可能发生的冲突有预警机制，毕竟每个伙伴国家的国内亲俄势力都会给该国的改革设置各种障碍，甚至发生乌克兰式的分裂和冲突。劣势则在于欧盟的妥协将会失去表现优良的伙伴国家的信任，欧盟的规范传播将变得更加困难。这种模式将会在欧盟内部遭到很大的抵制，对俄罗斯强硬派会认为，欧盟在对外行动上矮化自己，不利于欧盟在周边地区的形象和利

---

① Kai-Olaf Lang and Barbara Lippert, EU Options on Russia and the Eastern Partners, SWP Comments, German Institute for International and Security Affairs, May 2015, pp. 5 – 7.

益。但是无论东部伙伴关系计划如何发展，欧盟对俄罗斯的战略定位缺失是必须要解决的问题。除非欧盟选择第二种模式采取“遏制”姿态（containment）和俄罗斯进行正面冲突，否则欧盟必须在睦邻政策上同俄罗斯进行足够的接触，以了解对方的战略，并避免由于各自单方面的力量投射造成不必要的对抗。

五　小结

东部伙伴关系计划是欧盟睦邻政策的东翼规划，不仅承担着欧盟对外关系的“软实力”投射任务，而且要对伙伴国家进行全面的改造。从周边治理的角度来看，东部伙伴关系计划的设计理念和方法是多元丰富的，涵盖了政治、经济、社会三个维度，并强调治理维度间的相互支撑作用。

然而，从治理效果来看，经过多年的社会改造，六个伙伴国家在民主进程、选举程序、公民社会、媒体独立、民主治理、法制以及腐败等领域的改造进展缓慢，欧盟的“良政”目标似乎无法在短期内实现。

东部伙伴关系计划无法得到有效实施的内部原因主要是欧盟顶层政策设计不清晰。缺乏对伙伴国家的有效激励机制，导致伙伴国家在社会改造方面缺乏明确的目标和足够的动力。制约该计划的外部因素主要是来自俄罗斯牵头的欧亚联盟计划。俄罗斯对于东部伙伴关系计划的伙伴国家的影响力依然是巨大的，俄罗斯通过政治、军事、经济、社会等多个层面对伙伴国家进行拉拢，这为东部伙伴关系计划的实施设置了很多障碍。

本文对东部伙伴关系计划的发展前景进行了大胆的预测，并得出三个结论。东部伙伴关系计划最有可能的前景是在一段时间内维持现状，抑或是同俄罗斯在有限的领域进行有限的合作来消弭彼此的误解；可能性最低的发展方向就是欧盟对东部伙伴关系计划进行大刀阔斧的机制改革，加强对伙伴国家的改造，这会直接刺激俄罗斯，而欧盟绝不希望乌克兰危机再次重演。

欧盟睦邻政策实践：以乌克兰为例

杨三亿

一　前言

睦邻政策（European Neighbourhood Policy，ENP）是欧洲联盟（以下简称欧盟）对外政策的重要工具之一，主要的政策目标在于协助政策涵盖的伙伴国内部政治民主化与发展经济，同时向外推展欧盟价值内化于这些国家，这一政策涉及欧盟扩大后的新兴邻接区域，原先设计理念乃是强化欧盟与这个区域的政经联结，民主化、人权保障与经济整合皆为此等政策设计的重要考虑。然睦邻政策涵盖东欧、高加索与北非中东等地，这些区域与地缘政治因素亦有关联，本文关心的乌克兰又为关键核心，因此透过乌克兰个案的研究，我们可以检视欧盟睦邻政策的实践成效。

本文研究将着重在以下几点：第一，从政策制定过程来看，欧盟睦邻政策乃是延续先前的欧盟扩大政策而来，因此政策目标具有稳定外围国家、强化交流的效果，我们将首先关注欧盟政策设计理念，从政策内涵理解欧盟睦邻政策的发展与走向。第二，除欧盟外，影响这个区域的另一重要国家乃是俄罗斯，东欧地区素为俄罗斯有重要影响的区域，因此俄罗斯对乌克兰的政策将与欧盟的睦邻政策在这个区域交会，乌克兰因此成为欧俄双方重要的竞争地区，本文将从地缘政治角度对此进行理解。

二 欧盟睦邻政策与东部伙伴关系

欧盟外交政策整合可追溯到1992年的成员国合作，也就是以欧盟共同外交与安全政策（Common Foreign and Security Policy，CFSP）为架构、以整合成员国的对外政策为代表。在这个架构下，欧盟设立外交与安全政策高级代表（High Representative for EU's CFSP）作为主导CFSP事务的最高官员，这个职务先后由索拉纳（Javier Solana）、阿什顿（Catherine Ashton）和莫盖里尼（Federica Mogherini）担任。[1]欧盟东部邻近地区的国家有一个特殊性是观察CFSP需注意的，这个特殊性就是邻近国家未来是否有入盟的可能性。有鉴于过去的经验，目前这个区域的国家或许会逐步与欧盟深化各式政经关系，所以欧盟采取了一个特别的态度来处理这一类的国家。

在这个意义下，ENP主要着眼于处理欧盟与周边国家之互动关系，该项政策由欧盟执委会"欧盟睦邻政策与扩大谈判"专员（EU Commissioner for European Neighbourhood Policy & Enlargement Negotiations）主导，2014—2019年哈恩（Johannes Hahn）担任该职务。这项政策起源于欧盟东扩，本意在于持续扩张欧盟价值，扩大欧洲稳定圈。[2] 因此，从2002年开始，时任外交与安全政策高级代表的索拉纳，以及前欧盟对外关系执委彭定康（Chris Patten）对此均表示支持，后续的多项文件也确认此方向，如2003年3月欧盟的《更广阔的欧洲与其邻邦：与东部和南部邻邦关系的新框架》（Wider Europe-Neighbourhood: Proposed New Framework for Relations with the Eastern and Southern Neighbours）；[3] 2003年7月执委会再发布《为新睦

① 参见苏宏达主编《欧洲联盟的历史发展与理论辩论》，台大出版中心2011年版，或见欧盟CFSP官方网页，http：//ec. europa. eu/external_ relations/cfsp/intro/index. htm。

② Karen Smith，"The Outsiders: the European Neighbourhood Policy"，*International Affairs*，Vol. 81，No. 4（2005），p. 3.

③ Wider Europe-Neighbourhood: Proposed New Framework for Relations with the Eastern and Southern Neighbours，COM（2003），104 final，11 March 2003，p. 9.

邻工具铺路》（Paving the Way for a New Neighbourhood Instrument），强化睦邻政策。[①] 2004 年 5 月的《欧盟睦邻政策战略》（European Neighbourhood Policy Strategy Paper）则是睦邻政策最重要的官方文件。[②]

表 1　**欧盟睦邻政策内涵**

政策目标	避免邻近国家与欧盟的整合断裂，故对周边国家提供积极援助				
行动计划	促进价值共享	提升政治对话	开放欧盟市场	经社政策合作	司法内政合作
政策合作	能源	交通运输	环境	信息	研究与技术创新
交流方式	人员交流	计划提供	机构交流		
财政工具	2013 年前为“欧盟睦邻与伙伴关系工具”（European Neighbourhood and Partnership Instrument） 2014 年后改为“欧盟睦邻工具”（European Neighbourhood Instrument）[③]				
ENP 架构下的伙伴国	阿尔及利亚、亚美尼亚、阿塞拜疆、白俄罗斯、埃及、格鲁吉亚、以色列、约旦、黎巴嫩、利比亚、摩尔多瓦、摩洛哥、巴勒斯坦、叙利亚、突尼斯、乌克兰（共 16 国）				

资料来源：杨三亿《欧盟睦邻政策与其对乌克兰政策实践》，《问题与研究》2008 年第 47 卷第 3 期，第 112 页。

从上述政策设计来看，欧盟睦邻政策目标是实现这个区域国家的价值共享、政治民主化、市场经济化与司法独立等，实际交流则透过欧盟长期以来的外交政策工具传统，也就是透过低阶政治的人员互访、计划经费提供等方式来扩大双边交流。这里值得一提的地方是欧盟财政工具逐步整合，将先前伙伴合作协议（Partnership and Cooperation Agreement）框架下财政支持工具纳入欧盟睦邻工具（European

① Paving the Way for a New Neighbourhood Instrument, COM (2003), 393 final, 1 July 2003.

② European Neighbourhood Policy Strategy Paper, COM (2004) 373 final, 12 May 2004.

③ Regulation (EU) No. 232/2014 of the European Parliamentand of the Council of 11 March 2014 establishing a European Neighbourhood Instrument, Official Journal of the European Union, L 77/27, 15 March 2014.

Neighbourhood Instrument)，这个设计颇值推敲观察。

在这么多睦邻政策伙伴国中，欧盟还将这些伙伴国区分为东部（ENP-East）与南部（ENP-South）两部分，此种政策设计主要在于兼顾两个地区的异同性质：前者为基督教文明区，与欧洲主流文明较为相近，但却与俄罗斯的权力竞逐度高；后者为伊斯兰文明区，虽与欧洲主流文明距离较远，然能源、市场、跨国移民等非传统领域又为欧盟所重视，所以将睦邻政策区再细分，表现了欧盟较细腻处理不同区域时的灵活度，也符合欧盟成员国不同的国家偏好。①

在东部国家中，白俄罗斯、乌克兰、摩尔多瓦位于欧洲东部，格鲁吉亚、亚美尼亚、阿塞拜疆位于高加索地区，这两个区域与6个国家皆为前苏联加盟共和国，所以是欧俄间重要的过渡地带。摩尔多瓦、格鲁吉亚近期与欧盟签署联系协议，似有扩大与欧盟交往之意；白俄罗斯为俄罗斯的坚定支持者，亚美尼亚也已经加入俄罗斯领导的欧亚经济联盟（Eurasian Economic Union）；余阿塞拜疆在高加索地区采取双边平衡的等距策略，尽量避免采取明显的扈从策略。本文关心的乌克兰在欧盟区域安全与整合的设计蓝图中有重要地位，第一，欧盟希望扩大欧洲安全区，而乌克兰位居欧洲东西强权中间地带，其亲欧或亲俄无疑将使欧洲安全稳定向西或向东飘移；第二，欧洲安全面临非传统安全挑战，特别是在难民、跨国犯罪与恐怖主义盛行的年代，非传统安全对欧盟及成员国整合与国内政治发展的影响举足轻重，这些跨国性的非传统安全威胁不仅可能影响各成员国左右势力政党更迭，而且将连带影响这些成员国对欧盟整合的支持程度。欧盟2003年的欧洲安全战略、2008年的检讨报告，以及2016年的《共享愿景、共同行动：一个更坚强的欧洲——欧盟外交与安全政策全球战略》，调整了对外行动的偏好顺序，将如反恐、数字安全、能源安全

① 一般来说，德国、瑞典、波兰等国对东部国家群较感兴趣，而法国、西班牙、意大利等国对南部国家群较重视。

等非传统安全问题的优先地位不断提升。①

对乌克兰的政策推展是欧盟睦邻政策的核心之一，我们从国家层次、国家行动计划、强化作为、改进建议、进度报告、联系协议(Associate Agreement) 签署等方面，分析欧盟对乌克兰的重视程度(详见表2)。

表2 **欧盟对乌克兰政策推动（摘录）②**

	文件标题	主要内容	公布时间
战略层次	European Neighbourhood Policy Strategy Paper, COM (2004) 373 final（欧盟睦邻政策战略文件）	延续欧盟东扩能量、勾勒欧盟对邻近地区战略规划与预期前景	2004年5月12日
特定国家层次	European Neighbourhood Policy Country Report: Ukraine, SEC (2004) 566（欧盟睦邻政策国家报告：乌克兰）	战略文件推出同时发布对乌克兰之国情观察	2004年5月12日
特定国家行动计划层次	EU/Ukraine Action Plan（欧盟/乌克兰行动计划）	对乌克兰提出17项行动步骤及设定预期目标	2004年12月10日
强化ENP实践层次	Implementing and Promoting the European Neighbourhood Policy（实施和推进欧盟睦邻政策）	对乌克兰的政治、贸易与经济、司法内政及个别议题提出改革建议	2005年11月22日

① 洪德钦：《欧盟法的渊源》，载洪德钦、陈淳文主编《欧盟法之基础原则与实务发展》（上），台大出版中心2015年版，第1—56页。European Union, A Secured Europe in a Better World, European Security Strategy, Brussels, 12 December 2003; European Union, Report on the Implementation of the European Security Strategy-Providing Security in a Changing World, Brussels, 11 December 2008, S407/08; European Union External Action, "Shared Vision, Common Action: A Stronger Europe—A Global Strategy for the European Union's Foreign and Security Policy", Brussels, 28 June 2016.

② 除欧盟睦邻政策外，先前《伙伴与合作协议》（Partnership and Cooperation Agreement, PCA）亦为勾勒欧盟与乌克兰双方关系的重要文件，但本文暂不列入讨论。相关议题参见 Partnership and Cooperation Agreement between European Communities and their Member States and Ukraine, Brussels, 16 June 1998; http://ec.europa.eu/external_relations/ceeca/pca/pca_ukraine.pdf; 杨三亿《前苏联地区内部改革与对外政策偏好关系：以乌克兰、白俄罗斯与摩尔多瓦为例》，《问题与研究》2000年第48卷第3期，第97—121页。

续表

	文件标题	主要内容	公布时间
特定国家行动计划层次	EU-Ukraine Action Plan for Justice, Freedom and Security（欧盟/乌克兰正义、自由与安全行动计划）	特别强化双方在内政、司法与安全方面的合作	2007 年 6 月 18 日
进度报告	ENP Progress Report: Ukraine, COM (2006) 726 final（欧盟睦邻政策进度报告：乌克兰）	对乌克兰的改革进度提出观察版本，其中包含综合性评估，着重政经与社会机制等改革	2006 年 12 月 4 日
ENP 工具	European Neighbourhood and Partnership Instrument (ENPI): Ukraine-Country Strategy Paper 2007 – 2013（欧盟睦邻与伙伴关系工具：2007—2013 年乌克兰战略文件）	根据 2006 年 10 月欧洲共同体颁布之 ENPI (Regulation no. 1638) 而提出对乌克兰 2007—2013 年的战略计划，作为取代 TACIS 之援助工具。	2007 年 1 月 1 日
强化建议	A Strong European Neighbourhood Policy, COM (2007) 774 final（强化的欧盟睦邻政策）	对欧盟睦邻政策实践经验进行反思	2007 年 12 月 5 日
东部伙伴关系计划	Joint Declaration of the Prague Eastern Partnership Summit（布拉格东部伙伴关系峰会宣言）	1. 欧盟根据东部伙伴国的特殊性与条件状况拟定不同的交往关系 2. 加速伙伴国的政治和经济的改革与整合 3. 加强联系协议与自由贸易协议的签署	2009 年 5 月 7 日
联系协定	Association Agreement between EU and Ukraine（欧盟与乌克兰联系协定）①	1. 双方承诺进行法律层次整合 2. 乌克兰扩大对接欧盟各制度 3. 10 年内达成自由贸易区目标	2014 年 5 月 29 日

资料来源：更新自杨三亿《欧盟睦邻政策与其对乌克兰政策实践》，《问题与研究》2008 年第 47 卷第 3 期，第 113 页。

从前述讨论来看，我们观察到几个重点：第一，从传统安全战略

① Associate Agreement between the European Union and its Member States, of the one part, and Ukraine, of the other part, Official Journal of the European Union, L 161/3, 29 May 2014.

角度来看，乌克兰是欧盟对外政策的主要目标，2014 年乌克兰危机对欧盟成员国产生重大影响，欧俄间战略互动也受到冲击，多数欧盟成员国认为乌克兰主权独立与领土完整遭到破坏，然俄罗斯认为乌克兰克里米亚与东部省份的分离主义运动是民族自决的重要表现；第二，从非传统安全来说，来自乌克兰的各式跨国犯罪活动是非传统安全威胁，近年来，烟草、毒品犯罪、人口贩卖集团等跨国犯罪皆属此类；[①] 第三，乌克兰属欧洲文化圈，因此政治民主化、经济自由化与人权保障推展，对欧盟来说或有可扩散性，本文下一部分即讨论俄罗斯与乌克兰的双边关系。[②]

三　俄罗斯的乌克兰政策

乌克兰历史上可追溯至 9 世纪的基辅罗斯（Kievan Rus），当时的东斯拉夫人在今基辅一带成立国家，后来该区受到蒙古、波兰、立陶宛、俄罗斯等族群统治，致该地为领土变更最频仍的地方之一。俄乌关系有着历史与现实的高度联系，乌克兰是苏联 15 个加盟共和国之一，从人口数量上看为仅次于俄罗斯的第二大加盟共和国。苏联 1991 年 12 月解体后，俄乌双方旋即建立外交关系，但双方在建交初期时于领土、黑海舰队、乌克兰境内俄裔族群、能源等有诸多待解决事项，黑海舰队归还俄罗斯与乌克兰的去核化有利于当时俄乌双边关系改善。[③] 俄罗斯对外政策强调国家核心利益，这个概念以过去内部衰弱的历史因素与现阶段保持灵活的外交手段为基础，确保俄罗斯的国际地位；经济发展不仅是单纯的国家富强的目标，同时也是对外政

① 杨三亿：《非传统安全与欧盟小国影响力发挥：以立陶宛打击非法走私烟草产品为例》，《问题与研究》2016 年第 55 卷第 2 期，第 29—62 页。

② 洪美兰：《乌克兰事件及其意涵》，《战略安全研析》2014 年第 108 期，第 7—9 页；杨三亿：《乌克兰危机与欧盟对外围国家外交政策》，《战略与评估》2015 年第 5 卷第 4 期，第 69—87 页。

③ 魏百谷：《乌克兰与俄罗斯经贸关系的变迁与展望》，《台湾国际研究季刊》第 8 卷第 3 期（2012 年秋季号），第 102 页。

策工具的重要环节。[①] 俄罗斯对乌克兰的政策乃是影响欧盟东部伙伴关系最重要的因素，此等影响表现在以下几个方面。

（一）经济方面

近期以俄罗斯为核心的欧亚经济联盟（Eurasian Economic Union）是欧陆区域除欧盟外另一个重要的地缘核心。俄罗斯透过欧亚经济联盟整合周边国家的经济发展，试图恢复苏联时期的势力范围，其终极目标是建立一个没有贸易障碍，享受共同对外关税、境内自由贸易以及政策统合的单一市场，目前成员国为俄罗斯、白俄罗斯、哈萨克斯坦、吉尔吉斯斯坦与亚美尼亚。白俄罗斯、哈萨克斯坦与俄罗斯三方已签署共同关税法则（Joint Custom Code），三国共享第三地进口关税（分别为4.7%、7.33%与87.97%）的关税收益，并筹组欧亚经济空间（Eurasian Economic Space）以达成单一市场的终极目标。[②] 乌克兰未加入关税同盟，2003 年乌克兰国会曾通过加入俄罗斯的欧亚经济空间的决议，但“橙色革命”后尤申科的反对致使乌克兰的整合行动受阻。2010 年亚努科维奇上台后，乌克兰也没有急于改弦更张，对欧亚经济空间采取观望态度，2014 年“二月革命”后，乌克兰更是推迟与俄罗斯进行经济整合。[③]

除经济的制度性整合外，俄罗斯对乌克兰的影响力仍以天然气等能源供应为最，2004 年“橙色革命”后，俄罗斯抬升对乌克兰天然气的供应价格，从 2005 年前每千立方米 50 美元调涨到 425 美元。[④] 俄罗斯除希望透过天然气供应进一步控制乌克兰政策走向外，还提议以低廉的天然气价格供应（每千立方米 100 美元）换取两国天然气公司（Gazprom 与 Naftogaz）合并，两大天然气公司合

---

① Igor Ivanov, “The New Russian Identity: Innovation and Continuity in Russian Foreign Policy”, *The Washington Quarterly*, Vol. 24, No. 3 (2001), pp. 2 – 3.

② 罗絮：《白俄罗斯、哈萨克斯坦与俄罗斯达成关税同盟协议》，2010 年 7 月 8 日。

③ 张亚中主编：《欧洲联盟的全球角色》，台大出版中心 2015 年 7 月版。

④ 魏百谷：《乌克兰与俄罗斯经贸关系的变迁与展望》，《台湾国际研究季刊》第 8 卷第 3 期（2012 年秋季号），第 99—117 页。

并代表的是俄乌能源市场的整合，以及未来能源开发等方面的合作。[①] 天然气价格争议持续多年，俄罗斯以契约规定要求乌克兰每年采购天然气数量须达一定标准，如未达门槛数量，乌克兰便需要按惩罚性赔偿价格支付费用。受限于全球性经济不景气所带来的工业生产衰退，乌克兰2012年未达到天然气进口门槛标准，俄罗斯即提出70亿美元赔偿作为惩罚。[②] 俄罗斯是乌克兰天然气进口最大来源国，俄罗斯先前提出，如果乌克兰加入关税同盟，则乌克兰自俄罗斯进口的天然气价格将可从每千立方米425美元降至160美元。[③] 俄罗斯认为加入以俄罗斯为主的关税同盟和加入欧盟具“相斥性”，如果选择俄罗斯关税同盟，那么乌克兰显然就再也无法加入欧盟。

（二）安全方面

俄乌双方关系中最敏感的议题为安全问题，两国军事安全关系为乌克兰安全核心议题。乌克兰国会2010年决议将俄罗斯黑海舰队于克里米亚半岛塞瓦斯托波尔驻扎的时间延长至2042年，必要时可再延长5年。[④] 这项决议代表先前的亚努科维奇政府希望继续与俄罗斯维持现行的军事关系。虽然双方在黑海舰队部署数量多寡与武器装备种类、俄罗斯驻军与当地居民冲突等问题上仍有分歧，但亚努科维奇政府保持与俄罗斯稳定的外交关系的期望是明显的。然而，随着2014年“二月革命”再兴，俄乌关系发展进入另一阶段，俄罗斯于危机爆发后接管克里米亚岛并将其纳入俄罗斯联邦，另卢甘斯克与顿涅茨克两地则

---

① “Ukraine rules out Naftogaz-Gazprom merger for lower gas price”, RIA Novosti, 11 November 2012.

② “Russia to cut Ukraine, EU gas in next few days, expert predicts”, 29 January 2013.

③ “Russia Offers Ukraine Cheap Gas If Kyiv Joins Customs Union”, Radio Free Europe, 9 October 2012.

④ “Ukrainian parliament ratifies agreement extending Russian Black Sea Fleet’s presence in Crimea”, *Kyi post*, 11 November 2012.

由分离主义团体掌控。[①] 俄罗斯积极介入乌克兰危机的主要原因在于：

1. 乌克兰的突出地位

乌克兰是俄罗斯对外安全政策的核心，俄罗斯历史上有强烈的沙皇统治传统（tsarists period），这个传统与俄罗斯过去要维护多民族混居的帝国稳定有很大的关联，对稳固俄罗斯国内政治安定、周边和平与降低境内民族冲突相当重要。因此俄罗斯与欧盟相同，双方咸积极向周边地区扩张、稳固周边局势，这个传统虽历经冷战两极对立以及后冷战全球化的冲击与洗礼，基本样态并未改变，周边地区国家的安全走向仍是俄罗斯重要的国家核心利益，因此，乌克兰在俄罗斯周边地区的重要性可见一斑。[②]

2. 俄罗斯国内因素

俄罗斯内部和乌克兰的克里米亚岛居民对“克里米亚岛回归俄罗斯”的共识程度很高，无论从俄罗斯国内民意支持度还是克里米亚公投结果来看，俄罗斯认为克里米亚岛乃是俄固有领土，该岛并入俄罗斯的行为也合乎国际法规范，西方国家的干预与制裁行为乃是破坏俄罗斯稳定的行为。[③]

3. 冷战结束后东欧地区的权力转移

另一个影响俄罗斯对乌克兰的政策发展的因素是其周边地区权力格局变动，北约在后冷战时期大幅扩张，美国于苏联解体、俄罗斯国力衰弱之际大举将波兰、捷克、匈牙利、巴尔干半岛与波罗的海三国等纳入北约，对俄罗斯安全造成极大威胁，所以“二月革命”的一个重要意义即展现俄罗斯反制北约的决心，乌克兰不能成为西方国家的滩头堡。对俄罗斯来说，乌克兰是零和游戏赛局，克里姆林宫退无

---

① Derek Averre, “Competing Rationalities: Russia, the EU and ‘Shared Neighbourhood’”, *Europe-Asia Studies*, Vol. 61, No. 10, 2009, pp. 1689 - 1713; Fyodor Lukyanov, “Russia-EU: The Partnership That Went Astray”, *Europe-Asia Studies*, Vol. 60, No. 6, 2008, pp. 1107 - 1119.

② Robert Donaldson and Joseph L Nogee, Vidya Nadkarni, *The Foreign Policy of Russia: Changing Systems, Enduring Interests*, Fifth Edition (London: Routledge, 2014), pp. 116 - 122.

③ 俄罗斯为此制作了《克里米亚回家之路》的纪录片以为表达俄罗斯立场，请参阅 https://www.youtube.com/watch?v=t42-71RpRgI。

可退。[①] 这个观点也能解释俄罗斯何以在几乎所有欧洲国家反对的情况下，仍积极协助克里米亚岛与顿涅茨克、卢甘斯克两个乌克兰东部省份。再观2008年起欧盟强化睦邻政策下东部伙伴区，欧盟对白俄罗斯、摩尔多瓦、乌克兰、格鲁吉亚、亚美尼亚、阿塞拜疆投注资源与心力，在俄罗斯看来，俄罗斯传统势力区仅白俄罗斯与亚美尼亚为亲俄国家，因此巩固乌克兰当然是俄罗斯重要战略格局的组成。[②]

四　欧盟对乌克兰政策实践的挑战

这个部分我们探讨欧盟睦邻政策，从政策制定与实践经验中，探究哪些要项是欧盟政策推动时的困境与挑战。

（一）欧盟睦邻政策对乌实践的挑战

第一个影响欧盟对乌克兰政策实践的因素是欧盟的内部结构性因素，这个因素可分为高阶的欧盟睦邻政策战略设计与低阶的政策执行挑战。

在高阶部分，因为睦邻政策设计之初没有明确允诺伙伴国未来能够入盟，所以伙伴国推动改革时国内经常出现关于改革的代价的辩论，例如摩尔多瓦2016年总统大选时，亲俄的社会党总统候选人伊戈尔·多东（Igor Dodon）与亲欧的行动团结党候选人马娅·桑杜（Maia Sandu）双方就是否加入欧盟等议题进行激烈争辩。[③] 欧盟长期

---

① John J. Mearsheimer, "Why the Ukraine Crisis Is the West's Fault", *Foreign Affairs*, No. 77 (2014), pp. 1－12.

② Yang, San-Yi, "Values and Tools in the EU's Foreign Policy: EU as Democracy Promoter in Europe and Asia", *Journal of Asia-Pacific Review*, No. 7, 2009, pp. 57－70; San-Yi Yang and Wan-Jeng Chang, "Geopolitics and European Neighbourhood Policy", *Tamkang Journal of International Affairs*, Vol. 19, No. 4, April 2016, pp. 37－74；杨三亿：《前苏联地区内部改革与对外政策偏好关系：以乌克兰、白俄罗斯与摩尔多瓦为例》，《问题与研究》2009年第48卷第3期，第97—121页。

③ 伊戈尔·多东于2016年11月3日的第二轮投票以52.11%的支持率胜出，当选摩尔多瓦1991年独立后的第五任总统。

以来一直没有给伙伴国一个明确的入盟前景，复加上摩尔多瓦纷乱的国内局势，使得国内亲欧的政治力量减弱，亲欧的民众逐渐减少，2016年大选前的民意调查指出，摩尔多瓦境内支持与欧盟整合的民众占40%，低于支持与俄罗斯整合的44%。[①] 相似的情况也出现在乌克兰与其他伙伴国，这些伙伴国国内政党和民众虽然对加入欧盟兴致仍高，不过入盟前景不明与俄罗斯欧亚经济联盟的整合力量再兴，支持加入欧盟的力量减弱是可预期的。睦邻政策设计的核心是欧盟成员国对于东欧伙伴国入盟的态度，观察当前欧盟各成员国的态度，不同群组国家对欧盟扩大的接受性不同：第一群组以法国为核心，西班牙、葡萄牙等国同属之，这些国家对地中海议题较感兴趣，因此视乌克兰为不稳定的威胁，认为欧盟应当将乌克兰视为威胁而非潜在成员国；第二群组以德国为核心，奥地利、波兰、瑞典等国同属之，这些国家较支持对乌克兰进行政策引导，因为这与未来欧盟和俄罗斯的总体交往关系直接相关；第三群组以英国为核心，爱尔兰、荷兰与北欧国家同属之，这些国家较重视经济问题，认为欧盟应强化与乌克兰或其他东欧国家的经济交流，借以扩大欧盟海外市场。[②] 从欧盟成员国不同偏好的角度来看，当前睦邻政策的政策设计是取成员国意愿的最大公约数，也就是说，当前欧盟一方面继续与乌克兰等国进行交流，推动改革；另一方面又不给予明确的入盟承诺，避免欧盟因这个议题陷入分裂，因此睦邻政策是一种对现状的妥协。近期乌克兰危机的爆发更强化了欧盟将乌克兰视为威胁来源的印象。

低阶部分的挑战来自于诱因不足与执行过程的行政挑战。前者指欧盟实际资金援助，2014年乌克兰危机发生前，欧盟对乌克兰的经济援助采取均分方式进行，也就是乌克兰、摩尔多瓦、阿塞拜疆、格鲁吉亚等国的人均分配资金略相同，不过这造成均等主义弊端：表现好的国家和表现差强人意的国家享有的援助几近相同，此举弱化了伙

---

① Hrant Kostanyan, "Why Moldova's European Integration is Failing", CEPS, 3 March 2016.

② Hrant Kostanyan ed., "Assessing European Neighbourhood Policy: Perspectives from the Literature", CEPS, Brussels: Rowman and Littlefield International, 2017, pp. 73 - 79.

伴国强化改革的动力。乌克兰危机发生后，欧盟决定增加对乌克兰的经济援助，特别从欧盟预算中拨出30亿欧元应对危机。[①] 增加应对危机的资金援助当然可理解，不过这使得欧盟对乌政策形成一种“救急不救穷”的做法，只因应短期危机而忽略长期规划。政策执行过程的行政挑战乃指多数欧盟计划未能有效落实，经常出现计划执行期限缩短或项目遭搁置的情况，导致计划无疾而终。欧盟计划中发放资金中止最常见的原因是伙伴国国内存在贪腐问题，因为发现贪腐现象而中止了资金的提拨，有评论认为这是欧洲式一板一眼的计划核销，但有若干批评者指出，欧盟忽略了乌克兰特殊的国情，导致计划难以为继。[②] 上述情况说明，伙伴国国情以及行政挑战近期仍难以解决。[③]

第二个影响欧盟政策实践的因素来自于乌克兰内部，迫于欧盟睦邻政策的要求，乌克兰呈现出点状式的改革，也就是为应对欧盟压力，改革过程虽可见于法律层次，但外界最重视的核心改革项目仍有保留，如乌克兰虽在国内外压力下于2014年10月建立由四大相关元素所组成的反贪腐制度，分别是制定反贪政策基本法（On the Fundamentals of Anticorruption Policy in Ukraine）、设立反贪局（On the National Anticorruption Bureau of Ukraine）、制定贪腐防治法（On Prevention of Corruption），以及制定公务机关及公务人员馈赠基准修正法（On Amendments to Certain Legislative Acts with Respect to Determination of Ultimate Beneficiaries of Legal Entities and Public Officials），针对公务部门利益冲突与赠礼、公共采购、信息公开化、政党资助等设定规

① European Commission, “Support Package for Ukraine”, 9 April 2014.

② 其中包含16亿欧元的总体财政援助和14亿欧元的发展援助，分别用于应对乌克兰的财政危机与解决乌克兰的各式民生与基础设施建设问题，参见 Andrea Gawrich, Inna Melnykovska and Rainer Schweickert, “Neighbourhood Europeanization through ENP: The Case of Ukraine”, *Journal of Common Market Studies*, Vol. 48, No. 5 (2010), pp. 1209 - 1235.

③ 乌克兰的贪腐现象相当严重，根据自由之家的评分，2008—2016年，乌克兰在民主化综合指标上的得分分别为4.25、4.25、4.39、4.61、4.82、4.86、4.93、4.75、4.68（数字越高代表民主化程度越低），综合指标说明乌克兰近年民主化并没有朝正面发展的迹象，其中贪腐问题尤为严重，连续几年皆为5.75分以上（2016年得分为6.00）（贪腐指标得分越高代表贪腐问题越严重）。Ukraine, Nations in Transit 2016.

范，然而，复杂的政商关系使得多数政治精英与财团紧密合作，研究指出，乌克兰政商关系相当紧密，14 位财富最多的企业家，曾经有一半（7 位）当选乌克兰国会议员，这是政党以国会席位笼络财团的方式，用政党议员名额换取财团的资金。[①] 相关的点状式改革还可见于欧盟关心的公民社会与非政府组织的发展，乌克兰虽开放民间力量参与公共事务讨论，然政府对此仍有极大保留，透过各种方式抑制非政府组织发展，如利用税制歧视（非政府组织不能享有减税优惠）与严苛的社团登记制［乌克兰拒绝若干激进团体注册，如“妇女运动”组织（Women's Movement Femen），理由是该组织会破坏社会稳定］控管非政府组织活动。[②] 另外，欧盟近期也观察到，乌克兰对于欧盟要求的改革项目有“反改革”的举动，例如乌克兰国会议员联名上诉宪法法院，要求法院就公务人员申报财产一事是否违反个人隐私进行裁决。欧盟对乌克兰此种反对改革的现象仅能从制度上强化防范措施，敦促乌克兰在法院体系内设置反贪的特种机构，从司法体系内建立反贪防线。

上述情况说明当前欧盟政策面临左支右绌、进退维谷的困境，一方面现阶段乌克兰内部政治民主化进展缓慢，严重的贪腐现象持续恶化，仅有的改革多半仅呈现为书面文字，实际进展极为有限；另一方面欧盟却也受制于乌克兰当前政权：波洛申科宣称是欧洲的坚定支持者，只有他能维持“二月革命”后的亲欧路线，并抵抗俄罗斯势力入侵。

（二）地缘政治挑战

地缘政治竞争是影响欧盟政策推动的另一挑战，当乌克兰革命发生于 2014 年 2 月时，我们发现欧盟在地缘政治竞争中受限于政策工具有限，睦邻政策难以应对乌克兰变局。这主要是因为区域冲突危机

① Oleksandr Sushko and Olena Prystayko, “Ukraine”, *Nations in Transit*, Freedom House, pp. 576 – 578; Razumkov Centre, “Political Corruption in Ukraine: Actors, Manifestations, Problems of Countering”, Special issue, *National Security and Defense*, No. 7 (2009), pp. 9 – 10.

② Ibid., pp. 579 – 581.

已经超出睦邻政策先前的设计框架。

睦邻政策设计之初，区域危机并非睦邻政策主要关心的项目，例如，欧盟与乌克兰的联系协议议程（EU-Ukraine Association Agenda）将双方合作项目区分为政治对话（推动民主、法治、人权保障）、打击贪腐、外交与安全政策、与国际刑事法院的合作四大项。不过危机爆发使得军事情势紧张，其后欧盟与俄罗斯为解决危机而达成明斯克协议（2014年9月的明斯克议定书与2015年2月的明斯克第二议定书），① 同时欧盟也提出了三阶段制裁方案（2014年3月、2014年4月、2014年7月）作为乌克兰领土完整遭破坏的反制措施。②

不过我们观察到睦邻政策在应对危机冲突时，政策工具的效力是相对薄弱的。从睦邻政策行动计划等来看，欧盟与乌克兰的合作涵盖政治对话、经济与社会合作、司法合作、能源合作、外交政策协调等，与危机较为相关者为外交政策协调。不过即便欧盟意识到与乌克兰在安全议题上的合作为必要，它也力不从心，因为它与乌克兰的合作项目聚焦在多边治理体系、恐怖主义、防止大规模杀伤性武器扩散与武器出口等，最新修订的欧盟与乌克兰联系协议议程（EU-Ukraine Association Agenda）是这么勾勒双方合作项目的：③

> 欧盟与乌克兰双方应在多边制度体系下，进行区域性与国际性议题的合作，以及避免冲突与管理危机，强化全球治理、打击

---

① 2014年9月的明斯克议定书（Minsk Protocol），又称为Minsk I，主要内容为立即停火、接受欧安组织停火监督、东部省份的自治安排、武装团体撤离东部省份等共12点内容；2015年2月的明斯克第二议定书（Minsk II），主要内容为立即停火、设立50公里的安全区、由欧安组织监督停火、东部省份自治、撤出外国武装力量等13点内容。

② 第一阶段主要针对俄罗斯破坏乌克兰领土完整、入侵克里米亚岛所造成的区域稳定危机，欧盟立即中止欧俄进行中之协议、签证便捷化、各式国际会议交流等（一般性外交制裁）；第二阶段主要针对俄军扩大危机、介入乌东战事而采取措施，应对方式是以个人签证制裁、冻结官方人士的海外资产为主（人员与财务流动）；第三阶段主要是回应俄军扩大在顿巴斯地区（Donbass）的战争规模以及马航遭击落事件，欧盟以中止双方更深层次的部门合作与交流、经济与财政工具的制裁，以及扩及军火商品的贸易交流等（财政）为手段，参见 European Union, Council Decision, 2014/145/CFSP of March 17, 2014, Annex.

③ EU-Ukraine Cooperation Council, EU-Ukraine Association Agenda, 24 June 2013.

安全威胁与应付与发展相关的各议题是主要关切。[①]

在应对共同威胁来源时进一步深化合作，合作项目包含打击恐怖主义、防止大规模杀伤性武器扩散与非法武器出口。[②]

从文件的内容来看，睦邻政策并未涵盖军事冲突议题，并未针对类似2014年乌克兰所爆发的领土争议而备妥应对方案，因此在乌克兰危机爆发后，欧盟应对危机的主要行动是在共同外交与安全政策的框架下进行的，寻求成员国在外交政策上达成共识，而非在睦邻政策的架构下推动与俄罗斯的和解。这显示危机已经超越睦邻政策的控管范围，因此危机爆发后，睦邻政策仅能退居二线，进行有限度的危机管理。

五　结论

综合上述讨论，本文评估欧盟对乌克兰政策实施成效，其综合观察如下：

第一，从欧盟与乌克兰的低阶交流层次来看，也就是以人员交流的常态性交往，以及以计划为主的发展援助，其成效具有若干正面效果，但也有若干需加强处。就正面效果而言，欧盟与乌克兰的常态性交流促进了乌克兰公民社会的兴起，这股力量的实质表现即乌克兰2004年与2014年革命，民众透过现代传媒自发性地联系，推翻了舞弊的总统大选结果与和民意相对立的执政者，此种蓬勃发展的传媒力量不容小觑。就政策实施效果不足处来说，欧盟对乌克兰的政策缺乏前瞻性，且难以应对突发性危机，我们观察到欧盟应对乌克兰危机时，仅见欧盟领导人与俄罗斯进行穿梭外交的努力，而未见欧盟展现集体共识、统一立场的决心。这是欧盟推动区域整合策略的主要挑战。

---

① i. , 2. 3 Foreign and Security Policy, EU-Ukraine Association Agenda

② ii. , 2. 3 Foreign and Security Policy, EU-Ukraine Association Agenda

第二，就个案分析层次来看，欧乌联系协议签署有可能从根本上改变未来欧盟与乌克兰的交往关系，盖联系协议为深化的自由贸易协议，欧盟率先提供给乌克兰进入欧盟市场的经济诱因，此举未来或有可能产生贸易转移效果。如果未来乌克兰持续深化与欧盟的政经交往关系，那么乌克兰未来亲欧亲俄的左右摆荡可能性或将大幅降低。

第三，欧盟应对区域性危机的主要挑战来自于欧盟缺乏强制性政策工具，这个挑战主要根源于欧盟过去很长一段时间采取以软实力作为对外关系主轴，以及欧盟对外政策寻求共识的传统。因此面对传统安全危机时，欧盟缺乏即时且有效的政策工具，从这个观点来看，未来假使欧洲地区危机再兴，欧盟仍可能继续陷入左支右绌的困境，这个问题的解决有赖于欧盟决策程序强化与政策工具进一步整合。

第四，理解欧盟与俄罗斯中间地带国家群的未来归属，核心议题在于未来欧俄的竞合关系，此种关系需将各式非传统安全与传统安全议题纳入考虑，以此厘清欧俄间的基本交往框架。非传统安全议题涉及欧俄能源关系、经贸与资金市场发展、跨国移民与犯罪打击等，传统安全议题则包括美欧俄竞合关系、中间地带国家群的未来走向等，欧盟需要勾勒出一个完整的欧俄互动架构与政策目标优先次序，才能更妥善地设计对未来中间地带群国家的政策。

欧盟与俄罗斯关系之发展及其转变

洪美兰

一 前言

欧盟与俄罗斯从2013年11月因乌克兰与欧盟欲签署自由贸易协议及附属协议产生矛盾，导致双方相互实施经济制裁。欧俄关系从冷战刚结束时，经贸互动热络到欲建立四大共同空间（common spaces），转变为现今的经济制裁对峙，其中变化之曲折与变化之关键原因为本文探讨的核心。因此，本文将以时间序列为轴，以影响欧俄关系变化之重大事件为分析变量，解析冷战后至今欧俄关系互动发展之脉络，以期展现欧俄关系发展全貌，并将应用事件解析法进行后射研究的演绎阐释，借此途径探究欧俄关系变化之缘由，最后归纳欧俄关系的变化是否符合现实主义（Realism）。[①] 冀图透视欧俄关系发展着重追求与维护自身利益之现实性特质，以利应用现实主义展望推演欧俄关系发展前景。其中，在剖析欧俄关系发展过程中也将引用经贸统计数据来辩证欧俄关系其实是立基于现实主义之体现，以提高应用现实主义理论展望欧俄关系发展的科学性。

---

① 现实主义可分为古典现实主义（Classical Realism）、新现实主义（Neorealism）、进攻性现实主义（Offensive Realism）、防御性现实主义（Defensive Realism）、新古典现实主义（Neoclassical Realism）等，但本文主要选择从宏观的现实主义精神，即国家以求生存和追求维护自身利益（非只追求短期利益亦会考虑长期利益）为基础在国际上与他国互动之观点，换言之，将以国家中心（State center）、追求利益（Pursuit of Interest）的角度来分析欧俄关系。

本文选择以现实主义探究欧俄关系，乃有鉴于国际社会发展至今，各国家和区域在政经发展过程中都不可能也无法彼此孤立，特别是在经济发展上，故相互依赖理论（interdependence theory）甚至认为，国际体系中任何一个主体之经济行动和政策都将对其他主体产生作用或影响。姑且不论国际关系中的相互依赖关系是否确实存在，在现今国际关系中如何维护自身国家政经利益（self-interest）又不沦为利己主义（egoism），在唐纳德·特朗普（Donald Trump）赢得美国总统大选后，特别值得关切。故本文企图透过探讨欧俄关系发展中的现实主义论点，抛砖引玉，激发各界深思国际关系互动之艺术。

二 冷战后欧盟凌驾俄罗斯背景下的欧俄关系

1989 年“苏东波”效应[①]促使冷战结束，也开启了欧洲共同体（欧盟之前身）与俄罗斯的积极往来。基于欧洲的安全与稳定，欧洲共同体认为，除了乐见“苏东波”效应能促使原本的欧洲社会主义国家走向民主化与市场化外，亦应当积极协助这些转型国家（transition countries）[②]，故不但于 1989 年提出法尔计划（Poland and Hungary: Aid for Economic Restructuring, Phare Programme）[③] 经援中欧国家，还于 1991 年再针对独立国家联合体（简称独联体，Commonwealth of Independent States，CIS）国家提出“独立国家联合体国家科技援助”（Technical Assistance to the Commonwealth of Independent States，TACIS）计划，以帮助这些国家进行市场导向经济（market oriented economy）转型，同时积极与之进行经贸往来。反观俄罗斯，由于地缘因素和自

---

① 1989 年 6 月波兰团结工联（Solidarity）取得国会多数席位，同年 9 月匈牙利社会主义工人党（Hungarian Socialist Workers' Party）转型后修宪更国名，1990 年 6 月柏林墙倾倒，紧接着 1991 年 12 月苏联解体等一连串苏联东欧国家之剧变被称为“苏东波”效应。参见洪美兰《经济激进转型策略——中东欧之经验与启示》，翰芦出版社 2002 年版，第 xi、75、101 页。

② 转型国家之定义与国家，参见 International Monetary Fund（IMF），*World Economic Outlook*，Washington D. C.：IMF，October 2001，pp. 186 – 192.

③ Europa，http：//europa. eu. int/comm/enlargement/pas/phare/intro. htm，2002.

身经济转型确实需要外援，在欧盟提供经济援助的诱因下，当时俄罗斯对外政策也显然特别着墨于与欧洲国家发展经贸关系。此种重欧轻亚的“西进政策”（Westpolitik）和偏重“经济利益”考虑之外交思维与做法，从1996年普里马科夫（Yevgeniy M. Primakov）担任外长起，即成为俄罗斯外交政策主要方针之一。

在此氛围下，欧俄双方于1994年6月签署为期十年的合作伙伴协议（Partnership and Cooperation Agreement，PCA）作为双边经贸合作之法源基础，但该协议从1997年12月起才生效，[①] 在此之前双方以1995年7月签订的“临时贸易协议”先进行经贸交流。根据合作伙伴协议，双方成立各部门首长会谈协商的“永久伙伴关系委员会”（Permanent Partnership Council）作为事务沟通机制，例如“司法暨内政永久伙伴关系委员会”（The Permanent Partnership Council on Justice and Home Affairs）、“文化永久伙伴关系委员会”（Permanent Partnership Council on Culture）[②] 等。在合作伙伴协议正式生效后，欧俄更进一步于1998年起建立每半年举行一次的高峰会机制[③]，目的在于加速扩大彼此合作领域的协商，裨益双边关系。

欧盟依据合作伙伴协议提供给俄罗斯最惠国待遇（most-favored-nation treatment），以及欧俄具有地缘经济（Geoeconomics）优势，不但促使欧俄经贸关系正常化，更使得欧俄贸易量急速增长，从千禧年双边贸易额83亿余欧元扩增为2004年的126亿余欧元，俄罗斯成为欧盟仅次于美国、中国和瑞士的第四大贸易伙伴；而欧盟更是俄罗斯的第一大贸易伙伴，双边贸易额占俄罗斯对外贸易总额的52.7%，

---

① Europa，“EU-Russia Relations”，http：//europa. eu. int，November 2004，p. 1.

② “文化永久伙伴关系委员会”首次会议于2007年欧俄马夫拉（Mafra）高峰会前才召开。参见 http：//www. eu2007. pt/UE/vEN/Noticias_ Documentos/20071026RUSSIACOM. htm，转引自淡江大学欧盟资讯中心通讯，No. 16，2007年12月，http：//www. wendangmao. com/418226718/；jsessionid = 2A98EC571FD828FDFF49B42A7B63126A，第5页。

③ 欧俄高峰会之意义及历次高峰会的重点议题，参见洪美兰《欧盟对中国和俄罗斯之互动比较：以高峰会为例》，“海峡两岸欧洲研究‘欧洲转型与世界格局’研讨会”，中国社会科学院，2012年10月11日。

且俄罗斯贸易盈余高达36亿余欧元。①

双边贸易的商品结构亦在比较优势（comparative advantage）下呈现出互补关系。俄罗斯主要从欧盟进口其产业结构转型最需要的机器设备及运输工具，出口其资源禀赋相对高的能源物料，因为俄罗斯独立初期之商品多缺乏国际竞争力且缺乏资金，而能源出口又受限于输送管线，所以俄罗斯独立初期出口对象主要以原苏联加盟共和国和邻近的中东欧、西欧国家为主。但也因这些既存的管线，俄罗斯无须额外多投资就可以容易地出售其能源至邻近的欧洲地区，价格因而相对便宜，促使欧洲进口俄罗斯能源之比重日益提升。以2005年为例，欧盟从俄罗斯进口的能源占欧盟能源总进口量的27.5%，而能源进口占欧盟从俄罗斯进口总量的64.4%，能源进口成为欧盟对俄贸易赤字的主要来源。

从欧盟角度而言，能源是其经济发展不可或缺，却是相对缺乏不足之资源。由俄罗斯进口，不但可获取相对便宜的能源供应，亦可分散能源进口来源，提高能源供应安全。反之，从俄罗斯角度而言，由欧盟进口的机器设备及运输工具是俄罗斯产业结构转型最需要的产品，而能源出口至欧盟，除了扩展能源外销市场，更可赚取可观的外汇收益。因此，欧、俄基于地缘优势和比较优势之经贸互动，在互通有无、各蒙其利的基础上，促使双边关系迅速地良性发展。

然而事实上，冷战后俄罗斯积极与欧盟进行经贸往来尚有一个重要原因，即欧盟对原本属于俄罗斯的传统贸易伙伴——中东欧国家（East-Central European Countries）提供经济援助和贸易优惠，促使它们将贸易重心由东向西转移，与欧盟的经贸关系快速发展，却关闭了部分从俄罗斯进口货物之边界，对俄游客采取严格的签证政策，大幅减少与俄经贸往来，使得俄罗斯与中东欧国家双边贸易量逐年缩减。叶利钦时期由于俄罗斯自身因经济激进转型衰退，国力薄弱，唯有顺势和更积极拓展其与欧盟之经贸关系，以弥补中东欧国家面向西方对

① Europa, "Russia: EU bilateral trade and trade with the world", http://europa.eu.int, extracted on June 17, 2005, pp. 1–4.

其造成的经济损失及维护其外交利益。

2004 年 5 月，8 个中东欧国家加入欧盟让这些国家正式成为欧洲单一市场之一部分，在共同商业政策（Common Commercial Policy）[①]下，原先的区域外贸易变成区域内贸易，经济整合之贸易创造效果促使欧盟与新入盟的中东欧国家间之贸易量增加，相对地，欧盟与非欧盟国家的贸易空间遭到压缩。也就是说，中东欧国家在欧盟东扩（EU Eastward Enlargement）后贸易重心由东向西移转的贸易转向（trade diversion）效果扩大，故欧盟东扩可说是促使俄罗斯加速与欧盟发展经贸关系之触媒。

此外，欧盟东扩后，欧洲地缘政、经架构有了重大改变。位于欧盟所谓与俄罗斯的“共同邻近地区”（common neighbourhood），也是俄罗斯所称的其“境外附近”（near abroad）的西独联体国家——乌克兰、摩尔多瓦、白俄罗斯等，这些从苏联解体后独立出来的新主权国家成为冷战后欧盟与俄罗斯重要之政、经战略安全缓冲区，其地缘地位在 2004 年 5 月 1 日欧盟完成首次东扩后大大提升，因为欧盟东扩后，认为新邻邦的政、经、社会稳定发展有利于欧洲安全和减少走私、偷渡等治安问题。因此，欧盟一方面于 2003 年施行“欧盟睦邻政策”（European Neighborhood Policy，ENP），持续扩大经援与俄罗斯“共同邻近地区”的国家；另一方面亦与未列为睦邻政策对象的俄罗斯于 2003 年 5 月 31 日在圣彼得堡峰会时，同意发展“经济共同空间”（Common Economic Space）、“自由、安全暨司法共同空间”（Common Space on Freedom，Security and Justice）、“外部安全共同空间”（Common Space on External Security）、“研究、教育暨文化共同空间”（Common Space on Research，Education and Culture）四大共同空间，这可说是欧俄关系发展的重大进程。在落实四大共同空间过程中，欧俄在 2007 年 2 月签订《签证简易化与重新采纳协议》（EU-Russia visa facilitation and readmission agreements），并于同年 5 月 18 日

① 有关欧盟共同商业政策之概念与发展，参见李贵英编《欧洲联盟经贸政策之新页》，台湾大学出版中心 2011 年版。

萨马拉（Samara）高峰会后宣布此协议于当年6月1日开始生效，双方承诺将持续致力于促成免签证之人员自由流通。

尽管欧、俄双方因应欧盟东扩于2004年4月27日签署一份议定书，以兹使合作伙伴协议（PCA）的适用范围扩大至欧盟的10个新成员国，并表示将加强在南高加索和双方新缓冲区之合作。然而，欧盟东扩政策确定、睦邻政策推出后，中东欧国家和欧俄“共同邻近地区”等国之贸易转向让俄罗斯蒙受实质的经济损失日益严重。以乌克兰为例，欧盟就取代了俄罗斯成为乌克兰的第一大贸易伙伴，甚至这些原属于苏联之加盟国纷纷加入欧盟和美国主导的北大西洋公约组织（简称北约，North Atlantic Treaty Organization，NATO），更令俄罗斯备感芒刺在背，此亦埋下欧俄关系生变的伏笔。

三　欧俄关系的转变与竞合拉锯战

首先，由于欧盟从俄罗斯进口能源的比重逐日偏高，基于能源进口安全[①]考虑，千禧年起欧盟与俄罗斯展开能源对话（energy dialogue），目的在于希望透过对话协商，促俄开放能源市场，提高欧盟对俄能源产业之投资，获得能源供应稳定与安全性的保障。但由于能源产业属于不完全竞争市场之特殊产业，且具备国家经济战略意涵，无论是俄罗斯私人企业或公有部门皆不希望此产业被外商垄断，或由外资来主导，故普京（Vladimir Putin）立法将其列为战略性和敏感性工业，限制外资入股，但俄罗斯亦急需外商成熟的专业技术和现代化管理技巧来促使俄罗斯能源产业效率化和利润极大化，所以“合作开采”成为俄罗斯政府准许外商参与俄罗斯能源产业的最终投资合作模式。欧盟希望俄罗斯开放能源市场的期待落空，因而亦限制俄罗斯石化能源产业在欧洲的扩张行为。双边经贸竞争在能源领域逐渐台面

① 欧盟针对能源供应安全不但呼吁成员国团结合作，甚至在欧盟条约中有能源供应安全之相关规范。其内容可参见李贵英《欧盟能源法与能源供应安全》，载洪德钦、陈淳文主编《欧盟法之基础原则与实务发展》（下），台湾大学出版中心2015年版。

化，能源博弈就此展开。如欧盟敦促俄罗斯签署《国际能源宪章》，以使第三者可运用俄罗斯天然气公司的天然气运输管网，促进市场公平竞争，引发俄罗斯天然气公司反对；而当俄罗斯天然气公司（Gazprom）欲收购英国最大天然气公司时，亦引发欧盟对能源安全之质疑。

其次，东扩后欧盟对所谓与俄罗斯的“共同邻近地区”之国家和对俄罗斯提供差别待遇。如欧盟于2003年推出睦邻政策，将乌克兰、白俄罗斯、格鲁吉亚等国列为睦邻政策国家，却未包含俄罗斯。也就是说，欧盟东扩前，欧盟面对苏联解体后的俄罗斯和乌克兰、白俄罗斯等多采取一致经援的态度，如1991年的TACI计划同时含乌克兰、俄罗斯在内；欧盟对俄、乌皆有签订伙伴合作协议（PCA）和提供贸易优惠待遇，如给予俄罗斯最惠国待遇；提供乌克兰一般优惠待遇（Generalised Scheme of Preferences，GSP）等。然而，东扩后欧盟不但积极经援拉拢乌克兰、白俄罗斯、格鲁吉亚等国，甚至2004年乌克兰“橙色革命”成功后，在欧洲大西洋主义思维和新入盟的中东欧成员国，特别是波兰之积极催动下，在2008年提出旨在加强与其东部的格鲁吉亚、阿塞拜疆、乌克兰、摩尔多瓦、白俄罗斯以及亚美尼亚等国合作之“东部伙伴关系计划”。因此，欧盟东扩成为影响欧俄关系的重要转折。

换言之，欧俄关系主要在能源利益和“共同邻近地区”之地缘战略布局争夺两个层面出现竞合拉锯战。

（一）能源利益保卫战

融入国际市场不久，却拥有丰富资源的过去军事霸权俄罗斯，虽非国际石油输出国组织（Organization of Petroleum Exporting Countries，OPEC）成员，但因能源出口量，早已跃升为国际能源的主要出口国，自2002年起成为仅次于沙特阿拉伯的第二大石油出口国。[①] 在现今国

① 菲利普・赛比耶－洛佩兹：《石油地缘政治》，潘革平译，社会科学文献出版社2008年版，第202页。

际能源市场上占有重要地位，使其得以应用丰富能源资源在国际上找到发挥影响力之新策略——运作能源外交策略。2004 年乌克兰总统大选争议引发“橙色革命”后，2005 年底俄罗斯在国际挞伐声下调升对乌克兰之天然气价格，被西方国家指责以天然气供应对乌施压，意图谋取其政治、外交利益。① 事实上，俄罗斯确实一方面欲运用能源供应策略唤醒乌克兰了解俄罗斯对其经济发展的重要性；但另一方面实质上亦是基于国际能源价格持续攀升之经济因素。有鉴于当时国际油价持续上涨的市场现实，如国际油价从 2000 年每桶约 30 美元上涨至 2005 年每桶 70 美元以上，价格飙升一倍多，故俄罗斯不但于 2006 年取消苏联时期给予白俄罗斯、乌克兰和格鲁吉亚之能源补贴，要求这些新兴主权国家为能源按国际市场价格支付，甚至着眼于经济利益，亦于 2007 年 1 月对其传统友邦——白俄罗斯提高天然气价格。毕竟以苏联时期的低价售与乌克兰、白俄罗斯等能源，对俄罗斯而言，损失将随着国际油价持续攀高而增加。因此，回归市场经济下之纯经济关系，对历经市场导向经济转型后的俄罗斯，是相当符合现实需求的。

因此，当 2008 年底俄、乌又因乌克兰是否付清拖欠供气费和两国未能就 2009 年的供气价格达成协议，再次产生争执时，俄罗斯切断对乌克兰的供气，并指责乌克兰从通往欧洲的管道中偷取 6500 平方米的天然气，因此减少了相等数量的输往欧洲的天然气，影响欧洲数国的天然气供应。与先前不同的是，历经高油价时代后②，欧盟将此次的天然气纠纷定义为纯“商业争端”。但无论俄罗斯与乌克兰的能源争议理由为何，欧盟天然气供应有四分之一来自俄罗斯，其中的 80% 更是取道乌克兰。因此，俄、乌天然气争议一再重演，欧盟成为受害者。故基于能源供应多元化的安全考虑，欧盟早已着手进行能源改革，并规划分散从俄进口能源的策略。

---

① Hung, Mei-lan, “Natural gas dispute between Ukraine and Russia”, *Taiwan News*, February 13, 2006, A. 11.

② 国际油价在 2008 年曾创下 147.27 美元/桶的历史高点。

事实上，中国、欧盟和美国早在苏联解体时就积极地拉拢独联体国家，特别是蕴藏丰富能源资源的里海（Caspian Sea）国家，如哈萨克斯坦（Kazakhstan）、阿塞拜疆（Azerbaijan）、土库曼斯坦（Turkmenistan）和乌兹别克斯坦（Uzbekistan）等。庞大的外来直接投资进入该地区，一方面厚植其经济自主之条件与优势，促其脱离莫斯科的掌控，使其能独立出口能源，供应欧、亚市场，另一方面亦可分食庞大的能源经济利益。如1999年4月完成的巴库至格鲁吉亚黑海港口——苏普萨（Supsa）的管线，顺利地为阿塞拜疆国际营运公司（Azerbaijan International Operating Company，AIOC）输出“初油”（Early oil）。而在“油气管线共同体”（Pipeline Community）的经济战略思考下，美国邀请土耳其、阿塞拜疆、格鲁吉亚、哈萨克斯坦、乌兹别克斯坦和土库曼斯坦于1999年11月签署联合宣言，同意实施“杰伊罕计划”（Ceyhan Plan）与兴建“跨里海天然气管线”（Trans-Caspian Gas Pipeline，TGP）①，其中“杰伊罕计划”完成之巴库—第比利斯—杰伊罕（简称BTC）石油管线已于2005年启用。里海能源进入欧洲市场成为既定事实，必然削减俄罗斯天然气在欧洲市场的占有率与影响力。而在天然气方面，欧盟亦希望修建“纳布科”线（Nabucco）天然气管道引进中亚的天然气，② 以因应自俄罗斯进口能源比重日益增高，却因俄、乌天然气争议影响到其能源由俄进口之稳定性问题。

然而，欧盟引进中亚能源，分散对俄进口，将松动俄罗斯对中亚和欧盟之能源外交影响力。因此，2006年5月普京总统于索契（Sochi）欧俄高峰会上公开表达反对立场。虽然普京是以环保为理由，但实际上俄罗斯反对的理由有二点，其一是，捍卫俄罗斯在该地区的

① 但俄罗斯成功地于2007年5月邀土库曼斯坦与哈萨克斯坦达成共识，签订兴建“滨里海天然气管线”协议，从里海岸建一条连接到俄罗斯的天然气管线，此举被称为俄罗斯对西方的一大胜利。

② “纳布科”线（Nabucco）后来被塔纳普线（TANAP Pipeline）或称跨安纳托利亚天然气管线（Trans-Anatolian Natural Gas Pipeline）所取代，塔纳普线于2015年动工于2018年完工。

地缘战略利益；其二是，保护俄罗斯天然气工业公司（Gazprom）不用与其他天然气供应者竞争。2006 年 6 月 G8 圣彼得堡峰会，首次担任 G8 主席国的俄罗斯更将能源安全列为会议重点之一。但俄罗斯更具体的因应之道是，一方面积极利用上海合作组织（Shanghai Cooperation Organization，SCO）及与里海国家进行合作投资，逐渐恢复其对中亚地区的掌控能力；另一方面，俄罗斯亦积极面对苏联时期建造的管线分布在波罗的海三小国、乌克兰、白俄罗斯、哈萨克斯坦、阿塞拜疆、格鲁吉亚等各加盟共和国，使其独立后的输欧天然气须过境乌克兰、白俄罗斯、立陶宛等国之问题，[①] 为了减少对他国的过境依赖，俄罗斯采取了诸多措施，如将先前成功地建成的直接向土耳其出口之新尝试的“蓝溪（Blue Stream）天然气管线”[②] 于 2007 年进行扩充，以“蓝溪二号”计划（Blue Stream II）向西延伸到匈牙利；以及计划南溪段（South Stream）绕过土耳其通往意大利和以色列，而南溪线将通过黑海和亚得里亚海的海底建水下管道，故俄罗斯借 2014 年乌克兰动乱掌控黑海，取得俄罗斯传统南下的战略要道——黑海的主控权，拥有黑海在能源领域的经济价值，因为俄罗斯将连带拥有南溪能源出口主控权，[③] 有利于持续保有其能源外交影响力。

（二）“共同邻近地区”的地缘战略争夺

2004 年乌克兰爆发“橙色革命”，不但充分凸显出后冷战时期

① 俄罗斯能源出口过境情况可详参：“Nord Stream second string commissioned, third and fourth strings next in turn”, Gazprom, Oct. 08, 2012, http://www.gazprom.com/press/news/2012/october/article145503/?from=banner, extracted on Oct. 20, 2012；“Pipedreams America seems to care more than the European Union about eastern Europe”, The Economist, Jan. 24, 2008, http://www.economist.com/node/10566657, extracted on Oct. 20, 2012.

② “蓝溪（Blue Stream）天然气管线”计划是俄罗斯天然气工业公司和土耳其国营油气管线公司（BOTAS）在 1997 年签署的长达 25 年、供应 3650 亿立方公尺天然气的契约，俄天然气工业公司还在 1999 年与意大利国家碳氢公司签订契约负责管线建造与营运，该管线亦在 2005 年正式进入商业经营阶段。“Blue Stream”, Gazprom, http://www.gazprom.com/about/production/projects/pipelines/blue-stream/, extracted on Oct. 20, 2012.

③ 不过，有鉴于 2013 年俄罗斯与叙利亚达成能源合作开采协议，为了预留与叙利亚能源合作出口的机会，以及俄罗斯与土耳其关系改善，更重要的是欧洲国家较支持俄罗斯兴建经土耳其之管线以出口天然气至欧洲，南溪线于 2014 年底暂时被搁置。

欧、俄双方在此地区既合作又竞争之矛盾关系与氛围，亦证实了西方确实能成功地利用与乌克兰之经贸关系和其特殊之地缘政、经战略地位来作为制衡俄罗斯的力量。同时欧盟对乌克兰的共同对外政策思维亦逐渐成形，即积极经援支持乌克兰政经改革，避免其重回俄罗斯势力范围。故 2007 年 3 月 6 日欧乌签署的新升级协议（New Enhanced Agreement，NEA）中最重要的一部分就是自由贸易协议（Free Trade Agreement，FTA），希望将乌克兰纳入欧盟的区域经济整合区，更遑论 2008 年欧盟提出的“东部伙伴关系计划”，这些外部环境变化皆让俄罗斯倍感压力。

反观俄罗斯，自普京上台后，俄罗斯经济转型逐渐出现成效，归功于国际经济环境给俄罗斯提供了出口石化能源快速累积外汇储备的有利时机，俄罗斯跃升为金砖国家后，面对欧盟东扩和北约的压境，内部传统上存在的西化主义（Westernizers）和大俄罗斯主义（Panrussianism）再次转变。由叶利钦时期的西化主义转为普京执掌总统后，所谓“为俄罗斯塑造有利的外部环境，促进俄罗斯经济持续成长发展和重回世界霸权”的“普京主义”（Putinism）下之大俄罗斯主义。

因此，面对欧盟东扩和乌克兰“橙色革命”，普京开始积极应用经济杠杆（economic leverage）以影响俄罗斯与乌克兰、白俄罗斯、格鲁吉亚、亚美尼亚等国之关系。除了提高能源价格及 2008 年 8 月出兵格鲁吉亚支持南奥塞梯（South Ossetia）独立外，俄罗斯也转以较为积极有效的非传统战略方式来与欧盟竞争，即俄罗斯祭出相关经济整合策略，希望拉拢邻邦参与其所主导的区域经济整合组织，借此重拾俄罗斯的霸权地位。因此，2007 年 10 月，俄罗斯与白俄罗斯和哈萨克斯坦签署欧亚关税同盟条约（Eurasian Customs Union Treaty）成立关税同盟，目标在于 2015 年透过欧亚经济整合宣言（Declaration on Eurasian Economic Integration）成立“欧亚联盟”（Eurasian Union，EAU）。而“欧亚联盟”其实是根源于普京担任俄罗斯总理时实施的东向政策，当时普京倡议要建立“欧亚经济联盟”，因应中国崛起，外交重心移转至亚太，欲将俄罗斯建为连接欧亚经济的桥梁，促进俄罗斯经济持续发展。但此政策理想的实践有赖独联体国家透过区域经济整合深化彼此间的经济合作才能达成。

然而，乌克兰、亚美尼亚在2013年11月时却计划与欧盟签署自由贸易协议，当时普京总统不但公开反对，更积极释出诱因，终至亚美尼亚转向参与俄白哈关税同盟。但乌克兰却决议与欧盟订立自由贸易协议，此对其他独联体国家而言，将起“脱俄入欧”之示范效应，无疑让普京主义的俄罗斯经济发展计划严重受挫，因为此将弱化欧亚联盟（EAU）的整合力量，破坏了俄罗斯欲借欧亚联盟，提高俄罗斯经济的吸引力，加速发展其他非石化能源产业，带动俄罗斯经济持续发展，让俄罗斯在未来新的国际经济版图中扮演欧亚经济桥梁之角色的计划。换言之，对俄罗斯而言，乌克兰参与欧盟的经济整合，非简单的欧盟压境意义，这将影响俄罗斯未来的政经发展和其国际地位，故俄罗斯势必严阵以待，进而形成2014年乌克兰与欧盟签署自由贸易协议的争议与现今乌克兰东西方对峙之局面，而此亦影响现今欧俄关系发展。

四　当今欧俄关系发展之挑战：经济制裁下的俄罗斯反扑

尽管欧盟对乌克兰多年的经援和经贸互动确实取得一定成效，如乌克兰西部逐渐发展为仰赖对欧贸易为生，致使现今乌克兰亲西方政权不顾东部分离主义的战乱问题和俄罗斯祭出的抵制措施，坚持于2014年6月与欧盟签署《联盟协议》（Association Agreement），双边的自由贸易整合也于2016年开始生效。然而，乌克兰与欧盟原计划于2013年签署自由贸易协议，在俄罗斯反对后引发乌克兰争议，不但造成乌克兰内部政权更易，使乌克兰陷入东西部分裂危机，亦引发欧盟与俄罗斯相互实施经济制裁，欧俄从冷战后的经贸竞合转为朝向经济战形态发展，至今欧美对俄之经济制裁皆未解除，① 而俄罗斯亦无视欧

① 美国新任总统特朗普被外界视为亲俄，是否影响欧、美、俄关系，备受关注，不过，对俄的经济制裁截至2017年2月，美国尚未改变。

美经济制裁持续之威胁，因为乌东地区的地缘攸关俄罗斯诸多国家政经利益。

首先，从俄罗斯需要南下的海洋战略通道——黑海来看，尽管俄罗斯领土辽阔，但其对外的海洋窗口却只有东边的海参崴、西方的波罗的海和南下的黑海。故乌克兰独立后，俄罗斯以租用克里米亚半岛上的塞瓦斯托波尔作为黑海舰队基地的方式，保有其南下的海洋战略通道。如今乌克兰内部动乱，俄罗斯当然不能错过拥有该海域主控权之良机。克里米亚（Crimea）成功地重入俄罗斯版图，对俄罗斯巩固政经战略，意义非凡。况大斯拉夫主义者普遍认为乌克兰是俄罗斯的固有领土，因为斯拉夫文化和俄罗斯历史都与乌克兰的基辅罗斯公国有深刻的渊源。

另外，从普京回应欧美指责俄罗斯掌控克里米亚时公开地将克里米亚与科索沃独立作对比可获悉，就国际安全战略而言，大俄罗斯主义者认为科索沃（Kosovo）独立问题是欧美破坏了冷战后欧、美、俄所形成的“冻结争议”的默契，俄罗斯不能再容忍北约（NATO）东扩威胁俄罗斯安全，故2008年8月出兵支持南奥塞梯独立，以及此次借乌克兰动乱重拾克里米亚半岛。南奥塞梯共和国也于2017年就加入俄联邦问题举行全民公投。然而，欧美却将俄罗斯这些举动视为破坏“二战”后的国际秩序，即破坏了不容许大国兼并小国的默契。欧美与俄的国际安全布局竞争因而台面化。

其次，俄罗斯总统普京亦无法再坐视欧盟持续扩大其区域经济整合至乌克兰，让俄罗斯经济再受到损害，故当欧盟欲与乌克兰签署自由贸易协议时，普京即公开表示：根据俄乌当时的自由贸易关系，欧盟商品将可能透过乌克兰免关税进入俄罗斯，造成区域经济整合（regional economic integration）的贸易偏向效果（trade deflection effect），直接损害俄罗斯经济发展，故俄罗斯和其主导的俄罗斯、白俄罗斯、哈萨克斯坦关税同盟将采取保护性措施来因应欧乌的自由贸易协议。由于乌克兰东部人民生计的主要来源是苏联时代遗留下来的耗能性工业产业，这些重工业至今仍仰赖俄罗斯之能源供应，连市场也多以俄罗斯为主，至今无论进、出口或贸易总额，[①] 俄罗斯都是仅次于欧盟的乌克兰的第二大贸易对象，东乌克兰人民普遍认为国家经济运转需依赖俄罗斯，经济发展难与俄罗斯切割。故普京的公开反对，让东乌克兰人民无法认同基辅政权的亲欧路线。因此，乌克兰向东或向西的经济整合态度成为此次争议的起点，乌克兰成为挑战欧俄关系发展的关键因素之一。

再次，如今俄罗斯已经拥有了黑海领域的克里米亚半岛，当地急需发展，普京必须确保乌克兰东南部的通畅，即对环黑海区域进行有效掌控与管理，此不但有利于俄罗斯支持当地的发展，更可借由建立其与俄本土的连接桥，加速俄罗斯西南边境地区如索契之发展，以利疏缓国内区域发展不均问题；更遑论保留东南部势力范围，有助于俄本土与摩尔多瓦俄驻军地德涅斯特河沿岸共和国的连接。掌控紧邻俄罗斯的东部和俄罗斯南下唯一出海口的军事扼要——克里米亚与南溪（South Stream）能源管线通过的要道——黑海，是俄罗斯保障自身政经利益的底线，俄罗斯对乌克兰问题的立场将难以改变，此亦是对欧盟大西洋主义的反击。

除了乌克兰问题外，俄罗斯针对中东的叙利亚内战和“伊斯兰国”（Islamic State，IS）议题也展现出强硬的立场与态度，而欧盟面临之难民潮问题正是源于叙利亚内战和“伊斯兰国”，故中东议题亦是欧俄关系发展的另一大挑战。

当欧盟各成员国对收容难民与否的意见产生分歧，难民问题冲击欧盟内部团结之际，俄罗斯总统普京经国会授权于 2015 年 10 月突然开始空袭叙利亚。欧美错愕之余，对俄罗斯此举也多有批评，指称俄罗斯轰炸的主要目的是支持阿萨德（Bashar al-Assad）总统的政府，而非打击“伊斯兰国”。也就是说欧美与俄最大的歧见在于，欧美支

---

① 以乌克兰争议发生的前一年——2012 年为例，2012 年乌克兰由俄罗斯的进口占其总进口的 19.6%；对俄罗斯出口占其出口总额的 24.1%；对俄罗斯之贸易量占乌克兰对外贸易的 21.6%。European Commission，“European Union，Trade in goods with Ukraine”，at More statistics on Ukraine，http：//ec. europa. eu/trade/policy/countries-and-regions/countries/ukraine/，p. 9。

持反叛组织和叙利亚政府作战，但俄罗斯却支持现在的叙利亚政权阿萨德政府。

对俄罗斯而言，现在的重点在于对抗“伊斯兰国”恐怖主义。但基于历史经验如阿富汗战争之教训，俄罗斯认为最佳的策略应当是利用当地的政权作为打击“伊斯兰国”的主力，而非自己介入，故应协助目前最有能力有效打击“伊斯兰国”的阿萨德政权，以达成消灭“伊斯兰国”恐怖威胁之目的。况若能在对抗恐怖主义之余又保有阿萨德政权，则俄罗斯在叙利亚和中东的政经利益将得以维持。

首先，什叶派的阿萨德政权从苏联时期就与俄罗斯有相当频繁的政经往来，苏联解体后俄罗斯也持续与阿萨德政府合作，贸易交流不说，通过军售、投资等获益匪浅。如 1994—2010 年俄对叙军售获利高达 40 亿美元；俄罗斯在叙利亚投资额也高达 200 亿美元。

其次，就能源外交战略利益而言，中东地区富藏能源资源，如 OPEC 正是当前俄罗斯能源出口的劲敌，特别是在欧洲市场，因为目前欧洲能源主要来自中东和俄罗斯。2013 年俄天然气集团与叙利亚当局签署为期 25 年的石油天然气探勘开采协议，表示俄罗斯成功地将原本与叙利亚的能源出口竞争转化为合作。但叙利亚能源资源主要蕴藏地多在反抗军占领区内，故俄罗斯须尽快协助阿萨德政府夺回这些地区，一方面确保双边能源合作的落实，并可切断包括 IS 在内的反抗军出售能源获利之财政来源；另一方面更可巩固俄罗斯长远的能源外交战略利益，因为亲西方的逊尼派反抗军有意建从卡塔尔经叙利亚到欧洲的天然气管线，① 此管线将成为俄罗斯输欧天然气的劲敌，降低俄罗斯对欧的能源影响力。而依据俄罗斯现今的经济结构来看，能源出口短期仍是其经济增长命脉。况因乌克兰争议，欧洲已逐渐增加来自中东地区的能源进口，故俄罗斯必须强化其对中东能源出口欧洲的影响力，而位于地中海沿岸的叙利亚之“能源地缘优势”正是

① 卡塔尔于 2009 年曾提出铺设跨国输油管，由卡塔尔经沙特、约旦、叙利亚通往土耳其，避开俄罗斯，加强对欧洲出口能源。该建议被叙利亚政府拒绝，才确保了其盟友俄罗斯成为欧洲能源进口首要来源国的地位。

其所必需的棋子，因为中东能源如伊拉克即借由叙利亚国土之油管从地中海出口石油。

此外，中东地区亦被俄视为南下印度洋的前哨与军事要地。故早在1971年阿萨德总统刚上台不久苏联就在叙利亚地中海沿岸的塔尔图斯（Tartus）港设立第一个海外海军驻泊地，1974年更正式将其变为苏联海军的正规驻军基地，使其成为俄监控中东、北非、南欧的重要军事战略据点。一旦欧美支持的反抗军主政，俄罗斯能否保有塔尔图斯军事基地将是一大疑问。故基于本国的政经战略利益，俄罗斯极欲保有阿萨德政权，以遂其“保有并协助阿萨德政权，以借其力有效歼灭IS恐怖主义”的一箭双雕佳策。

简言之，欧俄在乌克兰争议和叙利亚、“伊斯兰国”问题上的态度南辕北辙，将会是影响欧俄关系发展的关键。表面上俄罗斯似乎老与欧美唱反调，但实质上俄罗斯并非基于反对而反对，乃是针对牵涉俄罗斯实质国家政经利益的问题。故俄罗斯支持叙利亚阿萨德政府，犹如先前支持克里米亚独立加入俄罗斯联邦和乌东寻求高度自治一样，皆攸关国家政经发展的长远利益。

反观对欧盟而言，虽然欧俄因乌克兰争议而互以经济制裁对抗，双边皆蒙受其害。但俄罗斯强硬的态度与反击策略令能源进口多来自俄罗斯、中东的欧盟，以及欧盟中的中东欧国家，特别是波兰和波罗的海三小国等更加不安，担忧俄罗斯的扩张主义。故欧盟基于能源供应稳定与欧洲安全，目前尚未改变对俄之经济制裁和施压，致使现阶段欧俄关系陷入僵局。

五　结论：现实主义体现下的欧俄关系走向

从上文分析可发现，冷战结束后，基于欧洲安全与稳定之现实考虑，欧盟前身——欧洲共同体主动提供经援和贸易优惠，开启欧俄双边从贸易交流到建立四大共同空间的历程，双方互动频繁，关系进展顺利，以后射研究解析可知，这主要归功于双边贸易之互补性为彼此经济发展皆带来利得，此现实的经济利益促使俄欧关系迅速地良性发展。与此同时，欧盟也积极经援和提供贸易优惠等诱因给中东欧国家，激励其贸易由东向西转，致使当时因经济转型衰退的俄罗斯无力以对，唯有顺势要求和更积极拓展与欧盟之经贸关系，以弥补中东欧国家贸易转向给其带来的经济损失。故欧盟东扩成为刺激俄欧互动的另类因素，以及俄欧关系初期呈现出欧盟凌驾俄罗斯之特殊现象。但俄罗斯亦善用其具比较优势之能源禀赋，一方面开拓发展对欧经贸关系；另一方面也以低于国际能源价格的价格供应乌克兰、白俄罗斯等国，用优惠经贸政策来巩固其政、经腹地，维护国家安全战略空间和政经利益。因此，此时期俄罗斯在欧洲之对外政策表现出其外交传统特质——兼顾“国际主义”与“国家主义”之双重性。

然而，欧俄经贸交流的比较优势原则致使欧盟对俄能源进口比重日益提升，欧盟担忧能源安全问题，却无法让俄罗斯开放其能源市场，因为能源产业为不完全竞争市场之特殊产业且是俄罗斯经济增长的命脉，俄罗斯只能以合作开采协议让外商参与，但此不符合欧盟期待，对俄不信任的欧洲大西洋主义思维进而逐渐抬头。故欧盟推出未包含俄罗斯在内，却显然是更积极经援拉拢欧盟东扩后新邻国之睦邻政策，甚至在新成员国如波兰之建议下，提出“东部伙伴关系计划”。这些事件引领着欧俄关系进入相互竞合的拉锯战阶段。

从现实主义的观点来看，欧俄关系之转变显然是根源于欧俄皆以追求和维护自身利益为中心与对方互动。因此，当欧盟在对俄经贸中的能源利益与能源供应安全和稳定未获保障时，即限制俄罗斯能源在欧洲市场之扩张，并引进中亚能源，采取能源多元化政策，以及对东扩后欧洲安全之巩固实行睦邻式的地缘布局，但这些作为皆影响到俄罗斯的政经利益。具体的事件是乌克兰“橙色革命”成功后，俄罗斯体认到，面对当时国际能源价格持续上涨的趋势，能源低价优惠乌克兰、白俄罗斯等国之软权力（soft power）外交所需付出的经济成本显然相对提高，却又不能保障其与欧盟共同空间的利益，故顺势运作能源外交策略成为俄罗斯因应欧盟东扩后乌克兰倾西威胁其黑海战略安全布局，以及借此取消低价提高获取能源出口利得的一举两得佳策。而俄罗斯对传统友邦——白俄罗斯亦采取趋同的提高能源价格的政策，更可证明当时俄罗斯对外操作显然是走务实外交之国家主义路线，以巩固国家现实政经利益为优先，充分展现“利之所在，趋之务实”之外交现实面向。

在应用冷战后至今欧俄互动中的各事件阐释双边关系发展后发现，欧俄从冷战后初期的“友好和平、合作”氛围逐渐转变为现今的“相互制衡、竞争”态势，现实主义确实足以检证其发展与转变。因此，未来欧俄关系发展之走向亦可立基于现实利益来解读，即双方仍会本着如往昔双边关系发展历程中所体现出的现实性，以巩固自身政经利益为前提来互动。故现今有两大议题——乌克兰争议和叙利亚、IS 问题挑战欧俄关系发展，欧俄在此两大国际事件上之政经利益矛盾正是影响欧俄关系前景的关键。在乌克兰争议上，以现势而言，若未有其他有利变量出现，俄罗斯不可能放弃保有对乌克兰东南部之掌控，因为其攸关俄罗斯区域发展、南下的海洋战略布局、摩尔多瓦的俄驻军和南溪线能源出口主控权等政经战略利益，更遑论欧亚联盟是普京主义下攸关俄罗斯经济发展的长远利益；而对叙利亚、IS 问题，俄罗斯主张与阿萨德政府合作，一样是着眼于俄罗斯在当地的经贸、驻军与能源利得。但欧盟基于东扩后的欧洲安全以及现今难民潮问题，对于俄罗斯将克里米亚纳入版图、抵制乌克兰商品、持续轰炸叙利亚反叛军等反扑行动皆无法认同，故对俄经济制裁至今未解。从现实主义立论而言，唯有协调双边现存的政经利益矛盾，欧俄关系才可能再转向前进。

北约之争与俄欧安全新局面

冯绍雷

在当代的俄罗斯与欧洲安全政治关系问题上，北约发挥着特殊的作用。北约是横亘在俄罗斯与欧洲之间的一道鸿沟。这道鸿沟并不只是冷战造成的，而是有其深厚复杂的历史渊源。但是，冷战无疑是使北约能够在欧洲安全结构中起到关键作用的重大机缘。第二次世界大战结束之后，俄罗斯（苏联）与北约国家之间经历了半个多世纪的冷战对峙，最后以苏联的解体而告终。正当冷战终结、华约消散之时，作为对手的北约却继续存活。在冷战终结之后的最初十余年里，俄罗斯与西方一度和解，北约问题并没有成为俄罗斯与欧美之间的重大障碍。但是在20世纪末和21世纪初期，双方关系一步一步地重趋紧张。北约东扩在其中起到了关键的作用。

从今天来看，如何全面地评价北约东扩这一富于战略与政治历史含义的事件，仍是一个很值得推敲的重要话题。以笔者之见，北约东扩并不仅仅是某一个国际组织在单一领域的扩展过程，而是包含北约作为一个军事安全组织在大欧洲地区以国家—政治单位为对象的边界扩展，而且，通过防御性战略武器系统——反导系统的部署，又带动了常规武装力量在乌克兰危机之后再一次直接呈现于东西方对抗的最前沿。换言之，这是一个政治边界东移、反导系统落地以及常规武装力量被重新部署的“三位一体”式发生在当代欧洲安全领域的综合推进过程，也是一个大国间战略抗衡水平实质性抬升的过程。冷战终结以后，这一项最大规模的政治—军事工程在全球范围内的实施，不可避免地会造成极其复杂多样的后果。

北约东扩不光受到俄罗斯的抵制，在西方阵营内部，也一直存在着对北约东扩的不同看法。在2016年美国大选结果揭晓前后，特朗普对北约、俄罗斯以及欧洲安全问题，发表了不少关于“北约过时”、要与俄罗斯改善关系的言论，与美国以往战略大相径庭，令人颇有大跌眼镜之感。但在特朗普正式就任总统后，美国国内朝野对特朗普的对外战略立场提出异议，迫使特朗普重新调整立场。2017年2月，在慕尼黑峰会上，彭斯副总统公开声明要维持与欧洲的盟友关系，一直到4月初，特朗普总统以使用化学武器为由，亲自下令发射导弹，打击叙利亚政府军。与此同时，北约秘书长斯托尔滕伯格于2017年4月正式访问华盛顿，重新确认了美国与北约成员国之间的盟友关系。这一系列前所未见的戏剧性变化，给北约、俄罗斯与欧洲安全关系带来何种影响？俄欧安全关系的未来究竟会走向和解，趋于新冷战，抑或会出现更糟糕的局面？

针对这些问题，本文通过对北约东扩、部署反导系统、乌克兰危机后的军事对峙，以及特朗普执政后对于北约的立场等诸多问题上各种争议意见的陈述和变化的扼要分析，探究未来俄罗斯与欧洲安全关系的可能前景。

一　北约东扩之争的历史过程

苏联解体之后，作为一个在冷战时期与苏联和华约集团对峙的军事组织——北约，将何去何从，自然成了备受争议的问题。

20世纪90年代后，曾有过一场关于北约将会从军事安全组织转型为政治组织的大讨论，但人们各执一词，讨论有始而无终。对于20世纪90年代北约在对巴尔干地区前南斯拉夫诸国事务的干预中所起的作用，始终也存在着争议。例如，关于1996—1997年的北约东扩，人们现在才了解到，美国内部的争议甚至发生在最核心的决策层。一直到2001年“9·11”恐怖袭击事件发生后，美国似乎才如梦初醒。特别是在新保守主义势力的催动下，小布什觉得大有必要借打击恐怖主义的机会，再次突出北约的安全功能。

此后的十几年里，北约先是在美国的推动下，全力投入阿富汗战争。虽然战事进行得断断续续，时起时伏，但是，毕竟参与阿富汗战争是北约在21世纪的第一次大规模集体军事行动。更为关键的变化乃是2007—2008年，小布什试图把格鲁吉亚、乌克兰等国拉入北约。此举虽然在德国等欧洲伙伴的阻挠下未能实现，[①] 但深刻地影响了此后北约与俄罗斯的关系。

2009年奥巴马上台之后，一度以推动“中东革命”为己任。但当“中东革命”引发了持续不断的动荡局势后，美国却表现出明显的颓势。在金融危机中自身难保、捉襟见肘的尴尬局面下，美国半推半就地把法国等北约盟国推上第一线。2011年，通过扩大解释联合国安理会的关于利比亚“禁飞区”的决议，北约出面进行空中袭击，军事干预利比亚政局，并且在乱军中残暴处死卡扎菲。直到2013年底，正当奥巴马准备从阿富汗战场带头撤出以北约名义部署的军事力量时，乌克兰危机突然发生。一方面，这场危机使准备不足的北约措手不及，但另一方面，乌克兰危机也使得北约获得了切实加强其安全功能的重大机会。此后，北约在欧亚大陆的布局随之发生重大改变：从仅仅停留在巴尔干、阿富汗，包括利比亚等当年冷战时期的边缘地带，转而回到了欧洲正面防线的“新欧洲”地带，直接开始与俄罗斯重新对峙。

实事求是地说，冷战终结之后，北约在欧洲的扩大过程，一开始并没有引起重大争议。北约东扩的发起，也并非美国一家所为，而是同时缘起于身处东西方之间的中东欧国家对自身的安全关切。在当时的政治氛围之下，甚至冷战中的老对手俄罗斯也一度表示有加入北约的兴趣。但是，所有的这一切并没能抹去北约这一实实在在的军事安全组织在“政治化”的形式和表象下，自20世纪90年代后半期与

① 曾担任美国国家情报委员会对俄罗斯与东欧事务主管官员、现就职于美国乔治敦大学的安琪拉·斯坦因教授，2017年2月27日在华盛顿公开辩论会上，再次明确地提到了美国在2008年试图吸收乌克兰和格鲁吉亚加入北约这一事实。参见“Russia: Rival or Partner, or Both?” Council on Foreign Relations, February 27, 2017, http://www.cfr.org/russian-federation/russia-rival-partner-both/p38860。

21 世纪初，在中东欧、东南欧、波罗的海国家这些敏感的地缘政治要地，利用每一次危机有组织、有步骤地进行战略扩张的事实。

如果说，从 20 世纪 90 年代后期到 2008 年前后，北约企图从传统意义上的东欧、波罗的海国家的外围一步一步地向俄罗斯极其敏感的周边地区——格鲁吉亚和乌克兰推进，乃是一个充满争议的过程，那么，2013 年之后的乌克兰危机，更是这一重大争议逐渐激化的顶点。这些争议至少可以归纳为两种类型：一种是较多从事实和规范角度出发的直接辩论，而另一种则是侧重于逻辑和理论角度的较为间接的推论。

具体而言，一方面，从国际法规范角度来看，无论是来自德国还是美国的相关资料①表明，虽然，当年美国前国务卿贝克确实提出过统一后德国留在北约，北约放弃扩张的观点。但是，这一重要表述在西方和苏联（俄罗斯）之间从来不是约束性的法律承诺。在相当部分西方学者看来，北约东扩，并非美国有意扩张势力范围，而是对俄罗斯的防范和抵制，是对民主体制和冷战“胜利成果”的有效捍卫。因此，乌克兰危机是重新唤起“集体安全”必要性的一次重要机遇。但是，即使在西方阵营高层，也有相当权威的专业人士提出了明确清晰的论证，证实俄罗斯与欧洲之所以出现对峙，首先错在北约。比如，在 1994—1997 年比尔·克林顿首个总统任期内担任美国国防部长的威廉·佩里就公开提出，北约东扩是美国和北约犯下的错误。美国本应该同时接纳东欧国家和俄罗斯。是西方的拒斥，使得俄罗斯改变了原来的合作态度。美国、北约与俄罗斯相互敌视的责任，首先在美国这一边。威廉·佩里透露，当时，在美国高层决策圈内，他本人的政治立场相当孤单。在他看来，北约东扩和科索沃战争促使北约与俄罗斯

① 近来新出版的重要文献，有周弘主编翻译的《德国统一史》四卷本中的第四卷（尤其是第四卷的第十三—第十五章，社会科学文献出版社 2016 年版），由当年两德统一德方主要谈判代表提供了相当详尽的材料。也可见弗·祖博克《失败的帝国——从斯大林到戈尔巴乔夫》，社会科学文献出版社 2014 年版，第 441—461 页。该书作者基于东西方广泛档案材料也对此进行了深入的分析。

的关系一路下滑，最终非常有可能形成军事冲突的局面。①

另一方面，从经验、逻辑和理论的角度来看，乌克兰危机后，在西方特别是美国日益恶化的舆论环境之下，有关北约东扩问题出现了不同的看法。有专家辩称，北约从未对后苏联时期的俄罗斯构成威胁，② 也有专业人士主张，北约重视总结冷战经验教训，不以极端的态度处理对俄事务。③ 从均势理论的精髓来看，对于任何可能外来威胁的适度节制、绝不过度的反应，是冷战能够以和平告终的最重要的历史经验之一。而从地缘政治的视角来看，地缘是会远远超过任何意识形态和社会制度之争的更为深刻久远的影响因素。但北约东扩忽略了这样的关键性理论原则。

这些事实与分析足以说明：北约东扩不可能仅是“冷战胜利者”的一厢情愿，欧美和俄罗斯之间的地缘政治抗争，并且与此伴生的价值观较量难以避免。

本文仅从一般地缘政治和强权的体制扩张的视角，考察了由北约东扩所引起的纷争。要想剖析其全貌，还需要揭示北约东扩进程之中的最敏感的问题——反导部署的推进过程，对 21 世纪俄欧安全关系进行进一步观察和解析。

二 反导问题上俄罗斯与西方的较量

反导武器系统，是美国在冷战年代争取战略优势以及维持冷战后

---

① 作为这一段历史的文字记载，也可见 Игорь Дунаевский. НАТО-не кружок по интересам//Российская газета. №. 147. 07 июля 2016. С. 8。威廉·佩里 2017 年 3 月下旬访问上海、北京期间，笔者聆听了他的公开演讲，参与了相关学术交流活动。在与威廉·佩里的对话中，他也谈及了有关的史实。

② Adam Twardowski, “Why NATO Isn’t a Threat to Russia”, September 22, 2016, http://nationalinterest. org/blog/the-skeptics/why-nato-isnt-threat-russia-17797.

③ George Shultz, Sam Nunn, “How to deal with Russia without Cold War psychology”, the Washington Post, March 28, 2014, https://www. washingtonpost. com/opinions/the-us-strategy-for-keeping-ukraine-safe-from-russian-aggression/2014/03/27/d35c9210-b394-11e3-8020-b2d790b3c9e1_ story. html; “Robert Kaplan’s Geopolitics of the New World Order”, TIME, March 31, 2014, http://time. com/31911/geopolitics-and-the-new-world-order/.

世界军事霸权的杀手锏。21 世纪以来，一方面，美国执意推进反导系统，把原属美国一家的反导计划，变成覆盖整个欧洲大地的、北约的反导系统；另一方面，俄罗斯对反导系统的态度，则由合作转向抵制，表现出不可妥协的立场。这一组逆向而动的趋势表明，反导问题乃是 21 世纪以来大国安全关系中的焦点所在。

美国反导系统经历过几个发展阶段。以反导问题为轴心，可以看出美国、北约与俄罗斯相互之间的安全战略关系，一波又一波地展现出各个阶段的不同态势。

第一阶段，自 1983 年“战略防御计划”提出，直至 2001 年底美国退出《限制反弹道导弹系统条约》。虽然在这段时期围绕反导系统的争斗，没有此后那样激烈复杂，但也大体反映出美国与俄罗斯之间在反导问题上的严重对立：即使在相互关系较为和缓的情况下，也不惜撕破脸皮一争高下。

第二阶段，从 2001 年底美国宣布退出《限制反弹道导弹系统条约》，到 2008 年 8 月初俄罗斯—格鲁吉亚战争的爆发。这是美国的反导系统由摆脱美俄双边关系规范制约，开始落地部署，并引发美国与俄罗斯关系骤然恶化的一个关键时期。2006 年之后，欧洲北约成员国着手研究反导系统在欧洲部署的技术指标问题。显然，这一安排大大刺激了俄罗斯方面对于北约的既存疑虑。2007 年 2 月，普京在慕尼黑发表对西方进逼态势的措辞强硬的讲话，与上述迹象无疑有着直接的关联。

第三阶段，自 2008 年俄罗斯—格鲁吉亚战争结束到 2013 年乌克兰危机爆发。这一阶段的前期，美俄关系“重启”确实又一次带来了美俄相互抗争过程中双方的接近与关系的和缓。但是，美俄双方在反导这一重大战略问题上的深刻分歧，并未有任何实质性的改变，始终是导致美俄关系“重启”又重新向危机态势反转的核心问题。[①]

第四阶段，从 2013 年底乌克兰危机发生，一直到 2016 年反导系

① 唐永胜：《反导部署的现实调整》，人民网，2009 年 9 月 23 日，http://cpc.people.com.cn/GB/64093/64099/10099794.html。

统开始在欧洲各地进入实际部署状态。这一阶段，乌克兰危机的爆发导致俄罗斯与美欧间关系的大倒退。不光美俄关系的“重启”已成过眼烟云，而且，俄欧安全争议因克里米亚事件而急剧升温。在此背景下，欧洲反导系统的部署成为东西方关系中最令人关切的大事之一。

2016 年 5 月 12 日，北约秘书长斯托尔滕伯格在罗马尼亚德韦塞卢军事基地正式通告，部署在那里的美国“宙斯盾”反导系统进入战备状态。同年 7 月初的华沙峰会上，斯托尔滕伯格又正式宣布北约导弹防御系统进入初级战备水平。随后，美国现任总统特朗普也在其竞选期间表示，要发展先进的导弹防御系统。

虽然北约内部目前对发展反导系统的意见并不完全一致，比如，法国就持有不同的意见，认为俄罗斯与西方之间的对峙并没有发展到需要部署反导系统的地步。而德国则与美国在反导系统设计过程中费用分担问题上出现分歧。上述纷争体现出，美国主导下的北约反导系统在欧洲的部署，与此前的北约政治—军事东扩的进程一样，既体现了真刀真枪的实力较量，也充满了扑朔迷离的劝诱和说辞。

对于美国咄咄逼人的态势，俄罗斯当然不会坐以待毙，必然会做出反应。俄罗斯官方表示，将以“退出中导协议”作为反制，最大限度地抵消美国部署反导系统带来的威胁。[①] 由此可见，在反导问题上，俄罗斯与美国在欧洲的战略力量失衡已经出现。这就是为什么普京一再强调，反导是 21 世纪以来美俄关系恶化的根源。[②] 总之，只要

---

① Денис Дубровин, Юрий Михайленко, Ирина Полина. Саммит НАТО в Варшаве готовит самое масштабное усиление обороны со времен холодной войны//ТАСС. 8 июля 2016. http：//tass. ru/mezhdunarodnaya-panorama/3438308；Юрий Богданов, Андрей Резчиков, Михаил Мошкин. Система ПРО США приближается° к° России//ВЗГЛЯД. 12 мая 2016. http：//vz. ru/politics/2016/5/12/810195. html.

② 普京在 2014 年瓦尔代论坛十周年会议讲话中特别强调，21 世纪以来俄美关系恶化的最主要根源，就是美国单边退出《限制反弹道导弹系统条约》。笔者在 2014 年瓦尔代论坛十周年会议上，聆听了普京总统的这一演讲。不仅是从当时普京非常肯定的语气中，而且在与会各国专家事后的交流中，都体会到，这是普京总统的一次重要的立场宣示。也见之于 Юрий Политов. Остановить глобальный хао//Российская газета. №. 245. 27 октября 2014. С. 2。

反导问题得不到妥善解决，欧洲安全构架就难以真正形成。

三 乌克兰危机后的常规武装力量重新对峙

乌克兰危机爆发之后，一方面，克里米亚的回归以及俄罗斯的军事志愿人员在乌克兰东部地区的介入，清晰地表明俄方不顾自己在国内外诸多问题上的困难，坚决抵制西方影响在乌克兰的扩展。另一方面，针对乌克兰这样一个非成员国来说，北约当时也没有做好直接军事回应的准备，甚至，当时俄罗斯如果进一步干预乌克兰和其他地区事务，北约也没有特别的应急计划。可以说，乌克兰危机实际上激发了美国与其他北约成员国的政治意愿，要求“重新审视北约对欧洲安全的根本承诺及美国的领导作用”。[①]

然而直到2016年之前，有关在东欧加强军事存在的部署，主要来自美国的动议，暂时还不涉及整个北约。北约当时主要专注于东欧地区的常规军事演习、部队轮换，以及至多开始考虑在波兰西北部组建快速反应部队司令部的问题。但是，到了2016年初，形势发生了变化。据透露，北约出兵的决定，实际上在2016年2月已经形成。[②]同年6月，北约防长会议通过决议，确认在原有驻军基础上，更大规模地增加在东欧和波罗的海的驻军。10月28日，在北约国防部长会议期间，北约秘书长斯托尔滕伯格正式宣布：“北约向东欧增派4000名军人。”[③]

（一）北约军队的重新部署

华沙北约峰会所确认的驻军计划，其内容包括：向波罗的海国家

① “Jonathan Masters: Interviewee with Christopher S. Chivvis, NATO’s Next Moves”, Council on Foreign Relations, March 20, 2014, http://www.cfr.org/ukraine/natos-next-moves/p32619.

② Генсек НАТО заявил, что альянс не откажется от ядерного оружия//Россия сегодня. 2 мая 2016. https://ria.ru/world/20160502/1424713824.html.

③ 曲颂：《扩充军力，俄罗斯与北约“硬碰硬”》，人民网，2016年5月6日，http://military.people.com.cn/n1/2016/0506/c1011-28330478.html。

派出8支部队——波兰、波罗的海三国每国各一支；每支部队1000人，实行轮换（按斯托尔滕伯格的解释，这样做是为了不与“俄罗斯与北约基本文件”的规定相抵触）；将北约快速反应部队的人数扩大到原来的3倍，达到4万人；设立规模为一个旅的先锋部队（拟驻扎在罗马尼亚），作为快速反应部队的一部分；在北约东部建立8个小型司令部；在东欧的多国部队，由北约核心大国负责（在波兰的北约驻军将由美国领导，在波罗的海三国的驻军分别由加拿大、德国和英国负责）；大国落实预置装备、补充预警和情报手段；还将在当地防御性地部署更多武器；值得关注的是，本次峰会邀请了两个中立国——北约伙伴国瑞典与芬兰——的领导人参加。近年来，北约越来越积极地对这两个国家进行入盟的游说。

这是北约在冷战结束之后规模最大、力度也最大的一次调整。

（二）欧洲成员国的不同立场

华沙峰会前夕，当时的德国外长施泰因迈尔发出警告，不要“用动静很大的武力威胁和战争叫嚣”[①]来加剧紧张关系。但在华沙峰会，北约还是推出了一连串冷战终结以来最大规模的强军计划。德国社会民主党主席西格马·加布里尔质疑道：“我们必须自问，如果双方在边境上举行军事演习、增加兵力并相互威胁，世界是否真会变得更好。”[②]法国总统奥朗德则明确表示：“北约没有权利对欧洲应与俄罗斯建立怎样的关系指手画脚。对于法国来说，俄罗斯既不是威胁，也不是敌人。”捷克总统泽曼公开对在四国派驻北约军队表示质疑。比利时和卢森堡的代表也认为，北约应当考虑改变对俄立场，与莫斯科展开对话，“华沙峰会不是为了反对谁，这不是论坛的宗旨”。

（三）俄罗斯的反应

俄罗斯常驻北约代表亚历山大·格鲁什卡表示，北约在东部地区

① 参见 Von Hubertus Volmer，“Russland, IS und Schmarotzer Nato-Gipfel der Gegensätze”, 08. Juli 2016, http：//www. n-tv. de/politik/Nato-Gipfel-der-Gegensaetze-article18154666. html。

② Ibid. .

的行动“具有对抗性质”，“俄罗斯将被迫对北约的行动做出反应”。[①] 在华沙峰会之前，格鲁什卡就通过媒体反驳了斯托尔滕伯格所提出的理由。他明确表示：“北约在东部采取的措施只会令局势恶化。实际上，这是用军事手段（例如官兵轮值和大型演习）来打造新的分界线，妨碍大欧洲项目的落实，并加强欧洲国家对美国的依赖。”

华沙峰会前夕的专家论坛上，作为2012年之后第一位来自美国的北约副秘书长弗什博表示：“如今我们怀着惆怅的心情承认，我们转入了与俄罗斯的长期战略竞争，因为双方对欧洲的看法有原则性的分歧。”他说，这意味着北约“已经开始了冷战后方向相反的新转型”。北约将回归自己的本源——巩固自己的东部边界。[②]

从这两位俄罗斯和北约负责官员的表态看，无论内容还是措辞，他们都坚决地表明了各自的立场。甚至连戈尔巴乔夫都公开认为，北约正在从“冷战”转向为真正的战争做准备。他说：“华沙峰会所有说辞都是叫嚣，恨不得对俄宣战。北约嘴上只提防守，但实际上它们却在为进攻做准备。”[③]

（四）关于“军事存在规模”和“混合战争”问题的争议

乌克兰危机之后，美国与北约成员国到底可以在何种程度上做出军事反应，至少在两个关键问题上俄罗斯与西方存在争议。

第一个问题是1997年俄罗斯与北约基本文件中关于如何界定在北约新成员国领土上“军事存在”的争议。1997年5月27日俄罗斯与北约签署的《俄罗斯与北约之间相互关系、合作和安全的基本文件》的条款规定：“北约确认：在现在和未来可预见的安全条件下，北约同盟将会通过协作、一体化和增强潜能的方式，来实施自己的防务和完成相应任务，而不是通过增加部署大规模常规作战力量的

---

① Грушко: планов нападения на Польшу не существует, заявления об этом абсурдны//ТАСС. 6 июня 2016. http://tass. ru/politika/3343572.

② 参见北约官方网站，http://www. nato. int/cps/ru/natohq/official_ tests_ 25468. htm。

③ Андрей Резчиков. Это саммит обмана//ВЗГЛЯД. 9 июля 2016. http://vz. ru/politics/2016/7/9/820384. html? _ sm_ au_ = iVVNjq1nZQrR4VfT.

方式。"① 对此，北约秘书长斯托尔滕伯格对当前北约重新部署军事力量这一重大变化的解释是：一方面，否定此举超出了1997年签署的北约与俄罗斯基本文件规定的界限；另一方面，指出这是对俄罗斯"非法吞并"克里米亚半岛和通过武力动摇乌克兰稳定的有限回应。与此同时，他也表示将继续致力于与俄罗斯保持更具建设性与合作性的关系。② 俄方的反应，则更多的是就文件里面有关"大规模作战部队"的条款的模糊性，"要求解释"。但目前看来，俄方的反应还是相对有限和谨慎的。③

第二个问题，是如何应对俄罗斯在乌克兰东部地区发起的所谓"混合战争"。乌克兰危机后，欧洲安全领域出现了一个令各方专家热议的新词："混合战争"。也即，在有关的冲突过程中，通过由敌对方面操纵的影响力巨大的代理人、志愿者、非官方组织、非正式军事人员以各种方式介入冲突与战争——也包括让反对本国领导层的政治力量的合法化——实现敌对方面的地缘政治扩张和政治战略图谋，包括实现政权改变的图谋。

事实上，2011年中东危机后叙利亚战争爆发，叙方战场早就变成各国武装人员以"混合战争"方式大量潜入的"国际战争"了。④ 乌克兰危机中的"混合战争"现象，不过是这一连串事态发展过程中的一个环节。在俄方的解释中，"混合战争"的含义之一，是指乌克兰危机整个过程中美国的暗中策划和参与；含义之二，是指当时还在任的亚努科维奇政权与德、法、波诸国正式签署的2014年2月21日合法政府与反对派和解协议，在广场乱局中被推翻。而在西方看来，俄罗斯的志愿者和非正式军事人员介入乌克兰东部地区的军事冲

① 参见北约官方网站，http：//www.nato.int/cps/ru/natohq/official_ tests_ 25468.htm。

② 参见"Jede russische Gegenmaßnahme wäre ungerechtfertigt"，20. Juni 2016，http：//www.sueddeutsche.de/politik/nato-generalsekretaer-jede-russische-gegenmassnahme-waere-ungerechtfertigt-1.3043507。

③ Павел Тарасенко. Постпред РФ при альянсе Александр Грушко об ожиданиях от саммита в Варшаве//Коммерсант. Daily. №. 120. 07 июля 2016. С. 6.

④ 在2013年12月摩洛哥马拉喀什国际会议期间，笔者曾聆听来自叙利亚战场各派力量的陈述，了解当时叙利亚战争已经成为实际上的一场"国际战争"的情况。

突，乃是“混合战争”的主要表现。有趣的是，乌克兰危机中对立双方都使用“混合战争”这一概念，来指责对方故意采取行为者身份模糊不清的军事行动。俄罗斯专家认为：“2013 年底在乌克兰成功挑起一场‘混合战争’的是美国，其目的是用傀儡政权来取代政府”。北约秘书长斯托尔滕伯格则认为：“我们采用军事和非军事手段混合的方式来实现国家的稳定，而其他人这么做则是为了令国家动荡。”[①] 可见，在“混合战争”概念上的争议，已然成为北约与俄罗斯互相较量的新领域。

（五）北约与俄罗斯在其他地域正在酝酿中的对峙

第一，北极地区。一方面，俄罗斯正在加紧提出在北极地区的领土主权声明，另一方面，美国、加拿大、丹麦和挪威这些同北冰洋接界的国家也会相应提出自己的领土主张。问题的焦点在于，其一，海冰融化之后，俄罗斯确保领土安全出现了新挑战：俄罗斯陆军在欧洲占有明显优势，因为他们能够自由调动。但是，就俄海军而言，他们已经失去了在波罗的海和黑海的主导权，也无法确保能够进入地中海和大西洋，圣彼得堡的海路通道也明显会受到北约的威胁。所以，俄罗斯海军如何从各个北极基地进入大西洋和北太平洋，就成了关键。其二，2016 年北极海冰的覆盖面积降到历史最低。因此，未来几十年从北极地区获取能源和食物的极大可能性以及东亚和欧洲之间的较短运输路线，对相关国家具有很大的吸引力。其三，2016 年 8 月，俄罗斯已经向联合国大陆架界线委员会（CLCS）提出了相关文件，论证其对北极大片土地的领土要求。俄罗斯希望在当地资源的勘探、开发、管理和保护方面拥有主权。今后的变局在于，如果俄罗斯的申

① 参见 Samuel Charap，“Das Gespenst Hybrider Krieg. Russland hat keine Doktrin für eine hybride Kriegsführung”，25. 04. 2016，http：//www. ipg-journal. de/rubriken/aussen-und-sicherheitspolitik/artikel/das-gespenst-hybrider-krieg-1388/。

索要求得不到 CLCS 的批准，将会出现怎样的局面，令人关注。①

第二，斯堪的纳维亚地区。挪威《广告报》2016 年 10 月的报道称，该国领导人正在研究在特隆赫姆附近的基地部署 300 名美国海军陆战队队员的问题。俄罗斯学者穆欣指出，北约计划从 2020 年起，让 F－35 部署在波罗的海的北约空军基地。那么，只需要几十分钟 F－35 就可以飞到莫斯科和圣彼得堡的俄军高级指挥机关的大本营。在这种情况下，俄罗斯必定要采取反制措施。②

第三，包括本来有可能成为合作空间的阿富汗，也在出现新变化。北约盟国主张在阿富汗的反恐训练任务延续到 2017 年，并承诺财政资助阿富汗军队直到 2025 年。北约将在阿富汗保持 1.2 万名士兵的军力。俄罗斯驻北约代表格鲁什卡认为，俄罗斯与北约虽然在反恐形势的严重性问题上有共识，但并不赞同北约对阿富汗地区的“伊斯兰国”和塔利班控制区域的数量分析。③ 看来，双方的意见分歧渐趋明朗。

由此可以推测，上述三个地区很有可能成为北约与俄罗斯开展潜在军事对峙的新区域，值得继续密切关注。

总结上述北约与俄罗斯常规武装力量新的对峙形势，需要关注的问题是：第一，由于对 1997 年北约与俄罗斯基本文件所规定的内容存在不同看法，冷战后欧洲安全基本制度中的关键文本，已成为有待解决的迫切问题。第二，北约内部尽管纷争不断，但是 2016 年华沙峰会所做出的在东部地区的军事部署，包括 2017 年以来特朗普改变原先的亲俄立场，重申美国与北约合作的决心，反映了北约内部要求对俄采取更强硬立场的意见占了上风。值得注意的是，北约内部如何通过各类妥协协调不同的立场。比如，鉴于法国、比利时和土耳其等

① Mike Scrafton, “Why the Next NATO-Russia Crisis Could Go Down in the Arctic”, September 28, 2016, http: //nationalinterest. org/blog/the-buzz/why-the-next-nato-russia-crisis-could-go-down-the-arctic-17861.

② Владимир Мухин. НАТО готовит России ядерный《подарок》//Независимая газета. №. 218. 12 октября 2016. С. 1.

③ Грушко: НАТО вынуждает Москву адаптироваться к новым угрозам со стороны альянса//ТАСС. 13 июля 2016. http: //tass. ru/politika/3452227.

国事实上更加关注“伊斯兰国”崛起和叙利亚战场，北约做出的一个妥协是：北约不参加打击“伊斯兰国”的空袭，但是，将向反“伊斯兰国”国际联盟提供机载预警和控制系统所获得的情报，以此来换取所有成员国对北约其他统一行动的支持。[①] 第三，俄罗斯对北约新军事部署表现出强硬立场，也有能力采取强硬的应对措施，但是，双方仍在一系列功能性领域进行合作对话。例如，华沙峰会后关于俄罗斯与北约在空中和海上紧急遭遇时的危机防范协商，以及关于阿富汗事务的讨论，还是透露出双方愿意维持对话的节制态度。诚如卢基扬诺夫所说，“25 年的‘无冲突期’已经结束”，但是“政治领导人接下来的任务是控制风险，这种技巧需要重新学习”。[②] 2017 年 2 月的北约峰会上，由于美国新任国防部长马蒂斯的亲自与会，不仅在逼迫北约成员国必须将国防预算提高到 GDP 2% 水平的问题上，而且在承诺部署罗马尼亚旅等一系列新的扩军安排上，北约都表现出与俄罗斯强硬对抗的新姿态。对于形势的急转直下，俄罗斯驻北约总代表格鲁什卡一方面声明，针对北约的蛮横立场，俄罗斯必须做好“长期对抗的打算”；但另一方面他还是表示，美俄在巴库关于两军参谋长层次的合作，以及在叙利亚等一系列问题上的协作，“不应该被一笔抹杀”。[③] 包括 2017 年 9 月俄罗斯与白俄罗斯举行的联合军演“西方 –2017”曾引起北约盟国的高度关注，但是俄白双方还是邀请了北约有关国家代表参加观摩。

四　“特朗普新政”与欧洲安全的前景

总的来说，近年来关于北约的走势，大体可以归纳为三种估量和

---

① 参见 Von Hubertus Volmer, “Russland, IS und Schmarotzer Nato-Gipfel der Gegensätze”, 08. Juli 2016, http://www.n-tv.de/politik/Nato-Gipfel-der-Gegensaetze-article18154666.html。

② Федор Лукьянов. Транспондер во имя мира//Российская газета. №. 152. 13 июля 2016. С. 8.

③ Дмитрий Сабов.《НАТО переходит на силовые схемы》. Постпред РФ при альянсе комментирует встречу министров обороны в Брюсселе//Огонек. №. 8. 27 февраля 2017. С. 8.

分析。

第一派的观点认为，美国对俄策略已经失败，应该重新考虑北约的存留。在这一立场之下有人认为，当前西方对俄战略已经陷于全面困境。第二派的观点认为，美国应该退出北约。在这一立场中，还包括一种看法，认为俄罗斯横竖没有出路：即使美俄和解，也不会对普京有帮助。这一观点，实际上是主张美国放弃对俄的强硬态度，与特朗普竞选期间的主张暗合。

从以上几种观点可以明显看出，正在左右为难中希望调整对俄罗斯政策，改善与俄罗斯关系的不仅是特朗普执政集团，还包括西方其他的政治精英。

但是，美欧内部争议中还有另一种更为显著的影响广泛的立场，认为北约要以更加强硬的联盟战略来对付俄罗斯。

这一派立场中，也可以细分出两种意见：一种侧重于“强硬”；一种侧重于“遏制”。持第一种主张“强硬”观点的西方人士不在少数。他们认为，面对“俄罗斯威胁”，欧美必须团结一致，强硬应对。这种观点的结论是，北约的强硬立场有可能获得胜算。第二种意见则认为，北约的战略对策，应该重回凯南式的遏制战略。持这种观点的人首先坚持，如果以为通过政治和经济的接触，加上军事遏制，最终能够说服俄罗斯愿意建立更具建设性的关系，就是“将主观愿望凌驾于经验之上”。其次，以往推动俄罗斯融入西方的试验已经失败，因此，已有的罗斯福式的将俄罗斯拉回国际大家庭的对策并未发挥应有的效用，只能是重回凯南式的遏制。其要点应该是：第一，对持续了近半个世纪之久的凯南式遏制保持耐心；第二，对西方优势和俄罗斯所面临的困境保持坚定不移的信念；第三，维护西方的团结。只有这些才是成功的关键。①

虽然特朗普也提出过缓和美俄关系的主张，其客观的逻辑依据是，美俄两个核大国始终处于紧张对峙状态，对谁都不是好事，但今

① “The west needs a new strategy of containment for Russiam”, Oct 16, 2016, http: //blogs. ft. com/the-exchange/2016/10/16/the-west-needs-a-new-strategy-of-containment-for-russia/.

天美国要在维护传统的北约结盟关系和重启美俄关系之间求得两全，还真非易事。

代结语 历史比较中的欧洲安全前景

从相对较短的时段来看，国际学者较为关注的是冷战以来，特别是冷战结束以来，美俄关系多次缓和与“重启”对欧洲安全的影响。实事求是地说，尽管东西方之间在欧洲呈现多年高度对抗的状态，毕竟还有过不少次和解。当今形势之下，似乎对抗局势又卷土重来。回顾历史，东西方之间在危机形势之下寻求和平的努力，始终还是给当前事态的进程留下了重要启示。

第一个问题是有关地缘政治在当今变局中的作用。普京在2016年瓦尔代论坛的大会演讲中[①]提道：“地缘政治因素比之意识形态更重要。”普京的这一论断迄今还并没有太多为国际舆论所议论。当今国际变局中，意识形态与地缘政治因素孰轻孰重的话题，值得人们深思。事实上，非意识形态化的语境曾一度主导冷战后的国际发展。尽管，国际关系意识形态化的企图始终或明或暗地留存，意识形态教条也还是难被“胜利者”所主动摒弃。然而，地缘政治利益博弈从来没有因为意识形态的去留而消失，相反，愈演愈烈，并与民族主义、西方式自由主义、“帝国复兴”等各种观念形态相互交织，深刻作用于国际进程。所以，普京的这一论断点出了事态的要害。

第二个问题，对于北约东扩背景之下的欧洲安全格局的发展趋势而言，“二战”以来几十年的国际遗产和经验教训，虽然值得总结，但多少还是显得时间短暂，因而未能触及更深层面的结构性变化。这意味着，需要根据更长时段的观察进行总结和反思。

---

① 2016年普京在瓦尔代论坛大会上的演讲，参见 Заседание Международного дискуссионного клуба《Валдай》. 27 октября 2016 года. http：//www. kremlin. ru/events/president/news/53151。

国际关系的历史中，大概只有两项历史进程，堪与今天北约东扩的庞大规模与声势相比拟。其一，是公元 11 世纪直至 13 世纪延绵了两百年的十字军东征；其二，乃是发生在 18 世纪末至 19 世纪初期的法国大革命之后的拿破仑扩张战争。这几个历史时段中，场面宏大的多国进程的共同点在于：无论是十字军多次东征企图要建立的基督教一统天下，拿破仑想要建立的欧亚帝国，还是北约东扩所期待的世界“民主共同体”，都是旨在建立普世性的一元论为基础的不同形式的帝国体系。但是，十字军东征的失败，只是加速了一个伊斯兰教、东正教和西方天主教势力并存的多元世界的趋势。拿破仑企图“以强力”推广民主的扩张战争，同样也没有带来单一的欧洲民主世界，反而出现了一个由俄国参与，甚至一度由俄国沙皇亚历山大一世左右局面，并与英、普、奥、土共治的维也纳体系——正是这样一个多元的体制在欧洲维持了被称为“百年和平”的较长时间的稳定。至于今天的北约东扩是否会重蹈历史的覆辙，由一元主义的追求为起点，最后还是落得个多元力量并存的结局，似乎还有待进一步的观察。但是，以一元论为主轴的单边主义扩张不合时代潮流，确实是难以违逆的事实。即使是拥有号令天下的军事实力，结成了多方参与的联盟，或者是即便是拥有久经磨砺的意识形态和制度体系，一旦不思进取，迷信教条，抑或滥用权力，扩张无度，总会落到一个难以收拾的地步。

而总体居于弱势的俄罗斯，在冷战终结和苏联解体后 26 年来的磨难中，反倒是经受了考验，凸显了自强不息的顽强斗志。

以多元共存来代替以往一元主导的格局，是一个从未发生过的历史大变局。若非经历漫长而曲折的路途，难以想象会有任何斩获。所需要的可能不仅是力量和勇气，更多地还有赖于思想的健全与创新，方能编织出未来的俄罗斯、北约与欧洲安全格局的一幅清晰图景。

相比之下，以往的西方扩张与冷战后北约东扩的最大不同点，是西方在依然具有综合优势的背景下，推行伴有深度战略威慑成分的扩张，但是还没有发生大规模或全局性的武装冲突和军事战争。所以，尽管北约东扩来势凶猛，也确实已经走向一个面临全面军事冲突的临界点，但是，历史的进步在战争与和平的问题上体现得十分清晰。这说明在当今条件之下，依然还留存维护和平的机会，有待于各方有志者对此尽其一切可能的努力。

检视欧盟地中海移民政策

卓忠宏

一　前言

本文主要探讨欧盟地中海政策中有关“移民”的争议与处理。从地缘政治观点看，欧洲南部的安全威胁主要来自南地中海区域（北非和近东国家）。安全问题并非来自传统的军事威胁，目前很大部分来自于地中海区域的大规模移民，以及逐渐衍生出国际恐怖主义、人口贩运与走私等问题。因此，若将“移民”视为地中海“安全威胁”的来源之一，需先厘清几项问题：

1. 移民是否等同于威胁？或仅是某一类型的移民构成安全威胁？

2. 移民对国家安全是否构成威胁？以及在何种条件下会构成威胁？

3. 移民反映出一种国际现象，威胁的对象主要是国际社会还是单一国家？移民问题的处理应在哪一层次，国家层次还是国际层次（如欧盟）？

第一项问题牵涉安全主体。以移民作为安全分析的主体，需先定义移民的类型。然而专家学者对移民与难民的分类有多种主张，[1] 但无论从法律角度划分为合法移民、难民、非法移民，还是按照移民动机，分为政治型移民、经济型移民、社会型移民，或自愿、被迫移民，都需要从个案中定义出安全的指涉对象。

第二项属于安全认知的观点。每个国家移民来源不同，对移民安全威胁的认知自然不同，对应的做法也不同。因此，需先界定安全主体与威胁之间的关系，亦即移民对欧洲国家的安全构成何种威胁，并针对移民所形成的威胁做系统的比较研究。

第三项问题牵涉安全的层次。指的是不同层次的行为者，包括个人、国家、区域、全球，以威胁涵盖的范围，归纳于其中的层次探讨。欧洲国家移民问题主要受内部市场人员自由流通与外部移民涌入的双重冲击，牵涉成员国内部管辖以及欧盟传统支柱权限划分的基础原则。这些威胁与危机并非单一成员国的问题，而是需要周遭邻国的合作方能解决，因而产生不同形式的安全模式与安全合作的实践。

针对上述课题，文章首先探讨安全议题与移民、难民的关联性；其次，探讨欧洲移民政策"安全化"的发展，焦点集中在欧盟移民

---

① 例如 Stalker 将移民划分为：屯垦移民（settlers）、契约劳工（contract workers）、技术移民（professionals）、没有身份的劳工（undocumented workers）或非法移民、难民和庇护申请者（refugees and asylum seekers）五类；Luckanachai 及 Rieger 从经济需求角度将移民分为：移出型（outward migration）、移入型（inward migration）、中转型（transit migration）、归国型（return）、从乡村到都市（Rural-Urban Migration）移民；Castles 及 Millers 将移民分为：永久移民、外籍劳工、难民；更细分为临时性劳工移民、高技能和经济移民、非法移民、难民、寻求庇护者、被迫移民（forced migrants）、家庭团聚移民、归国移民八种。参见 Peter Stalker, *The No-Nonsense Guide to International Migration*, Oxford, UK: New International Publications, 2002; NaradaLuckanachai and Matthias Rieger, "A review of international migration policies", Working paper for research project of Making Migration a Development Factor: The Case of North and West Africa, available at: http://graduateinstitute.ch/files/live/sites/iheid/files/sites/globalmigration/shared/A%20review%20of%20international%20migration%20policies.pdf; Stephen Castles and Mark J. Miller, *The Age of Migration: International Population Movements in the Modern World*, New York: Guilford Press, 2003, 3rd edition, p. 17. 有关难民定义以1951年联合国《难民地位公约》（Convention Relating to the Status of Refugees）受到较多讨论。公约第一条第2项第1款对难民的定义是："具有正当理由畏惧由于种族、宗教、国籍、属于特定社会团体的成员身份或具有某种政治见解的原因，受到迫害，因而留在其本国之外，并且由于其畏惧，不能或不愿接受本国保护的任何人。"无论请求庇护者具有国籍还是无国籍都适用。然《难民地位公约》定义，限于遭到人为政治迫害的"政治难民"，尚未包括受难于天灾、战争或其他经济社会因素的"战争难民"或"经济难民"。

领域政策的发展与危机处理；再次，借由地中海区域内地理特征临近的国家对共同威胁的认知，分析欧盟成员国如何在欧盟层次协商处理非法移民、难民这类问题。最后则针对欧盟处理地中海移民问题作出总结。

二 移民与安全观

移民与安全引发关注始于1989年柏林墙倒塌。当时东德难民大量涌入西德，世人开始意识到大量人口流动对于国家以及国际社会造成安全威胁的事实。[①] 当"移民"与"安全"课题结合时，移民就兼具"政治行为者"与"政治目标"的双元特色。[②]

一派从安全威胁的角度来解读移民对国家安全的影响。[③] 最重要的是1994年联合国发展计划署（United Nations Development Programme, UNDP）出版的《人类发展报告》(Report on Human Development)，将移民视为"不安全的潜在因素"(a potential factor of insecurity)。[④] 2003年"欧洲安全战略"（European Security Strategy）也指出，非法移民流动已经成为欧洲社会稳定发展的潜在威胁之一。[⑤] 这

---

① Jef Huysmans, *The Politics of Insecurity: Fear, migration and asylum in the EU*, New York: Routledge, 2006, pp. 16 – 17.

② Maria Ferreira, "Risk Politicization Strategies in EU Migration and Asylum Policies", *Journal of Global Analysis*, Vol. 1, Issue 2 (2010), p. 159.

③ Anna Kicinger, "International Migration as a Non-traditional Security Threat and the EU Responses to this Phenomenon", *CEFMR Working Paper*, No. 2 (2004), pp. 1 – 10; David A. Harris, "Immigration and National Security: The Illusion of Safety through Local Law Enforcement Action", *Arizona Journal of International & Comparative Law*, Vol. 28, No. 2 (2011), pp. 383 – 400; Jorge Vala, Cícero Pereira and Alice Ramos, "Racial prejudice, threat perception and opposition to immigration: A comparative analysis", *Portuguese Journal of Social Science*, Vol. 5, No. 2 (2006), pp. 121 – 122; Michela Ceccorulli, "Migration as a security threat: internal and external dynamics in the European Union", *GARNET Working Paper*, No. 65 (April 2009), pp 1 – 30; Maria Ferreira, *op. cit.*, pp. 155 – 183.

④ United Nations Development Programme, *Report on Human Development: New Dimensions on Human Security*, New York: Oxford University Press, 1994.

⑤ European Council, *A Secure Europe in a Better World-European Security Strategy*, Brussels, 12 December 2003, p. 4.

些观点大部分是从社会与文化角度来解读。就国家统一性而言，外国人与移民被认为会破坏文化凝聚与社会秩序，甚至破坏集体的认同。若产生大量跨国移民且难以规范控制，就会造成一个区域或全球性的安全威胁，同时衍生出其他安全问题，如移民接收国产生的排外/仇外意识与族群冲突。这种“文化差异”（cultural difference）常被作为“移民排除”（migrants’ exclusion）的论点，将移民归类为一种威胁。①

另一派持不同看法，认为将“移民问题安全化”（the securitization of the migration issue）的论述会影响大众对移民的接受度，甚至对移民造成伤害。有学者认为移民未必是威胁的来源，有时反倒是威胁的受害者与牺牲品。移民可能是自身安全受到威胁的结果，为了逃避政治迫害、种族净化、内战、环境灾害，甚至传染疾病，不得不背井离乡到他国寻求庇护与生存，形成所谓的难民、非法移民。②

上述这些探讨“安全”的研究与“移民”问题相互联系，发展出“人类安全”（human security）、“社会安全”（societal security）、“认同安全”（identity security）、“多元文化主义”（multiculturalism）等不同观点。

“人类安全”概念出自联合国发展计划署出版的《人类发展报告》，跳出以国家为中心的安全观，转以“人类”为出发点，关切人类生活的安全与质量。③ 此报告指出，“人类安全”所面临的威胁有毒品制造、走私、跨国恐怖主义以及大量的跨国移民。这种“移民威

---

① Maria Ferreira, op. cit., p. 157.

② 相关论述参见 Matthias C. Kettemann, “The Conceptual Debate on Human Security and its Relevance for the Development of International Law”, *Human Security Perspectives*, Vo. 1, Issue 3 (2006), pp. 39 – 52；Jef Huysmans, *op. cit.*, chapter 8；卢倩仪：《发展中“人类安全”概念及其在欧盟非法移民问题上之适用》，《问题与研究》2007 年第 46 卷第 4 期，第 31 页。

③ Matthias C. Kettemann, *op. cit.*, pp. 40 – 42；卢倩仪：《发展中“人类安全”概念及其在欧盟非法移民问题上之适用》，《问题与研究》2007 年第 46 卷第 4 期；蔡育岱、谭伟恩：《从“国家”到“个人”：人类安全概念之分析》，《问题与研究》2008 年第 47 卷第 1 期，第 151—188 页；蔡育岱、谭伟恩：《人类安全概念之形塑：建构主义的诠释》，《政治科学论丛》2008 年第 37 期，第 49—94 页。

胁论”指向“移民所形成的威胁”，而非“移民本身安全受到何种威胁”。[①] 的确，多数国家注重的是外来移民对本国人民和社会的威胁、移民融入问题，以及对移民歧视、排挤的现象，较少注重移民自身安全被威胁的议题。

相对地，“社会安全”或“认同安全”在解释“移民”与“安全威胁”的适用性上就比“人类安全”来得清楚明确。布赞等学者对“社会安全”的界定就是指集体认同遭到外来的认同入侵、认同威胁。[②] 传统移民国家将移民视为多元文化社会中社群的一部分，一般会将移民视为被同化或整合的永久居民。而非传统移民国家的跨国移民若来自同一语系，像美国人、澳大利亚人、葡萄牙人与巴西人移居英国，拉美人移民西班牙，也未必会产生多元文化。[③] 但也有不少案例显示，国际移民在移民目的国造成社会多元化的发展，引发矛盾、冲突，甚至形成对国家认同的挑战。维拉以加拿大与葡萄牙为例，认为移民对一国核心价值与文化认同所形成的威胁，是构成该国反移民倾向的重要因素。[④] 亨廷顿也持类似看法，质疑拉丁美洲（特别是墨西哥）移民正侵蚀着象征自由、平等、民主、精英社会的美国信念（American credo），企图建立一个双语言、双文化的社会。这种观念从文化面向、认同面向看移民的威胁，将移民视为“他者”（others）、“外来群体”（out-group）、一种威胁，而非同盟或可合作的对象。移民被冠上对现实威胁、象征性威胁、族群间排挤等负面刻板的形象，在全社会形成一种对族群的偏见。[⑤]

以文化概念作为政治统一的前提，早在 17 世纪就成为民族国家

---

① 卢倩仪：《发展中“人类安全”概念及其在欧盟非法移民问题上之适用》，《问题与研究》2007 年第 46 卷第 4 期，第 28—33 页。

② Barry Buzan, Ole Waeverand Jaap de Wilde, *Security: A New Framework for Analysis*, Boulder, London: Lynne Rienner Publishers, 1998, p. 23.

③ Han Entzinger and Renske Biezeveld, *Benchmarking in Immigrant Integration*, European Research Centre on Migration and Ethnic Relations, ERCOMER, Rotterdam, 2003, pp. 1 – 53.

④ Jorge Vala, *op. cit.*, p. 120.

⑤ Cited from: Jorge Vala, *op. cit.*, p. 123；亨廷顿：《谁是美国人？——族群融合的问题与国家认同的危机》，高德源等译，左岸文化出版社 2008 年版。

建构的基础。从语言、文化传统与历史定义出族群的“同构型”（ethnic homogeneity），一直被视为民族国家的要素。而移民表露出族群的“异质性”（heterogeneity），就威胁了这种传统国家的概念。[①]尽管将文化同化作为移民公民身份取得的标准，移民的族群认同未必会因为公民身份的取得而渐趋淡化。学界开始重视对移民根源的关切，反思移民移入国主流文化同化的论点，并重新评价多元文化的重要性。

“多元文化主义”衍生自“文化多元论”（Cultural Pluralism），两者都是以族群作为处理文化多样性与差异性的基础。[②] 之后被一些国家运用在处理少数族群（包括弱势族群和移民）的政策。在多元族群建构的社会中，多元文化被视为保护文化多样性与尊重差异性的可行策略，用以对抗主流或强势文化对弱势文化的打压，同时关注文化的展现与平等性。但不论是泰勒提出的“承认政治”（politics of recognition），[③] 还是 Young 的“差异政治”（politics of difference）观点，[④] 主要论点都批判公共领域忽视族群的“差异性”，缺乏对少数文化的“承认”，企图对抗文化同质化，主张一个新的文化平等、新形式的认同政治。国家认同与移民认同两者并非对立的、排斥的，也可以是相互包容的。[⑤]

三　欧盟层次——移民政策之转变

欧洲统合初期的罗马条约以建立欧洲单一市场为目标，就已经提

① Stephen Castles and Mark J. Miller, *op. cit.*, pp. 15－16.

② Bhikhu Parekh, *Rethinking Multiculturalism: Cultural Diversity and Political Theory*, London: Macmillan, 2000, p. 7.

③ Charles Taylor, *Multiculturalism: Examining the Politics of Recognition*, New Jersey: Princeton University Press, 1994, p. 25.

④ Iris M. Young, *Justice and the Politics of Difference*, New Jersey: Princeton University Press, 1990, p. 163.

⑤ Charles Taylor, *op. cit.*, pp. 39－40；亨廷顿：《谁是美国人？——族群融合的问题与国家认同的危机》，高德源等译，左岸文化出版社 2008 年版。陈素秋：《多元文化主义》，载洪泉湖等《台湾的多元文化》，五南出版社 2009 年版，第 8—11 页；范胜保：《多元文化、族群意识与政治表现》，翰芦出版社 2010 年版，第 7—8 页。

及人员自由流动的概念，但局限在成员国之间劳工短缺的前提下进入他国工作，并未就非法移民、签证、庇护有任何规划。20 世纪 70 年代欧洲开始着手处理（非成员国）移民的相关措施，采取政府间合作的方式来协调移民政策。然各国因地理位置、领土边境大小以及移民来源不同，对移民传统、政策有程度上之差异，所以并未建立一体适用之移民政策。随着单一市场建构，“单一欧洲法案”（Single European Act）将人员流动正式纳入欧洲共同体规范（Art. 13），成员国面临人员流动、非法移民管制、难民庇护等问题，因事关跨国边境的管制与开放、第三国人民待遇等，成员国被迫进一步合作以因应移民带来的效应；[①] 之后，马斯垂克条约设置第三支柱内政与司法合作的事务，经由政府间合作方式处理移民事务；到阿姆斯特丹条约（Title IV，Articles 61—69）将原属于第三支柱的外部边境管制、庇护、移民、民事之司法合作转移到第一支柱由欧共体机构负责，从初期纯政府间合作方式交由欧盟层次统筹处理移民事务，正式将移民事务“共同体化”（communitarisation）；[②] 里斯本条约再将欧盟第三支柱刑事司法（Arts. 82—86 TFEU）与警政合作（Arts. 87—89 TFEU）并入第一支柱，受欧洲法院管辖。

（一）海牙计划——移民政策的整合

为创造一个自由流通的欧洲单一市场，法国、德国、荷兰、比利时、卢森堡于 1985 年签署《申根协议》（Schengen Agreement），废除各国之间人员与货物流动的边境管制（Art. 7）。其中人员的自由流动牵涉欧盟成员国公民与第三国公民入境与居留，同时兼顾内部流动与外部边境管制移民政策的统一性，因而逐渐导向由欧盟主导制定一个

---

① Didier Bigo，“When Two Become One：Internal and external securitizations in Europe”，Michael C. William，Morten Kelstrup（eds.），*International Relations Theory and the Politics of European Integration：Power，Security and Community*，London and New York：Routledge，2000，pp. 320 – 322.

② 卢倩仪：《从欧盟移民政策看区域经济整合的政治意涵》，《美欧季刊》1999 年第 13 卷第 1 期，第 7—8、24 页。

共同政策来统一管理移民。[1] 从此，欧盟移民政策始终是双线发展（dual track approach），既要加强边境控管防堵外来移民，也加速内部安全与移民管理。[2]

欧盟建立共同移民政策始于1999年欧盟坦培雷高峰会（European Council in Tampere）通过之“自由、安全与司法领域”（Space of Freedom, Security and Justice）。2004“海牙计划”（The Hague Programme）则延续1999年通过的坦培雷计划之精神，共列举十项具体安全的领域，作为欧盟2005年至2010年司法与内政事务的行动准则，并统整移民政策。[3]

（合法）移民政策可分为移民管制、移民居留与融合政策。2005年欧盟执委会发布《管理经济移民之欧盟途径》绿皮书（Green Paper on an EU approach to managing economic migration），协助成员国接纳合法移民程序的提案。2006年获得欧盟理事会通过后，执委会提出“关于第三国高技术劳工入境与居住条件”指令（Directive on the conditions for entry and residence of third-country nationalsfor highly qualified employment），又称“蓝卡”（Blue Card）。[4]“蓝卡”对象为欧盟以外的第三国国民，是专为高技术劳工移民而设计的长期居留政策，也是结合了工作许可与居留许可的身份证明。蓝卡指令于2009年6月生效。另一关键性发展是2011年执委会提出“单一许可”指令（Single permit directive），[5] 这是结合工作许可与居留许可的单一申请办法，

① 欧洲共同移民政策并不适用于丹麦，欧盟赋予该国对条约第IV篇采取“选择性退出”（opt-out）立场，而英国、爱尔兰则视政策内容选择是否加入（opt-in）。availableat: http: //ec. europa. eu/justice_ home/fsj/immigration/wai/fsj_ immigration_ intro_ en. htm（accessed on 10 April 2016）。

② Maria Ferreira, *op. cit.*, pp. 168, 171.

③ The Hague Programme: Ten priorities for the next five years, The Partnership for European renewal in the field of Freedom, Security and Justice, COM（2005）184.

④ Directive 2009/50/EC（EUBlue Card）.

⑤ 原文参见 Directive 2011/98/EU of the European Parliament and of the Council, 13 December 2011 on a single application procedure for a single permit for third-country nationals to reside and work in the territory of a Member State and on a common set of rights for third-country workers legally residing in a Member State。

给予移民可比拟欧盟公民但并非完全平等的权利。[①]

非法移民，因其不可预测与类型多样（非法进入、非法打工、持用假证件、逾期居留）的特性，成为移民流动过程中最令人担忧的部分。2001 年 12 月欧盟拉肯峰会（Laeken European Council）提出边境管理整合的概念，从边境控管（border control）转向加强边境安全（border security）与边境管理（border management）。[②] 2002 年 6 月欧盟塞维亚峰会（European Council in Seville）就加强安全与打击非法移民出台具体的措施。之后依据“海牙计划”成立的欧洲外部边境管理局（European External Borders Agency，Frontex）独立机构，于 2005 年正式运作，任务之一是从旁为成员国提供组织与运作上的支持。[③]

然非法移民政策最重要的发展是 2005 年 11 月召开的第一届“欧盟—地中海高峰会”（Euromed Summit），会议聚焦移民、社会整合与司法安全合作。[④] 欧盟冀望借由地中海南岸国家经济的改善、创造就业机会、保障合法移民，以及打击非法移民等措施，能有效降低移民压力。此外，欧盟制定《移民流通全球管理方法》（the Global Approachon Migration and Mobility），成为欧盟移民政策重要的基础文件。在此架构下欧盟与第三国就偷渡、人口贩运、组织犯罪、恐怖主义等议题展开政治对话与合作。另透过“美达计划”（Mediterranean Economic Development Aid，MEDA），向南地中海国家提供财政与技术援助，帮助它们调整经济结构、改善医疗与教育等社会福利措施、缩短城乡差距，希望借此维持南地中海区域稳定，减少来自这些地区的跨

---

① Yves Pascouau and Sheena Mcloughlin，“EU Single Permit Directive：a small step forward in EU migration policy”，*European Policy Center*，24 January 2012，available at：http：//www. epc. eu/documents/uploads/pub_ 1398_ eu_ single_ permit_ directive. pdf，pp. 2 – 3（accessed on 10 April 2016）.

② Maria Ferreira，*op. cit.*，pp. 169 – 170.

③ Jef Huysmans，*op. cit.*，p. 67；Elisabeth Johansson-Nogués，*El Proceso de Barcelona：de Valencia a Creta*（Barcelona：InstitutoEuropeo de Mediterrάneo y la Fundación CIDOB），pp. 76 – 79；and European Commission，*Europe and the-Mediterranean：towards a closer partnership*，（Office for Official Publications of the European Communities，2003），p. 36.

④ “Euromed Summit，Barcelona 27 – 28 November 2005”，available at：http：//www. eeas. europa. eu/euromed/summit1105/five_ years_ en. pdf（accessed on 10 April 2016）.

国移民。[1]

（二）内部与外部安全二合一

2008年金融危机延烧到南欧后，欧盟开始紧缩移民政策。2008年欧盟提出《移民与庇护协定》（The European Pact on Immigration and Asylum），区分五项领域：加强移民治理；非法移民的遣返；更有效管控边境；建构欧洲难民网络；与移民来源国和中继国建构全面性伙伴关系。重点不外乎移民融合（harmonization）与难民重置（relocation）。[2] 此时期南地中海的跨国移民潮尚未给欧盟造成太多困扰，成员国所受冲击也不尽相同，移民政策进展与效率都有限。然进入21世纪，欧盟东扩与恐怖主义兴起两件大事导致欧盟移民与安全本质上彻底地改变。

先看欧盟东扩的影响。2004年与2007年欧盟先后接受10个中东欧国家与2个地中海岛国（克罗地亚于2013年加入）。欧盟东部边境扩展至俄罗斯与中亚国家，南部隔着地中海与北非、近东国家为邻。欧盟旧成员国对新入盟的成员国（除南塞浦路斯、马耳他外）采取7年过渡期的管制措施。[3] 随着中东欧新成员过渡管制期结束，目前除南塞浦路斯、保加利亚、罗马尼亚、克罗地亚之外，中东欧成员国都已经成为申根区一员。欧盟针对边境东扩制定出睦邻政策（European Neighbourhood Policy），提出“更广大的欧洲”（wider Europe）概念，作为欧盟与东、南边界邻国广泛对话与合作的机制，关注东扩后欧盟边境“管理”与“安全”议题。欧盟开始在中欧与东欧设立移民缓

---

① 有关地中海援助计划或《巴塞罗那进程》（Barcelona Process），参见卓忠宏《欧盟地中海政策的历史发展与建构模式》，载苏宏达主编《欧洲联盟的历史发展与理论辩证》，台湾大学出版中心2011年版，第455—498页；朱景鹏《欧盟的援外政策治理：以发展合作政策与人道援助为例》，载朱景鹏主编《欧洲联盟的公共治理——政策与案例分析》，台湾大学出版中心2013年版，第419—488页。

② Stefano Bertozzi, “European Pact on Migration and Asylum: a stepping stone towards common European migration policies”, *CIDOB*, No. 19 (28 November 2008).

③ Gemma Aubarell and Xavier Aragall, “Immigration and the Euro-Mediterranean Area: Keys to Policy and Trends”, *EuroMeSCo paper*, No. 47 (September 2005), pp. 7–8.

冲区，以及界定地中海海域的共同外部疆界的管制权限。[①]

再看恐怖主义的兴起。欧盟内部疆界的去除，是否会导致第三国人民在欧盟内部流动失控、难以管制？两者之间的关联性原本并无定论。[②] 然而自美国“9·11”事件以来，2004 年马德里爆炸案，2005 年伦敦爆炸案，2015—2016 年在法国、比利时与土耳其接连发生的恐怖攻击事件，事后发现皆与移民及其后代脱离不了干系，恐怖分子混入移民/难民行列，利用申根区特性在欧洲内部自由流动。这些事件证实了欧盟的疑虑，移民问题也从所谓的经济与社会层面的“低阶政治”（low politics）升高为国安层级的“高阶政治”（high politics）。[③] 恐怖主义的扩散促使成员国意识到国家力量的局限性，开始思考在欧盟层次加强安全领域的合作，同时也导致欧盟移民政策的转变，由原先有条件放宽移民的入境与管制，转为加强边境控管，防堵非法移民。[④]

四　国家层次

2010 年底“茉莉花革命”至今，南地中海突尼斯、利比亚、埃及、伊拉克、阿富汗、叙利亚等国大批移民涌入欧洲，这些移民多数出于经济原因逃离，也有寻求政治庇护的难民。据统计，单单叙利亚一国逃出的难民就有约 450 万人，占叙利亚总人口的六分之一，还有 700 万人在叙利亚国内流离失所。[⑤] 这是自第二次世界大战之后最大规模的难民潮。

---

① Raffaella A. Del Sarto and Tobias Schumacher, “From EMP to ENP: What's at Stake with the European Neighbourhood Policy towards the Southern Mediterranean?” *European Foreign Affairs Review*, No. 10 (2005), p. 19；杨三亿：《欧盟对乌克兰政策的外溢效果》，载张亚中主编《欧洲联盟的全球角色》，台湾大学出版中心 2015 年版，第 507—564 页。

② Didier Bigo, *op. cit.*

③ Anna Kicinger, “International Migration as a Non-traditional Security Threat and the EU Responses to this Phenomenon”, pp. 1 – 10.

④ Maria Ferreira, *op. cit.*, p. 171.

⑤ Amnesty International, *Syria's refugee crisis in numbers*, available at: https://www.amnesty.org/en/latest/news/2016/02/syrias-refugee-crisis-in-numbers/ (accessed on 10 April 2016).

（一）希腊与土耳其防线

面对大规模移民潮造成的边界失控与社会失序两大问题，欧盟因应的做法大致可分为两类。

一是加强地中海域边境管制，防堵难民大规模的移动。从地缘来看，叙利亚难民潮，土耳其、希腊首当其冲。目前单土耳其一国就接纳了超过250万名叙利亚难民，其中又有很多难民将希腊作为进入欧盟的跳板，千方百计从土耳其偷渡抵达希腊，再辗转进入西欧。欧盟要求希腊北部边界能严格控制，希腊政府则要求欧盟提供4.8亿欧元援助滞留在希腊的难民。但之前欧盟已向雅典提供处理移民潮的资金和各种支持，在希腊5个移民热点建立的登记中心，目前只剩一个还在运作。[①] 希腊的不作为及无效率，导致中东欧国家扬言要联合马其顿、保加利亚，单方面派兵关闭希腊边界，阻止难民入境。

《申根协定》第23—26条规定，在特殊情况下，区域内成员国可暂时恢复“内部边界管制”一个月，可视状况延长，最长可达半年。[②] 2015年波兰、匈牙利、奥地利、德国、丹麦、瑞典、法国等国，都相继执行过短暂的边界管制措施。显而易见，边境管制法律面与技术面不难，因申根条约已有规范。制度面与价值面冲击才是重点。难民问题迫使欧盟希望进一步整合成员国外部边境的管控。此政策既牵涉欧盟内部的移民政策，也涉及成员国各自的司法管辖权，在制度面必须仰赖欧盟各国协调与合作。再看价值面，申根区代表欧洲统合一大成就，精神在于互通有无、自由平等。当一个国家决定了它的难民接收上限，其邻近国家就必然因此而受苦。如同现在的希腊，当马其顿片面关闭与希腊接壤的边境后，希腊面临大批难民滞留的困境。

二是快速遣返未获得庇护的难民。2016年3月欧盟与土耳其达成

---

① Amnesty International, *op. cit.*

② Regulation (EC) No. 562/2006 of the European Parliament and of the Council of 15 March 2006 establishing a Community Code on the rules governing the movement of persons across borders (Schengen Borders Code).

双边协议：[①] 由土耳其进入希腊的难民遣返费用由欧盟负担；达成“以一换一”协议，每遣返一名希腊的难民，欧盟需自土耳其接收一名，上限为72000人；土耳其加强陆路与海路边境防护，防堵非法移民进入欧盟；一旦非法移民进入欧盟，双方成立人道援助计划小组（Voluntary Humanitarian Admission Scheme）处理难民；欧盟提供土耳其30亿欧元的额外补贴；欧盟与土耳其签署的关税同盟内容再深化；土耳其加入欧盟谈判进入下一阶段；双方合作提高难民的人道条件，维持安全环境。

欧盟将土耳其视为大型难民收容所，并打算用优惠政策作为条件交换，寻求土耳其的合作。比较具争议之处在于土耳其的入盟谈判，因为土耳其早在1987年就申请加入欧共体（欧盟前身），2005年获得欧盟候选国资格，但之后的入盟谈判始终得不到欧盟的善意回应。而且欧盟始终未给予土耳其免签待遇，导致土耳其方面威胁单方面终止移民协议（no visa no deal）。另外，奥地利已联合（难民流动）巴尔干路线上的国家，如马其顿、塞尔维亚、克罗地亚、斯洛文尼亚、匈牙利、斯洛伐克和波兰，拟定了一些防卫合作计划，以防欧土协议破局后难民再度涌入。[②]

（二）移民/难民问题上的立场分歧

移民/难民问题困扰欧盟已久。主因在于欧洲各国对来自南地中海的大规模移民“解读”不同，导致处理“态度”不一：[③] 西欧国家在第二次世界大战后面临经济重建的需求，因此招募外国劳工当作

---

① *Next Operational Steps in EU-Turkey Cooperation in the Field of Migration*, COM (2016) 166 final, Brussels, 16.3.2016; and *European Council*, *EU-Turkey statement*, available at: http://www.consilium.europa.eu/en/press/press-releases/2016/03/18-eu-turkey-statement/ (accessed on 10 April 2016).

② Nikola J. Nielsen, “EU-Turkey migrant deal risks collapse, warns Austria”, *EU observer*, 8 Nov. 2016, available at: https://euobserver.com/migration/135811 (accessed on 19 January 2017).

③ 欧盟各国中，不乏以与难民相关的国际条约义务为基础，试图统整各国难民政策的态度，其中又以1951年联合国《难民地位公约》规定的不遣返原则（prohibition of expulsion or return, refoulement）、照顾义务为依据，要求从制度层面约束反难民的成员国遵守国际法义务。

“经济储备”，解决国内劳力短缺的困境，如德国引进土耳其劳工、法国的阿尔及利亚人签署的劳工协议都属此类。这些客工对欧洲战后经济重建有正面的贡献。因此欧洲在面临人口老化与出生率下滑的问题时，有计划地收容移民/难民，并予以适当的职业训练将他们转换成劳动力，就成为德国、瑞典的考虑；相比之下，南欧国家（意大利、西班牙、葡萄牙等）目前经济状况并不允许接收过多难民，但在教宗呼吁天主教社会一个教区至少收容一个难民家庭的情况下，反倒是民间自发性地提供金钱与物资给予当地教会收容难民；中东欧国家（匈牙利、波兰、罗马尼亚、捷克、斯洛伐克等）则大多以宗教文化为由拒绝接纳难民，认为伊斯兰移民会威胁以基督教为根基的欧洲社会，但其背后的原因可能是国内高失业率和疲弱的经济形势，因为人口增长并不必然带来经济的增长。中东欧国家加入欧盟后，在共同市场劳工自由流动的情况下，已经进一步调整境内的劳工结构。境内拥有高技术、有竞争力的劳工向高福利、工业化程度高的国家移动，剩下的多是不愿背井离乡，或技术水平、竞争力薄弱的劳工。在欧盟内部的竞争，以及来自第三国移民的双重冲击下，中东欧国家产生了自我防卫的心态。①

换言之，欧洲各国因其历史发展经验不同，受到南地中海国家的大规模移民冲击的程度不同，接受度自然不同：德国、瑞典发展经验中，外籍劳工对其经济发展有帮助，故这些国家将移民/难民视为“劳工储备力”；南欧国家则是从“人道关怀”“人类安全”角度，将移民/难民视为“弱势者”。由天主教教会收留伊斯兰教移民，不以宗教文化差异而产生排斥，包容性强，“多元文化主义”是其出发点；中东欧国家从“社会安全”与“认同安全”的角度思考，其中亦包含经济竞争的考量，将移民/难民看作“竞争者”。面对来自南地中海的跨国移民潮，欧盟成员国所受冲击不同，对移民认知不同，采取的政策弹性也不同。这或许可解释成员国之间对移民/难民的立场为何有如此大的分歧，且为何呈现出如此特殊对比的情形。

① Daniela Huber, and Maria Cristina Paciello, *op. cit.*, pp. 3 – 6.

五　结论

前文将“安全”概念运用在“移民”事务上。

首先，移民是否等同于威胁？移民问题在欧洲衍生出经济发展需求、社会治安与社会排斥问题、恐怖主义扩散、欧盟极右派声浪高涨、对申根区流动的危害、成员国之间的心结，等等。移民对欧盟从经济上的帮助演变成社会安全问题，甚至升级为国家安全的隐忧。

其次，成员国对安全的认知，对应欧盟移民政策两个中心议题：一是欧盟成员国对移民的接受度；二是移民的多样性对欧盟社会的影响与安全的危害度。欧盟国家都非传统移民国家，若移民来自同一语系，社会融入的问题较小。若非同一语系，再加上文化、宗教明显有差异，移民在工作条件、社会地位与融入问题上就会有落差。“海牙计划”实施以来，欧盟各国对跨国移民仅止于关注合法居留权或公民的平等对待权，忽视劳工工作环境、社会融入与被排斥现象，甚至恐怖主义在欧洲渗透等安全问题。换言之，欧盟并未正视政策与现实脱离的情况，要解决移民/难民问题，欧盟应该在社会、文化、经济各方面多管齐下，包括从消除贫穷、改善生活条件、增加工作机会、避免文化冲突以及尊重少数人权等处着手。

就欧盟内、外部安全来看，欧盟建造一个申根区域，在中、东欧国家之间创造一个移民缓冲区，在地中海区域加强共同边境管制的功能。欧盟对合法移民持开放包容的态度，却也造成非法移民管制上的难度。然而，成员国层次上对待移民问题立场的分歧，造成在欧盟层次处理移民问题的难度。这并非单纯的行政技术问题，这些跨国移民的产生，部分是文明冲突引发的政治议题，部分是阿拉伯世界内部动荡引发的经济与社会议题。移民与难民问题对欧洲政治、经济、社会、文化不同层级的冲击，后续发展仍值得继续观察。

地中海联盟多重移民政策研究
——兼论欧盟对难民危机的应对

臧术美

由于地理上的接近，欧盟与地中海国家之间的联系具有深厚的历史渊源。欧盟对地中海国家的治理最早始于20世纪60年代。从1995年的巴塞罗那进程①开始，欧盟与地中海国家之间的合作进入了一个新阶段，直至2008年的“地中海联盟计划”，欧盟—地中海国家合作关系又走上了一个新的台阶。欧盟之所以重视与地中海国家的关系，主要是基于成员国尤其是南欧国家（以法国、意大利、西班牙和希腊为主）的地缘经济和地缘政治利益的需求。除了地区经济一体化、地区和平与能源安全、反对恐怖主义等重要内容之外，欧盟—地中海合作的一个重要议题就是移民问题。地中海南岸和东岸地区是欧洲移民的主要来源地之一。无论从合法移民的来源、非法移民的控制还是促进移民与发展的关系角度而言，欧盟与地中海国家之间的密切合作都是十分必要的。但是，随着欧洲难民危机的爆发，欧盟内部国家之间的关系以及欧盟与地中海国家之间的关系日趋复杂。地中海联盟应对难民危机的作用有待加强。本文主要针对地中海联盟的多重移民政策体系展开，兼论该联盟与欧盟在难民危机中的应对措施。

---

① “巴塞罗那进程”是欧盟和地中海沿岸国家——阿尔及利亚、摩洛哥、突尼斯、塞浦路斯、埃及、以色列、约旦、黎巴嫩、马耳他、叙利亚、土耳其这11个北非和中东国家，以及巴勒斯坦民族权力机构，在经济、能源、移民、民主制度等方面建立的合作关系，以2010年前建立欧盟与地中海国家的自由贸易区为远期目标。

一　地中海联盟的移民与难民

（一）地中海联盟的由来

2008 年 7 月 13 日，欧盟的 27 个成员国和 16 个地中海沿岸非欧盟成员国的领导人齐聚在法国巴黎召开的“巴塞罗那进程：地中海联盟”峰会。这次峰会不仅启动了地中海联盟，并且在它的宣言中，强调要将地中海沿岸转变为一个和平、民主、合作和繁荣的地区。地中海联盟与 1995 年开始的巴塞罗那进程是一脉相承的。巴塞罗那进程中的成功经验将被新的地中海联盟计划所继承和发展。例如巴塞罗那进程的目标及合作领域仍然有效，并将与“合作的三领域”（政治对话、经济合作与自由贸易、人权和社会文化对话）一道继续成为欧盟—地中海关系中的核心；2005 年由巴塞罗那峰会制定的“五年行动计划”（包括第四个合作领域：移民、社会融合、司法与安全）也将继续有效。“联合宣言”称，地中海联盟是一种共识原则驱动的包容性进程。它将建立在对“巴塞罗那进程”的成功元素的认可和强化的基础之上，作为欧盟与地中海非成员国双边关系的一种补充，将继续置于“联系协定”“欧洲睦邻政策”等现存的政策框架之内，但独立于欧盟的扩大政策和市场准入谈判进程之外。与原有的“巴塞罗那进程”相比，新的地中海联盟既是该进程的一种自然演进，也是对该进程的一种重大超越。这种“超越”既体现在以最高级别的地中海峰会为核心的政治动员和以平等地位为基础的“南北联合”的共同治理结构的建构，又体现在创造一致性的具体的区域行动计划的启动，由此形成地中海联盟“三个简明而极其重要的行为准则”。①

地中海联盟主要是法国萨科齐总统倡导建立的，其用意在于扩大法国在该地区的主导地位以及在国际上的影响力，抗衡德国在欧盟东扩

① European commission，“Paris Summit f or the Mediterranean”，Paris，13 J uly 2008，http：//www. ue2008. f r/PFU E/lang/en/accueil/PFU E07_ 2008/PFU 13. 07. 2008/sommet_ de_ paris_ pour_ la_ mediterranee_ 4758. 转引自郑先武《构建南北合作新模式——建设中的地中海联盟解析》，《国际论坛》2009 年第 2 期。

后日益增长的实力，制约美国在地中海地区的影响力，同时也是为了应对日益严重的移民、恐怖主义和地区安全问题。但地中海联盟的发展受到了以下因素的制约：一是，联盟成立宣言回避了对欧盟而言真正具有战略意义的问题，包括如何在北非和中东推进民主和人权，如何促进伙伴国经济政策，以及如何应对伊斯兰激进主义等问题，没有提出具体的、有针对性的改进之策。欧盟似乎正在按照自己的方式与地中海地区进行合作，并没有遵照萨科齐总统提出的设想进行。二是，地中海联盟成员国内部之间存在矛盾，德国和英国有制约法国主导权和分割法国利益的意图。而像利比亚这样的北非国家，并不甘心让地中海地区沦为某个国家和某个组织的势力范围，这其实是在抵制法国扩大其在地中海地区的影响力。[①] 实践证明，地中海联盟在推动地区和平与发展方面的作用并不显著，其在解决欧洲难民危机方面也没有作出实质性的贡献。地中海联盟与欧盟性质的比较参见表 1。

表 1　**地中海联盟与欧盟的比较**

	欧盟	地中海联盟
性质	紧密的国际组织 高度的一体化	松散的国际组织；一体化程度低； 以多边主义为纽带、以“联合所有权”的共同制度为核心，主要通过欧盟与地中海伙伴国的集体对话与合作机制发挥作用的跨区域联合体
主导力量	德国和法国	法国
成员国	28 个欧洲国家（英国脱欧正在进行）	欧盟 28 国 + 15 个地中海沿岸的非欧盟欧洲国家、中东国家和北非国家
效力	公认的一体化程度最高的地区组织；在国际舞台占据重要地位；对成员国政治、经济、社会和文化发展影响深远。除了军事和外交等领域之外，在许多重要领域拥有由成员国让渡而来的重要权力和强制性约束力	国际影响力较弱，更多局限于对地中海沿岸国家的影响，对成员国基本不产生实质意义上的强制性约束力。

注：表由作者自制。

① 王玉婷：《地中海联盟中的法国因素》，《学习月刊》2009 年第 14 期。

（二）地中海联盟的移民与难民状况

根据联合国2006年公布的统计数据，从1990年到2005年的15年，欧洲的外国移民数量增长了1470万。2005年，在全球1.91亿跨国移民中，有60.5%（1.15亿人）生活在发达国家，其中三分之一在欧洲。[①] 欧盟移民的主要来源地就是地中海地区的非欧盟成员国。2003年的调查显示，在欧盟的1800万移民中就有500万人来自南地中海和东地中海国家。来自地中海沿岸国家，特别是马格里布地区和土耳其的移民潮经久不衰。而根据另一组数据来看，地中海国家已有超过2300万移民生活在欧洲，其中在法国落地的移民占外来人口的40%，在德国和荷兰的移民占30%—35%，在比利时、西班牙和意大利的占15%—20%。这些移民多为一般工人、年龄多在20岁以下且受教育水平较低，其中一部分已成为欧洲经济、社会、文化安全的主要威胁之一。[②] 随着2015年难民危机的爆发，“欧洲正面临二战结束以来最严重的移民危机”。英国《金融时报》指出，欧洲目前正在经历的难民危机，比20世纪90年代那场近200万难民逃亡西方的波斯尼亚危机还要严重。[③] 据国际移民组织2015年12月22日报告，抵达欧洲的难民人数已达到100万人，是2014年人数的近5倍。令人稍感安慰的是，欧盟与土耳其于2016年3月达成了难民协议，2016年欧洲国家接收的难民人数有所降低。据德国内政部移民和难民办公室2017年1月发布的年度统计数据，2016年约有28万难民进入德国，相比2015年难民危机高潮时期的89万人，数量急剧下降。据法

---

① Population Division of the United Nations Secretariat, Trends in Total Migrant Stock: The 2005 Revision (POPPDBPMIGP Rev. 2005), database in digital form, 2006. 转引自 Economic and Social Council, UN, 2006, World Population Monitoring, Focusing on International Migration and Development, p. 4。

② Muge Kingacioglu, "From East-west Rivalry to North-South Division: Redefining the Mediterranean Security Agenda", *International Relations*, Vol. 15, No. 2 (August 2000), pp. 27 - 39. 转引自郑先武《构建南北合作新模式——建设中的地中海联盟解析》，《国际论坛》2009年第2期。

③ 《难民危机让欧洲坐立不安》，《人民日报》（海外版）2015年8月29日，第3版。

新社 2017 年 1 月 12 日报道，法国难民及无国籍者保护局（Ofpra）当天披露，2016 年移民局收到 8.5 万多份避难申请。[①] 当然，难民和移民并不完全是同一个概念。[②] 此次难民危机中，许多非战乱国家的非法移民也试图跟随难民潮涌入欧盟。因此欧盟也加强了对非法移民的审查和遣返工作。

关于移民问题，欧盟及其成员国面临一个重要矛盾：移民一方面给接收国的经济发展做出了巨大贡献，但另一方面也会带来一系列的社会问题，尤其是难民危机和恐怖主义危机的爆发，加剧了欧洲人民对难民和移民的抵制和排斥。对移民问题的关注不仅是接收国经济发展和社会稳定的要求，也是移民输出国实现经济长期发展（防止高端人才过分流失）不可忽视的议题。移民产生的根源在于地区之间经济发展不平衡。在第二次世界大战结束后的三十年里，欧洲各国政府对于外来移民的态度基本上是欢迎的，有些国家还主动到世界劳动力市场上寻找劳动力。在这期间，出现了从马格里布国家到欧洲国家的第一次移民潮。然而，20 世纪 70 年代的石油危机改变了这一局势。欧洲各国的经济开始下滑，失业率升高，这不仅使其对移民的需求大大降低，同时，也突显了移民所带来的社会问题。这一时期，欧洲各国政府对移民的政策有很大的转变，当地居民对移民的态度也由欢迎转为排斥，非法移民的数量随之攀升。世界移民政策发展中心（ICMPD）的资料表明，非法移民进入南欧的三条主要路线中，有两条途经北非：一条经摩洛哥，穿越直布罗陀海峡到达西班牙海岸，系地中海路线；一条从利比亚或埃及出发，经地中海到达意大利的蓝佩杜萨岛、潘泰莱里亚岛、西西里岛，或马耳他，为中地中海路线。而近几年由叙利亚战争引发的难民潮，则主要从土耳其和巴尔干半岛涌入欧

① 移民数据根据新华网、人民网和华人街网消息整理。

② 《联合国移民权利公约》（The UN Convention on the Rights of Migrants）指出："移民是指所有凭借个人意志选择移民的人。他们做出这一决定是出于个人考虑，而不是外力影响。" 1951 年通过的《日内瓦公约》是国际难民系统的基石，它将难民定义为那些因为"宗族、宗教信仰、国籍、社会组织或政治组织成员身份"，而遭到迫害，不得不离开母国的人。

洲（即东地中海路线），在巴尔干国家纷纷设置障碍后，这些难民和非法移民又大量取道利比亚—马耳他—希腊（中地中海路线）。有研究表明，西班牙截获的非法移民1995年为1573人，2000年迅速上升到15000人，2003年则高达19176人，2005年为11781人。从北非到达意大利的非法移民，2003年登记在册的人数为14017人，2004年略有减少，为12737人。这些非法移民主要来自撒哈拉以南非洲、亚洲和地中海以南和以东国家。① 近几年的欧洲难民危机，使这一问题更加严峻。而2015年至今涌入欧洲的难民总数已高达100多万，其中既有大量难民，也夹杂着许多非法移民。

非法移民和难民的涌入，的确给欧洲各国带来一系列社会经济问题。但与此同时，随着欧盟各成员国社会老龄化程度越来越高，它们已经认识到源源不断的高学历、高技术人才对于促进欧盟各国的经济发展和繁荣具有不可替代的作用，同时，欧盟也意识到世界上主要地区已竞相吸引高素质移民，来满足本国或者本地区的经济发展需求。据预测，欧盟今后10年内劳动人口将缩水1800万，急需解决劳动力短缺问题。此次难民危机中的德国，之所以表现出对难民较大程度的欢迎，一个重要原因就是德国正面临严重的人口老龄化问题，政府意欲从难民中吸收掌握技术和工作经验的优质移民作为储备。与之相反，英国和法国民众与政府所表现出来的，则是更加排斥移民和难民。鉴于移民在国内劳动力市场所占据的重要位置，如果一味给予限制，这些国家经济的可持续发展能否得到保障，需要认真思考。但这个问题已被当下欧洲日益盛行的民粹主义所弱化了。

总之，移民问题是欧盟与地中海地区关系中的一个重要议题。移民问题目前所面临的挑战包括：合法移民、移民与发展、对抗非法移民。② 对欧盟而言，如何建立有效的政策体系，在吸收所需的合法移

① Muge Kingacioglu, "From East-west Rivalry to North-South Division : Redefining the Mediterranean Security Agenda", *International Relations*, Vol. 15, No. 2 (August 2000), pp. 27–39.

② Council of the European Union, Barcelona Process: Union for the Mediterranean ministerial conference, Final Declaration, Marseille, 3–4 November 2008, p. 24.

民、接纳一定数量难民的基础上有效抵制非法移民，帮助移民输出国的经济一体化发展，同时帮助战乱国家恢复和平，都是十分重要的问题。而对于地中海移民输出国而言，如何建立本国移民管理体系，防止高级人才的大量流失以及非法移民的无节制输出（或者作为中转国的流转），实现自身的和平稳定、经济发展和社会进步，是从根本上解决移民问题的出路所在。

（三）难民危机中的地中海联盟和欧盟

欧盟正遭遇多重危机的困扰：一是历时多年的债务危机，使得欧洲经济萧条，失业率上升，社会矛盾增加，外来族裔与主流群体之间冲突加剧；二是以巴黎暴恐事件为代表的恐怖主义危机，加重了欧洲内部尤其是右翼势力对外来族裔的排斥和敌对情绪，多元文化主义受到巨大冲击，欧洲多国宣布多元文化主义的“失败”；三是难民危机，给欧洲带来新的恐慌，加剧了欧洲人对“欧拉伯”（Eurabia）的担忧，多元文化主义受到进一步质疑、抵制乃至被抛弃。

地中海联盟的许多国家，包括叙利亚、土耳其、希腊、意大利、法国等，正好都处在这次难民危机的核心影响区域，它们要么是难民危机的发源地，要么是重要的中转国，要么是难民的目的地。此轮欧洲危机，大大冲击了欧盟和成员国的移民政策体系，显示出欧盟在应对难民危机时的机制缺失和团结不足，暴露了欧盟和成员国对难民危机的应对能力和意愿的不一致。面对难民潮，“东”“西”欧洲的态度截然不同。与德国勇于接纳难民的态度相反，中东欧国家拒绝执行欧盟有关接纳难民的《都柏林协定》，而且还关闭边界，拒难民于国门之外，令欧盟鼓励人员自由流动的《申根协定》形同虚设。欧盟提出的多项有关分摊难民的政策，也遭到中东欧和南欧国家的强烈抵制。维谢格拉德集团四国（波兰、匈牙利、捷克和斯洛伐克）总理2017年3月28日在华沙举行会晤，均表示不支持欧盟目前强迫分摊难民以及把接纳难民数量与获得欧盟基金挂钩的政策。

欧盟三个主要大国——德国、法国和英国对待难民的态度一直存在很大差异。默尔克领导下的德国，愿意继续履行“人道主义”国际责任，承担了难民接收的主要任务，并且积极推动欧盟联合应对难民危机。而英国和法国，却采取了更加保守的难民政策。在英国，以底层民众为代表的民粹主义势力害怕难民和移民的不断涌入继续剥夺自己的工作机会、增加恐怖主义的危险，加上对欧盟一直以来“束手束脚”的不良印象，推动英国退欧公投，并取得胜利。英国脱欧是欧洲一体化遭遇的一个重要挫折。与此同时，法国的“多元文化主义”移民政策也受到了前所未有的质疑。法国前总统萨科齐在 2015 年曾提出，虽然不可能将恐怖主义直接归咎于穆斯林移民，但移民“使情况复杂化”，之前他也表示过：“松懈的移民政策已持续了 50 年，使得社会融合陷入失败境地。”在他看来，正是这些原因导致法国社会内部出现了“强烈的”紧张局面，“从举国团结陷入国内对抗”。从 2017 年的法国大选中可以看出，民粹主义势力呈现出前所未有的力量。国民阵线领导人玛丽娜·勒庞以高票成功进入第二轮投票，与独立候选人马克龙做最后的较量，这引起了整个欧洲乃至世界的担忧。勒庞一旦当选，她的反欧盟、反移民、反全球化的主张，必然会对欧盟造成前所未有的冲击，欧盟极有可能土崩瓦解。不过，马克龙的最后当选，也算是法国和欧盟对民粹主义势力的重要阻截。但是，作为坚决拥护欧洲一体化的马克龙，能否在上任后尽快找到合适的方案接纳更多的难民，同时维护国内的稳定、团结和发展，尚是未定之数。但就目前马克龙所表现出的对欧洲一体化和难民的积极态度而言，他的上任，至少不会是欧洲一体化的阻碍因素。

作为一个约束性本来就不强的机制——地中海联盟，在难民危机的应对中基本也没有发挥出应有的作用。其中一个重要原因是，作为地中海联盟主要倡导国的法国，在难民危机、恐怖主义危机和债务危机的多重压力下，自顾不暇，并不愿意承担过多的责任。马克龙总统上台后，能否在欧盟—地中海关系上做出重大调整，是否会领导地中海联盟发挥更大的作用，目前尚不能准确推断。但基本可以预知的是：第一，法国在推动欧盟—地中海关系的发展方面依然占据重要位置，拥有很大的责任和操作空间，虽然在推动欧盟与土耳其关于难民问题的合作中，德国起了举足轻重的作用。第二，欧洲难民危机的解决，既需要法国、德国以及其他成员国的联合推进，也离不开地中海沿岸国家的有效合作，如土耳其在缓解此次难民危机中发挥了关键性作用。第三，欧洲难民危机最直接、最根本的解决之道，在于叙利亚等战乱国家本身实现和平和经济发展。法国、德国和欧盟可以在中东和平事务中发挥更具建设性的作用，而非继续听任美国的独断专行。第四，关于地中海联盟的前景。从长远来看，即使难民危机能够得到顺利解决，鉴于地区发展的不平衡，地中海国家之间的移民流动仍将继续存在，以及欧洲国家的能源需求、地区安全问题、环境问题、国际恐怖主义、共同犯罪等问题也会长期存在，以促进地中海沿岸国家和平与发展为己任的地中海联盟，仍有继续存在和发展的必要。不过，从短时间看，不能对地中海联盟的发展抱有过高的期望。

二 地中海联盟多重移民政策：进程、框架与工具

根据地中海联盟2015年年度报告，该联盟在促进青年就业、海陆交通便利性、城市发展、能源再生、应对气候变化、环境保护、男女平等、高等教育等事务方面还是取得了一些进展，并非完全没有作为。2015年，欧洲理事会曾经指出，地中海联盟在政治和经济对话以及构建诸多重要领域的具体项目方面，都被证明是有价值的平台，它也应该被认为是一个地区合作的重要框架。地中海联盟虽然在难民危机中表现欠佳，但它多年来所努力构建的“欧盟—地区—成员国”多重移民治理体系，有其存在的价值和继续完善的必要性。

（一）地中海联盟移民政策进程

1. “巴塞罗那进程”有关移民的政策

1995年11月底，首届欧盟—地中海南岸国家部长级会议在巴塞罗那举行。会议首次提出“欧盟—地中海伙伴关系计划”，又称“巴塞罗那进程”，其目的主要是通过政治和安全对话实现地区和平与稳定，通过经济和财政合作逐步争取在2010年前建立欧盟与地中海南岸国家的自由贸易区，以及通过加强各国社会、文化和人员的交流，

促进欧盟和地中海国家之间的全面合作。具体而言，“巴塞罗那进程”包含三个核心领域：政治和安全、经济与金融、社会和文化。其中，移民政策就包含在第三个领域中。

鉴于非法移民问题的严重性，它已成为历届欧盟—地中海部长级会议讨论的焦点。1995—2005 年，一共召开了 7 次外长会议，但成效不大，主要有两个原因：一是地中海两岸之间的经济社会发展差距仍在扩大；二是巴以冲突仍然没有得到妥善解决，恐怖主义问题成为欧盟和地中海南岸国家面临的共同挑战。从地中海南岸国家涌向欧盟成员国的移民有增无减，非法移民问题日益突出。面对这种情况，欧盟和地中海国家不得不考虑如何进一步推进和改革“巴塞罗那进程”。在此背景下，2005 年 11 月 27—28 日，第一届欧盟—地中海南岸国家首脑会议在西班牙巴塞罗那举行。与会领导人重申将继续支持推进已实施十年之久的“巴塞罗那进程”，促进该地区的稳定与繁荣。会议通过了《反恐行为准则》和《五年行动计划》两项文件，取得了一定的积极成果。《五年行动计划》将移民问题的合作列为“第四个领域”，移民问题仍是欧盟—地中海国家共同关切的重要问题之一。但是，来自地中海国家的非法移民问题仍然困扰着地中海北岸的欧盟国家，非法移民的数量仍在快速增长，由此引发的社会问题层出不穷。2005 年发生的巴黎骚乱，即是一例。面对这些包含移民问题在内的日益严峻的地区性问题，以法国为首的欧盟国家在 2008 年重新提出了“地中海联盟计划：巴塞罗那进程”，意在深化和改革原来的“巴塞罗那进程”，将地中海峰会和外长会议机制化和周期化（峰会每两年一次，而以前十多年间只开过一次；外长会议每年一次），从而确保和扩大在经济、安全、社会和环境等各个领域的合作成果。

2. 2008 年“地中海联盟计划”的移民规定

关于移民问题，2008 年地中海联盟巴黎峰会联合宣言（Joint Declaration of the Paris Summit for the Mediterranean Paris）做出了如下规定：各方共同认为该宣言可以在迎接欧盟—地中海地区共同挑战方面发挥重要作用，如经济和社会发展、世界粮食安全危机、包括气候变化和沙漠化在内的环境恶化问题以及可持续发展问题、能源问题、移民问题、恐怖主义和极端主义问题，以及文化对话问题，等等。具体而言，第 11 条提出：2005 年制定的《五年行动计划》（第四章是关于“移民、社会一体化、司法和安全”）的相关内容将继续发挥效力。第 12 条规定：各国政府领导人共同强调地中海联盟的宗旨是通过加强地区内部的人员交流来实现整个地区的和平与繁荣，由此需要促进人员流动的便利性。推动合法移民的流动，控制非法移民，强化移民与发展的关系，均是该地区的共同利益。这种利益需要通过全面、平衡和协调的（comprehensive, balanced and integrated）方式实现。

2008 年 11 月 3—4 日的马赛最终宣言（DÉCLARATION Finale Marseille）也对移民问题做出相应规定：第二部分的“2009 年工作计划”中规定了召开第一次欧盟—地中海有关司法、自由和安全的部长级会议；第三部分“2009 年其他领域合作”中“D”部分是关于“社会、人类和文化合作”的内容，其中关于移民问题的相关条款是，“移民问题应该继续作为地区合作的关键部分，具体包括合法移民、移民与发展问题以及控制非法移民问题。”这些问题在 2007 年 11 月 18—19 日在葡萄牙召开的第一次有关移民问题的欧盟—地中海部长会议中有所提及。这些问题需要以更加深刻、平衡和协调一致的方式进行处理。这次会议还提到要致力于促进人员的合法流动，对非法移民的控制、移民和发展之间的关系等问题也需要以一种更全面、平衡和协调一致的方法进行处理。①

综上所述，无论是“巴塞罗那进程”，还是“地中海联盟计划”，都对移民问题给予了很多关注。但同时也应看到，由于地中海国家面临的问题很多，地中海联盟所涵盖的内容也很宽泛，移民问题仅是其中一个方面。鉴于“巴塞罗那进程”和地中海联盟自身体系的不完善，它们在移民问题上可以发挥的效力也十分有限。要解决移民问题，仅靠地中海联盟的力量是不够的，还需要欧盟自身移民政策体系

① http://www.euromed-migration.eu/e936/index_eng.html，登录时间：2009 年 10 月 20 日。

的完善、各成员之间双边和多边交流与合作、多种方式的地区性会议的召开、各成员国自身移民政策体系和措施的完善等。这些共同构成了“欧盟—地中海联盟—成员国”多重移民政策框架。

（二）地中海联盟多重移民政策框架

1. 欧盟层面统一的移民政策框架

地中海联盟的移民政策首先是在欧盟统一移民政策框架内展开的。欧盟移民政策经历了一个不断完善的过程，从 20 世纪 80 年代的特莱维小组（TREVI Group）到后来的《申根协定》，以及 1990 的《都柏林协定》，直至《马斯特里赫特条约》和《阿姆斯特丹条约》，都对移民问题做出了不同程度的规定。1999 年欧盟召开的坦佩雷首脑会议、2001 年 12 月的莱根欧盟首脑会议和 2002 年 6 月的塞维利亚首脑会议等，都把移民问题作为主要的议题。2005 年 1 月 11 日，欧盟委员会发布了一份名为《欧盟管理经济移民方法》的绿皮书，迈出了实施“欧盟绿卡”的第一步。随后，欧盟于 2005 年 9 月 1 日提出了关于在 25 个成员国制定统一的移民和避难政策的一揽子协议。具体而言，欧盟统一移民政策可以分为合法移民政策、非法移民政策、移民融合政策、移民与发展政策等。

难民危机爆发后，欧盟移民政策也做出了相应的调整。2015 年 4 月，一艘搭载约 700 人的偷渡船在利比亚附近的地中海海域沉没，大部分人不幸死亡。欧盟随后提出了应对移民问题的“十点行动计划”，包括：加强欧盟在地中海地区的联合行动，扩大行动区域，扣押和销毁“蛇头”操控的船只，对所有移民进行指纹采集；为需要保护的非法移民提供一定数量的安置场所，同时建立新的非法移民遣送机制，以便可以快速地将非法移民遣送回国。然而，批评人士称，该计划未能正视中东和非洲那些移民来源国的问题。欧盟委员会主席容克也表示，该计划需要 28 个成员国共同做出资助的承诺。但是，任何一个国家的拖延都可能会让新计划的实施效果大打折扣。早在 2013 年 6 月，欧洲议会就投票表决，批准建立欧洲统一庇护系统的框架，包括：缩短庇护申请审批时间，改善安置待遇，以及确保难民不管从哪个欧盟国家入境都能获得同等的待遇等。不过，要在 28 个成员国内实施和执行这一方案并非易事。许多国家的政策制定者称，上述法律框架不够清晰，给予成员国的自由裁量权过大。

为终止难民非法从土耳其入境欧盟，2016 年 3 月，欧盟与土耳其签署了难民安置协议，双方一致同意，自 2016 年 3 月 20 日起，所有从土耳其入境希腊的避难者须在希腊进行登记、提交避难申请，未履行上述步骤或不满足避难条件的非法移民将被遣返土耳其。同时，每遣返一名经土耳其入境希腊的非法移民，欧盟将安置一名土耳其境内的叙利亚难民到欧盟境内，安置名额上限是 7.2 万人。欧盟将协同成员国、联合国难民署建立针对性机制来执行安置计划。那些没有尝试过入境欧盟的叙利亚难民将被优先安置。此外，土方还需采取措施防止非法移民开辟新的海路或陆路通道进入欧盟国家；通过海岸警卫队和警察机构加强安保措施，并加强信息共享。双方还同意，土耳其允许叙利亚难民进入土耳其劳动力市场，并为难民提供临时保护。值得注意的是，如果上述机制没有有效控制难民潮，或者遣返人数接近安置名额，这一机制将被重新讨论。如果遣返人数超过安置名额，这一机制将被中止。同时，欧盟将加快土耳其居民进入欧盟的签证自由化进程，在所有标准得到满足的条件下，最迟在 2016 年 6 月底之前解除签证要求。此外，欧盟还将加快向土耳其发放先前承诺的 30 亿欧元的援助用于资助卫生、教育等难民相关项目，并在满足相关条件的情况下，或于 2018 年年底前再追加 30 亿欧元资助资金。对欧盟来说，要兑现这笔最高达 60 亿欧元的对土援助，在希腊债务危机和自身经济不振掣肘下可谓负担沉重；欧盟成员国内部在应对难民问题上争吵不休，执行力也参差不齐，加上土耳其和欧盟成员国塞浦路斯的矛盾，如何能让欧盟拧成一股绳，有序推动协议落实，还需拭目以待。目前来看，该难民安置协议已经取得初步成效，2016 年的欧洲难民数量较 2015 年有较大幅度下降。但鉴于土耳其内部政治的动荡，该协议是否有被撕毁的风险，尚不可知。

2016 年 4 月 6 日，欧盟委员会决定着手修订以《都柏林协定》为核心内容的难民庇护政策，以减轻希腊、意大利等“前线国家”的难民潮压力。1990 年订立的《都柏林协定》规定，难民必须在踏上欧盟土地的第一个国家申请庇护。按照欧盟委员会第一副主席弗兰斯·蒂默曼斯的说法，欧盟现行避难制度“难以招架”本轮难民潮，而“把这一巨大的负担压在少数几个国家肩头，既不公平，也不可持续”。

2016 年 5 月 4 日，欧盟委员会提交了改革欧洲庇护系统（CEAS）的第一个综合方案，涉及《都柏林协定》、欧洲指纹鉴定机构（EURODAC）、欧盟庇护机构（European Union Agency for Asylum）。2016 年 6 月 7 日，欧盟委员会又提交了关于合法移民和一体化融入计划的改革方案。

2016 年 10 月 20—21 日，欧盟峰会召开。对于备受关注的难民问题，欧盟各国在此次峰会上达成共识，未来将通过强化外部边境管控、加强与非洲国家的合作来控制难民流入。欧洲理事会主席图斯克表示，由于通过“东地中海路线”（从土耳其前往希腊岛屿）进入欧洲的难民人数比去年减少 98%，欧盟成员国领导人在峰会上一致同意取消欧盟内部临时采取的边境管控措施，与此同时强化外部边境管控。此外，通过从北非通往意大利的“中地中海路线”进入欧洲的难民数量仍然保持高位，欧盟将继续与难民来源国和中转国，尤其是非洲国家开展合作。但在此次欧盟峰会上，如何分配和安置现有难民问题，成员国之间的分歧仍然很大。匈牙利、捷克、斯洛伐克和波兰等国一直以来强烈反对难民配额，此次峰会也未能改变它们的立场。

欧洲理事会在 2016 年 10 月 20 日发布的一份公报中说，2016 年 10 月 6 日成立的欧盟边境和海岸警卫局是欧盟强化外部边境管控的重要一步，欧盟成员国正在向该局配置人员和装备，以便在年底前使其具备快速反应和遣返难民的能力。

2. 欧盟“新地中海政策”与“欧洲睦邻政策”

欧盟从 20 世纪 90 年代中期开始采取“新地中海政策”，[①] 以提供援助和扩大市场开放为手段，要求南地中海国家按照欧盟的要求进行政治经济等方面的改革和调整，以加快南地中海国家由计划经济向

① 陈沫：《欧盟新地中海政策》，《西亚非洲》2007 年第 11 期。

市场经济的转轨、政治民主化和法制化、环境保护与经济协调发展，以及区域经济合作进程。“巴塞罗那进程”是欧盟“新地中海政策”的重要组成部分，随着欧盟东扩和全球反恐斗争的展开，欧盟新地中海政策的地位发生了新变化，被纳入欧盟东扩后提出的“欧洲睦邻政策”框架范围。“欧洲睦邻政策”是在欧盟《巴塞罗那宣言》的基础上发展而来的新合作框架，旨在进一步加强欧盟邻国的稳定、安全和繁荣。[①] 2004 年东扩之后，欧盟周边治理的重心由扩大转向“合作睦邻”。2009 年 5 月以波兰为首的“东部伙伴关系”峰会遭到法德等大国冷遇，欧盟周边外交的重点还在南部邻国，地中海联盟南部国家成为欧洲睦邻政策的重点，并占用了绝大部分的欧洲睦邻政策资金。

3. “欧盟—地中海”各种形式的会议机制[②]

（1）欧盟—地中海峰会及部长级会议

欧盟—地中海峰会及部长级会议是巴塞罗那进程的主要会议形式。1995—2005 年，一共召开过多次不同类型的部长级会议（包括 7 次欧盟—地中海外长会议）；仅召开过 1 次欧盟—地中海峰会（2005 年）。2008 年新的地中海联盟联合声明指出，应该每两年举行一次地中海峰会，每年举行一次外长会议，并成立秘书处。此外，地中海联盟将采用双主席国机制，主席国分别来自欧盟和地中海伙伴国。新的地中海联盟意图使欧盟—地中海会议机制化和周期化，并提升地中海南岸国家在会议中的政治地位。

（2）地中海 5 +5 对话机制

地中海 5 +5 对话会议始于 1989 年，是国家间非正式政治对话机制，目的是加强彼此合作，促进共同发展，维护西地中海地区的和平与安全。其成员包括北非 5 国摩洛哥、突尼斯、阿尔及利亚、利比亚和毛里塔尼亚，以及欧洲 5 国法国、西班牙、葡萄牙、意大利和马耳他。该会议机制的一个重要议题就是移民问题。

---

① 陈沫：《地中海联盟的由来与前景》，《西亚非洲》2008 年第 10 期。

② 该部分列举的几种会议形式之间存在一定程度的重合与交叉，此处分类没有绝对性。而且此处列举的各种会议没有穷尽所有的会议，只是选择性地介绍。

（3）地区性会议和双边、多边会议

欧盟—地中海的地区性会议极为多样，包括欧非会议、欧非论坛以及其他各种形式的周期性和随机性多边会议等。其中，有三个比较突出的高级会议机制：一是“拉巴特会议进程”（Rabat process），其标志性事件是2006年7月10—11日在摩洛哥拉巴特召开的关于移民与发展的欧盟—非洲部长会议，该会议精神在2007年6月21日的马德里会议以及2008年下半年的巴黎部长会议上得到深化；第二，利比亚的“的黎波里会议进程”（Tripoli process），该进程以2006年11月召开的首届有关移民与发展的欧盟—非盟联合会议为标志，在2007年12月的欧盟—非盟里斯本峰会上获得显著进展；第三，欧盟—地中海巴塞罗那进程，在2005年的“巴塞罗那+10”会议机制中重获生机，并在2007年11月于阿尔加维（Algarve）召开的欧盟—地中海移民部长会议中得到进一步发展。[①]

此外，欧盟对地中海沿岸国家的移民方面的政策框架，还包括MTM对话机制（移民相关国官员之间的非正式对话平台）和“非洲—欧盟MME伙伴关系框架（亚德斯亚贝巴）”等机制。[②] 此外，地中海联盟还定期或者不定期地召开了一系列会议。以2013—2016年为例，地中海联盟一共召开过7次部长级会议、16次高级官员会议（会议代表来自43个成员国）以及120次专家论坛和圆桌会议。这些会议的召开为解决该地区共同面临的问题提供了良好的平台。但是，由于会议形式的繁多和缺乏统一，会议的效力和成果并不十分明显。

除了上述欧盟和地区层级的政策外，地中海联盟各成员国自身的移民体系也可被纳入地中海联盟的多重移民政策体系。但是，地中海联盟移民政策体系涉及的层面太多，在执行过程中，也存在协调困难、效率低下的问题。

---

① Michael Collyer, *Towards Mediterranean Migration Management* 2008? *Developing Discourse and Practices*, ARI 54/2008, Date: 2/6/2008.

② http://www.icmpd.org/our-work/migration-dialogues/，登录时间：2016年9月。

(三) 地中海联盟移民政策工具

1. “欧洲地中海发展援助”计划(MEDA)

1995年,欧盟启动了“欧洲地中海发展援助”计划,加大对该地区的投资,增加对北非国家的贷款。南地中海国家区域经济一体化是“欧洲地中海发展援助”计划资助的重点。该机制自1995年设立以来,资助过许多地区一体化项目,其中包括约旦、埃及、摩洛哥和突尼斯执行的“阿加迪尔自由贸易协定”、地区间产业合作、欧洲—马格里布电力市场一体化项目,以及其他一些大型基础设施地区经济一体化项目。欧盟还通过该机制资助“欧洲地中海青年计划”,鼓励青年志愿者的交流;资助“司法警察移民项目”,推动各国在司法、防治毒品、防范有组织犯罪和反恐等方面进行合作;资助与移民的社会认同有关的合作,以及移民监控等方面的合作。[①] 自2007年起,这一机制被面向所有“欧洲睦邻政策”(ENP)对象国的“欧洲睦邻与伙伴关系工具”(ENPI)所取代。

随着“地中海援助计划”的顺利开展,欧盟金融援助资金不断增加。[②]“地中海发展援助计划”目前已完成两期,首期(1995—1999年)投入资金34.35亿欧元、二期(2000—2006年)投入资金53.5亿欧元。2002年3月,欧洲投资银行专门设立了“欧盟—地中海投资与伙伴关系项目”(FEMIP),每年向地中海伙伴国中的私营部门提供20亿欧元的资金支持;自2007年开始,“欧洲睦邻与伙伴关系工具”开始向10个地中海伙伴国注入援助资金,当年就投入12.54亿欧元。[③] 2015年11月18日,欧盟委员会发布了一项新的联合评议(Joint Communication),宣布新的“欧洲睦邻政策”的重心放在地区

① Annual Report 2006 on the European Community's Development Policy and the Implementation of External Assistance in 2005, pp. 56 – 57.

② 郑先武:《构建南北合作新模式——建设中的地中海联盟解析》,《国际论坛》2009年第2期。

③ European Commission, "Bilateral Trade Relations: Mediterranean Region", http://ec.europa.eu/t rade/issues/bilateral/regions/euromed/index_ en.htm.

稳定以及政治、经济和安全领域。新的睦邻政策基金（ENI）计划为2014—2020年规划期投放154亿欧元。其中专门为南地中海四国（阿尔及利亚、约旦、黎巴嫩、摩洛哥）投放3.66亿欧元，用于这些国家的私营企业发展、民主事业以及改善生活条件。① 此外，欧盟还专门为应对叙利亚难民危机成立了地区信任基金（EU Regional Trust Fund in Response to the Syrian Crisis）。该基金总额目前已接近10亿欧元，包括22个欧盟成员国实际支付和承诺的9.26亿欧元，以及欧盟各种基金工具的贡献。该基金的主要目标是，改善难民接收国境内的难民和本国儿童与青年人的教育和保护工作，改善生活条件，促进就业，促进基础设施建设以及提高公共医疗服务水平，从而缓解接收国的压力。目前叙利亚难民的主要接收国是土耳其（接收了280万叙利亚难民）和黎巴嫩（11万），而超过20万的伊拉克难民则主要滞留在土耳其、约旦和其他接收国。欧盟及其成员国是叙利亚难民危机的最大援助者，目前已经向叙利亚以及难民接收国提供了90亿欧元的援助，并且在伦敦召开的"支持叙利亚"（Supporting Syria）会议上承诺援助30亿欧元（如果进展顺利，还有可能再追加30亿欧元）。②

2. 欧洲—地中海移民项目

欧盟政策工具中有一个专门针对地中海移民问题的资金项目，就是Euro-Med Migration I（2004－2007）、Euro-Med Migration II（2008－2011）、Euro-Med Migration III（2012－2015）和Euro-Med Migration IV（2016－2019）。该项目的宗旨是推进欧盟—地中海地区移民问题的解决以及加强移民与发展关系问题的分析与合作，帮助参与国找到解决移民问题的各种途径，具体包含以下方面的内容：成员国移民法律的司法趋同（legislative convergence）、合法劳动移民的流动、非法移民的控制，以及移民与发展之间的关系。

第一期项目（Euro-Med Migration I）所用资金为200万欧元，第

① https：//ec. europa. eu/neighbourhood-enlargement/neighbourhood/overview_en，登录时间：2017年5月14日。

② https：//ec. europa. eu/neighbourhood-enlargement/neighbourhood/countries/syria/madad_en，登录时间：2017年5月15日。

二期计划使用的资金为500万欧元。具体援助对象为阿尔及利亚、埃及、以色列、约旦、黎巴嫩、摩洛哥、巴勒斯坦被占领土、叙利亚和突尼斯（第一期项目还包括土耳其）。第二期项目与其他两个针对地中海的项目——司法和警察援助项目（Euro-Med Justice II and Euro-Med Police II）同属于欧盟委员会2006年通过的“司法与民政事务”（Justice and Home Affairs sector）领域大项目。第三期项目的资金额度为500万欧元。

目前正在实施的是第四期项目，主要分为两个大方向，一个是地区对话与合作；另一个是能力建设（Capacity-building）与小范围行动（Small Scale Actions）。①

此外，欧盟对地中海国家的援助也包含了移民相关领域，比如此次难民危机中欧盟对土耳其和其他难民接收国提供的一百多亿欧元的援助都属于该领域。这些也可以被计入欧盟—地中海联盟移民政策工具的范畴。

三　地中海联盟移民政策体系的评价

地中海联盟内部已经形成了一个由欧盟、地区和各成员国移民政策在内的多重、多层移民政策体系。地中海联盟移民政策体系既不同于单纯的主权国家移民政策体系（地中海联盟显然不是一个主权国家，其一体化程度依然很低），也不同于欧盟这样的高度一体化组织的移民政策体系（欧盟移民政策体系相对更加完善），也不仅仅是松散的国家间合作模式（地中海联盟强调周期性多层级、多形式会议机制）。地中海联盟“是以多边主义为纽带、以‘联合所有权’的共同制度为核心，主要通过欧盟与地中海伙伴国的集体对话与合作机制表现出来的跨区域联合体”。② 它是一个综合了上述几方面的多层政策

① http://www.icmpd.org/our-work/migration-dialogues/euromed-migration-iv/，登录时间：2017年5月。

② 郑先武：《构建南北合作新模式——建设中的地中海联盟解析》，《国际论坛》2009年第2期。

体系：以法国牵头，联合地中海沿岸非欧盟国家成立的欧盟（含巴塞罗那进程）。在此框架内，各种围绕移民问题召开的国家间双边、多边以及其他形式的地区性会议不断召开；而成员国内部的移民政策体系无疑也是地中海联盟政策体系的基层保障。总之，地中海联盟所采用的解决移民问题的方式主要是：移民输出国和接收国之间紧密对话与合作，欧盟边境非法移民联合控制，各相关方联合参与、协商解决地区问题。

地中海联盟移民政策拥有一定的资金支持，主要是欧盟在其地中海政策和邻国政策框架内对地中海南岸和东岸国家提供多方面资金援助。这些资金项目既有直接针对移民问题的，也有以促进当地经济一体化发展为目标的。这种把发展经济和解决移民问题相结合的做法，有助于从减轻“推力”方面在根源上解决问题。此外，在地中海联盟国家移民政策体系中，尤其是欧盟国家，注意运用先进科学技术手段，通过建立专门移民管理网站，实现各国之间的联网，对移民信息进行分类管理、监督和审查，提高了办事效率，有助于合法移民的自由流动和对非法移民的控制。

但是，地中海联盟移民政策体系也存在很多不足之处。地中海移民政策体系在解决日益严峻的非法移民问题上，显得力不从心。从1995年巴塞罗那进程启动以来，虽然移民问题一直作为一个重要议题受到关注，但很少有切实有效的措施出台，许多与移民问题相关的地区性会议也大同小异，主要限于一些纲领性的言论，比如在合法移民的准入、非法移民的控制以及移民和发展问题上积极开展合作等。而且，这些会议的召开也并不规律，更无法期待有多少切实的措施了。相对于日益严峻的移民和难民问题、国际恐怖主义和环境问题等，欧盟对地中海联盟的资金援助有限，其作用也受到制约。而且由于地中海联盟移民政策体系的多重性，还存在难以克服的协调困难、效率低下的问题。

地中海联盟毕竟只是一个松散的地区性组织，其中欧盟国家自身的利益考量占据重要地位，欧盟国家和非欧盟国家之间的利益需求并不完全相同，也不对等，这就导致其很难超越自身局限性而真正实现联合。另外，从根源上讲，地中海联盟国家的非法移民是地中海两岸经济水平的巨大差距决定的，无论是从“推力”还是“拉力”的角度看，只要这种差距存在，就无法从根本上解决非法移民问题。近年来的难民危机，根源在于中东地区的战争以及背后不平等的国际政治经济秩序。在该地区，长期以来形成了一个顽固的“移民产业”，这是非法移民存在和增加的重要依托。最后，不能否认的是，随着欧洲老龄化的日益严重，欧洲对移民的需求，尤其是高技术移民的需求加大，这是客观存在的现实。如何维持内部高失业率和引进人才之间的关系、如何处理好引进合法移民和控制非法移民的关系，也是欧盟国家面临的一个挑战。更让人忧心的是，欧盟目前所面临的多重危机，似乎仍未看到完全解决的曙光。地中海联盟和欧盟在应对共同危机上要更加有所作为。

2008年起欧盟亚洲战略与政策下的欧亚关系

刘书彬

一 前言

欧亚大陆是地球面积最大的一块大陆，分为亚洲和欧洲；欧洲面积不到欧亚大陆的1/5。16、17世纪起，欧洲逐渐形成迄今以基督教为主的西方文化优越性。但因20世纪两次世界大战的破坏，其强权地位旁落至美国与苏联。1949年，世界进入美苏两强对立的冷战时代，影响了亚洲与欧洲的政治和经济情势。1958年起，西欧国家透过建立欧洲经济共同体，逐渐整合为国际重要的行为者。1990年冷战结束，德国统一，欧洲的统合再进一步，1993年欧洲共同体深化成为欧洲联盟，原东欧国家陆续转型成为市场经济的民主国家，并加入欧盟。2009年生效的欧盟《里斯本条约》第六条，将《欧洲联盟基本权利宪章》（Charter of Fundamental Rights of the European Union）纳入，使得欧盟成为全球最大的一个民主、市场经济和重视人权的价值共同体。

亚洲面积为全球七大洲之首，人口数于2016年底已经超过40亿。人口众多，加上地理历史、宗教和经济发展的结构差异，亚洲可分为多个次区域。欧盟在1994年7月第一次推出的《迈向新亚洲战略》（以下简称“新亚洲战略”）（Towards a New Asian Strategy）文件中，定义了该战略中的亚洲，包括三大地理区域，分别为东亚、东南亚和南亚，共 26 个国家和经济体[①]。本文欧亚关系的研究对象，采用这一定义，其他亚洲地区不加讨论。

欧盟自 1994 年推动“新亚洲战略”以来，截至 2017 年 10 月，已经超过 25 年时间，这段时间内，欧盟也从 12 国逐渐扩增为 28 个成员国。配合本书研究期程从 2008 年全球金融海啸开始，本文从欧盟“新亚洲战略”推展的角度出发，在亚洲政治面临重大的转变时，如伊斯兰教激进派的恐怖攻击、中国“一带一路”（One Belt and One Road，OBOR）建设通达欧洲中心，以及朝鲜不断的飞弹试射与核试爆威胁，乃至于由俄罗斯主导的亚欧联盟（Eurasian Economic Union）成立，分析亚欧关系呈现的新风貌。此外，本文也将检视欧盟的亚洲战略与亚洲政策是否与时俱进，及其实施是否吻合所设定的亚洲政策目标，再探讨其未来面临的挑战。

二　欧盟“亚洲战略”与政策的重点

冷战结束，世界进入全新格局，出现美国一个超强，与俄罗斯、中国、欧盟和日本等强权形成一超多强的结构。欧盟虽然加速整合，但德国被德东庞大的重建负担拖累，英法两国同样有着超过 10% 的失业率，因此急需引进国外资金，并争取外贸合作机会。

（一）1994 年“迈向新亚洲战略”的推出

趁 1992 年“东盟自由贸易区”（ASEAN Free Trade Area，AFTA）成立，在实施“共同有效优惠关税”（Common Effective Preferential

① “新亚洲战略”的对象：东亚 8 个国家和经济体分别为中国大陆、日本、韩国、朝鲜、蒙古国、中国台湾、中国香港与中国澳门；东南亚 10 国为文莱、印度尼西亚、马来西亚、菲律宾、新加坡、泰国、柬埔寨、老挝、越南和缅甸。南亚 8 国是印度、巴基斯坦、孟加拉国、斯里兰卡、尼泊尔、不丹、马尔代夫和阿富汗。至于 5 个中亚国家则属于独立国家联合体（CIS），不在欧盟亚洲政策范畴中。European Commission（1994），“Towards A New Asia Strategy”，Communication from the Commission to the Council，Com（94）314 final，p. 3.

Tariff, CEPT）的经济整合[①]诱因下，欧盟于 1994 年推出“新亚洲战略”参与亚洲的发展。[②]

该战略首重强化欧盟在亚洲的经济表现，以便维持欧盟在世界经济中的领导地位。其主要目的为促进双方自由贸易，并借此维护欧盟及其公民与产业的利益。其次，在政治上，欧盟寻求和亚洲进行政治对话，建构平等的伙伴关系，共同促进世界和平，进而共同扮演建设性地维护地区稳定的角色。对话议题包括：军备控制、核武不扩散条约、韩国问题、南海问题和克什米尔、公海航道安全、人权和对抗贫穷。

欧盟于 1995 年 3 月、7 月相继推出“对日关系新战略”“中欧关系长期政策”，以及对韩国、东南亚国家联盟（ASEAN，以下简称东盟）和印度等的政策和相关的纲领性文件。1994 年 10 月，欧盟因应新加坡总理吴作栋提出召开亚欧会议（Asia-Europe Meeting，ASEM）的想法，于 12 月成立项目小组讨论召开欧亚高峰会，纳入中、日、韩三国，并在其架构下举行亚欧双边的部长级会议。[③] 首次亚欧会议于 1996 年举行。

值得一提的是，1998 年 3 月，欧盟和中国建立全面伙伴关系[④]，将其与中国的关系提高至其与美国和日本关系的等级，并每年和中国举行高层会晤，将欧中高层对话机制化。

（二）2001 年推出《欧洲与亚洲：促进伙伴关系的战略架构》

1994—2001 年，全球面临生态与气候变化危机、武器扩散等非传统的国际性危机；亚洲经历亚洲金融风暴，欧洲经历南斯拉夫内

① 徐遵慈（2016）：《东盟经济共同体：现状、挑战与前景》，http：//web. wtocenter. org. tw/Page. aspx? nid = 126&pid = 274640，Latest update 05 September 2017。

② 陈为：《从“国际经济政治化”的角度看欧盟的亚洲“新”战略》，《中共长春市委党校学报》2006 年第 3 期，第 52 页。

③ 张亚中（2000）：《欧盟的东亚政策》，http：//nhuir. nhu. edu. tw/retrieve/9822/892414H343001. pdf，p. 3。

④ 陈蔚芳：《欧盟的中国政策：战略伙伴关系的期望与限制》，载张亚中主编《欧洲联盟的全球角色》，台湾大学出版中心 2015 年版，第 226 页。

战。21 世纪欧盟因东扩后已和俄罗斯相接，在地缘经济和政治格局改变的背景下，欧盟亟须借助距离较远的亚洲，来提升全球影响力。于是欧盟 2001 年推出《欧洲与亚洲：促进伙伴关系的战略架构》（Europe & Asia：A Strategic Framework for Enhanced Partnerships）文件。在经济上，欧盟支持亚洲区域合作、迈向自由市场经济并持续发展。在政治上，促进和平和安全，减少贫穷，致力于当地人权提升，和民主、善治与法治的普遍落实。①

（三）2007 年的《2007—2013 年对亚洲的区域战略》文件

进入 21 世纪后，国际发生诸多事件，包括“9·11”事件、美国反恐发动阿富汗战争、各地不断遭受恐怖活动等；2004 年底南亚大地震和海啸，以及台风洪水的天灾侵袭等。然除“9·11”事件外，亚洲均未能置身事外。

亚洲除了少数国家外，绝大部分正在民主化阶段。中国和印度两大国之间的阿富汗、巴基斯坦、斯里兰卡和尼泊尔是最不稳定区域，还有数量庞大的难民和移民、核武器扩散、民主转型和人权保障等问题，与这些问题相伴的是人口众多、缺乏合理的劳工标准，自然灾害、气候变化对人类生命和健康的威胁，以及性别不平衡与不同形式的歧视。②

为此，欧盟于 2007 年 5 月底推出《2007—2013 年对亚洲的区域战略》文件（Regional Programming for Asia-Strategy Document 2007 - 2013）。这次区域战略的对象，以东南亚和南亚为主，排除了发达的日本、新加坡、韩国与中国台湾。

该战略有 3 个优先领域：一是支持区域内的整合，主要对话伙伴为亚欧会议、东盟、东盟区域论坛（ARF）与南亚区域合作联盟

---

① 陈蔚芳：《欧盟的中国政策：战略伙伴关系的期望与限制》，载张亚中主编《欧洲联盟的全球角色》，台湾大学出版中心 2015 年版，第 3 页。

② European Commission（2007），“Regional Programming for Asia * Strategy Document 2007 - 2013”. In http：//eeas. europa. eu/archives/docs/asia/docs/rsp/07_ 13_ en. pdf. Latest updated 30 September 2017，pp. 5 - 6.

（SAARC）。二是进行教育领域的合作。三是协助亚洲的流离失所者（uprooted people）。另有贯穿这 3 个领域的推广人权、民主、善治、环境可持续发展和对抗艾滋病等的计划。东南亚和南亚两个次区域[①]在经济、政治、社会和环境上的弱势特性，符合欧盟“发展合作政策”的对象的标准，因此欧盟以“发展合作的财政机制”（financing Instrument for Development Cooperation，DCI）来支持该区域战略，经费有 7.75 亿欧元，凸显欧盟在国际政治中济弱扶倾的角色。

（四）“2014—2020 年亚洲区域计划：多年期指标计划”

欧盟在 1994 年“新亚洲战略”出炉后，于 2013 年提出“2014—2020 年亚洲区域计划：多年期指标计划”（Regional Programming for ASIA Multiannual Indicative Programme 2014 - 2020）。顾名思义，其特色是：设定具体目标，并将预算和可检验的指标进度结合，如此让计划具备可追踪与可管理考核的对象。

21 世纪第二个 10 年，亚洲已成为欧盟排名第一的经贸伙伴，但在年平均 7% 的经济增长速度下，缅甸与老挝仍有 20% 的人口处于极度贫穷状态。亚洲于传统的人口问题、城市化与生态问题外，还新增动物与海洋物种减少等问题，以至于物种的保护更显重要。为此，欧盟的亚洲整体战略目标，除了解决原有的问题外，网络安全、海洋污染、气候变化也成为重要的议题。

不可讳言地，在经贸为主体的欧亚关系中，中国、印度、日本和韩国四国已经是欧盟的战略伙伴，维系着这些战略对话关系，是亚洲战略的核心优先国家。欧亚关系正朝签订伙伴与合作协议（Partnership and Cooperation Agreement），以及自由贸易协议（FTA）的协商和执行方向前进。在亚洲地区，欧盟和韩国的自由贸易协议已经于 2016 年 7 月生效，与新加坡的自由贸易协议则因为新加坡和东盟的

---

① European Commission（2007），“Regional Programming for Asia Strategy Document 2007 - 2013”，http：//eeas. europa. eu/archives/docs/asia/docs/rsp/07_ 13_ en. pdf. Latest updated 30 September 2017，p. 3.

贸易和投资保护事项，还在欧盟部长理事会和欧洲议会中讨论。欧盟正在和日本及其他国展开贸易伙伴协议，或是自贸协议的协商。

在前述以经贸发展为主轴的合作之外，其他合作是以发展合作政策为主，具体有：1. 东南亚的区域整合，其目标是促进东盟形成经济共同体（ASEAN Economic Community）。2. 南亚的区域整合。一是加强与阿富汗和其周边地区的经济发展；二是支持湄公河委员会（Mekong River Commission）的区域合作。3. 针对亚洲流离失所人民的援助（Aid to Uprooted People，AUP），由欧盟执委会的人道救援署（ECHO）负责。4. 促进绿色经济计划。此为新增项目，要落实 2005 年的欧盟发展共识，一是致力于亚洲工厂实行环保生产和提高生产技术，二是增加对绿色基础设施的投资，透过设立的亚洲投资设施（Asia Investment Facility，AIF），强化弱势国家的气候适应和减排效果。5. 提供较好的教育设施，由独立的“伊拉斯莫斯加乘（Erasmus +)”计划接手，作为可持续发展和降低贫穷的利器。表 1 为 2014—2020 年该指针性预算的分配状况，六年的经费约为 8. 895 亿欧元；促进绿色经济的经费比例最高，占比达到 49%。

表 1　**“2014—2020 年亚洲区域计划：多年期指标计划”的预算**

优先领域	金额（百万欧元）	比例
区域整合	320	36%
援助流离失所者	122	14%
推动绿色经济	440. 5	49%
计划支持的项目	7	1%
总额	889. 5	100%
p. m. ERASMUS +	370. 5	

资料来源：European Commission（2013），Rcgional Programming for ASIA Multiannual Indicative Programme 2014 - 2020，p. 8。

三　欧盟因应亚洲区域大国的作为

2013 年起，亚洲国家中、日和欧亚大国俄罗斯分别依据自己的大国思维，展现新的国家愿景，对亚欧关系有重大的影响，凸显了大国政治的架构。以下针对欧盟相对应的作为进行分析。

（一）欧盟对中国“一带一路”建设的立场与作为

“一带一路”[①] 建设是中国国家主席习近平于2013年9、10月，出访中亚和东南亚国家期间提出的：由中国主导，透过三条铁路（一带）和两条海路（一路），沿路联结中国和中亚、非洲、中东国家，最终到欧洲，建立和加强沿线亚欧非大陆及附近海域各国的互联互通伙伴关系，进而促进沿线经济繁荣与区域经济合作。欧盟清楚地了解，若“一带一路”被认为是现今地球上最有野心的基础设施计划，欧盟的应对，将影响其能否共同参与和分享该建设的利益。

然而，中国现今在该计划于欧洲的基础建设投资，是以个别的目标国，如希腊和所谓的“16+1集团”[②]，而非以欧盟为对象来实施。中国这样针对“个别”和“缺乏共同欧盟策略规则”的投资策略，导致欧盟决策层面上缺乏整体协商。这16国似乎为加入亚投行（AllB Accesion），倾向和中国维持双边的特权关系。[③]

中国在欧盟投资以实现互联互通的倡议和寻求与欧洲国家协同合作的声音，在2015年“欧中高峰会”时发出。前述区隔欧盟内部成员国的情况，在此出现转折。随着欧中“互联平台”（EU-China Connectivity Platform）开始运作，欧盟已经建立因应中国“一带一路”建设和与中国合作的欧盟共同架构，并制定合作战略、计划和政策，以及参与治理计划的原则和法规，特别包括法治的治理。[④] 换言之，欧盟将“一带一路”这个动态计划，视为和中国共同参与深化中欧关系形塑的一个机会。

---

① 分为“丝绸之路经济带”和“21世纪海上丝绸之路”。

② 此16个欧洲国家，分属于2004年起加入欧盟的中东欧10国，以及5个西巴尔干国家，以及希腊。

③ Grieger, Gisela (2016), “One Belt, One Road (OBOR): China's regional integration initiative”, *European Parliamentary Research Service*, p. 10.

④ Ibid..

欧盟看到“一带一路”的经济重要性，如中国投资位于雅典出海口的比雷埃夫斯（Piraeus）港，将建设连接该港至匈牙利布达佩斯的高速铁路，这条铁路一旦贯通，从黑海的康斯坦达（Constanta）经布加勒斯特、布达佩斯，再至维也纳的高速铁路就可串联，如此将打开中国和中东欧国家的贸易，同时减少新欧盟国家和旧欧盟国家在基础设施建设上的差距，减少从中国走海路运送货物约十天的时间，增加货物在欧洲市场的竞争性。

“一带一路”对欧盟也存在地缘战略的重要性：丝绸之路经济带对基础设施建设大有帮助，可以有效地促进欧亚地区的经济发展和区域稳定，推动新市场建立和保障能源安全，还可以实现欧盟在中亚地区借由深化欧中战略关系，对该地区的地缘战略野心。未来这将是欧盟开拓其睦邻政策（European Neighborhood Policy）和海上安全策略的工具。[①]

（二）欧盟对“欧亚经济联盟”（Eurasian Economic Union）的立场与作为

植根于欧亚经济共同体（Eurasian Economic Community）[②] 的欧亚经济联盟于2015年1月1日正式启动，成员国包括俄罗斯、哈萨克斯坦、白俄罗斯、吉尔吉斯斯坦和亚美尼亚。联盟的目标是在2025年前实现联盟内部商品、服务、资本和劳动力的自由流动，并推行协调一致的经济政策。

然而欧盟和欧亚经济联盟缺少联结，欧盟认为其是俄罗斯基于地缘政治，想要恢复独联体，由俄罗斯主导的经济体，虽然其实际涵盖面积很大，然并非是经济功能整合，且俄罗斯不会放手进行。欧俄的

---

① Grieger, Gisela (2016), "One Belt, One Road (OBOR): China's regional integration initiative", *European Parliamentary Research Service*, pp. 10 – 11.

② 杨三亿：《欧盟对乌克兰政策之外溢效果》，载张亚中主编《欧洲联盟全球角色》，台湾大学出版中心2015年版，第537页。

关系，特别在2014年因俄罗斯入侵克里米亚，陷入低潮，[①] 因此并未被欧盟特别看重，不过欧盟仍重视欧俄核心关系的能源供需，[②] 因此小心应对。不过，借由中国“一带一路”建设通过中亚和独联体国家，欧盟若能绕开俄罗斯在欧亚经济联盟中的影响，就“一带一路”途经的地区进行个别合作，应该能强化和中亚国家吉尔吉斯斯坦、哈萨克斯坦等国的关系。

（三）欧盟与日本的经贸伙伴关系

欧盟与日本这两个经贸大经济体着重在借由联结自己强项的经贸实力，共同提升双边更具实利的关系。尤其2017年美国总统特朗普上任不久就正式宣布放弃跨太平洋伙伴关系（TPP），使全球自由经贸关系充满变数时，欧盟与日本反而加快自2012年以来就进行协商的脚步。2017年7月6日，欧盟与日本签署《欧日经济伙伴原则协议》（EU-Japan EPA-The Agreement in Principle），其最终目标是双方建立自由贸易区。目前欧日已就撤除约95%关税和贸易障碍达成共识，唯细节部分仍需要协商，如针对日本过高的消费税部分，以及冗长和过高成本的技术性障碍程序部分。[③] 欧日经济伙伴框架协议揭橥两大经济体，未来协商完成的自由贸易协议，将促进每小时1千万欧元的货物和服务出口至日本，而因日本投资，欧盟增加的就业机会将达50万个，[④] 为欧盟带来庞大的经贸利益。双方所建立的自由贸易区，将相当于北美自由贸易区的规模。

---

① Ian Bond (2017), “The EU, the Eurasian Economic Union and One Belt, One Road: Can they work together?” Centre for European Reform (CER), p. 1.

② 朱景鹏：《欧盟与俄罗斯伙伴关系的形塑与发展》，载张亚中主编《欧洲联盟全球角色》，台湾大学出版中心2015年版，第195页。

③ European Commission (2017), “The EU and Japan are negotiating in a trade deal” .

④ Cecilia Malmström (2017), “The Benefits of an EU-Japan Free Trade Agreement”, European Commission, p. 1.

四　欧盟四项亚洲战略与地区计划的特点与转变

兹将 1994 年以来，欧盟亚洲战略与区域计划的重点特质与转变，罗列如下。

（一）从经贸利益扩展至重视价值共同体特质的实现

欧盟自 1994 年推出新亚洲战略，即看重亚洲新崛起的经济实力。经过超过 20 年的双边发展，2016 年欧盟统计数据显示：该年欧盟的前 10 大对外货品贸易对象里，中国、日本、韩国、印度名列其中；20 大对外货品贸易对象里，10 个来自亚洲，贸易总值占欧盟对外贸易的 31.8%[①]。

纵使与亚洲经济体发展经贸关系为 20 世纪 90 年代提振欧盟经济的主要路径，但 1994 年起的新亚洲战略重视人权和对抗贫穷成为一项重点，这项后来为新成员国加入欧盟的条件的哥本哈根标准[②]（Copenhagen criteria）要求："候选国须有稳定的民主保障机制，并尊重人权、法治和保护少数民族"，这也成为其亚洲战略中不可或缺的一项类别。尤其欧盟重视的人权保障，已经独立于传统的政治议题，如国家安全、反恐、核武扩散[③]、区域整合。且其关注与实施的内容范围，也逐步从单纯的人权保障、克服贫穷，于 2001 年时，增加了制度面的民主、善治与法治，和全球能源与环境的关怀；再扩大到 2007—2013 年的公共卫生、气候变迁、劳动权、难民与移民、歧视、教育议题。2014—2020 年的区域计划则新增网络安全、海洋污染等

① European Commission（2017），"Top trading partners 2016"，http：//trade. ec. europa. eu/doclib/docs/2006/september/tradoc_ 122530. 02. 2017. pdf. Latest update 4. October，2017.

② 1993 年的哥本哈根标准，又称为加入标准（Accession criteria），有 3 个条件，除了政治条件外，另外两个条件为：一是经济方面，候选国要能真正地实行市场经济；二是有遵守欧盟义务的能力，包括候选国要有效执行欧盟法系中的公法、规则和政策。

③ 欧盟一向主张防止大规模杀伤性武器的扩散，无论对象是朝鲜还是印度和巴基斯坦。对于近年频繁进行核试爆或飞弹试射的朝鲜，欧盟遵从联合国禁运决议，对朝鲜施压，促使其进入对话，和平自愿实现非核化。

议题。尤其前述气候变化、能源、生态保护和海洋污染相关的环境议题，欧盟展现自身在环境科技与治理上的特色，将其纳入绿色经济促进指标中，如绿色消费和生产，资源保护投资数量、气候变化服务投资数量、城市大众运输系统执行能力等。这些指针从发展合作项目出发，并链接绿色经济产业，无疑将是利人利己的外交政策路径，值得赞许。

亚欧在人权议题的对话成果，显现在2012年11月18日东盟十国签署了象征人权领域长足发展的《东盟人权宣言》上。该宣言目标在于保障本地人民的基本人权，以作为未来和其他组织和地区进行人权合作的基本架构，然真实的落实状况，需要个别讨论。

人权议题实际运作上，以欧盟处理罗兴亚人为例说明。缅甸西部若开邦（Rakhine State）内约有80万伊斯兰教徒罗兴亚（Rohingya）人，近几十年来被剥夺公民权，并在有限的公共卫生、教育机会和贫困的条件下生活，以至于出现大规模出走至缅甸的邻国孟加拉国、泰国，再辗转至马来西亚、印度尼西亚等国的人道危机。欧盟的人道救援署（ECHO）从1994年起就在若开邦和孟加拉国的考克斯巴扎尔区（Cox's Bazar District）展开救援工作，并于2002年设置办公室；从2013年起新增在泰国的救援工作。欧盟从2010年起，在该议题上，于罗兴亚人难民群聚的地区，已经提供超过1.15亿欧元的人道主义援助，其中2017年9月直接为若开邦和孟加拉国提供300万欧元的基本医疗、饮水与卫生的紧急救助。此外，欧盟在政治层面，则施予缅甸政府外交压力，要求缅甸政府应该优先在若开邦内不同种族宗教族群间，展开内部对话、调解，寻求冲突的解决之道，[①] 以化解英国殖民以来长久存在的罗兴亚人问题。

（二）欧盟对亚洲关注范围的扩大

从欧盟亚洲战略实施涵括的对象来看，1993年欧盟关心的是亚

---

① European Commission（2017），"The Rohingya crisis"，http：//ec. europa. eu/echo/files/aid/countries/factsheets/rohingya_ en. pdf，Latest update 6. October 2017，pp. 1 -4.

洲中的大国，包括东北亚的中日韩、东盟和南亚的印度。2001 年亚洲战略架构除继续关注前述的国家和地区外，印度尼西亚和接近澳大利亚的亚洲地区，成为欧盟此阶段关注的新焦点。2007—2013 年亚洲战略文件中，鉴于欧盟开始重视发展合作政策，发达国家被排除，新增南亚的阿富汗、巴基斯坦、斯里兰卡和尼泊尔。这显然和风起云涌的反恐活动、巴基斯坦和印度的核武竞赛，以及南亚海啸后的重建救援有关，刚好也符合发展合作政策的内容。2014—2020 年的多年期区域计划，所关心的国家，扩大到其他弱势的个别东南亚与南亚国家，虽然阿富汗、巴基斯坦、缅甸、老挝、菲律宾、泰国都曾在前三次亚洲战略和区域计划中强调过，或属于东盟国家，但它们单独在第四次区域计划中被凸显，意味着这些国家有深层的社会、宗教和种族冲突，必须特别重视，如缅甸对少数民族罗兴亚人的种族灭绝活动，乃至于阿富汗与巴基斯坦境内基地组织（AL-Qaeda）控制地区对非主流伊斯兰教徒，和对女性受教权的侵害等。

（三）主要但非正式的亚欧互动模式——亚欧会议

欧洲作为 20 世纪 90 年代后，与美、俄、中和日本形成的一超多强体系里的一员，相较其他大国，除了欧洲国家过去曾为亚洲殖民国的背景外，第二次世界大战结束，亚洲殖民地纷纷独立后，其和亚洲国家的利益与联结其实不多。加上欧盟众多的成员国要处理欧盟对外关系、对外政策，需要多方整合，在目前仍是以政府间合作形式来发展对外关系时，在坚守共同外交政策大方向后，其他就不须特意整合。在亚欧会议时成员国政府首脑、部长会议部长共同参加的场合，借由交换意见，就可各取所需。再加上亚洲国家之间各国特质差异极大，1967 年成立的东盟持续地存在，欧盟就借由东盟这机制，在其扩大成员国数时，扮演连接东北亚、南亚，乃至于澳大利亚、新西兰的角色，借力使力地和亚洲国家，建立起跨区域的合作关系。

亚欧会议是欧盟与亚洲各国之间影响最广泛，且具备多元伙伴关系的唯一、非正式平台的对话和合作机制。1997 年 3 月第一届亚欧会议在泰国曼谷举行时，有 25 国参加，包括欧盟 15 国，以及东盟 7

国和中日韩3国。之后，历经欧盟2004年新增10国，以及2006年、2012年、2014年两洲成员的加入，截至2017年10月，亚欧会议共有28个欧盟成员国、欧盟执委会+挪威与瑞士，东盟10个成员、东盟秘书处再加上其他11国，共有53个成员参加。

亚欧会议活动机制包括：国家与政府元首的高峰会议、外长会议、其他部长级会议、资深官员会议（Senior Officials Meeting），以及协调者会议（Coordinators）。日常工作多由资深官员会议进行沟通协调。亚欧会议有三大支柱，分别为：经贸合作，政治对话，与文化、社会和教育合作的交流。①

由于亚欧会议的主要结构是各国领导人、与部长级人士和官员的参与，在多元性不足的情况，文化教育合作领域中常设的亚欧基金会（Asia-Europe Foundation，ASEF）于1997年2月成立后，纳入学术、文化与民众交流，丰富了交流的参与结构和形式。② 将两洲的公民社会因素汇聚在一起，透过不同的倡议，形成"亚欧教室"（Asia-Europe Classroom），或是青年领袖高峰会等，而联结了21世代的年轻人。

东盟于20世纪90年代冷战结束后，除加强区内的经济合作外，也努力和重要经贸国家建立自由贸易区关系。2010年1月1日，拥有19亿人口、GDP接近6万亿美元、世界最大的自由贸易区——中国—东盟自由贸易区正式建立。2005年起，东盟+3作为东亚自由贸易区基础的谈判，也积极进行中。面对东亚进行的经贸整合，作为全球整合先驱的欧盟，其整合经验就是与东盟经贸对话及合作的重要议题，进而促进其内部和东亚整合的发展。

2016年德国当时的外交部长史坦迈尔（Frank-Walter Steinmeier）出席亚欧会议20周年庆发表纪念感言时就说道："有次在亚欧会议架

① European External Action service (2017), "What Is ASEM?" https://eeas.europa.eu/headquarters/headquarters-homepage/2051/asia-europe-meeting-asem_en. Latest update 6. September 2017.

② 汤绍成：《亚欧基金会与亚欧文化交流》，《问题与研究》2005年第1期，第59—60页。

构下，德国劳动部长在劳动和就业部长会议中，正在介绍社会面向的新观念时，同场次与会的部长立即讨论相关的社会保护、国际社会标准和公平贸易议题，这样非常主动的议题对话，是经常出现的场景；亚欧会议已经证明它本身是个透明实验室；在此处成员伙伴可以测试新的意见和观念。”①

2015 年 11 月 22 日，东盟十国于马来西亚召开的第二十七届高峰会签署共同声明，成立东南亚经济共同体②（AEC）。该共同体已于 2016 年 1 月 1 日正式上路，目前在关税撤除、贸易便捷化、投资自由化与便捷化、空运领域，东盟已经进一步融入东亚区域整合。③

2006 年第六届亚欧会议《赫尔辛基宣言》中所强调的亚欧会议“非正式性、网络关系和灵活性”的特质，正是亚欧双方需要尊重对方历史、文化、传统及追求相互理解的重要原因，是恰如其分的描述。

五　最新的区域计划重视实施效果的产出

欧盟最新的“2014—2020 年亚洲区域计划：多年期指标计划”，和前述其他计划最大的差别在于：在附件部分首先将受资助的 19 个亚洲国家以 2013 年的人口数、人均收入，以及经济、社会和政治三方面的基本数据呈现；之后，再将欧盟和成员国提供的各类经费列表，德国为个别成员国中支付最慷慨者，洋洋洒洒的资助项目众多，提供的资助额占欧盟（包含欧盟自己）支付总数的 24.6%。而最能展现监督计划特色的是，其五大类的区域计划中，每细项都设有部门

① Frank-Walter Steinmeier (2016), “20 Years of Asia-Europe Meeting from 1996 to 2016: An Active”.

② 徐遵慈（2016）：《东盟经济共同体：现状、挑战与前景》，http://web.wtocenter.org.tw/Page.aspx? nid=126&pid=274640, Latest update 05 September 2017。东盟经济共同体之发展方向，主要包括四大支柱：第一，创造单一市场与生产基地；第二，具高度竞争力的经济区域；第三，平衡的区域经济发展；第四，与全球经济体系完全整合的区域。

③ 徐遵慈（2016）：《东盟经济共同体：现状、挑战与前景》，http://web.wtocenter.org.tw/Page.aspx? nid=126&pid=274640, Latest update 05 September 2017。

的预期结果、观察指标（Indicators）和验证的工具（Means of verification)。如此大费周章显示出欧盟真的有心、认真看待欧洲各类辅助计划的实施，如投资、服务、促进持续发展、再生能源发展的接近性、大规模换乘工具量能提升等，以及成效，有助于各界对计划进行管考监督。

六 结论

本文探讨冷战结束后，以基督教文明为主，且成员国皆具备自由市场经济、民主政治体制，尊重人权的欧盟，如何透过其亚洲战略和区域计划的推出，和人口众多、文化种族多元复杂，且多数政治体制非民主或在民主转型，乃至于经济体制多非完全市场经济的亚洲国家和经济体，发展整体关系时的经历与转折。欧盟的亚洲战略反映出其主观的外交政策战略重点与利益，即是在增进与亚洲的各项关系中，敦促亚洲实现自由民主和公平贸易，并消除贫穷和保障人权，欧盟希望亚洲在相互支持下，成为稳定世界的伙伴，并巩固欧盟的大国地位。

现实中，欧盟从经济出发，于一超多强体系中势力跨足至亚洲，和亚洲国家联结；东盟和南亚国家则借由欧盟的整合经验，进而延伸至发展政策上的合作，而提升政经实力，减缓社会内部冲突。这样的欧亚关系发展路径和发展模式，类似功能主义上的溢出效应，在无地缘与安全利益上的直接利害关系下，合作双方的互动较温和，可以维持稳定关系。

然也因为无直接安全与地缘关系，欧盟并非重要的利害关系人，透过双方，乃至于如亚欧会议多重的对话机制，对于无关重大政治利益者，欧盟的建议与协助或能被倾听和接受。但在重要利益问题上，双方仅能理解对方立场，欧盟无法直接影响问题的解决，尤其共同对外政策属于政府间合作主义性质，只有 28 国利益趋同，才有可能采取有效的一致行动。

简言之，欧盟在亚洲发展出多元的相处模式：面对不同类型的大国时，端视其相对利益而采取不同行动，如对日关系重经贸关系提升、对中是重全面性政治经济关系发展，然对人权价值和领土主权议题的响应，则较其他西方国家温和。至于俄罗斯，则因地缘安全威胁，欧俄关系短期难以回温。欧盟对其他亚洲地区，则是和东南亚国家联盟、南亚国家维持互惠对话，增进经贸互动来发展相互关系。未来面对更多元发展的亚洲，欧亚关系亦将会是多面样貌。

欧盟与亚洲关系的演进及发展前景

张　浚

欧盟成立不久即公布了对亚洲战略，由此可见，对于欧盟这个建立在共同市场基础上的区域一体化机构而言，亚洲地区[①]在其对外战略中占据了重要的地位。自20世纪80年代中期以来，随着全球化的发展和科技的进步，发达国家大规模向亚洲的发展中国家转移产业，亚洲大量吸收外来资金、设备、技术和管理经验等生产要素，迅速地实现了工业化，并成为世界经济和全球产业链中不容忽视的力量。因此，在欧盟公布的亚洲政策文件中，亚洲地区的重要性首先体现在经济方面。

由于历史原因、欧盟的机构性质和地理因素，欧盟在东亚地区政治与安全方面并没有决定性的影响力。但在经济领域，全球价值链的发展强化了亚欧之间的经济联系。亚欧之间的贸易量飞速增长，欧洲和亚洲互为重要的中间产品来源地，两个地区被不断紧密的生产链条所连接。尽管如此，亚欧之间经济关系的发展也落后于亚洲与北美之间的经济关系。与全球价值链的发展同步，区域内部的产业链也不断发展，出现了被称为“欧洲工厂”“亚洲工厂”和“美洲工厂”的三大经济板块。[②] 在三个经济板块中，东亚和北美之间供应链贸易的发

---

① 主要是指东北亚、东南亚和南亚地区，不包括中亚和西亚的广阔地域。2001年，欧盟在更新其对亚洲战略时，将澳大利亚和新西兰也包括在内，突出了欧盟对环太平洋地区的关注。

② Richard Baldwin and Javier Lopez-Gonzalez, “Supply-Chain Trade: A Portrait of Global Patterns and Several Testable Hypotheses”, NBER Working Paper 18957, 2013, http://www.nber.org/papers/w18957.

展是全球价值链贸易中最突出的趋势。但相对于跨大西洋和环太平洋的经济联系来说，欧亚之间的经济关系又是三个经济板块关系中相对薄弱的一个环节。

这种状况出现既有经济原因，也有大国博弈的因素。因此，尽管欧盟对东亚的经济发展抱有乐观的态度，并希望提升欧盟在亚洲的经济存在，为欧盟经济的未来发展创造有利的外部环境，但欧盟的政策目标却没有充分实现。自 20 世纪 90 年代中期以来，欧盟通过多种方式力图整合资源，推动亚欧关系的发展。1996 年，欧盟倡议启动了将美国排除在外的区域间对话机制——亚欧会议，希望以此更为有效地加强与亚洲国家的经济联系，并联合亚洲国家支持国际多边贸易框架。由于美国的影响和亚洲地区内部的发展，亚欧会议没有取得预期的效果。进入 21 世纪后，欧盟不得不适应亚洲地区的经济环境，发展多重双边经济关系，启动了多个与亚洲地区国家和区域组织的自贸协定谈判。这些前期努力虽然不尽如人意，却开辟了亚欧之间的多重交往渠道，为未来亚欧关系的发展创造了有利条件。

亚欧关系的突破性发展是在金融危机之后，欧盟与中国纷纷开始经济结构的调整，并力图推动国际经济秩序的改革，夯实亚欧之间的经济联系成为对双方都具有重要意义的战略举措。中国提出了“一带一路”发展战略，旨在突破各种阻碍亚欧经济关系发展的瓶颈，加强亚欧之间全方位的经济联系。这种变化带来了多种积极的影响，并为原本存在的区域间对话与合作注入了新的活力。

目前，全球化遭到了多方质疑，并在全球出现了“逆全球化”的政治力量。是继续推动全球化并尽力弥补全球化的负面影响，还是阻断全球化进程、重回民族国家时代？这是一个具有时代意义的重要抉择。随着特朗普就任美国总统，全球经济发展的不确定性上升。对于支持全球化和国际多边贸易体系的欧盟和中国来说，推动欧亚之间经济关系的发展具有格外重要的意义。

一　全球化、全球价值链及欧亚之间的经济联系

随着全球化的发展，欧洲和亚洲之间的经济联系日益紧密，这首先表现在两个地区之间不断发展的贸易联系上。自20世纪80年代中期以来，欧共体/欧盟和亚洲的贸易持续增长。就出口而言，1986—2010年，欧共体/欧盟对中国的出口从318亿埃居上升到11683亿欧元；对日本的出口从2058亿埃居上升到5411亿欧元；对印度的出口从92亿埃居上升到1666亿欧元；对东盟主要国家的出口也呈现出持续上升的趋势（见图1）。

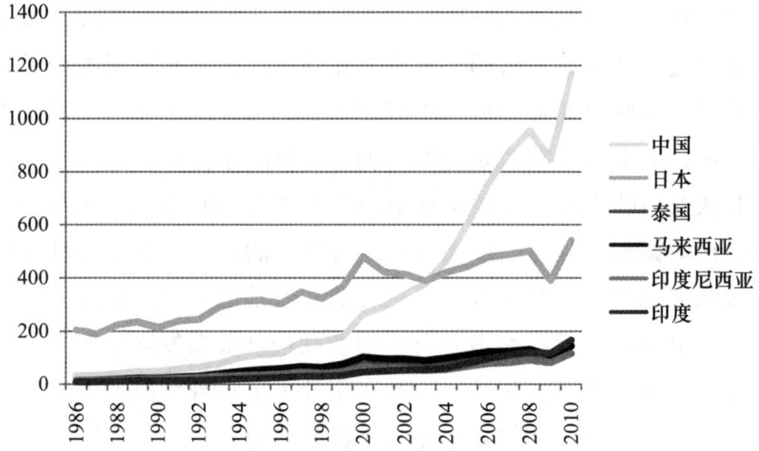

图1　欧共体/欧盟对亚洲部分国家出口的发展趋势（1986—2010年）
（单位：10亿埃居/欧元）

资料来源：Eurostat, *External and Intra-EU Trade: A Statistical Yearbook* (*Date 1958 - 2010*), Luxembourg: Publications Office of the European Union, 2011, pp. 14 - 15。

从进口来看，欧共体/欧盟从亚洲国家的进口同样持续上升。同期，欧共体/欧盟从中国的进口由430亿埃居上升到9642亿欧元；从日本的进口由1249亿埃居上升到5061亿欧元；从印度的进口由152亿埃居上升到2454亿欧元；从东盟主要国家的进口也陆续增加（见

图 2)。至 2011 年，欧盟从亚洲国家的进口超过其进口总量的 40%，而亚洲地区也成为欧盟的主要出口地，2009 年对亚洲的出口占欧盟出口总量的约 1/3。①

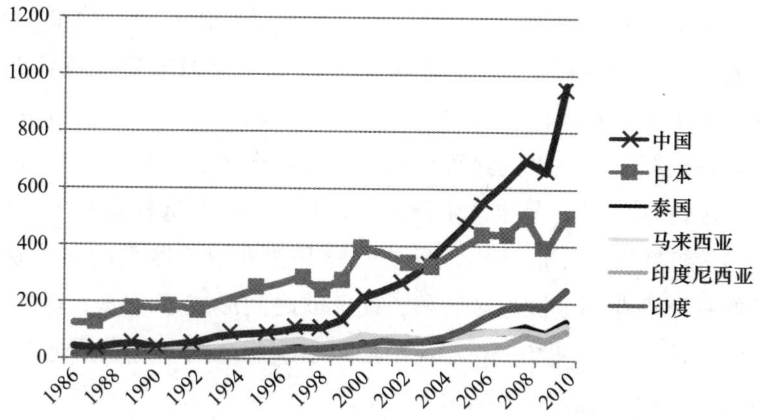

图 2　欧共体/欧盟从亚洲部分国家进口的发展趋势（1986—2010 年）

（单位：10 亿埃居/欧元）

资料来源：Eurostat, *External and Intra-EU Trade: A Statistical Yearbook* (*Date 1958 - 2010*), Luxembourg: Publications Office of the European Union, 2011, pp. 16 - 17。

上述数字仍不能充分反映欧亚之间日益紧密的经济关系。在经济全球化的过程中，随着科技的发展，生产过程出现了“碎片化”的倾向，一些生产活动从发达国家向发展中国家转移，使得全球价值链不断发展。② 生产关系的变化直接反映在国际贸易领域。全球价值链

① Eurostat, 2013, *International trade and foreign direct investment* (2013 edition), Luxembourg: Publications Office of the European Union, p. 14.

② 关于全球价值链的有关论述参见 João Amador & Filippo di Mauro (eds.), *The Age of Global Value Chains: Maps and Policy issues*, CEPR (Centre for Economic Policy Research) Press, 2015, p. 14。同时参见 Bart Los, Marcel P. Timmer & Gaaitzen J. De Vries, “How global are Global value chains: a new approach to measure international fragmentation”, in *Journal of Regional Sciences*, Vol. 55, No. 1, 2015, pp. 66 - 92; Gary Gereffi, John Humphrey & Timothy Sturgeon, “The Governance of Global Value Chains”, in *Review of International Political Economy*, Vol. 12, No. 1, 2005, pp. 78 - 104; Marcel P. Timmer, Abdul Azeez Erumban, Bart Los, Robert Stehrer & Gaaitzen J. De Vries, “Slicing Up Global Value Chains”, in *The Journal of Economic Perspectives*, Vol. 28, No. 2, 2014, pp. 99 - 118。

改变了国际贸易的内容和方式。首先，中间产品和服务贸易的重要性不断上升。根据 UNCTAD 的《2013 年世界投资报告》，总额高达 20 万亿美元、约占全球贸易总额 60% 的是中间产品和服务贸易。由于跨国公司通过转移低端产业，降低了对“非核心”业务的控制，更专注于那些具有高附加值的经济活动，如产品研发、附加值最高的生产和服务。因此，对于发达国家来说，服务贸易的重要性持续上升。此外，跨国公司在国际贸易中扮演了重要角色。在全球价值链下，跨国公司在组织全球生产的过程中起到了核心作用，由此，全球贸易约 80% 是由跨国公司的全球性生产活动所产生。① 在这种条件下，传统的贸易统计数字已不能全面地反映欧洲和亚洲经济联系的实际状况。大量的欧洲工业向亚洲地区转移，使亚欧之间形成了经济上复杂的相互依赖关系。自 20 世纪 80 年代中期以来欧亚之间贸易量的走向只是初步反映了相互依赖关系的情况。

有针对性的价值链贸易统计更加细致地分析了在全球价值链中欧盟与亚洲的关系状况。通过分析欧盟产品中所包含的价值，② 可以看出，在全球化的过程中，欧盟尤其是欧元区国家利用国际分工的程度远远高于美国和日本，从而更深入地融入了全球价值链。1995 年，在欧元区 12 国的出口产品中，超过 20% 的价值是由其他国家创造的，到了 2009 年，这一比例上升到 30% 左右。这意味着欧元区 12 国的制造业大量使用了进口的中间产品。其中，由亚洲国家所创造的价值不断上升，最突出的是来自中国的价值。1995 年，欧元区 12 国的出口中所包含的中国创造的价值只有 0.2%，这一比例逐年上升，即使在金融危机期间也没有回落，到 2009 年，已达到 4.8%。1995 年，中国创造的价值在欧元区 12 国出口包含的外来价值中所占比例仅为

---

① UNCTAD, 2013, *World Investment Report 2013—Global Value Chains: Investment and Trade for Development*, “Overview”.

② 随着全球价值链的发展，出现了新的经济和贸易统计方式。新的统计不再仅仅计算一国的 GDP 和进出口总量，而是试图更加精确地分析各国在全球价值链中的地位和贡献，计算不同国家创造的价值在最终产品中比例。比较突出的是由以欧洲经济学家为主开发出的 WIOD（World Input and Output Database）数据库。

1.2%，到2007年上升到10.2%，成为欧元区12国出口中外部价值的主要来源地。也就是说，中国变成了欧元区12国生产所使用的中间产品的最大外部提供方。在其余欧盟15国的出口中，中国创造的价值占其出口总额的比例由1995年的0.4%上升到2009年的2.8%，占其出口所包含的外部价值总额的比例由1995年的5.4%上升到2007年的14.5%，中国也是这些国家所使用的中间产品的最大外部提供方。① 这还没有包括日本、东南亚和印度等其他主要亚洲国家。

二　全球背景下的欧亚经济关系：全球化、区域化和亚洲的价值链贸易

在经济全球化的发展过程中，不断加深的区域之间的经济联系带来了被称为“区域化”的现象。地理距离仍然影响着跨国公司主导的超越国界的生产活动，并出现了以“总部经济体”+“工厂经济体”的区域性生产链条，最为突出的是北美、欧洲和亚洲三大经济板块，也被称为“北美工厂”“欧洲工厂”和“亚洲工厂”。三个区域内部的经济关系比区域之间的经济关系要密切得多，而三个区域经济相比较而言，亚洲地区的价值链关系最为复杂。② 生产的转移促成了亚洲，尤其是东亚地区的快速工业化，其中最为突出的是中国经济的快速发展。东亚不仅接受了自欧洲转移而来的低端产业，也是北美产业转移的目的地之一。因此，欧亚之间关系的发展受到了北美和亚洲地区经济关系发展状况的影响，同时，也受到亚洲地区内部的经济大

① European Commission, 2012, *European Competitiveness Report 2012: reaping the benefits of globalisation*, Comission Staff Working Document SWD (2012) 299 final, pp. 52 - 53. 1995年，国外创造的价值在美国出口产品价值总额的比例约为10%，日本只有约6%。2009年，美国和日本的这一指标比例接近，约为14%。远低于欧元区12国的水平。欧元区12国出口总额中所包含的其他国家创造价值的比例远高于美日的一个重要原因是，由于欧洲一体化和欧洲共同市场的发展，欧元区国家向新成员国大量转移生产。

② 参见 Richard Baldwin & Javier Lopez-Gonzalez, 2013, “Supply-Chain Trade: a portrait of global patterns and several testable hypotheses”, NBER Working Paper 18957, http://www.nber.org/papers/w18957。

国尤其是中国的经济发展状况的影响。

鲍德温（Richard Baldwin）和洛佩兹（Javier Lopez-Gonzalez）关于亚洲与欧、美之间价值链关系的分析清楚地显示了亚洲地区复杂的价值链关系。基于对 WIOD 数据库数据的分析，他们认为，在全球化过程中，“全球价值链”尚不成熟，四大制造业大国——美国、德国、日本和中国带动了以区域为核心的产业重组，因而，在三个区域内部的价值链贸易的紧密程度以及区域内部各经济体之间的相互依存关系要远远超过区域之间的经济联系。而就区域间的产业链发展的情况来看，1995—2009 年最大的变化是跨太平洋价值链贸易的发展。① 1995 年，在全球贸易中具有重要意义的跨太平洋的价值链贸易关系是日本向美国和加拿大的中间产品的出口。到了 2009 年，北美三国都大量从中、日、韩三国进口中间产品。截至 2009 年，欧洲国家中只有制造业巨头德国与东亚地区建立了比较重要的价值链贸易关系。②

1995 年以来三个地区之间进出口贸易总量的变化与这一判断相

① 鲍德温和洛佩兹通过分析“以出口为目的的进口”来揭示不同地区和国家之间在跨国生产链条中的关系。“以出口为目的的进口”（Importing to Export），是用来描述价值链贸易的一个重要术语。假定进口商品的国家是一个国际生产网络中的结点，进口的商品和服务用于生产随后会出口到其他国家的产品。其中“再进口”和“再出口”是两个重要的过程，表现了跨国生产链条中的不同阶段。例如，美国将原材料或其他中间产品出口到加拿大进行加工，加拿大创造的有价值的、深加工后的半成品或零部件被美国重新进口，用于最终产品的生产，而最终产品则继续出口至其他国家。其中，美国“再进口”加拿大深加工半成品和零部件的过程，也是加拿大进口美国原材料或半成品并加工“再出口”的过程。因此，计算“以出口为目的的进口”就有可能出现重复计算，因此不能十分精确地显示最终产品所包含的价值是在哪个部门、由哪个国家创造的。但是，分析“以出口为目的的进口”可以比较清楚地显示一个国家在区域经济中的地位。处于区域价值链核心的国家或“总部经济体”，会将一些低技术含量、高劳动力投入的生产环节转移到周边的工资水平较低的国家，并重新进口经过加工的半成品和零部件，用于在自己国内完成最终产品的生产，因此，这些国家同周边国家的贸易中，“再进口”会占据比较大的比重。相反，围绕着“总部经济体”的“工厂经济体”，它与周边国家的贸易中，“再出口”会占据比较大的比重。参见 Richard Baldwin & Javier Lopez-Gonzalez, 2013, “Supply-Chain Trade: a portrait of global patterns and several testable hypotheses”, NBER Working Paper 18957, http://www.nber.org/papers/w18957, pp. 7－8。

② Richard Baldwin & Javier Lopez-Gonzalez, 2013, “Supply-Chain Trade: a portrait of global patterns and several testable hypotheses”, NBER Working Paper 18957, http://www.nber.org/papers/w18957, pp. 17－32.

吻合。根据联合国商品贸易统计数据库的数据，美国、德国和日本的进口总额和出口总额都位居世界前 3 位。1995 年，从美国的进口商品来看，其总额约为 7708 亿美元，美国前 3 位的贸易伙伴为加拿大（1483 亿美元）、日本（1272 亿美元）和墨西哥（627 亿美元）；从出口来看，美国出口总额约为 5830 亿美元，前 3 位的贸易伙伴也是加拿大（1260 亿美元）、日本（643 亿美元）和墨西哥（463 亿美元）。到 2015 年，美国仍然保持世界第一大进口国的地位，其进口总额为 23068 亿美元，前 3 位的贸易伙伴却变成了中国（5026 亿美元）、加拿大（3010 亿美元）和墨西哥（2975 亿美元）。2015 年，世界第一大出口国是中国，出口总额为 22819 亿美元。中国出口商品前 3 大目的地是美国（4108 亿美元）、中国香港（3343 亿美元）和日本（1359 亿美元）。德国排在第 5 位，中国对德国出口商品总额为 692 亿美元，总量尚不及中国对韩国的出口。[①] 其他从一些主要亚洲国家的商品进出口贸易看，欧洲国家也不是它们主要的进出口贸易伙伴（详细情况见表 1）。整体看来，对亚洲地区而言，北美是远比欧盟更重要的经济伙伴。

表 1　2015 年部分亚洲国家的主要进出口贸易伙伴的情况

	进口					出口				
贸易伙伴[②] \ 国家	中国	日本	韩国	印度	泰国	中国	日本	韩国	印度	泰国
第 1 位	韩国	中国	中国	中国	中国	美国	美国	中国	美国	美国
第 2 位	美国	美国	日本	沙特	日本	香港	中国	美国	阿联酋	中国
第 3 位	其他亚洲国家	澳大利亚	美国	瑞士	美国	日本	韩国	日本	香港	日本

资料来源：根据联合国商品贸易统计数据库整理，https：//comtrade. un. org/db/mr/daYearsResults. aspx。

① UN comtrade，https：//comtrade. un. org/db/mr/daYearsResults. aspx.

② 按贸易量由多到少排序。

除跨太平洋经济关系发展之外，1995 年以来全球化和全球价值链发展所带来的另外一个变化是：在产业转移过程中新兴经济体快速发展，其中中国的经济发展尤其令人瞩目。在 1995 年的国际商品贸易中，美国、德国、日本、法国和英国分别占据了进口国和出口国的前 5 位。20 年过后，2015 年中国已经成为第二大商品进口国和第一大商品出口国。[①] 从价值链贸易角度进行的分析揭示了商品贸易总量变化背后的更深层次的经济关系。

1995 年的中国还是全球价值链贸易中一个无足轻重的国家，到 2009 年，中国已经和美国并列成为全球最大的中间产品提供方，其出口的中间产品总量占到全球中间产品出口量的 11%。[②] 同时，中国还是最大的中间产品购买方，其进口的中间产品占到全球中间产品进口总量的 13%。[③] 目前，中国同美国、德国和日本一道成为全球价值链贸易中举足轻重的角色，而且，中国成为与美国并列的、向全球提供中间产品的国家。这种发展趋势还意味着，不仅欧美等发达国家对中国经济的依赖程度加深了，而且，中国经济的继续发展，尤其是中国经济的结构性调整和产业升级会给欧美发达国家带来竞争压力。

综合分析亚洲地区在全球价值链中的地位变化可以看出，亚洲的经济发展对于欧洲来说具有重要的意义，同时，也给欧洲国家带来了极大挑战。欧盟委员会在介绍其贸易政策时指出："其他具有强大活力的经济体（如中国、印度和巴西）的增长，加剧了产品价格和质量方面的竞争，而且，更重要的是它们也加剧了以获得能源和其他原

---

① UN comtrade, https://comtrade.un.org/db/mr/daYearsResults.aspx.

② 德国位居第三，其中间产品出口占全球总量的 8%，日本第四，占 5%。参见 Richard Baldwin & Javier Lopez-Gonzalez, 2013, "Supply-Chain Trade: a portrait of global patterns and several testable hypotheses", NBER Working Paper 18957, http://www.nber.org/papers/w18957, p. 19。

③ 美国位居第二，中间产品进口总量占全球总量的 11%，德国次之，占全球总量的 6%，日本位居第四，仅占 2%。参见 Richard Baldwin & Javier Lopez-Gonzalez, 2013, "Supply-Chain Trade: a portrait of global patterns and several testable hypotheses", NBER Working Paper 18957, http://www.nber.org/papers/w18957, p. 19。

材料为目的的竞争。”[①] 同时，欧盟委员会也明确指出，欧盟贸易政策的目标将随着全球价值链的变化而发生改变。“在全球供应链中发生的翻天覆地的变化意味着：在哪里创造了价值比在哪里记录了出口贸易更加重要。因此，欧盟的贸易政策致力于维持，且如果必要的话，重新确定欧盟在全球供应链中的地位，而不是要把所有的生产过程都限制在欧盟内部。贸易越来越成为包括研发、设计到制造零部件、组装和物流在内的叠加价值的过程。”[②] 也就是说，欧盟不再把单纯贸易量的增长视为贸易政策所要实现的目标，而是将致力于保证欧盟处于全球价值链高端的地位，并保持自身在技术和管理等方面的领先优势。

总的看来，在全球价值链不断发展的过程中，欧洲和亚洲的经济联系变得日益紧密。根据 2015 年欧盟委员会的估算，在未来的 10—15 年中，全球 90% 的经济增长将发生在欧盟之外的地区，而其中相当大的一部分会产生在亚洲地区。[③] 因此，与亚洲地区的关系对欧盟的未来发展来说，具有举足轻重的重要地位。正因为如此，欧盟在 20 世纪 90 年代中期就极有远见地推出了亚洲政策文件，致力于不断扩大和深化与亚洲国家的经济关系。

三 《走向新的亚洲战略》及发展欧亚的区域间合作

整体上说，欧盟的亚洲战略主要针对东南亚、东北亚和南亚地区，2001 年欧盟更新其亚洲政策时将澳大利亚和新西兰一并纳入。经济因素在欧盟的战略考量中占据了首位。这在欧盟发布的亚洲战略

① European Commission, 2016, *Trade*, http://europa.eu/pol/index_en.htm.

② Ibid..

③ European Commission, 2015, *Trade for all: towards a more responsible trade and investment policy*, Luxembourg: Publications Office of the European Union, p. 8. 参见 European Commission, 2012, *External Source of Growth: progress report on EU trade and investment relationship with key economic partners*, Commission Staff Working Document。

文件中阐述得十分清楚。1994 年，欧盟出台了首份亚洲战略文件《走向新的亚洲战略》。[①] 此后，2001 年欧盟委员会针对亚洲地区和欧洲地区发生的变化，对 1994 年战略文件进行了补充，推出了《欧洲和亚洲：旨在加强伙伴关系的战略框架》。[②] 迄今为止，这两份文件组成了欧盟对亚洲战略的基本政策文件。

在 1994 年的《走向新的亚洲战略》中，欧盟委员会开篇即指出："（欧洲）联盟的当务之急是：加强在亚洲的经济存在以维持欧盟在世界经济中的领先地位。"[③] 欧盟的急切之情溢于言表。在 20 世纪 90 年代，冷战刚刚结束，全球化的进程开始加速。亚洲，尤其是随着东亚地区经济的飞速发展，出现了改变国际经济格局的态势。而且，让欧洲人感到压力的不仅是经济总量对比关系的变化，还有经济依赖关系的变化。"亚洲广大地区正在崛起，市场准入的状况正在改善，但是，在那里做生意必须是要获利的。我们总是想当然地认为亚洲的三个主要地区在资金和技术方面，或者仅仅出于平衡日本和美国的考虑，是要仰仗欧洲人的，但是相比 5 年以前，这种看法越来越不切实际。之所以如此，是因为亚洲现在拥有资本、管理和技术能力方面的自有资源。"[④] 基于上述考虑，欧盟委员会对自己作了清晰的定位。"欧洲能否成功利用亚洲的商业机会在很大程度上取决于那些私人部门所采纳的，或没有采纳的决策。（欧洲）联盟的作用是：通过支持在亚洲创建有利于商业活动的规则环境来实现向欧洲开放货物和服务市场，并削减针对欧洲的贸易和投资壁垒的目标。大家应该注意到的是，欧洲公司正积极地参与亚洲市场，有助于为欧洲的劳动者提供高质量的工作岗位。"[⑤]

显而易见，在亚洲创造于欧洲有利的经济环境不能局限在经济领

---

① European Commission, 1994, *Towards a New Asia Strategy*, COM (94) 314 final.

② European Commission, 2001, *Europe and Asia: A Strategic Framework for Enhanced Partnership*, COM (2001) 469, final.

③ European Commission, 1994, *Towards a New Asia Strategy*, COM (94) 314 final, p. 1.

④ Ibid., p. 17.

⑤ Ibid., p. 2.

域，首先是因为市场开放涉及经济、社会和政治领域的诸多政策；其次，欧盟发展同亚洲的关系还需要考虑亚洲地区的政治现状，由于美、日在亚洲的影响力，对于欧洲人而言，仅仅局限于经济领域的亚洲战略是不充分的，无法实现欧洲的长远目标。“推进当前以及未来在亚洲的政策的主要动力是经济。但是，（欧洲）联盟政策这个主要内容必须放置在（亚洲）地区政治和安全均势的框架之下。”① 所以，欧盟对亚洲的战略是全方位的，政治和安全目标被置于经济目标之前。但是，其背后的推动力量是经济的，这一点在 1994 年的亚洲战略文件中得到了清晰的表述。

接下来的问题是，如何实现这样一种全方位的立足于政治和安全领域的合作，又着眼于同亚洲地区发展长期的经济联系的亚洲战略呢？1994 年，欧盟委员会对当时的亚洲的整体状况进行了评估：“亚洲地区的经济增长是市场推动的，在多数情况下经济增长不是出现在正式的区域结构之中。因此，（欧洲）联盟的各项新战略都必须建立在欧盟对亚洲地区单个伙伴的文化、经济、社会和政治特性的评估之上。”② 欧盟及其成员国与众多亚洲国家建立起了双边关系，并且同一些重要的区域组织也有联系，比如建立了欧盟—东盟对话机制。但是，在亚洲这样一个广袤的区域内，仅仅依赖双边关系来实现亚洲战略显然是不够的，而且也是不可取的。首先，多重双边关系会造成资源分散。“（欧洲）联盟和成员国不应企图在尽可能多的亚洲国家使用尽可能多的工具。这样可能会将有限的资源铺得过散，结果会在效率以及欧盟形象方面造成不利影响。因此，有必要在国家和部门两个方面圈定重点，并针对不同发展阶段的国家使用不同的工具。新的战略需要采取覆盖政治、经济和发展合作的整合路径。”③ 其次，从开放市场、推动贸易自由化的目标出发，亚洲地区一体化显然更加可取，假设亚洲地区也建立了内部共同市场，不仅能够极大地降低欧洲

① European Commission, 1994, *Towards a New Asia Strategy*, COM (94) 314 final, p. 3.

② Ibid., p. 18.

③ Ibid., p. 23.

企业在亚洲地区的交易成本，而且有助于欧洲企业更充分地利用亚洲国家的多样性来实现生产布局的最优化。

在公布1994年亚洲战略文件后不久，欧盟即在1996年联合新加坡倡议启动了区域间的合作机制“亚欧会议”。亚欧会议是一个区域对区域的对话机制，成员根据所属地区分为两个集团：一边是欧盟及其成员国，另一边是亚洲国家。这种区域对区域特性体现在亚欧会议的日常组织之中，① 给亚洲国家之间加强合作带来了外部压力。“亚欧会议”启动后不久，在东亚就出现了一些新的合作与对话机制，如“10+1”和“10+3”定期对话机制。②

同时，由于亚欧会议是一个开放性的论坛、一个非正式的合作进程，根据确定亚欧会议机制的重要文件《亚欧合作框架2000》，其主要目标之一是“为其他论坛的进展提供动力和方便条件”，③ 因此，亚欧会议是成员在现有多边法律框架之下进行对话与合作的补充渠道，这种合作方式实际上包含了强化国际多边机制的目的。此外，亚欧会议是一个没有美国参与的亚欧国家的合作机制，欧盟启动“亚欧会议”进程的一个目的就是要对冲美国在亚洲地区的影响。在这样的背景下，亚欧会议确立了支持国际多边合作框架的基本原则，也就具有了在亚洲地区削弱以美国为主导的多重双边体系的意图。总的来说，至世纪之交，亚欧会议所取得的成就还是令人满意的。因此，2001年的《欧洲和亚洲：旨在加强伙伴关系的战略框架》着重强调了亚欧会议的作用。④

---

① 首先，在两个集团内部分别设置协调员，负责亚欧会议的组织与协调工作。其次，在重要的会议筹备过程中，会议议题往往是在本地区之中达成一致，再提交全体会议共同协商。

② 张浚：《从亚欧会议进程看发展国际关系的“欧洲模式”》，《欧洲研究》2006年第1期，第3—16页。

③ 参见ASEM，The Asia-Europe Cooperation Framework（AECF）2000。

④ European Commission，2001，Europe and Asia：A Strategic Framework for Enhances Partnerships，COM（2001）469 final，p. 25.

四 2001 年以来的发展：区域间合作与欧亚间的多重双边关系

2001 年，亚洲地区正逐渐从亚洲金融危机中复苏，欧盟也在筹备东扩，欧盟在检视 1994 年亚洲战略的执行情况后，对 1994 年的战略文件进行了补充。比如，欧盟在 2001 年文件中增加了欧亚政治关系的分量，指出在 21 世纪中，欧盟对亚洲战略的核心目标是："聚焦于加强欧盟在这一地区的政治和经济存在，使其与扩大后的欧盟不断增长的全球影响力相匹配。"① 就此而言，增强与亚洲地区的经济联系仍然是欧盟对亚洲政策的主要目标之一。

尽管上述文件强调了继续区域间对话的重要意义，并肯定了亚欧会议在加强亚欧合作方面所发挥的积极作用，但是，它同时指出，为了促进欧盟和亚洲之间的贸易和投资关系，欧盟应着重"特别是通过我们双方致力于改善市场准入和投资环境的种种努力，以及通过为那些试图创建有利于贸易和投资的商业氛围的国家提供帮助，来进一步发展我们同亚洲伙伴之间的双边经济关系"。② 这预示了此后欧盟发展同亚洲国家关系的路径的转变：从多边主义和加强区域间合作转向加强多重双边关系。2001 年之后，欧盟没有再更新其整体的亚洲战略，而是针对不同地区的情况修订次区域战略和国别战略，这从一个侧面反映了欧盟的转变（具体情况见表 2）。

表 2　　2001 年后欧盟针对部分亚洲国家的主要政策和重要事件

对象 / 年份	东盟	印度	中国	日本	韩国
2004		建立欧盟—印度战略伙伴关系			

① European Commission, 2001, Europe and Asia: A Strategic Framework for Enhances Partnerships, COM (2001) 469 final, p. 15.

② Ibid., p. 16.

续表

对象 年份	东盟	印度	中国	日本	韩国
2007	《纽伦堡宣言》①/启动“欧盟—东盟自贸区”谈判	启动“欧盟—印度自贸区”谈判			
2009	“欧盟—东盟自贸区”谈判中止，进入双边贸易谈判②				
2010					签署“欧盟—韩国自由贸易协定”
2012	欧盟加入TAC③				
2013			开始中欧投资协定谈判/“欧盟—中国2020战略合作日程”	启动欧盟—日本自由贸易区谈判	
2015	对东盟政策文件④				“欧盟—韩国自由贸易协定”生效
2016			新中国政策文件		

资料来源：根据欧盟对外行动署提供的信息整理。

欧盟发展与亚洲地区经济联系的策略转变的背后是亚太地区翻天覆地的经贸变化。自20世纪90年代中期以来，亚太地区的双边自由贸易协定如雨后春笋般出现。截至2014年底，APEC成员间一共签订

① “Nuremberg Declaration on an EU-ASEAN Enhanced Partnership”, https://eeas.europa.eu/sites/eeas/files/2007_16_nuremberg_declar.pdf.

② 2009年，欧盟与东盟区域间的自贸区谈判停止，随即欧盟启动了与各个东盟成员国之间的双边自贸区谈判。

③ 即《东南亚友好合作条约》(Treaty of Amity and Cooperation in Southeast Asia)。

④ European Commission, 2015, *The EU and ASEAN: a partnership with a strategic purpose*, JOIN (2015) 22 final.

54 个区域贸易协定/自由贸易协定（RTA/FTAs），包含 APEC 成员对外建立并生效的则高达 148 个。亚太地区内部亚洲成员签订的区域贸易协定/自贸协定的情况见表 3。

2000 年之前，APEC 成员间的贸易关系比较集中，区域内的区域贸易协定/自由贸易协定签约国之间的贸易总量约占 APEC 内部贸易总量的35%，其中仅北美自由贸易协定的三个签约国美、加、墨的贸易量就占 86.7%，而中、日、韩都没有签署任何自贸协定。2000 年以来，中国与 13 个 APEC 经济体签署并生效了 7 个 RTA/FTAs，日本与 11 个 APEC 经济体签署了 12 个 RTA/FTAs，韩国与 11 个 APEC 经济体签署了 6 个 RTA/FTAs，其余的 APEC 经济体也积极推动区域贸易协定/自贸协定的谈判与签署。[①] 亚太地区自由贸易协定的快速发展与亚太紧密的价值链关系相吻合，并促进了亚太价值链的发展，体现在贸易关系上是亚太地区贸易量的持续增长。2000 年至 2014 年，随着 APEC 经济体之间签署并生效的区域贸易协定/自贸协定由 7 个增加到 54 个，APEC 内部贸易额也从 2.3 万亿美元增长至 6.3 万亿美元，增长了 174%。[②] 尽管由于不同国家签署的区域贸易协定/自贸协定的内容不同，出现了"意大利面碗效应"，不利于区域价值链的充分发展，[③] 但是，这也促进了亚太地区尤其是东亚出现了开放的市场环境。

① 关秀丽：《亚太自贸区的昨天、今天和明天》，《研究探索》2016 年第 6 期。

② 同上。

③ "意大利面碗效应"是指在区域贸易协定/自贸协定下，各个协议的优惠待遇和原产地规则不同，就像碗里的意大利面条，一根根地绞在一起。这种效应增加了交易成本，不利于区域价值链的构建，尤其是中小企业受到的冲击较大。根据亚洲开发银行对东亚国家出口制造业企业所做的问卷调查，各国企业对于自贸协定的利用率分别为：日本 29%、新加坡 17.3%、韩国 20.8%、中国 45.1%、泰国 24.9%、菲律宾 20%。鉴于利用现有自由贸易协定需要大量的沉没成本，如货物的原产地证明、针对不同关税税率整合商业计划、自由贸易协定具体条款等，因此大量的中小企业没有能力充分利用自由贸易协定。而大型跨国公司具有规模优势，成为地区范围自由贸易协定的最大利用者和受益者。见刘均胜《亚太区域经济一体化的价值链视角》，《国际经济合作》2016 年第 11 期，第 42—46 页。

表3　　亚洲国家之间及其与亚太地区国家间的自贸协定

自贸协定	签署年份	自贸协定	签署年份
中国—韩国	2015	日本—印尼	2007
中国—澳大利亚	2015	日本—文莱	2007
韩国—澳大利亚	2014	日本—智利	2007
韩国—加拿大	2014	美国—韩国	2007
澳大利亚—马来西亚	2012	日本—菲律宾	2006
韩国—秘鲁	2011	美国—韩国	2007
日本—秘鲁	2011	日本—菲律宾	2006
智利—越南	2011	日本—马来西亚	2005
智利—马来西亚	2010	新西兰—泰国	2005
东盟—澳大利亚—新西兰	2009	中国—智利	2005
中国—秘鲁	2009	美国—澳大利亚	2004
新西兰—马来西亚	2009	日本—墨西哥	2004
澳大利亚—智利	2008	澳大利亚—泰国	2004
新加坡—秘鲁	2008	中国—东盟	2004
中国—新西兰	2008	美国—新加坡	2003
日本—越南	2008	韩国—智利	2003
中国—新加坡	2008	韩国—新加坡	2003
日本—东盟	2008	日本—新加坡	2002
日本—泰国	2007		

资料来源：根据世界贸易组织网站提供的相关信息整理，参见世界贸易组织网站，http：//rtais. wto. org/UI/PublicAllRTAList. aspx。

亚太地区区域贸易协定/自贸协定遍地开花的状况是多重原因导致的。从大的国际环境来看，WTO框架下的多边贸易谈判停滞不前；从区域经济的发展来看，地区经济利益关系日趋紧密产生了进一步推动市场开放、加强区域合作以实现共同发展的需求。而在塑造区域合作关系的过程中，大国利益也发挥了重要的作用；从APEC的发展历程来看，美国希望借助发展亚太地区的区域合作来对抗欧洲共同市场所可能带来的影响。APEC 成立于 1989 年，具有应对欧洲共同市场挑战的初衷。美国担心其被排除在欧洲共同市场之外，利益会受到损害，因此，当时的美国克林顿政府力推具有实质性功能的区域合作机制。从 APEC 的功能和定位来看，美国希望通过推动有约束力的协议来实现东亚市场的深度开放。这是“一箭双雕”的谋划，一方面服务于推动日本市场开放的目的，另一方面也可以将欧洲排除在外。由此来看，美国并不希望把亚太地区市场开放的成果无条件地提供给欧洲。由于在亚太地区不具备通过有约束力的协议来实现市场开放的条件，所以，尽管设立了“茂物目标”并设置了实现目标的时间表，但 APEC 仍未能按照时间表完成既定目标。这也是亚太国家纷纷通过签订区域贸易协定/自贸协定来推动市场开放的一个重要原因。①

国际多边贸易谈判的停滞与亚太地区经济合作的态势导致欧盟不得不选择发展同亚洲国家的多重双边贸易联系，与此同时，区域间合作停滞不前，表现为“亚欧会议”这个区域间的对话机制缺乏动力，成果有限。欧盟从推动区域间合作转向发展多重双边经济关系说明，欧盟的对外经济战略在两个方面受到了阻力：首先，加强亚欧之间经济联系的目标未能充分实现，尽管欧亚之间的贸易量迅速提升，但无论从贸易量还是从价值链的角度来看，欧亚之间经济关系的发展速度和密切程度都比不上亚洲国家与北美之间的经济关系。就东亚、欧洲和北美三个经济板块之间的联系来看，欧亚之间的经济联系仍然是最薄弱的。其次，从“亚欧会议”的发展历程可以看出，欧盟力图联系亚洲国家来共同加强国际多边框架。② 欧盟在其贸易文件中一再指出：“欧洲首要的，也是最明确的优先政策是通过支持 WTO 这个多边贸易体系和多哈回合谈判来维持开放的全球市场。渐进的全球自由化不仅是创造开放的贸易体系的最有效的途径，而且是使发达国家和发

---

① 张蕴岭：《亚太经济一体化与合作进程解析》，《外交评论》2015 年第 2 期，第 1—11 页。

② 张浚：《从亚欧会议进程看发展国际关系的“欧洲模式”》，《欧洲研究》2006 年第 1 期。

展中国家共同受益的唯一方式。”[①] 区域间对话进展缓慢说明欧洲联合亚洲国家支持和推动多边贸易体系的努力没有取得预期的效果。

尽管如此，此前发展起来的欧亚之间的联系网络为推动亚欧之间的经济关系开创了多重渠道，既有区域层面的，也有国家层面的，还有社会层面的，这为欧亚关系的进一步发展创造了有利条件。

五　结论：“一带一路”及欧亚关系的未来发展

由于 WTO 框架下的贸易谈判停滞不前，而且欧美发达国家的经济优势地位受到新兴市场国家的挑战，欧盟与美国纷纷推进区域贸易协定的谈判，力图修改多边框架下的国际贸易规则，引领贸易规则的制定，为自己争得更多的优势。《跨大西洋贸易与投资伙伴关系协议》（TTIP）和《跨太平洋伙伴关系协议》（TPP）一度成为举世瞩目的热点，除此之外，各类构建区域经济共同体的主张也此伏彼起。[②] 这些发展趋势使得原本就相对密切的跨大西洋经济联系和环太平洋的经济联系更加紧密，而欧亚之间原本松散的跨区域经济关系就显得更加薄弱。因此，拉紧欧盟和东亚之间的经济纽带显得益发迫切。

欧盟一如既往地希望加强在亚洲经济存在的愿望得到了“一带一路”倡议的有力支持。2013 年，中国国家主席习近平提出了共建“丝绸之路经济带”和“21 世纪海上丝绸之路”的倡议，此后，随着“一带一路”规划的不断完善，中国推动亚洲地区与欧盟经济发展战略对接、全面发展亚欧经济关系的意图日益清晰。[③] 这给欧亚之间的对话与合作注入了新的活力。“亚欧会议”这个区域间对话机制覆盖了“一带一路”沿线的多数国家，也借此打破多年的沉寂，推动亚欧之间的对话与合作不断深入。

---

① European Commission, 2006, *Global Europe: a stronger partnership to deliver market access for European Exporters*, p. 2.

② 如在亚太地区的 FTAAP 和 RCEP 等。

③ 张骥、陈志敏：《一带一路倡议的中欧对接：双层欧盟的视角》，《世界经济与政治》2015 年第 11 期，第 36—52 页。

在“亚欧会议”这个平台上，欧盟与亚洲成员共同表达了加强亚欧经济联系的强烈愿望。金融危机后召开的2012年第九届亚欧首脑会议上，与会成员在讨论了全球经济形势及国际金融体系和贸易体系改革的基础上，进一步提出了区域内互联互通的重要意义：“领导人强调加强区域互联互通对支持经济一体化的重要性，包括通过次区域倡议和框架，缩小发展鸿沟，促进亚欧次区域内部及其之间的可持续发展。”[①] 亚欧互联互通在2014年成为第十届亚欧首脑会议的首要议题。[②] 在2015年5月于重庆召开的“亚欧互联互通产业对话会”上，与会各方明确了互联互通的主要领域和工作方向，包括亚欧基础设施互联互通，构建亚欧开放型贸易投资体系，促进亚欧金融市场开放和投融资创新，提升亚欧产业链、价值链和创新链合作水平，深化亚欧人文交流，完善亚欧政策沟通与协调机制等。[③]

亚欧经济关系的发展无疑有助于促进全球经济的繁荣与稳定。2016年诸多“黑天鹅事件”增加了全球经济的不稳定性，尤其是特朗普当选美国总统增强了“逆全球化”的政治力量，而原本有望实现的区域贸易协定也因美国的退出无果而终。在这种背景下，对于支持全球化的欧盟和中国来说，发展亚欧之间的经济和贸易关系具有格外重要的意义。

---

① 《第九届亚欧首脑会议主席声明》，http://www.fmprc.gov.cn/web/gjhdq_676201/gjhdqzz_681964/lhg_682206/zywj_682242/t1271520.shtml，登录时间：2016年3月25日。

② 《第十届亚欧首脑会议主席声明》，http://www.fmprc.gov.cn/web/gjhdq_676201/gjhdqzz_681964/lhg_682206/zywj_682242/t1270566.shtml，登录时间：2016年3月25日。

③ 《重庆倡议——创新引领行动，推进亚欧互联互通》，《亚欧互联互通产业对话会成果文件》（2015年5月29日），http://www.fmprc.gov.cn/web/gjhdq_676201/gjhdqzz_681964/lhg_682206/zywj_682242/t1281473.shtml，登录时间：2016年3月25日。

欧洲对美关系演变及发展前景

冯仲平　陈　旸

在欧洲对外关系中，美国占据着重中之重的地位。这一特殊地位在第二次世界大战中已奠定，冷战中得到巩固。由于欧美两大力量本身的重要性，以及二者关系的紧密性，欧美关系自“二战”结束以来一直是国际上最重要的关系之一。当前由于特朗普的上台，这一具有巨大影响力的关系面临重大考验。为了把握欧美关系变化及其未来走向，本文将从冷战结束开始到特朗普当选美国总统，分三个阶段来总结欧洲对美国看法以及相关政策的调整乃至欧美互动的演变，在此基础上探讨跨大西洋关系的未来走向。本文所指的欧洲既包括欧盟，也包括其成员国。

一　冷战后欧洲对美关系的发展（1991—2008年）

近年来，随着乌克兰危机、叙利亚内战的爆发，东亚形势的趋紧以及特朗普的上台，世界各大国之间的关系处于新一轮的重大变动期。但欧美关系的变化应追溯至冷战的结束以及之后世界形势的变迁。“二战”使得欧洲失去了世界中心的地位，而冷战局势的形成使得欧洲国家不得不依赖美国提供的安全保障。由此带来的后果是，欧洲（西欧）不仅失去了世界中心的地位，而且失去了外交的总体独立性。由于冷战时期西欧国家对美国的对外战略和政策以追随和服从为主，二者的关系便形成了以“美主欧从”为特征的非对称性架构。显然，这一关系的一个重要前提是“苏联的威胁”。共同反苏成为欧美的战略交汇点，以及双方结盟的基础。然而，苏联的解体和冷战的结束，尤其是在冷战终结的基础上，欧洲一体化的迅速推进，意味着欧美关系将不可避免地随之发生变化。

对美国而言，冷战结束意味着欧洲作为两大阵营对抗前沿阵地的角色已然谢幕。但从欧洲的角度来看，这既使其对美国的安全依赖度大幅下降，也给其彰显自我意识、发挥“欧洲作用”提供了难得的机遇。欧盟要成为“一个与美国平起平坐的欧洲大陆上的超级大国”。[①] 随着冷战的结束，深化与扩大一体化成为欧洲的优先目标。无论从哪方面讲，冷战后的十多年是“二战”结束以来欧洲一体化的“黄金时期”。首先，最为雄心勃勃的东扩很快拉开了帷幕，吸纳对象主要是中东欧地区的前社会主义国家。到2004年，欧盟由15国一跃扩大为25国。据此，欧盟可以自豪地宣称，冷战时期东西分裂的欧洲实现了统一。在最为敏感的防务领域，欧盟大胆迈出合作步伐，急欲补强自身军事能力的短板。1998年，英国和法国签署《圣马洛条约》加强军事合作；1999年，欧盟组建快速反应部队、成立“政治与安全委员会”“军事委员会”及“军事参谋部”三大机构。同时，酝酿已久的经济与货币联盟于1999年宣告成立，为欧洲成为全球性经济和金融核心力量奠定了基础。由于害怕欧元打破美元国际垄断的地位，侵蚀其隐形货币红利，美国前国务卿基辛格当时警告：欧元“将使欧洲与过去50年发展起来的大西洋伙伴关系背道而驰”。[②] 在国际事务领域，欧洲的外交独立性或准确地说“对美国说不”，引起国际社会的广泛关注。由于对小布什领导下的美国的单边主义行径严重不满，2003年法国、德国公开反对联合国安理会授权美国对伊拉克实施军事打击，否认美军占领伊拉克的合法性。虽然英国、西班牙、意大利出兵协助美国，波兰等中东欧国家发表支持美军行动的声明，大西洋两岸之间罕见地出现了一道鸿沟。

---

① 赵怀普：《从“特殊关系”走向“正常关系”——战后美欧关系纵论》，《国际论坛》2006年第2期。

② William Pfaff, “ The Coming Clash of Europe with America”, *World Policy Journal*, Winter 1998/99.

但全面分析当时欧洲国家以及欧盟委员会等机构的外交宣示和具体实践，可以看出，虽然冷战结束导致欧洲与美国的分歧有所增多，甚至出现了上述围绕伊拉克战争而展开的激烈的外交冲突，欧洲倚重美国的一面仍然突出。1995 年欧盟领导人同美国总统克林顿签署了《跨大西洋新纲要》和包括 100 多个项目的《美欧共同行动计划》。2004 年，小布什总统三访欧洲。尽管双方在“反恐战争”“邪恶轴心”等概念上分歧依旧，但先后上台的德国总理默克尔、法国总统萨科齐亦接连对美示好，如法国宣布重返北约军事一体化机构，在反恐问题上欧洲国家也尽可能地配合美国行动，缓和了伊拉克战争引发的紧张关系。值得指出的是，在欧洲一体化高歌猛进的同时，欧洲日益意识到与“唯一超级大国”保持紧密合作对欧洲的利益至关重要。在其 2003 年出台的首份安全战略报告中，欧盟指出，冷战的结束赋予了美国军事上支配性的优势，跨大西洋关系“不可取代”，欧美联手将成为“世界上令人敬畏的永久力量”。[①] 北约仍被视为双方关系重要性的体现。因此，人们看到在中东欧地区出现了引人注目的北约和欧盟“双东扩”。而欧洲对自身军事力量不足的清醒认识也强化了“还离不开美国”的意识。前南地区被欧洲视为“自家后院”，但在旷日持久的波黑冲突、科索沃战争面前，欧洲束手无策，最终仍然需要仰仗美国的力量。

二　金融危机以来欧洲对美关系变迁（2008—2016年）

在这一阶段，与小布什相比，奥巴马总统被欧洲国家视为“自己人”，他不但支持多边主义，还重视气候变化带来的挑战。因此，双方国际理念之争趋于平息，欧美关系的气氛发生很大变化。但与此同时，冷战后出现的欧美关系松弛化趋势愈加明显。这主要是因为，

① A Secure Europe in a better World, European Security Strategy, http://www.consilium.europa.eu/uedocs/cmsUpload/78367.pdf，登录时间：2016 年 12 月 2 日。

2008 年突如其来的金融危机以及之后南欧国家爆发的欧债危机，令欧美忙于“自扫门前雪”，而与此同时，奥巴马又推出了其任期内最重要的国际战略——“重返亚洲”战略，导致欧美利益的进一步分化。

欧洲主权债务危机的爆发有其自身内部的原因，如南欧国家国际竞争力下降、欧元区制度存在缺陷等，但美国次贷危机则是最重要的外部“导火索”。欧债危机爆发后，不少欧洲国家认为，美国不仅隔岸观火，而且默许金融机构下调评级，企图“密谋”做空欧元，以此打压欧洲经济。如法国时任总统萨科齐公开对美元主导国际货币体系提出质疑，认为“正是由于对美元的依赖，才让危机影响更加严重。”① 在应对经济危机问题上，欧美立场也出现分歧。欧洲对美国政府的“量宽”救助方案并不认同，将奥巴马提议欧洲加大财政和货币刺激视为“干涉欧洲大陆事务”、意图“转嫁压力”。② 与此同时，欧美经济矛盾日益凸显。一方面，美国高举制裁大棒，针对欧洲银行业违背美国制裁法令、参与同伊朗有关的交易行为，开出巨额罚单。③ 另一方面，“跨大西洋贸易与投资伙伴关系协议”（TTIP）谈判自 2013 年起虽经历十轮有余，却未取得任何实质性进展。法国时任总统奥朗德明确拒绝 TTIP，称“法国不同意没有规则的自由贸易”④。欧洲各国民众反对 TTIP 的声音也日渐高涨，“欧洲晴雨表”2016 年最新民调显示，支持 TTIP 的民众从 2014 年的 58% 降至 51%，反对者则从 25% 增至 34%。同时，在欧洲国家看来，随着新兴经济体的

① “French Leader Outspoken Currency Reform”, http：//www. washingtontimes. com/news/2011/jan/10/in – talks-with-obama-sarkozy-circumspect-on-role-of/，登录时间：2017 年 2 月 16 日。

② Federico Castiglioni, America’s Blame Game, http：//www. huffingtonpost. com/the-european-magazine/americas-blame-game_ b_ 1642388. html，登录时间：2017 年 2 月 16 日。

③ “BNP Paribas braced for ＄8. 9bn fine”, https：//www. theguardian. com/business/2014/jun/30/bnp-paribas-fine-us-justice-department，登录时间：2016 年 12 月 2 日。

④ “French will not accept TTIP without rules Hollande says”, http：//www. euronews. com/2016/05/03/france-will-not-accept-ttip-without-rules-says-hollande，登录时间：2016 年 12 月 2 日。

分量稳步上升，美国领导世界经济的能力正在下降。《欧盟全球形势评估报告》称，至2030年，中国与印度国内生产总值将分别占世界的20%和16%，至2050年，中国和印度GDP之和将超过代表发达经济体的世界经合组织（OECD）国家总量。[①] 皮尤中心2014年对44个国家的民调显示，49%的民众认为中国将或已经取代美国成为世界超级强国，而在欧洲持该看法的民众高达60%。[②]

2009年奥巴马政府出台并实施“重返亚洲”或“亚太再平衡”战略后，欧美战略重点的差异已成既定事实。出于多方面的考虑，美国战略重心由欧洲和大西洋转向亚洲。冷战结束以及欧盟北约完成“双东扩”后，欧洲在美国全球战略中的重要性开始呈现逐步下降的趋势。而奥巴马上台的使命是通过变革，结束美国海外两场战争，并带领美国走出自20世纪30年代以来最严重的金融危机。“重返亚洲”的实质是美国全球战略的收缩。为什么要转向亚洲？概而言之，冷战结束后，亚太逐渐成为全球最活跃的经济圈和地缘关系变化最迅速的政治带，因而亦是大国博弈最复杂微妙的磁力场。奥巴马提出“亚太再平衡”战略，美国离开欧洲，“是（客观）需要，而非（主观）选择”。[③] 在芝加哥全球事务委员会主席艾弗·戴德尔看来，这一战略决定的出台说明，“近1/4个世纪以来，美国外交政策逐渐从冷战时期的聚焦欧洲转向更加广阔的全球视角”，“将来无论谁入主椭圆形办公室，欧洲人在白宫都将不再占据特殊位置”。[④]

从“二战”后美欧关系的发展历程来看，美国战略重心的转移可以说是欧美关系的转折点。2015年1月法国巴黎《查理周刊》杂志

---

① “The European Union in a changing global environment, A more connected, contested and complex world”, https://eeas. europa. eu/docs/strategic_ review/eu-strategic-review_ strategic_ review_ en. pdf，登录时间：2016年12月2日。

② Pew Research Center, “Balance of Power: U. S. vs China”, http://www. pewglobal. org/2014/07/14/chapter-3-balance-of-power-u-s-vs-china/，登录时间：2016年12月2日。

③ Jean-Yves Haine, “A New Gaullist Moment? European Bandwagoning and International Polarity”, *International Affairs*, Volume 91, Issue 5, September 2015, pp. 991 – 1008.

④ Whats Obamas European legacy? http://www. politico. eu/article/what-will-define-barack-obamas-european-legacy-eu-us/，登录时间：2016年12月2日。

社遇袭后，英国、法国、德国和以色列等多国领袖齐聚巴黎街头，以示团结反恐，连俄罗斯外长拉夫罗夫亦赶来参加，但美国总统奥巴马、国务卿克里分别以安全和另有安排为由缺席。[①] 巴黎活动虽然象征性意义很大，但也可以看出美国对欧洲安全的重视程度已经明显下降。即使在北约加强欧洲东部防线问题上，美国的实际投入也可谓杯水车薪。在应对难民危机问题上，奥巴马政府由于顾及国内反移民情绪，明显采取“隔岸观火”策略，接收的难民很少。2013 年，美国国家安全局前雇员斯诺登爆料“棱镜门”事件，揭露美国肆意监控盟友，窃听法、德等国政要通信，给欧美关系造成不小的冲击。时任欧委会主席巴罗佐甚至将美国国安局与“斯塔西”（前东德秘密警察部门）相提并论。[②]

面对上述变化，欧洲开始寻找新的自身定位乃至在大西洋关系中的战略主动性，努力以自身方式塑造跨大西洋关系。

首先，务实维护自身利益。2016 年出台的《欧盟全球战略》指出，欧盟“在继续深化跨大西洋关系”的同时，“将同新兴力量建立联系，开发新的合作形式”。[③] 在中国筹建亚洲基础设施投资银行（亚投行）过程中，欧洲看到了两方面的机遇：一方面可以参与亚洲新兴国家发展，分享亚洲国家经济增长的红利，另一方面则可以逐步降低美国在货币问题上对其施加的影响力和控制力。2015 年 3 月，英国不听美国的劝告，率先申请加入亚投行。在英国带动下，共有德国、法国、意大利等 17 个欧洲国家成为亚投行创始成员国。欧洲还支持欧洲复兴开发银行吸纳中国为股东，支持国际货币基金组织将人民币纳入特别提款权货币篮子，中欧金融货币合作如火如荼。在南海

① Eric Bradner, “Obama, Kerry absent from unity rally in Paris”, http: //edition. cnn. com/2015/01/11/politics/obama-kerry-paris/，登录时间：2016 年 12 月 2 日。

② “Germany, France demand ‘no spying’ agreement with US”, http: //www. euractiv. com/section/global-europe/news/germany-france-demand-no-spying-agreement-with-us/，登录时间：2016 年 12 月 2 日。

③ “Share Vision Common Action: A Stronger Europe. A Global Strategy for EU's Foreign and Security Policy”, https: //eeas. europa. eu/top_ stories/pdf/eugs_ review_ web. pdf，登录时间：2017 年 2 月 16 日。

问题上，欧洲主要着眼于经济贸易权益，视其为海上自由贸易往来的大动脉，这与美国的地缘战略诉求有所不同。因此，当2016年7月"南海仲裁"结果出炉引发轩然大波之际，欧盟并未跟风炒作，而是迟至3天后才发表声明，且措辞谨慎，强调"不持立场""和平解决争议"。[①] 在欧美数据隐私保护问题上，由于欧盟对"斯诺登"等一系列事件揭露出的美国肆意监控盟友的行为十分不满，2015年10月，欧洲法院毅然裁定欧美此前签订的关于自动交换数据的"安全港协议"无效，令美国互联网巨头承受了巨大的经济压力，经过数月艰苦谈判才达成了新的"隐私盾牌协议"，改进了对数据使用的安全保障。[②]

其次，更加主动应对国际热点问题。围绕乌克兰危机的解决，德、法、俄、乌举行"诺曼底"模式四方会谈，经过激烈的讨价还价，2015年2月正式签署"新明斯克协议"。乌东部冲突双方开始停火，并逐步从交战地区撤出重武器。尽管俄乌相互不断指责对方未能全面履行该协议，但显然正是有这一协议，危机才得到遏制。"诺曼底模式"是欧洲国家依靠自身力量解决利益攸关问题的重要尝试，打破了乌克兰僵局，并最终为解决乌克兰危机提供了基础。德国总统高克表示："当美国无力继续付出更多的时候，德国和欧洲伙伴应为自己的安全承担更多责任。"[③] 在伊朗核问题上，经过十多年艰难谈判，伊核六国于2015年7月与伊朗达成核协议。该项"联合全面行动计划"结束了在伊朗核计划问题上的对峙局面，不仅建立了有史以来最严格的核查机制，而且取消了对伊朗施加的全面制裁，是外交领域的

① Declaration by the High Representative on behalf of the EU on the Award rendered in the Arbitration between the Republic of the Philippines and the People's Republic of China, http://www.consilium.europa.eu/en/press/press-releases/2016/07/15-south-china-sea-arbitration/，登录时间：2017年2月16日。

② Nikolaj Nielsen, "EU regulators cautiously endorse US data pact", https://euobserver.com/justice/134496，登录时间：2017年2月16日。

③ Joachim Gauck Speech to open 50th Munich Security Conference, http://www.bundespraesident.de/SharedDocs/Reden/EN/JoachimGauck/Reden/2014/140131-Munich-Security-Conference.html，登录时间：2017年2月16日。

一项关键突破。该协议的达成，美国起到了一锤定音的作用，但却是欧洲（首先是德国）将其带到了谈判桌上，在经历了走过灾难性失败的边缘、走进“死胡同”等危机之后，最终弥合了各方分歧。德国时任外长施泰因迈尔感慨：“（伊朗核谈判）使我确信，外交手段可以征服最深的鸿沟。”① 与此同时，欧洲国家在出兵海外问题上更加果断。2013 年法国向马里驻派军队，其短期内迅速投放 4000 名战斗部队到该地区的能力让美国刮目相看，并认为“巴黎在应对西北非安全问题上可以依靠”。② 德国亦一改以往在海外派兵问题上谨慎小心的形象，向叙利亚派遣 1200 人，规模之大超过近年来德军海外历次军事行动。③

再次，提升自身安全防务能力。2003 年欧盟发布首份“安全战略”称：“欧洲从未如此繁荣、安全和自由。”④ 但自欧债危机以来，欧盟却陷入了前所未有的内外交困和不确定之中。南欧国家的债务危机和经济严重衰退，使得欧盟内部南北矛盾不断发酵；伴随着低增长、高失业率（尤其是年轻人），以及移民管理的混乱，反全球化、反移民、反欧盟的民粹主义迅速滋长。同时，欧洲成为国际极端组织“伊斯兰国”的主要攻击目标，恐怖袭击急遽攀升。乌克兰危机则令欧洲东部陷入与俄关系持续紧张的困境。西亚北非地区秩序破碎，导致难民潮不断涌向欧洲。在此背景下，加上美国要求在北约内分摊军费的压力，自 2014 年开始，欧洲各国逐渐加大在安全防务方面的投入，削减军费的势头得到遏止。2016 年，北约欧洲各国防务开支实现十年来首次正增长。2016 年 5 月，德国自统一以来首次宣布扩军，

① Rede von AussenministerSteinmeier an der Gerorge Washington Universitaet, https://www.auswaertiges-amt.de/DE/Infoservice/Presse/Reden/2016/160301_BM_Washington.html，登录时间：2017 年 2 月 16 日。

② Jean-Yves Haine, “A New Gaullist Moment? European Bandwagoning and International Polarity”, *International Affairs*, Volume 91, Issue 5, September 2015, pp. 991 – 1008.

③ 《德国议会批准向中东派兵打击 IS 以支持法国》，新华网，http://news.xinhuanet.com/world/2015-12/01/c_128488201.htm，登录时间：2017 年 2 月 16 日。

④ A Security Europe in a Better World: European Security Strategy of the EU, https://www.consilium.europa.eu/uedocs/cmsUpload/78367.pdf，登录时间：2017 年 2 月 16 日。

从装备、预算和人员三方面加强军力。德国总理默克尔表示："德国目前军费开支仅占 GDP 的 1.2%，应努力提高，缩小与美国 3.4% 的差距。"① 2016 年新版欧盟"全球战略"指出："欧盟应加强安全共同体建设；欧盟安全与防务能力应使欧盟能自主行动，助力北约。"② 2016 年 12 月，欧盟领导人在布鲁塞尔召开峰会，批准一揽子"安全防务计划"，一方面落实执行欧盟全球战略安全防务举措，制定年度评估计划，构建共同行动规划和指挥能力，允许部分成员国优先深化防务合作，另一方面实施"欧盟防务行动计划"③，设立"欧洲防务基金"，欲每年投入 55 亿欧元支持军事科研，发展军工产业，从而提升自身防卫水平。④

三　特朗普当选总统对欧美关系的新冲击(2016年至今)

特朗普 2016 年 11 月当选美国第 45 任总统，在欧洲引起极大震动。特朗普所主张的"美国优先"的原则与欧洲主流政治所坚持的开放、多边、多元的立场大相径庭。欧美关系出现了新特点：欧美在国际上的分歧公开化，双方合作面临很大困难，同时欧美关系未来发展的不确定性也显著增大。

特朗普入主白宫后带来的或许是最重要的问题是欧美政治互信发生动摇。共同的价值观乃是维系欧美关系的重要纽带，但自特朗普执政以来，不仅对"民主""自由"等西方价值观轻描淡写，而且在其

---

① Andreas Rinke, "Merkel Says Germany must Spend More on Defence", http://www.reuters.com/article/us-germany-defence-idUSKCN0Z72QE，登录时间：2017 年 2 月 16 日。

② "Share Vision Common Action: A Stronger Europe. A Global Strategy for EU's Foreign and Security Policy", https://eeas.europa.eu/top_stories/pdf/eugs_review_web.pdf，登录时间：2017 年 2 月 16 日。

③ European Defence Action Plan: Towards a European Defence Fund, http://europa.eu/rapid/press-release_IP-16-4088_en.htm，登录时间：2017 年 5 月 16 日。

④ Steven Blockmans and Giovanni Faleg, "More Union European Defence", https://www.ceps.eu/system/files/TFonEuropeanDefence.pdf，登录时间：2017 年 2 月 16 日。

他方面也与欧洲长期秉持的立场大相径庭。如在全球贸易秩序方面，G20财长会议、IMF春季年会皆因美阻挠，致使支持自由贸易的提法从“共同声明”中“隐身”。特朗普强调国家利益至上，不仅与欧盟合作共赢、让渡主权的发展道路相背离，而且进一步刺激欧洲民粹思潮，助长反欧、疑欧势力。事实上，在特朗普就职后不久，欧洲理事会主席图斯克就在一封致欧盟成员国领导人的信中称，特朗普的言论已经成为欧盟面临的外部威胁之一。他在信中写道：美国新政府似乎对过去70年的外交政策提出疑问，“华盛顿发生的变化尤其令欧盟处于困难境地”。[①] 而特朗普频频为欧盟内部的反欧、疑欧分子站台则引发欧盟委员会主席容克强硬回击：欧盟可“鼓动俄亥俄州、德克萨斯州独立”。[②] 欧盟外交与安全政策高级代表莫盖里尼担忧，特朗普上台将令欧美关系进入一个务实且类似于交易的双边关系时代。[③]

在政治互信受损的同时，特朗普上台后欧美贸易不平衡争执加剧，引发欧洲对与美国发生“贸易战”的忧虑。近年来，欧盟对美贸易盈余不断扩大，货物贸易顺差从2013年的902亿欧元增至2016年的1147亿欧元，[④] 其中德美贸易顺差在2016年达到540亿欧元。[⑤] 特朗普将美巨额贸易逆差归结为不公平贸易所致，遂对欧施压，对德

① 新华社布鲁塞尔新媒体专电，2017年1月31日。

② Ian Wishart, EU to Trump: Mess With Brexit and We'll Mess With Texas, https://www.bloomberg.com/politics/articles/2017-03-30/eu-s-juncker-to-trump-back-brexit-i-ll-push-texas-independence，登录时间：2017年2月16日。

③ Remarks by High Representative Mogherini at the press roundtable during the visit to the United States of America, https://eeas.europa.eu/headquarters/headquarters-homepage_en/20408/%20Remarks%20by%20High%20Representative%20Mogherini%20at%20the%20press%20roundtable%20during%20the%20visit%20to%20the%20United%20States%20of%20America，登录时间：2017年2月16日。

④ Eurostat, Extra-EU28 trade, by main partners, total product, http://ec.europa.eu/eurostat/tgm/table.do?tab=table&init=1&language=en&pcode=tet00035&plugin=1，登录时间：2017年2月16日。

⑤ Statistisches Bundesamt, Außenhandel Rangfolge der Handelspartner im Außenhandel der Bundesrepublik Deutschland, https://www.destatis.de/DE/ZahlenFakten/GesamtwirtschaftUmwelt/Aussenhandel/Tabellen/RangfolgeHandelspartner.pdf?__blob=publicationFile，登录时间：2017年2月16日。

"放炮"。德则以欧盟体制为掩护，力避与美"短兵相接"。2017 年 3 月默克尔赴美前与中国国家主席习近平通话，凸显中德走近，暗中向美施压。[①] 目前，美国虽并未将德国列为货币操纵国，但美欧皆不愿轻易妥协，不排除爆发贸易战的可能。此外，特朗普与欧洲的金融治理理念也背道而驰。特朗普政府欲退出"巴塞尔 III"协议（国际金融监管）谈判，保持灵活调降银行储备金的主动权，以便给银行业"松绑"，充分发挥其创新能力，支持美企业发展。欧则忧心金融危机卷土重来，持续实施银行业压力测试，严格要求银行保持充足储备金，防范金融风险。

在国际上，自特朗普上台后，欧美最严重的冲突无疑体现于对"巴黎气候协定"的立场分歧。为了劝说特朗普支持该协定，德国总理默克尔、法国新任总统马克龙费尽心机，但终究愿望落空。特朗普还罔顾欧盟批判土耳其的立场，致电土总统埃尔多安贺其公投获胜，令欧处境尴尬。在北约问题上，尽管特朗普的态度在入主白宫后有所调整，欧洲承诺履行军费占 GDP 2% 的标准，但欧洲各国反对增加军费的力量很大，实际执行效果难测。

在震惊、焦虑的同时，欧洲开始面对现实，尝试与特朗普政府展开互动，准备为各类"危险苗头"灭火，力避特朗普的政策殃及自身，争取跨大西洋关系"不失控"。

其一，积极降低欧美贸易战风险。一方面反击"汇率操纵国"言论，默克尔称欧元汇率属于欧洲央行的职权范畴，德国一直支持欧央行独立性。[②] 欧央行行长德拉吉也在欧洲议会辩称"欧洲不是汇率操

---

① 习近平指出，作为世界重要经济体和全球化的坚定支持者，中德有责任推动各方共同建设开放型世界经济，维护多边贸易规则和体制的有效性、权威性。我们愿同德方一道，对外释放开放、合作、共赢的积极信号。默克尔则表示，德方高度评价习近平主席 2017 年 1 月在达沃斯世界经济论坛发表的重要演讲，支持"一带一路"倡议，感谢中方支持德方主办二十国集团领导人汉堡峰会。德方愿同中方密切高层交往，加强经贸、投资、发展领域合作，深化人文交流，将德中全方位战略伙伴关系提高到新的水平。引自新华社北京 2017 年 3 月 16 日电。

② Ivana Kottasova, Merkel to Trump adviser: We're not manipulating the Euro, http://money.cnn.com/2017/01/31/news/economy/angela-merkel-trump-euro-navarro-germany/index.html，登录时间：2017 年 5 月 16 日。

纵者”。[①] 另一方面欲“反制”美保护主义措施，针对美酝酿“边境税”等贸易保护主义做法，分管欧盟贸易政策的欧委会副主席卡泰宁称：“如果有人在行动上危及欧方利益或违反国际贸易规则”，欧盟也打算动用内部或世贸组织内法律等手段自保。[②]

其二，极力修补跨大西洋政治互信。一是重申传统友谊。欧洲理事会主席图斯克表示：“跨大西洋合作是自由世界的支柱”，对欧洲而言，保护欧美“特殊关系”仍是“最优先的政治任务”。[③] 欧盟驻美大使奥沙利文称：“欧美互为最亲密的全球伙伴，欧盟将以人民的友谊、相互尊重的价值观、原则和利益为基础，继续推进同美国新政府和国会的合作。”[④] 二是以 2017 年 5 月 24 日 G7 峰会为契机，特别增加北约峰会以邀请特朗普访欧，获其应允。三是与美新政府多方互动。英国首相特雷莎·梅在特朗普上台后一周之内访美，成为首位到访的外国领导人，凸显“英美特殊关系”。特朗普就职一个月内，德国外长、欧盟委员会移民委员、欧盟外交与安全政策高级代表等政要相继访美，美国副总统彭斯、国务卿蒂勒森、国防部长马蒂斯则借 2017 年 2 月举行的慕尼黑安全政策会议等契机陆续访欧。

其三，坚决维护欧洲核心价值观。一是反对特朗普“禁穆令”。特朗普限制难民和西亚北非公民入境的行政令发布后，德国总理默克

---

① 《欧洲央行行长反驳美方“汇率操纵论”》，新华网，http：//news. xinhuanet. com/world/2017-02/07/c_ 1120420884. htm，登录时间：2017 年 5 月 16 日。

② Commission VP：Trade war with US would be “disastrous” for world economy，http：//www. politico. eu/article/commission-vp-trade-war-with-us-would-be-disastrous-for-world-economy/，登录时间：2017 年 4 月 17 日。

③ Joey Millar and Vickiie Oliphant，EU Malta Summit：“We Need UK” EU president admits May is CRUCIAL for US relations，http：//www. express. co. uk/news/world/762599/eu-malta-summit-live-theresa-may-brexit-trump-juncker，登录时间：2017 年 2 月 16 日。

④ “The European Union as a Partner Against Russian Aggression：Sanctions，Security，Democratic Institutions and the Way Forward”，Testimony by H. E. David O'sullivan Head of Delegation of the European Union to the United States of America on United States Senate Committee on Foreign Relations Hearing，https：//www. foreign. senate. gov/imo/media/doc/040417_ OSullivan_ Testimony_ REVISED. pdf，登录时间：2017 年 2 月 16 日。

尔坚称：反恐“需与伊斯兰国家合作”，① 德国防长冯德莱恩直陈北约乃价值观同盟，绝不允许使用“酷刑”。② 二是抵制美国唱衰欧盟的言论。针对特朗普欲任命的美国驻欧盟大使马洛赫将欧盟和苏联相提并论，并持“欧元崩溃论”“希腊退欧论”等唱衰欧盟的立场，欧洲议会社会党党团主席皮泰拉称其对欧美共同价值观和原则“构成威胁”，并建议特朗普慎重考虑未来欧美关系，不要任命马洛赫为驻欧大使。③

四　结论与前瞻

通过以上梳理和分析，可以得出这样的结论，即经过冷战结束以来四分之一世纪的发展，由于“共同敌人”的消失、利益的分化、价值观差异的增大等原因，“二战”以后欧美构建起来的跨大西洋同盟关系已然褪色，双方之间的凝聚力下降，竞争性、平等性凸显，这些均使得跨大西洋合作受到了限制和影响。特朗普上台加速了这一变化趋势。

如果让我们对欧美关系的发展前景作一预测，总体上可以说，欧美关系的韧性不可低估，但特殊性将不断减弱的趋势也在意料之中，既合作又竞争将逐步成为未来跨大西洋关系的常态。

具体来说，首先，保留北约符合欧美各自安全和战略利益。虽然冷战结束快三十载，但迄今在欧洲“搭便车”或依赖美国的心理还

---

① Pressekonferenz von Bundeskanzlerin Merkel und US-Präsident Donald Trump, https: //www. bundesregierung. de/Content/DE/Mitschrift/Pressekonferenzen/2017/03/2017-03-18-merkel-trump. html，登录时间：2017 年 4 月 16 日。

② Rede der Bundesministerin der Verteidigung Dr. Ursula von der Leyen zur Eröffnung der 53. Münchner, Sicherheitskonferenz, https: //www. bmvg. de/resource/resource/TU1jZzdTaGNNanAzeDRBMlRGeEU3WHVDTGFRc3R5bHFEclVIR0M0bmJjM2Vya0lYejdaWUlTNjFtZi8rT0ZPMXE4YmhlcEF2Smxsd3AySkRNbVdKR1FnQWhJcCsxZ01rb0dPcXg5ekRMajQ9/Rede _ BMin _ MSC. pdf，登录时间：2017 年 5 月 16 日。

③ Georgi Gotev, EU party leaders team up to reject Trump ambassador, https: //www. euractiv. com/section/global-europe/news/epp-alde-socialists-and-democrats-leaders-propose-eu-rejects-trumps-ambassador/，登录时间：2017 年 5 月 16 日。

相当普遍。随着 2014 年乌克兰危机的发生、欧俄关系的趋紧，以波罗的海三国及波兰为代表的中东欧国家再度将俄罗斯视作现实安全威胁，并指望美国与俄抗衡。对美国而言，其“二战”后同意成立北约的动机并非仅仅遏制苏联、保护欧洲，也有以此控制欧洲的战略考虑。冷战后美国历届政府均继续看重北约，希望通过军事同盟对欧洲施加影响。目前，特朗普对北约的立场虽有一定的不确定性，但他从未表示北约可以解散。在引人注目的 2017 年 5 月北约峰会上（这是特朗普上台后首次出席北约峰会），他一方面继续在军费问题上施压欧洲，另一方面强调北约要加大打击国际恐怖主义的力度。

其次，在经济领域，欧美关系的竞争性会越来越激烈。当然，欧美同属发达经济体，相互贸易投资体量巨大，彼此很难找到可以完全替代的战略合作伙伴。但由于双方经济同质性强，经济治理理念差异性亦颇为显著，在银行业管理、金融货币市场、汽车行业、农副产品等方面，欧美之间存在着相当程度的竞争，TTIP 谈判即使重新恢复，欧美之间的分歧短期内也难以弥合。况且，当前经济保护主义浪潮袭击大西洋两岸，欧盟虽然高举全球化大旗，但实则也趋于内顾，尤其是在英国“脱欧”的背景下，欧盟对任何与英国相关的贸易谈判都将更加敏感，而美国则是英国争取的首要贸易伙伴之一。特朗普对欧盟贸易政策颇为不满，数度肯定英脱欧“壮举”，不排除未来美国在贸易谈判上拉英抑欧的可能。欧、美、英三方贸易角力，或将加大欧美经贸摩擦。

最后，未来欧美在国际上进行合作的同步性势必下降。由于欧美已基本形成各自的地缘战略重点，有各自的利益诉求和解决问题的偏好，加上特朗普上台后跨大西洋两岸“价值观鸿沟”的扩大，以及欧美政策均呈现出内顾趋势，彼此在国际上有效合作的困难明显增大。这一同步性下降的趋势今后将会进一步发展。欧洲在应对周边困局、发展与中国等新兴经济体关系以解决自身长远安全和发展问题上，会极力减少美国的影响。如在对俄关系问题上，欧盟可能会采取更自信、更灵活的处理方式。2016 年 6 月，欧盟委员会主席容克在参加圣彼得堡经济论坛时称：希望俄罗斯将欧盟视为“战略资产和更好的伙伴”，表示愿意为欧俄对话“搭桥”。[①] 2017 年，莫盖里尼和默克尔亦相继访俄，释放对俄缓和姿态。“诺曼底模式”对话将继续成为解决乌克兰危机的关键平台。在对中国关系方面，欧盟将寻求不受美国对华政策的影响，强调自身在华商业机遇和经济利益。欧洲理事会在针对欧盟委员会 2016 年推出的《欧盟对华新战略要素》报告所做的决议中，将对华合作视为重要机遇，并将签署“双边投资协议”（BIT）作为深化与平衡对华经济关系的首要任务，同时强调将建设性地管控双方的分歧。[②] 此外，欧盟将继续推进叙利亚、阿富汗等地区的和平谈判进程，以自己的方式参与世界事务，并努力解决自身最为迫切的难民与反恐问题。总之，未来只要特朗特在台上，跨大西洋两岸在国际上相互提供支持的程度将不可避免地受到限制。

---

① Speech by President Jean-Claude Juncker at the 20th Saint Petersburg International Economic Forum 2016, http: //europa. eu/rapid/press-release_ SPEECH-16-2234_ en. htm，登录时间：2017 年 2 月 16 日。

② EU Strategy on China, http: //data. consilium. europa. eu/doc/document/ST-11252-2016-INIT/en/pdf，登录时间：2017 年 2 月 16 日。

欧盟共同外交与安全政策对欧美关系的影响：基于理论的分析

陈麒安

一 前言

法国外交部长舒曼（Robert Schuman）于1950年5月9日发表宣言，主张要成立一个跨国组织来管理和规范涵盖法国与德国在内的欧洲煤钢产业，如此方能化解两国冲突并建构欧洲的长久和平。①欧洲整合运动开始以来，逐渐从经贸领域扩展至货币联盟，1993年在《马斯垂克条约》（Treaty of Maastricht，又称欧洲宪法条约）正式生效后，欧洲联盟（European Union，EU）更开始建立共同外交与安全政策（The Common Foreign and Security Policy，CFSP），其连同经济共同体及单一市场、内政与司法合作两项，成为欧盟的三大支柱。经过历年来的调整与演变，又扩展出欧洲安全防卫政策（European Security and Defence Policy，ESDP）与共同安全与防卫政策（The Common Security and Defence Policy，CSDP）等概念，增强了欧盟处理

① 苏宏达：《绪论》，载苏宏达主编《欧洲联盟的历史发展与理论辩论》，台湾大学出版中心2011年版，第VII页。

涉外事务的能力,[①] 也大幅提升了欧盟的国际地位，欧盟逐渐成为国际关系中的重要行为者。

国际关系学术界也开始思索欧盟共同外交与安全政策的演变意涵，特别是在《里斯本条约》（The Treaty of Lisbon）生效后，欧盟处理涉外事务的能力更加提升，相关机制的设计规划更趋整合，这些发展究竟是对美国的制衡还是扈从？本文将从理论研析的层面来关注并探讨此议题。首先将从理论层面研析欧盟加强共同外交与安全政策的政治意涵，再次是回归国际关系理论对于国家制衡与扈从行为的研究成果，以厘清欧美的争议。最后则是结论。

二　欧盟加强共同外交与安全政策对于欧美关系的影响

欧洲整合在20世纪90年代逐渐扩展到政治与外交领域，在《马斯垂克条约》生效后，欧盟还在以往欧洲共同体（European Community, EC）促进商品、资本、服务和人员四大流通的基础上，进一步建立欧洲经济暨货币联盟（European Economic and Monetary Union, EMU），透过确立单一货币的方式提高竞争力与影响力。[②] 随着欧盟在经贸、政治领域的整合日益深化，在共同外交与安全政策领域更逐

① 关于欧盟共同外交与安全政策的演变历程，详细内容可参见：European External Action Service, "The Common Security and Defence Policy (CSDP)", *European External Action Service*, https://eeas.europa.eu/topics/common-security-and-defence-policy-csdp_en; Jochen Rehrl and Hans-Bernhard Weisserth, eds., "Handbook on CSDP: The Common Security and Defence Policy of the European Union", *The European Council*, 2010/4, https://www.consilium.europa.eu/uedocs/cmsUpload/csdp_handbook_web.pdf; Derek E. Mix, "The European Union: Foreign and Security Policy", *Federation of American Scientists*, 2013/4/8, https://fas.org/sgp/crs/row/R41959.pdf; Michael Smith, "The Framing of European Foreign and Security Policy: Towards a Post-modern Policy Framework?" *Journal of European Public Policy*, Vol. 10, No. 4, August 2003, pp. 556 – 575；甘逸骅：《欧洲安全与防卫政策的军事层面：欧盟的全球战略地位》，《问题与研究》2006年第45卷第5期，第111—132页。

② 周弘：《欧盟是怎样的力量——兼论欧洲一体化对世界多级化的影响》，社会科学文献出版社2008年版，第18—19页。

渐强化了处理涉外事务的能力，不论是从法律规范还是实际影响的层面来看，都凸显了欧盟整体作为国际社会中的行为者之地位。因此，有不少学者开始思考，欧洲整合的发展，乃至于欧盟处理涉外事务的能力强化，是否会破坏它与美国的合作关系，乃至于出现制衡美国的作用？

米尔斯海默（John J. Mearsheimer）曾经预测，欧洲共同体可能会在冷战结束而苏联将部队撤离欧洲的情况下走向衰弱，而不是日渐强大。① 现实主义学者得出这一结论是基于国家相互不信任的认知假设。美国在冷战结束以后成为国际体系的霸权，这种权力优势就会激发其他国家的戒心，减少与美国的合作关系，或进一步崛起而挑战美国的霸权地位。华尔兹也曾经预言，德国和日本在冷战结束后可能会追求军事武力扩张或核子武器。②

佩普（Robert A. Pape）认为，单极体系中的领导国家拥有最强大的权力，可以轻易影响其他国家的安全。即便前者并没有特别意图，也会让其他国家担心。③ 单极体系领导国的权力优势会使得次一级的国家一方面在意愿上想制衡，但另一方面在能力上又无法成功，于是，极有可能采取的是软制衡（soft balance）手段。这种手段并不直接挑战单极领导国的军事优势，但可以推迟单极领导国使用优势权力或增加其运用优势权力的成本。④ 特别是在美国于2003年对伊拉克使用武力后，便有学者观察到，由于该项举措的正当性具有瑕疵，因而引发了法国、德国、俄罗斯与中国分别在联合国或北约及欧盟内部的牵制，它们试图限制美国单边运用武力。但是由于美国的权力优势，其他国家并不愿意透过军事力量予以制裁，而只能采取外交手段的软

① Stanley Hoffmann, Robert O. Keohane and John J. Mearsheimer, "Back to the Future, Part II: International Relations Theory and Post-Cold War Europe", *International Security*, Vol. 15, No. 2, Fall 1990, p. 199.

② Kenneth N. Waltz, "The Emerging Structure of International Politics", *International Security*, Vol. 18, No. 2, Fall 1994, pp. 61 – 68.

③ Robert A. Pape, "Soft Balancing against the United States", *International Security*, Vol. 30, No. 1, Summer 2005, p. 14.

④ Ibid., p. 17.

制衡。[①] 然而，布鲁克斯（Stephen G. Brooks）等人则反驳表示，如果其他国家采取的行动只是阻挠美国的政策，而没有确实影响到它们认为足以威胁某些国家安全的美国实际力量，就不能算是软制衡。[②] 例如欧盟的安全实力提升，并不是对美国霸权优势的反应，反而是在美国不愿意介入欧洲事务情况下的自立自强。实际上，美国的支持反倒是欧洲安全防卫政策得以发展的关键。[③]

阿特（Robert Art）认为，欧盟发展军事力量的努力，将会增强对抗美国的能力。[④] 但是豪沃斯（Jolyon Howorth）等人则指出，欧盟作为一个庞大的组织，成员人数众多，要获得一致决策并不容易，反倒无法有效汇集各国的权力。欧盟的成员国并不太愿意在军事防御事务上让步太多而损及自身主权，欧洲安全防卫政策的发展主要是解决各国所遭遇到的低层次安全议题，或者说是民事危机管理（civilian crisis management），而不是用以制衡美国。[⑤] 彼得斯（Ingo Peters）也表示，从组织的整体架构与性质来看，北约比较有能力处理较为复杂、大型的任务，欧盟的欧洲快速反应部队则只能处理低度冲突、人道援助行动或危机处理。[⑥]

然而，雷恩（Christopher Layne）认为欧盟之所以要发展欧洲安全防卫政策，就是对美国强势主导跨大西洋关系感到不满，因而试图

① T. V. Paul, "Soft Balancing in the Age of U. S. Primacy", *International Security*, Vol. 30, No. 1, Summer 2005, pp. 64 – 70.

② Stephen G. Brooks and William C. Wohlforth, "Hard Times for Soft Balancing", *International Security*, Vol. 30, No. 1, Summer 2005, p. 79.

③ Ibid., p. 91.

④ Robert Art, "Europe Hedges Its Security Bets", in T. V. Paul, James J. Wirtz and Michael Fortmann, eds., *Balance of Power: Theory and Practice in the 21st Century*, Stanford, CA: Stanford University Press, 2004, pp. 179 – 238.

⑤ Jolyon Howorth and Anand Menon, "Still Not Pushing Back: Why the European Union Is Not Balancing the United States", *Journal of Conflict Resolution*, Vol. 53, No. 5, October 2009, pp. 727 – 744.

⑥ Ingo Peters, "ESDP as a Transatlantic Issue: Problems of Mutual Ambiguity", *International Studies Review*, Vol. 6, No. 3, September 2004, pp. 381 – 402.

在不依赖美国的情况下，处理自身关切的安全与外交政策议题。[①] 克雷地（Lorenzo Cladi）等人则表示，前述观点错误理解了欧盟对于美国的看法。欧洲安全防卫政策只是欧盟希望提高自己处理安全事务的能力，而减少对美国的依赖，并不足以被视为对美国的制衡。欧盟的目标只是参与维和行动之类的任务，而不是更高程度的武装军事任务。欧盟不论是在军事科技、战略空运补给还是后勤等层面，都缺乏制衡美国所需的完整能力。况且，以欧盟部队的规模来说，根本谈不上具备足以制衡美国这样的强权。[②] 事实上，即便是一般认为与美国关系最差的欧盟成员国——法国，也并未在冷战结束后大幅增加本国军事费用支出，反而与美国在外交及经济议题上展开合作，最后更于2009 年全面重返北约军事一体化架构（NATO military command structure)。[③] 克雷地等人主张，这种现象至少可以显示，连法国都没有想要减弱对美国的外交与经济互动关系。若是从欧盟整体对美国的政策偏好来看，欧盟实际上是想发展出一种靠向强国的合作关系，因而应被视为“扈从”（bandwagoning)。但即便如此，欧盟也试图提升自身能力与自主性，避免被美国抛弃。[④]

波尔（Benjamin Pohl）则主张，欧盟共同外交与安全政策发展的关键动力并不是制衡或扈从，也不是想要推广欧盟特定的战略目标，而是成员国想要维护周边地区的安定。当欧盟内部要商讨应该扮演何种全球角色与实现何种目标时，几个主要大国的意见反而有更多分歧。如果欧盟共同外交与安全政策发展的目的是要制衡美国，那么理

---

① Christopher Layne, “The Unipolar Illusion Revisited: The Coming End of the United States' Unipolar Moment”, *International Security*, Vol. 31, No. 2, Fall 2006, pp. 34 – 36.

② Lorenzo Cladi and Andrea Locatelli, “Bandwagoning, Not Balancing: Why Europe Confounds Realism”, *Contemporary Security Policy*, Vol. 33, No. 2, 2012, p. 271, 275.

③ 法国于冷战期间并非完全退出北约，仅是不参与北约军事委员会等属于军事一体化架构的会议。参见：Jeremy Ghez amd F. Stephen Larrabee, “France and NATO”, *Survival: Global Politics and Strategy*, Vol. 51, No. 2, 2009, pp. 77 – 90; Bastien Irondelle and Frédéric Mérand, “France's Return to NATO: The Death Knell for ESDP?” *European Security*, Vol. 19, No. 1, 2010, pp. 29 – 43.

④ Lorenzo Cladi and Andrea Locatelli, “Bandwagoning, Not Balancing: Why Europe Confounds Realism”, pp. 276 – 282.

论上应该会采取更为强硬的政策措施。但是这些举措恐怕连软制衡都还称不上，美国甚至还支持欧盟共同外交与安全政策的若干行动。[①]波尔进一步指出，克雷地等人将欧盟共同外交与安全政策的发展视为对美国的扈从，并把欧盟的行动界定为试图维持现状。在靠向强国的扈从策略中，原本包含了"避免被攻击"或"分享胜利成果"两种概念。但在欧盟与美国的互动关系中，既没有外部威胁存在，双方也没有视对方为威胁，对于西巴尔干地区、阿富汗与伊拉克等武装冲突，双方也没有什么成果可以分享的。因此，扈从的假设并不合理。[②]美国对于欧盟共同外交与安全政策的影响，与其说是彼此在竞争相对权力与安全，还不如说是美国与欧盟追求目标的重叠程度。大西洋两岸都支持现有的全球自由秩序，并促进自由价值观，这也解释了双方为何会在外交政策上合作，只是实践手段有所差异而已。欧盟共同外交与安全政策是由共享的自由主义意识形态所支撑起来的，但同时也是由深植于各国独特政治文化的国家偏好所驱使。[③]

对于波尔的反驳与质疑，克雷地等人则以新古典现实主义的观点回应。他们表示，波尔主要是从自由主义的观点出发，强调欧盟所展现出的合作实践及意识形态的影响，但是这样会忽略国际竞争对于塑造欧洲安全防卫政策/共同安全与防卫政策（ESDP/CSDP）的角色。传统上，扈从概念关注"威胁惩罚"和"分享回报"，这种意涵上的简单划分难以运用于美国与欧盟的关系，但仍可以将欧盟形塑共同安全与防卫政策的努力视为扈从行为。[④] 另外，克雷地等人认为：无政

---

① Benjamin Pohl, "Neither Bandwagoning nor Balancing: Explaining Europe's Security Policy", *Contemporary Security Policy*, Vol. 34, No. 2, 2013, pp. 355 – 356.

② Ibid., p. 357, 366. 虽然波尔引用施韦勒（Randall L. Schweller）的文章，将"扈从"区分为"避免被攻击"和"分享胜利成果"两种概念，但是施韦勒实际上强调的是后者，这也是其对于瓦特（Stephen M. Walt）将"扈从"界定为与威胁来源联盟的最主要批评。参见：Randall L. Schweller, "Bandwagoning for Profit: Bringing the Revisionist State Back", *International Security*, Vol. 19, No. 1, Summer, 1994, pp. 79 – 82.

③ Benjamin Pohl, "Neither Bandwagoning nor Balancing: Explaining Europe's Security Policy", pp. 367 – 368.

④ Lorenzo Cladi and Andrea Locatelli, "Worth a Shot: On the Explanatory Power of Bandwagoning in Transatlantic Relations", *Contemporary Security Policy*, Vol. 34, No. 2, 2013, p. 374.

府状态的本质并不会因为国际合作增强而改变；若是为了追求美国支持的国际自由秩序，欧盟各国为何还需要考虑国内民意和反应？在冷战期间，美国是透过军事力量防卫欧洲来支撑起自由的国际秩序（liberal international order）。支持美国于2003年对伊拉克采取军事行动的欧洲国家，反而在国内受到民意抨击。欧盟透过共同外交与安全政策的发展而提升了自我实力，虽然选择扈从靠向美国，但是希望在美国介入欧洲事务的时候，也能有更高的议价权力。这种扈从是一种具有广泛概念的维持现状策略，希望得以尽可能地延长当前的关系，维持与强大国家的亲近，或者至少避免被抛弃。①

巴朗斯科特（Felix Berenskoetter）认为，应该要将欧盟发展共同安全与防卫政策视为一种试图摆脱美国监护的努力作为。固然从现实主义观点来说，不能将欧盟共同安全与防卫政策解释为制衡对抗美国。然而，由于每位学者对于权力概念的理解不同，甚至无法评估欧盟在共同安全与防卫政策方面的权力究竟有多大，或者该项政策是否能成功达成目标。此外，若是从欧盟发展共同安全与防卫政策的历程来推论，欧盟并不是要对付、制止或限制美国的权力。这些政策的发展其实是欧洲国家想要摆脱美国影响力的合作成果，从1998年"圣马洛宣言"（Saint Malo Declaration）便可以看出来，当时英法两国主张要发展自主行动的能力。美国也希望欧洲国家能够为自身安全多尽一份力，因而当时是支持这种能力的发展。最后，由于现实主义有着明显的权力偏见（power bias），国家采取任何行动都不可避免会被外界从权力的角度加以解读，欧盟的行为会被认为是对美国所主导的单极体系之回应。这是因为许多人不了解，从发展的本质与各国的动机看，"共同安全与防卫政策"其实是欧洲整合必然发生的一个历程，也具有政府间主义的色彩。②

① Lorenzo Cladi and Andrea Locatelli, "Worth a Shot: On the Explanatory Power of Bandwagoning in Transatlantic Relations", *Contemporary Security Policy*, Vol. 34, No. 2, 2013, pp. 375 - 378.

② Felix Berenskoetter, "Jumping off the Bandwagon", *Contemporary Security Policy*, Vol. 34, No. 2, 2013, pp. 382 - 383.

戴森（Tom Dyson）也主张，应该要采取新古典现实主义的观点，吸收瓦特（Stephen M. Walt）的威胁平衡理论来分析欧洲防卫合作。他认为波尔的自由主义观点忽略了北约在欧洲安全上的角色，而欧盟共同安全与防卫政策的本质则是想要改良（reform）西欧国家在冷战时期扈从美国的政策，如此才会有足够的能力来处理欧洲所面临的安全挑战。这些挑战发生在欧盟周边邻近地区，但却是美国不愿意或不能够处理的。戴森认为，欧盟与美国都面临包括大规模杀伤性武器扩散、国际恐怖主义和失败国家在内的许多共同威胁，新现实主义观点的特色就是强调国际体系无政府状态的不确定性，而国家永远无法确信其他国家的意图，因此必须要为未来发展的诸多可能性预作准备。就是这种不确定性创造了欧盟扈从美国军事力量的强烈动机。瓦特的威胁平衡理论提供了新现实主义的手段，有助于我们理解欧洲国家担忧被美国抛弃或连累的不同考虑。①

伦斯莫斯（Jens Ringsmose）则抱持着比较严格与悲观的看法指出，不同的成员国是基于不同目的参与欧盟的行动。其实所谓的共同安全与防卫政策语汇，很容易让一般人产生误解，因为有些国家是将此政策视为让欧洲与美国联系起来的手段，有些国家则是视为欧盟试图迈向自主、强力、统一的欧洲之努力。事实上，在北约内部也有一样的情形，每个成员国的想法都不一样，但是共同安全与防卫政策尤其缺乏足以提供领导能力和战略方向的主导国家。伦斯莫斯认为，波尔忽略了不同国家的期待是不一样的，并非欧盟的成员国都脱离了传统强权政治的世界，有些国家扈从美国就是希望获得除了安全保证之外的其他利益。对于东欧地区的欧盟成员国来说，俄罗斯仍然被视为潜在的威胁。他们并非出于“共同的自由主义共识”而支持美国的外交政策，而是期待其他的回馈。至于克雷地等人所采用的结构现实主义观点，固然从权力政治的方向提供了扈从的解释，但是也简化了欧盟成员国之间的重要差异。要了解欧洲国家的外交政策，必须要在

① Tom Dyson, “Balancing Threat, not Capabilities: European Defence Cooperation as Reformed Bandwagoning”, *Contemporary Security Policy*, Vol. 34, No. 2, 2013, pp. 387 – 391.

国际权力政治的脉络下考虑国家环境形势（national situation）。[①] 若是从各种实际的效果来说，并不存在一个真正共同的安全与防卫政策，所以共同安全与防卫政策不能被理解为欧盟国家对美国的制衡或扈从。此外，结构现实主义倾向于将欧盟整体的行为以二分法加以区别：如果不是制衡，就是扈从。但是这样子并没有什么用处，因为对于欧盟内部的某些国家来说，确实是基于扈从靠向美国的动机而支持共同安全与防卫政策的发展，但是对于其他的国家来说，则是希望能借此在处理国际事务时，追求更为独立自主的途径，减少对美国的依赖。[②]

由前述学者的观点可知，针对欧盟发展共同外交与安全政策（或包含后来的欧洲安全防卫政策及共同安全与防卫政策）的探讨，究竟是对美国的制衡还是扈从行为，主要争议的焦点其实在于：如何去界定“制衡”与“扈从”的概念意涵，如果不是出于“制衡”的动机，那么是否一定就是“扈从”呢？“制衡”与“扈从”是否是完全对立的概念呢？

三 “制衡”与“扈从”的理论分析

（一）欧盟是否对美国“制衡”

国际关系理论现实主义学派的观点认为，国家生存在无政府状态的国际体系中，为了要确保生存，往往会采取内部努力和/或外部努力的手段来增强自身权力、追求安全。前者包括增强本国经济权力、军事权力，推进发展战略，后者则包括强化或扩大己方联盟、弱化或缩小敌方联盟。[③] 因此，若吾人要分析欧盟是否对美国采取了制衡行为，应可以从以下几点来分析：1. 是否有军事权力或/和经

① 即不同国家因为所处的地缘环境不同，会有不同的政策偏好与考虑。

② Jens Ringsmose, “Balancing or Bandwagoning? Europe's Many Relations with the United States”, *Contemporary Security Policy*, Vol. 34, No. 2, 2013, pp. 409 –412.

③ Kenneth N. Waltz, *Theory of International Politics*, Reading, Mass.: Addison-Wesley Pub. Co., 1979, p. 118.

济权力的累积；2. 是否有强化己方联盟或试图破坏对手联盟的作为。

根据笔者汇整自瑞典斯德哥尔摩国际和平研究所（Stockholm International Peace Research Institute, SIPRI）的统计数据，在 1991 年至 2016 年，美国军费开支一直维持在全球第一的位置，几乎为欧盟主要大国——英、法、德三国加总的 2 至 4 倍。在此期间，英、法、德三国军费开支大多维持在 500 亿—700 亿美元，美国则是因为遭受恐怖分子攻击，军费开支从 2001 年的 3800 亿美元大幅提升至 2016 年的 6110 亿美元。① 在 2016 年全球前 15 大军费支出国中，美国排名第一，达到 6110 亿美元，占全球军费支出的 36%。中国排名第二，达到 2150 亿美元，占全球军费支出的 13%。在这 15 大军费支出国中，有 4 个欧盟成员国，分别是：法国（557 亿美元）、英国（483 亿美元）、德国（411 亿美元）、意大利（279 亿美元）。即便是这 4 个国家加总的金额 1730 亿美元，也仅为美国的 28.31%。②

在经济权力方面，经购买力平价（Purchasing Power Parity, PPP）后计算，2016 年各国国内生产总值（Gross Domestic Product, GDP）前 20 名中，中国约为 21 兆美元，占全球总额的 17.83%，排名世界第一；排名第二的美国约为 18.5 兆美元，占全球总额的 15.46%；其他欧盟成员国只有德国以 4.03 兆美元排名第五，英国以 2.8 兆美元排名第九，法国以 2.77 兆美元排名第十，意大利以 2.31 兆美元排名第十一，西班牙以 1.69 兆美元排名第十六。这 5 个欧盟国家加总为 13 兆美元，约为美国的 73.23%，经济实力仍差美国一截。③

在军费支出占国内生产总值比例方面，1991—2016 年，美国即

① 汇整自："SIPRI Military Expenditure Database, Data for all countries 1949 - 2016", *Stockholm International Peace Research Institute*, 2017, https://www.sipri.org/sites/default/files/SIPRI-Milex-data-1949-2016.xlsx.

② "Table 1. The 15 countries with the highest military expenditure in 2016", *Stockholm International Peace Research Institute*, 2017/4, https://www.sipri.org/sites/default/files/Trends-world-military-expenditure-2016.pdf.

③ "Gross domestic product 2016, PPP", World Development Indicators database, *World Bank*, 2017/4/17, http://databank.worldbank.org/data/download/GDP_PPP.pdf.

便在90年代出现下滑的趋势，在2001年之后也大幅上升，整体来说长期维持在3%—4%。但是英国、法国、德国、意大利等几个欧盟主要国家，则是呈现下滑趋势，前述比例在2016年时，英国为1.9%，法国为2.3%，德国为1.2%，意大利为1.3%。① 因此，这些国家并没有大幅提升军事准备以对抗美国的倾向出现。

综合前述军事与经济指标可知，欧盟的三大主要成员国——法国、英国、德国——在冷战结束20多年以来，并未呈现出在军事上或经济上有积极提升自我实力以试图对抗制衡美国的态势。

在强化己方联盟阵营或破坏对方联盟阵营方面，部分欧洲国家除了参与欧洲整合的历程以外，早在冷战期间就参与了由美国主导成立的北大西洋公约组织，这两大国际组织的成员多有重叠。在后冷战时期，作为军事联盟的北约，不但吸收新成员而扩张，更发展出安全治理的功能，得以在以往的传统威胁——苏联瓦解后还能持续存在。② 同时，欧盟成员国家并没有退出北约来削弱这个联盟组织的功能，或是另外组建新的军事联盟来加以对抗。北欧国家因为地缘位置及历史背景，往往在对外政策上保持中立态度而不加入特定军事联盟，所以芬兰及瑞典仅加入欧盟而未加入北约；奥地利则自1955年10月26日由国会通过《中立宣言》后，成为永久中立国。若从欧洲国家在90年代开始加入北约与欧盟的时间先后顺序来看，它们往往都是先加入北约，然后才加入欧盟（如表1所示）。换言之，欧盟的发展并未排斥北约的存续，几个主要大国也没有显露抵制对抗美国的企图。

① 参见："SIPRI Military Expenditure Database, Data for all countries 1949 - 2016", *Stockholm International Peace Research Institute*, 2017, https://www.sipri.org/sites/default/files/SIPRI-Milex-data-1949 - 2016.xlsx; The Data Team of the Economist, "Military Spending by NATO Members: Does America Contribute More than Its Fair Share?" *The Economist*, 2017/2/16, https://www.economist.com/blogs/graphicdetail/2017/02/daily-chart-11。

② 参见陈麒安《新自由主义与后冷战时期北约的存续：安全治理的观点》，《全球政治评论》2013年第43期，第111—134页。

表 1 **后冷战时期北大西洋公约组织与欧洲联盟成员国加入日期对照**

生效日期	北大西洋公约组织	欧洲联盟
1995.01.01.		奥地利、芬兰、瑞典
1999.03.12.	捷克、匈牙利、波兰	
2004.03.29.	爱沙尼亚、拉脱维亚、立陶宛、斯洛伐克、斯洛文尼亚、保加利亚、罗马尼亚	
2004.05.01.		波兰、拉脱维亚、立陶宛、爱沙尼亚、匈牙利、捷克、斯洛伐克、斯洛文尼亚、马耳他、塞浦路斯
2007.01.01.		保加利亚、罗马尼亚
2009.04.01.	阿尔巴尼亚、克罗地亚	
2013.07.01.		克罗地亚
2017.06.05.	黑山共和国	

资料来源：笔者自行汇整。

对于欧洲国家来说，北约在美国主导之下，从冷战时期以来就发挥了威慑的功效，这些盟国对于美国外交政策保有或多或少的发言机会，这就解释了为何在冷战结束后，联盟关系还能持续；对于美国来说，联盟组织的制度规范与集体决策机制减弱了它的单边行动能力，使得其政策自主性降低，但是美国的收获远超过其所付出的代价。美国优势下的多边主义反倒能减少其他国家建立反美联盟的诱因。① 从欧盟建立共同外交与安全政策支柱的历程看来，欧盟整体或其内部的主要大国并未试图强化己方联盟对抗美国，也没有破坏分化美国所属的联盟阵营。更何况，目前也并未发现欧盟整体或特定成员国家对美国的权力优势有明显而持续的激烈对抗行为，大多仍属于外交抗议或言辞批评，似不足以推论欧洲国家有试图制衡美国的趋势。

---

① Joseph S. Nye, *The Paradox of American Power: Why the World's Only Superpower Can't Go it Alone*, New York: Oxford University Press, 2002, pp. 158 – 159.

（二）重新检视“扈从”概念：

华尔兹认为，在国际体系无政府状态下，安全是国家的最高目标，如果国家追求的是权力最大化，就会加入实力比较强大的阵营，那么权力平衡就不会形成，而只会出现世界霸权。世界霸权之所以没有出现，是因为，制衡而不是扈从强权才是由国际体系引发的行为。[①]瓦特原先是将“制衡”界定为：透过联盟反抗主要的危险，“扈从”则是与主要的威胁联盟。[②] 由于国家无法将生存的希望寄托在其他国家的善意之上，所以往往会倾向于对抗威胁的来源，也就是制衡威胁而不是扈从。[③] 多数国际关系学者也因此将“扈从”解读为：国家被迫向强大的威胁来源妥协以求得生存的机会。

然而，前述观点受到学者施韦勒的批评，他认为瓦特将“扈从”定义为“与危险一方联盟或向威胁屈服”，与一般习惯用法有所差异，因为“扈从”的本意是指“追随潮流、流行趋势或加入有可能获胜的一方”，意味着积极追求利益而不是消极避免风险。[④] 对于那些试图改变现状的国家来说，追随另一个崛起中的改变现状的强权，只会威胁到维持现状国家的利益，但是自己并不见得会感受到威胁，因此提出了“为了利益而扈从”（bandwagoning for profit）的观点，意指某些国家考虑利害关系后，选择扈从强权来获取和确保利益的模式。[⑤]

由此观之，在华尔兹和瓦特等人的观念中，当国家面临威胁时，只有对抗制衡或妥协扈从的选择，并无法维持中立。[⑥] 在威胁已经产生时，国家采取妥协扈从的策略便是面对压力的无奈选择，因而是被

---

① Kenneth N. Waltz, *Theory of International Politics*, pp. 125 – 126.

② Stephen M. Walt, “Alliance Formation and the Balance of World Power”, *International Security*, Vol. 9, No. 4, Spring, 1985, p. 4.

③ Stephen M. Walt, *The Origins of Alliances*, Ithaca: Cornell University, 1987, pp. 18 – 19.

④ Randall L. Schweller, “Bandwagoning for Profit: Bring the Revisionist State Back”, p. 81.

⑤ Ibid., pp. 72 – 107.

⑥ 华尔兹主张的是“权力平衡”，瓦特强调的是“威胁平衡”。后者认为，权力较为强大的国家，并不一定会造成威胁。

迫的。施韦勒则是回归“扈从”的本意，主张国家并非总是反对改变现状，若是遭遇到与本身倾向相同，试图改变现状或维持现状的强大国家，主动采取扈从靠拢的策略反倒可以获得安全保障或分享利益。这就反映出对“扈从”的两种不同诠释：被迫妥协退让或主动追求安全与利益。

此外，瓦特也曾经表示，“扈从”可以被视为一种“绥靖”（appeasement）的形式。借由和具有威胁性的国家或阵营联盟，国家可能希望透过将威胁转向其他地方来避免被攻击。另一种情况则是国家可能为了要分享战争胜利的成果而与强大的一方联盟。① 当某个国家不被视为威胁，还可以提供利益时，选择与该国站在同一边，就不会是无奈或被迫的决定，而是国家主动地寻求利益，这种情况也是“扈从”。换言之，瓦特也曾经意识到“扈从”在国际关系中所具有的两种意义。但是吾人在引用瓦特的论点时，却更为经常地将“扈从”理解为“被迫倒向威胁来源的消极作为”。持平而论，瓦特所提出的“扈从”概念实际上涵盖了国家积极追求利益的“顺从”行为，以及被迫避免损失的“屈从”行为两种形式。然而在瓦特后续的著作中，却并未清楚界定两者差异，采用同一词来描述不同的扈从行为，极易使读者混淆。

若进一步思考，国家对于其他大国的积极扈从，往往是想要增强自身阵营相较于具有威胁性的对手之制衡力量。瓦特后来也指出，许多乍看之下似乎是扈从靠拢的行为，实际上是一种制衡的形态，要对付的威胁是邻近的国家。② 因此，吾人应该要将“扈从”界定为：国家在军事上靠向另一个更为强大国家的行为，进一步区分为：弱国靠向强国以瓜分利益的“积极扈从/顺从”，以及弱国被迫选择靠向强国以求生存的“消极扈从/屈从”。“积极扈从/顺从”既可能是国家之间联合制衡第三国的防御性联盟，也可能是国家之间共同展开侵略

① Stephen M. Walt, “Alliance Formation and the Balance of World Power”, pp. 7 – 8; Stephen M. Walt, *The Origins of Alliances*, p. 21.

② Stephen M. Walt, *Taming American Power: The Global Response to U. S. Primacy*, New York: Norton, 2005, pp. 187 – 188.

以瓜分胜利成果的一种攻击性联盟。[①]

以欧盟对美国的互动关系来说，纵使偶有纷争，多半仍属于积极追求安全合作或分享利益的互动关系，而不是在威逼之下的被迫妥协合作。[②] 欧盟于 2003 年提出《欧洲安全战略》（European Security Strategy），除了表示本身尚不足以负担起全球性角色的责任，还强调跨大西洋关系是不可取代的。如果欧盟与美国共同采取行动，就能成为对世界有益的强大力量。欧盟的目标是要发展对美国有效而均衡（effective and balanced）的伙伴关系，这也正是欧盟强化自身能力而增进凝聚力的原因。[③] 在 2016 年 6 月发表的《欧盟外交与安全政策全球战略》（A Global Strategy for the European Union's Foreign And Security Policy）中，欧盟指出，虽然北约仍然是欧盟大多数成员国要采取"集体防卫"的主要选择，但是在欧盟与北约互动的过程中，不应该歧视那些不属于北约阵营的欧盟成员国之安全与防卫政策。欧盟会以补充与协助的方式深化与北约的合作关系，完全尊重这两个组织的制度架构、包容性和决策自主。[④] 在英国于 2016 年 6 月通过脱欧公投（Brexit vote）而美国特朗普（Donald John Trump）总统对北约盟国颇有微词之际，有学者认为，欧洲国家想要发展战略自主（strategic autonomy），就要努力把北约欧洲化，或者说将欧盟发展成为北约的欧洲支柱。[⑤] 因此，欧盟发展共同外交与安全政策的目的，可以说是想

---

① 参见陈麒安《重新检视瓦特的联盟理论》，《问题与研究》2014 年第 53 卷第 3 期，第 101—102、109 页。

② 参见黄伟峰《欧盟全球角色中的对美关系："竞争性合作"的再诠释》，载张亚中主编《欧洲联盟的全球角色》，台湾大学出版中心 2015 年版，第 25—99 页。

③ "European Security Strategy-A Secure Europe in a Better World", European Commission, 2003/12/12, https://europa.eu/globalstrategy/en/file/10/download? token = ubYn8qBQ.

④ "A Global Strategy for the European Union's Foreign And Security Policy", European External Action Service, 2016/6, http://www.eeas.europa.eu/archives/docs/top_stories/pdf/eugs_review_web.pdf.

⑤ Jolyon Howorth, "EU-NATO Cooperation: The Key to Europe's Security Future", *European Security*, Vol. 26, No. 3, 2017, pp. 454 – 459; Benjamin Kienzle and Ellen Hallams, "European Security and Defence in the Shadow of Brexit", *Global Affairs*, Vol. 2, No. 5, 2016, pp. 465 – 469; 另可参见 Sven Biscop, "NATO and the EU: A Bipolar Alliance for a Multipolar World", in Ellen Hallams, eds., *NATO Beyond 9/11: The Transformation of the Atlantic Alliance*, Hampshire: Palgrave Macmillan, 2013, pp. 239 – 257。

要成为美国的可靠伙伴而寻求积极扈从合作。欧盟在发展共同外交与安全政策的历程中，如果将美国视为势力强大的对手而只能屈从领导，就不会有那么多中、东欧国家主动争取加入了。

四　结论

欧洲整合的发展在冷战结束以后又迈向了另一个阶段。欧洲联盟透过共同外交与安全政策支柱，提供成员国针对国际议题商讨意见、汇集共识的平台，更在此架构下逐渐强化处理涉外事务的能力，彰显欧盟作为一个整体在国际社会中的地位与形象。国际关系理论现实主义学派的传统观点认为，国际体系处于无政府状态，国家之间无法确信彼此的意图，又基于竞争相对权力的考虑，国家累积汇集权力，如果不是准备制衡其他对手，就会刺激其他对手制衡，所以国际体系中很难出现国家之间积极合作的和平局面。因此，国家在面对其他国家时，不是制衡对抗，就是被迫扈从。

然而，不论是从军事实力或经济实力的指标来看，欧盟整体或英、法、德等主要大国在后冷战时期并未出现大幅提升军费开支积极备战的态势，不符合现实主义学者所指称为了制衡美国的内部努力，也没有试图强化己方联盟或另起炉灶建立新联盟来对抗美国，更没有破坏分化美国所属的联盟阵营，并不符合制衡对手的外部努力。纵使欧盟或特定国家对于美国的权力优势偶有不满而抨击批判，也没有发生有效的激烈对抗行为。多数现实主义学者忽略了在特殊条件之下，国家之间确实存在积极合作的可能性。

事实上，欧盟发展共同外交与安全政策主要是为了因应区域局势的变化，希冀能在美国不能或不愿参与的情况下，仍然可以自行处理低层次的冲突问题，并非为了制衡美国在国际体系中的优势权力。换言之，欧盟是希望能自立自强处理周边地区问题，同时也能成为美国可靠的安全伙伴。后者更是美国在欧盟发展共同外交与安全政策过程中的主要期待。

附　录

欧盟专有名词英文、台湾译名、大陆译名对照表

余佳璋整理

英文 A (6)	台湾译名	大陆译名
Association Agreement	联系协定	联系协定
Action Committee for United States of Europe	欧洲合众国行动委员会（简称行动委员会）	欧洲合众国行动委员会
Academy of European Law, Corpus Juris	欧洲法典学院	欧洲法学院
Agency for the Cooperation of Energy Regulators (ACER)	能源监管机构合作署	能源监管合作署
Amsterdam Treaty	阿姆斯特丹条约	阿姆斯特丹条约
Audiovisual Observatory	视听媒体观测中心	NA

英文 B (5)	台湾译名	大陆译名
Barcelona Declaration	巴塞罗那宣言	巴塞罗那宣言
Bologna Process	波隆纳进程	博洛尼亚进程
Body of European Regulators for Electronic Communications (BEREC)	欧盟电子通讯管制机关	欧盟电信监管委员会
Border management agency (FRONTEX)	欧洲边境管理局	欧洲边境管理局
Bretton Woods system	布列顿森林体系	布雷顿森林体系

英文　C　(20)	台湾译名	大陆译名
Centre for European Policy Studies (CEPS)	欧洲政策研究中心	欧洲政策研究中心
Charter on the Fundamental Rights of the European Union	欧洲联盟基本权利宪章(基本权利宪章)	欧盟基本权利宪章
Cohesion Fund	凝聚基金	凝聚基金（聚合基金）
Council of Europe	欧洲理事会	欧洲委员会
Constructivism	建构主义	建构主义
Convention of Lome	洛梅协定	洛美协定
Comenius programme	柯米尼亚思计划	夸美纽斯计划
Conference on Security and Cooperation in Europe (CSCE)	欧洲安全与合作会议	欧洲安全和合作会议
Common Agricultural Policy (CAP)	共同农业政策	共同农业政策
Common Commercial Policy (CCP)	共同贸易政策	共同贸易政策
Common Fisheries Policy (CFP)	共同渔业政策	共同渔业政策
Common Foreign and Security Policy (CFSP)	共同外交暨安全政策	共同外交与安全政策
Common External Tariff (CET)	共同对外关税	共同对外关税
Common Security and Defence Policy (CSDP)	共同安全暨防卫政策	共同安全与防务政策
Consumers, Health, Agriculture and Food Executive Agency (CHAFEA)	欧盟消费者、健康、农业及食品执行机构	欧盟消费者，卫生，农业和食品执行机构
Committee of Permanent Representatives (COREPER)	常设代表委员会	常设代表委员会
Committee of the Regions (COR)	区域委员会	地区委员会
Court of Justice of the European Union	欧洲联盟法院	欧洲联盟法院
Copenhagen Criteria	哥本哈根标准	哥本哈根标准
Crisis Management and Planning Directorate (CMPD)	危机管理与计划署	危机管理与规划司

英文　D　(4)	台湾译名	大陆译名
Davignon Report	达维农报告	达维农报告（达维尼翁报告）

续表

英文 D (4)	台湾译名	大陆译名
Declaration on the future of the Union	欧盟之未来宣言	关于联盟的未来宣言
Directorates General	总署	总司
DG Relex	执委会对外关系总署	对外总司

英文 E (45)	台湾译名	大陆译名
Economic and Social Committee (ESC)	经济与社会委员会	经济与社会委员会
Emissions Trading System (ETS)	欧盟排放交易系统	欧盟排放交易系统
Erasmus Mundus Programme	伊拉斯莫斯世界计划	伊拉斯谟计划
EU Joint Situation Centre, SitCen	欧盟危机预防中心	欧盟情势中心
Eurogroup	欧元集团	欧元集团
European Asylum Support Office (EASO)	欧洲难民支持办公室	欧洲避难支持办公室
European Atomic Energy Community EAEC/Euratom	欧洲原子能共同体	欧洲原子能共同体
European Aviation Safety Agency (EASA)	欧洲航空安全局	欧洲航空安全局
European Business and Innovation Centres (BICS)	欧洲商业育成中心	欧洲企业与创新中心
European Central Bank (ECB)	欧洲中央银行（欧洲央行）	欧洲中央银行（欧洲央行）
European Commision	欧洲执行委员会	欧盟委员会
European Council	欧盟高峰会	欧洲理事会（欧盟首脑会议）
European Constitution	欧洲宪法	欧洲宪法
European Currency Unit (ECU)	欧洲货币单位	欧洲货币单位
European Defence Agency (EDA)	欧洲防卫局	欧洲防务局
European Defence Community (EDC)	欧洲防卫共同体	欧洲防务共同体
European Economic Community (EEC)	欧洲经济共同体	欧洲经济共同体
European Economic and Social Cohesion Policy (EESCP)	欧洲经济与社会凝聚政策	欧洲经济社会凝聚政策

续表

英文 E (45)	台湾译名	大陆译名
European Energy Research Alliance (EERA)	欧洲能源研究联盟	欧洲能源研究联盟
European Environment Agency (EEA)	欧洲环境署	欧洲环境署
European External Action Service (EEAS)	欧盟对外行动部	欧盟对外行动署
European Free Trade Association (EFTA)	欧洲自由贸易协会	欧洲自由贸易联盟
European Free Trade Zone	欧洲自由贸易区	欧洲自由贸易区
European Food Safety Authority (EFSA)	欧洲食品安全局	欧洲食品安全局
European Framework Programme	欧盟科研架构计划	欧盟框架计划
European Industrial Initiatives	欧洲产业计划方案	欧洲产业计划倡议
European Institute of Innovation and Technology (EIT)	欧洲创新与技术研究院	欧洲创新与技术学院
EU Military Staff (EUMS)	欧盟军事幕僚参谋部	欧盟军事参谋部
European Monetary Fund (EMF)	欧洲货币基金	欧洲货币基金
European Monetary System (EMS)	欧洲货币体系	欧洲货币体系
Economic and Monetary Union (EMU)	经济暨货币联盟	欧洲经济货币联盟
European Neighborhood Policy (ENP)	欧洲睦邻政策	欧洲睦邻政策
European Ombudsman	欧盟监察使	欧洲监察专员（申诉专员）
European Parliament	欧洲议会	欧洲议会
European Political Union	欧洲政治联盟	欧洲政治联盟
European Regional Development Fund (ERDF)	欧洲区域发展基金	欧洲区域发展基金
European Research Area (ERA)	欧洲研究区	欧洲研究区
European Rural Model (ERM)	欧洲乡村模式	欧洲乡村模式
European Round Table of Industrialists (ERT)	欧洲企业家圆桌会议	欧洲企业家圆桌会议
European Security and Defense Identity (ESDI)	欧洲安全暨防卫实体	欧洲安全与防务认同

续表

英文 E (45)	台湾译名	大陆译名
European Security and Defense Policy (ESDP)	欧洲安全暨防卫政策	欧洲安全与防务政策
European Telecommunications Standards Institute (ETSI)	欧洲电信标准协会	欧洲电信标准协会
European Union Special Representative (EUSR)	欧盟特别代表	欧盟特别代表
Euro-Mediterranean Partnership	欧盟—地中海伙伴关系	欧盟—地中海伙伴关系
Eurostat-statistics	欧洲联盟统计局	欧洲联盟统计局
Exchange Rate Mechanism (ERM)	汇率机制	汇率机制

英文 F (2)	台湾译名	大陆译名
Fouchet project	傅榭计划	伏歇计划
FrameworkProgram7 (FP7)	欧盟第七科技架构计划	欧盟第七框架计划

英文 G (2)	台湾译名	大陆译名
GrundtvigProgramme	葛隆维计划	科隆威计划
Grotius Programme	格劳秀斯计划	格劳秀斯计划

英文 H (1)	台湾译名	大陆译名
High Representative of the Union for Foreign Affairs and Security Policy	欧盟外交暨安全政策高级代表	欧盟外交与安全政策高级代表

英文 I (2)	台湾译名	大陆译名
intergovernmental system	政府间合作制度	政府间制度
Intergovernmental Conference (IGC)	政府间会议	政府间会议

英文 J (1)	台湾译名	大陆译名
Jean Monnet Programme	莫内计划	让・莫奈计划

英文 L (4)	台湾译名	大陆译名
Laeken Declaration	拉肯宣言	莱肯宣言（拉肯）
Liberal Intergovernmentalism	自由政府间主义	自由政府间主义
Luxembourg Compromise	卢森堡妥协	卢森堡妥协
Leonardo da Vinci Programme	达文西计划	达・芬奇计划

英文 M (6)	台湾译名	大陆译名
Marshall Plan (European Recovery Program)	马歇尔计划	马歇尔计划（欧洲复兴计划）
Mediterranean Union	地中海联盟	地中海联盟
Merger Treaty	合并条约	合并条约
Movement for European Reform	欧洲改革运动	欧洲改革运动
Multilateral Forces (MLF)	多边武力计划	多边部队
Mutual Information System on Social Protection	社会福利共同信息系统	社会保护共同信息系统

英文 N (4)	台湾译名	大陆译名
Nassau Agreement	纳梭协定	拿骚协议
North Atlantic Treaty Organization (NATO)	北大西洋公约组织（北约）	北大西洋公约组织（北约）
Neofunctionalism	新功能主义	新功能主义
Neo-Corporatism	新合作主义	新式合作主义

英文 O (2)	台湾译名	大陆译名
Organisation for European Economic Co-operation (OEEC)	欧洲经济合作组织	欧洲经济合作组织
Opt-out clause	选择性退出条款	选择性退出条款

英文 P (3)	台湾译名	大陆译名
Partial Test Ban Treaty	禁止部份核试爆条约	部分禁止（核）试验条约
period of reflection	再省思时期	反省期
Permanent Partnership Council	永久伙伴关系委员会	
Political and Security Committee	政治暨安全委员会	政治安全委员会
Poland and Hungary: Aid for Economic Restructuring, PhareProgramme	法尔计划	法尔计划

英文 Q (1)	台湾译名	大陆译名
Qualified Majority Voting (QMV)	条件多数决	特定多数/有效多数投票

英文 R (3)	台湾译名	大陆译名
Rational choice institutionalism	理性选择制度主义	理性选择制度主义
Reform Treaty	改革条约	改革条约
Rome Treaty	罗马条约	罗马条约

英文 S (13)	台湾译名	大陆译名
Schuman Declaration	舒曼宣言	舒曼宣言
Single European Act, SEA	单一欧洲法	单一欧洲法令
Single Legal Personality	单一法律人格	单一法律人格
Single Payment Scheme	单一给付制度	单一支付计划
Smithsonian Agreement	史密松宁协定	史密森协定
sociological institutionalism	社会制度主义	社会制度主义
Socrates Programme	苏格拉底计划	苏格拉底计划
Sub-Committee on Ireland' s Future in the EU	爱尔兰在欧盟的未来次级委员会	欧盟爱尔兰未来发展小组委员会
Stability and Growth Pact (SGP)	稳定与成长公约	稳定与增长公约
Strategic Energy Technology Plan (SET)	策略性能源科技研究计划	战略能源技术计划

续表

英文 S　（13）	台湾译名	大陆译名
Sub-national Actor	次国家行为者	次国家行为体
Supranational institutions	超国家机关	超国家机构
Supranational leaders	超国家机关领袖	超国家领导人

英文 T　（10）	台湾译名	大陆译名
Technical Assistance to the Commonwealth of Independent States, TACIS	独立国协国家科技援助	独联体技援方案
Trans-Atlantic Community	跨大西洋共同体	跨大西洋共同体
Transatlantic Common Market	跨大西洋共同市场	跨大西洋共同市场
Transversal Programme	横向计划	横向计划
Treaty establishing the European Coal and Steel Community	欧洲煤钢共同体条约	欧洲煤钢共同体条约
Treaty establishing the European Defense Community	欧洲防卫共同体条约	欧洲防务共同体条约
Treaty establishing a Constitution for Europe	欧洲宪法条约（欧洲宪法）	欧盟宪法条约
Treaty on European Union, Maastricht	欧洲联盟条约（马斯垂克条约）	欧盟条约（马斯特里赫特条约）
Treaty of Friendship between France and Germany	德法合作条约（爱丽赛条约）	法德友好条约
Treaty of Lisbon	里斯本条约	里斯本条约
Treaty on European Union (TEU)	欧洲联盟条约	欧洲联盟条约

英文 W　（2）	台湾译名	大陆译名
Werner Report	魏纳报告	维尔纳报告
Western European Union (WEU)	西欧联盟	西欧联盟